節税と税務否認の分岐点

納税者の主張・税務署の主張

品川 芳宣

ぎょうせい

はじめに

　税法を読みはじめたのがついこの間のようにも思えるが、あれから60余年、随分長い間「税金」をなりわいにしてきたものである。それも、最初の30余年は、国税庁で「取る側」の仕事をし、次の20年間は、二つの大学で租税の「研究・教育をする側」に立ち、その後の10年は、研究所理事長、税理士法人代表社員等として専ら「取られる側」の相談、代理等を務めてきた。それらの経験を通して最も考えさせられたことが、「取る側」と「取られる側」の対立関係についてである。いわば「納税（者）の論理」と「課税（庁）の論理」の対立である。

　もちろん、納税者も、国民の一員として、納税義務の存在も租税法律主義の下で税制・執行が適正に行われているものと認識している。しかし、納税者が日夜取り組んでいる経済活動等の目標は、最大の利益を上げることにあるが、それには、収入を最大化し、費用（コスト）を最少化することが必要である。そして、その経済活動等（成果）に課せられる租税は、費用（コスト）と認識されることになる。さすれば、経済活動の主体である納税者は、当該租税コストの最少化に努めることになる（それは、必然的なことであり、万国共通である。）。それが「納税（者）の論理」である。

　他方、税務官庁（課税庁）は、各税法が定めたとおりの税収の確保と課税の公平を図ることを職務としている。そのことは、租税法律主義の合法性の原則が要請していることでもある。そして、その実現に努めることが、「課税（庁）の論理」である。

　したがって、租税の賦課・徴収の実務において、「納税（者）の論理」と「課税（庁）の論理」は、必然的に対立することが多くなる。もっとも、このような対立構造は、租税法律主義自体が想定しているものと考えられる。けだし、租税法律主義の内容の一つである「適正手続（争訟

保障の原則」は、納税者と税務官庁の対立（争訟事件）が存在すること
を想定し、それが適正手続の下で解決されることを保障しているものと
考えられる。そのため、国税であれば、国税通則法に詳細な争訟手続が
定められているところである。

　このような「納税（者）の論理」と「課税（庁）の論理」の対立は、「節
税（租税負担の最少化）と税務否認」に置き換えることができるが、そこ
には、多くの法律問題が存在する。その法律問題を解明するためには、
相当の時間と紙面を要することになる。そこで、野村資産承継研究所理
事長時代に大変お世話になっていた㈱ぎょうせいの編集の方に相談した
ところ、まず、月刊「税理」で連載させていただくことについて、ご快
諾いただくことができた。その連載も目途がついたということで、本書
出版への運びとなった。それにあたっても、㈱ぎょうせいの編集・営業
の皆様にご理解とご協力をいただくことになった。

　以上のように、本書は、このような経緯を経て出版されることになっ
たのであるが、「節税（租税負担の最少化）と税務否認」の問題は、単に
両者の法律関係を論じるのみではなく、税理士制度や税理士損害賠償保
険制度との関係についても論じる必要がある。そこで、それらの問題に
ついても、所見を述べることとした。そのため、本書については、租税
実務の現場でご苦労されている税理士や税務職員の方のみならず、税理
士会役員や税理士行政に携わっている方、更には、租税法を研究してい
る学究の方々にもぜひ参考にしていただければと願っている。そして、
何らかのご意見をいただければ、筆者にとって最大の喜びでもある。

　最後に、本書の発刊にあたっては、㈱ぎょうせいの編集及び営業の担
当の方に大変お世話になりましたこと、ここに深く感謝申し上げたい。

令和6年8月吉日

品川　芳宣

【目　次】

はじめに／i

凡　例／xxi

序　章 ———————————————————— 1

第Ⅰ章　租税法律主義と私法上の取引 ———————— 7

第1節　租税法律主義の意義と機能………8

1　意　義 —— 8

2　機　能 —— 9

第2節　租税法律主義の内容………9

1　課税要件法定主義 —— 9

2　課税要件明確主義 —— 12

3　合法性の原則 —— 13

4　適正手続保障の原則 —— 14

5　遡及立法禁止の原則 —— 15

第3節　租税法の法源………16

1　法源の意義 —— 16

2　憲　法 —— 17

3　法　律 —— 18

4　命令・告示 —— 19

5 条例・規則 —— 19

6 条　約 —— 20

7 行政先例法 —— 20

8 判例法 —— 21

9 通　達 —— 22

第4節　租税平等主義………*22*

1 意　義 —— 22

2 立法段階 —— 23

3 執行段階 —— 26

第5節　納税義務の成立・確定手続………*27*

1 手続法の重要性 —— 27

2 納税義務の成立 —— 27

3 納付すべき税額の確定 —— 29

4 申告納税方式における税額の是正手続 —— 30

⑴ 納税者による是正手続 *30*

⑵ 税務署長等による是正手続 *31*

5 実務上の留意事項 —— 33

第6節　課税要件（課税標準等）の算定方法………*37*

1 算定方法の特徴 —— 37

2 所得税法上の課税標準 —— 37

3 法人税法上の課税標準 —— 38

4 相続税・贈与税の課税価格 —— 39

第7節　経済取引等と私法上の規制………*40*

1　私法上の基本原則 —— 40

2　民法上の主要規定 —— 42

第8節　租税法の解釈と私法との関係………*47*

1　問題の所在 —— 47

2　借用概念と固有概念 —— 48

3　信義則 —— 51

4　私法規定の準用 —— 53

(1) 国税の連帯納付義務　*53*

(2) 債権者代位権・行為取消権　*54*

(3) 徴収権の消滅時効　*55*

5　租税法と私法の類似制度とその異同 —— 55

(1) 相続における国税債務の承継　*56*

(2) 期間及び期限　*56*

(3) 第三者による納付又は弁済　*57*

(4) 更正の請求と不当利得の返還　*57*

(5) 人格なき社団等と権利能力なき社団　*57*

(6) 更正決定等の期間制限と時効　*58*

第Ⅱ章　税理士等の職務と節税 —————— 65

第1節　問題の所在………*66*

v

第2節　税理士の使命………*67*

1　沿　革 —— 67

2　現行規定とその趣旨 —— 68

第3節　税理士の業務………*72*

1　総　論 —— 72

(1) 税理士業務の対象となる租税　*72*

(2) 「業とする」の意義　*74*

2　税務代理 —— 74

(1) 税務官公署　*75*

(2) 租税に関する法令　*76*

(3) 申告等　*76*

(4) 代理・代行・主張・陳述　*77*

3　税務書類の作成 —— 78

4　税務相談 —— 79

5　付随業務 —— 81

6　裁判所における補佐人 —— 82

7　所属税理士の税理士業務 —— 83

第4節　弁護士等との関係………*84*

1　総　論 —— 84

2　弁護士との関係 —— 85

3　公認会計士との関係 —— 86

4　その他の専門職との関係 —— 87

第5節　税理士等の職務と節税………**88**

1　税理士法上の職務と節税 —— 88

2　弁護士等の参入の影響 —— 92

⑴ 弁護士の影響 *92*

⑵ 公認会計士の影響 *94*

第6節　節税と税理士法人………**95**

1　税理士法人の業務と節税 —— 95

2　社員の無限責任 —— 96

第7節　節税と損害賠償保険………**99**

1　損害賠償保険の約款 —— 99

2　税理士特約条項の問題点 —— 102

第Ⅲ章　節税・租税回避・脱税 ——————————— 107

第1節　総　論………**108**

第2節　節　税………**108**

1　意　義 —— 108

2　「節税」の多義性と問題点 —— 112

第3節　租税回避（行為）………**115**

1　意　義 —— 115

2　租税回避（行為）の曖昧性と違法性 —— 120

第4節　脱税（犯）………*123*

1　意　義 —— 123

2　節税・租税回避との区分と問題点 —— 128

第Ⅳ章　税務否認の形態と方法 ———————— 131

第1節　総　論………*132*

第2節　法律による否認………*134*

1　法解釈における見解の対立 —— 134

2　不確定概念等における否認 —— 136

(1) 不確定概念の意義　*136*

(2) 「不相当に高額」　*137*

　　イ　役員給与の支給戦略／137

　　ロ　「不相当に高額」の判定基準／139

　　ハ　役員退職給与における検証／141

3　個別的否認規定による否認 —— 148

(1) 個別的否認規定の内容　*148*

(2) 推計課税規定　*152*

　　イ　推計課税の法的性格／152

　　ロ　推計の必要性と合理性／154

　　ハ　争訟上の論点／155

(3) 家事（家族）関係経費の必要経費性—所得税—　*156*

　　イ　家事（家族）関係経費の性質／156

　　ロ　個別事案における検討／158

⑷ 寄附金の損金不算入─法人税─ *162*

　　イ　無償取引と関係会社間取引／162

　　ロ　寄附金の意義と問題点／164

　　ハ　個別事案における検討／165

⑸ みなし贈与課税─贈与税─ *171*

　　イ　みなし贈与規定とその取扱い／171

　　ロ　個別事件における検討／174

4　包括的否認規定による否認 ── **179**

⑴ 包括的否認規定の内容 *179*

　　イ　同族会社等の行為計算の否認規定／179

　　ロ　組織再編成に係る行為又は計算の否認／180

　　ハ　通算法人に係る行為又は計算の否認／181

⑵ 同族会社等の行為計算の否認規定の法的性格 *182*

　　イ　確認規定説／182

　　ロ　創設（効力）規定説／182

⑶ 「負担を不当に減少させる」の意義 *183*

　　イ　学説・判例の動向／183

　　ロ　各説の問題点（検討）／189

⑷ 個別事件における検討 *192*

　　イ　所　得　税／192

　　ロ　法　人　税／194

　　ハ　相　続　税／196

5　仮装行為等による否認 ── **199**

⑴ 明文規定の限界 *199*

⑵ 仮装行為による否認 *199*

イ　仮装行為の意義／199

　　ロ　個別事件における検証／201

　(3) その他の否認　*203*

6　一般的否認規定創設の要否 ── 204

　(1) 問題の所在　*204*

　(2) 創設否定の論拠　*206*

　(3) 国税通則法制定答申の現在的意義　*206*

　(4) BEPS・GAAR の思考停止　*212*

　　イ　問題の所在／212

　　ロ　Ｂ Ｅ Ｐ Ｓ／213

　　ハ　Ｇ Ａ Ａ Ｒ／213

　　ニ　我が国税制との関係／214

　(5) 一般的否認規定の要否と解釈への影響　*215*

　　イ　一般的否認規定の要否／215

　　ロ　解釈への影響／218

第3節　通達による否認（見解の対立）········*218*

1　問題の所在 ── 218

2　税務通達の法的性格 ── 220

3　税務通達の法的拘束力 ── 221

　(1) 行政庁部内の拘束力　*221*

　(2) 納税者に対する拘束力　*222*

　　イ　間接的強制／222

　　ロ　手続要件の強制／223

　　ハ　便　宜　性／223

　　　　ニ　有　利　性／224

　　　　ホ　税賠事件の影響／225

4　税務通達の種類 ── 225

　⑴　税務通達の性質　225

　⑵　解釈通達と執行通達　226

　⑶　解釈通達の内容　227

　⑷　緩和通達の性格　229

5　税務通達の取扱いをめぐる見解の対立 ── 230

6　税務通達に反した課税処分の効力 ── 231

　⑴　税務通達に反することの意義　231

　　　　イ　問題の所在／231

　　　　ロ　個別的限定条項／231

　　　　ハ　包括的限定条項／232

　⑵　税務通達に反した課税処分の効力　233

　　　　イ　問題の所在／233

　　　　ロ　信義則の適用／233

　　　　ハ　平等原則（公平負担の原則）違反／234

　　　　ニ　行政先例法との関係／235

　　　　ホ　適正手続の原則との関係／235

　　　　ヘ　予測可能性・法的安定性の侵害／236

　　　　ト　実体要件と手続要件／236

7　評価通達の特殊性 ── 237

　⑴　問題の所在　237

　⑵　相続税法上の「時価」　237

　⑶　評価通達上の「時価」（標準価額）　239

イ 「時価」の意義／239

ロ 標準価額・評価基準の制度／240

8 評価基準制度の補完措置 —— 242

(1) 補完措置の必要性 242

(2) 個別的限定条項 243

イ 上場株式等の株価斟酌の制限／244

ロ 公開途上にある株式の評価／244

ハ 課税時期前3年以内取得の土地等の評価／244

ニ 評価差額に係る法人税額等相当額の累積排除／245

ホ 特定の評価会社に対する類似業種比準方式適用の制限／245

(3) 包括的限定条項 245

9 評価通達6項の適用問題 —— 246

(1) 評価通達構造上の問題 246

(2) 最判4.4.19判決の影響 249

(3) 評価通達6項の適用要件 252

10 「課税上弊害がない限り」との関係 —— 254

(1) 「課税上弊害がない限り」を定めた経緯 254

(2) 6項と「課税上弊害がない限り」 255

第Ⅴ章 税務否認と租税制裁 —————————— 269

第1節 総 論………270

第2節 延滞税………271

1 延滞税の性質と課税要件 —— 271

2　延滞税の免除 —— 272

3　催告通知の処分性等 —— 274

第3節　過少申告加算税………*276*

1　賦課要件 —— 276

2　「正当な理由」等 —— 278

　⑴ 規定の内容 *278*

　⑵ 「正当な理由」の意義 *278*

　　イ　裁判例の動向／278

　　ロ　通達の取扱い／279

　　ハ　「正当な理由」の態様／280

3　更正の予知等 —— 281

　⑴ 規定の内容と趣旨 *281*

　⑵ 「調査があったこと」の意義 *282*

　⑶ 「更正があるべきことを予知」の意義 *283*

　　イ　裁判例の動向／283

　　ロ　通達の取扱い／285

　　ハ　小　　　括／285

　⑷ 「調査通知」の意義 *286*

第4節　無申告加算税………*287*

1　賦課要件 —— 287

2　「正当な理由」と決定等の予知 —— 288

xiii

第5節　不納付加算税·········***288***

　　1　徴収要件 —— 288

　　2　「正当な理由」と「告知の予知」—— 290

第6節　重加算税·········***291***

　　1　賦課要件 —— 291

　　2　「隠蔽又は仮装」の意義 —— 292

　　　⑴　通達の取扱い　*292*

　　　⑵　裁判例の動向　*294*

　　3　解釈上の論点 —— 295

　　　⑴　論点の要旨　*295*

　　　⑵　故意（認識）の要否　*296*

　　　⑶　行為者の範囲　*297*

　　　⑷　消極的不正行為（不申告，つまみ申告等）　*299*

　　　　　イ　平成6年最高裁判決／301

　　　　　ロ　平成7年最高裁判決／302

　　　⑸　納税義務成立後の隠蔽・仮装行為　*303*

　　　⑹　「偽りその他不正の行為」等との関係　*305*

第7節　刑事制裁（逋脱罰）·········***306***

第Ⅵ章　税務否認と税務調査 —————— 313

第1節　税務否認と税務調査との関係·········***314***

第2節　平成23年度改正前の「調査」の意義と程度………**315**

1　「調査」の意義 —— 315

2　「調査」の程度 —— 317

第3節　質問検査権規定の統合………**319**

第4節　「調査」と「行政指導」の区分………**320**

1　調査通達による「調査」の意義 —— 320

2　調査通達上の行政指導との区分 —— 322

3　「調査」と「行政指導」の区分の問題点 —— 324

第5節　調査の事前通知………**325**

1　事前通知の内容と方法 —— 325

(1) 規定の概要　*325*

(2) 解釈上の論点　*327*

2　事前通知内容の変更等 —— 328

(1) 調査の開始日及び場所　*328*

(2) 通知以外の非違事項　*330*

(3) 反面調査先の事前通知　*332*

3　事前通知を要しない場合 —— 333

(1) 規定の概要　*333*

(2) 解釈（運用）上の論点　*333*

第6節　調査終了時の手続………**337**

1　規定の趣旨 —— 337

xv

2 申告是認通知 —— 338

  (1) 規定の概要 *338*

  (2) 解釈上の論点 *339*

3 調査結果の説明と修正申告等の勧奨 —— 341

  (1) 規定の趣旨 *341*

  (2) 説明の内容 *342*

  (3) 修正申告等の勧奨 *344*

  (4) 説明の相手方 *347*

第7節　調査の再開………*349*

1 調査再開規定の趣旨 —— 349

2 調査再開ができる場合 —— 351

3 「新たに得られた情報」の内容等 —— 352

第8節　犯罪捜査との関係………*354*

第9節　行政手続法との関係………*356*

1 国税通則法と行政手続法との異同 —— 356

2 行政手続法の適用除外 —— 357

  (1) 行政手続法による適用除外 *357*

  (2) 国税通則法による適用除外 *358*

3 処分の理由附記の強制 —— 359

  (1) 強制（改正）前の趣旨 *359*

  (2) 強制の影響 *360*

第Ⅶ章　税務否認に対する救済制度 ——————— 365

第1節　救済制度の必要性………*366*

第2節　不服審査………*367*

1　不服審査の法的性格 —— 367

2　不服審査の基本構造 —— 369

3　再調査の請求 —— 372

⑴ 請求手続 *372*

⑵ 再調査の請求の決定手続 *373*

4　審査請求 —— 374

⑴ 審査請求の手続 *374*

⑵ 実質審理の要点 *375*

　　イ　総額主義と争点主義／375

　　ロ　口頭意見陳述／377

　　ハ　担当審判官の質問，検査等（職権主義）／378

　　ニ　審理関係人による物件の閲覧等／379

⑶ 長官通達と異なる裁決 *380*

⑷ 裁決の拘束力 *382*

5　不服申立てと徴収との関係 —— 382

6　行政不服審査法との関係 —— 384

第3節　訴　訟………*385*

1　税務訴訟の機能と特徴 —— 385

⑴ 不服審査との関係 *385*

⑵ 訴訟の審理方法 *386*

xvii

⑶　立証責任　*388*

　　⑷　判例法の解釈等への影響　*389*

　2　行政事件訴訟法との関係 —— 391

　　⑴　国税通則法上の例外規定　*391*

　　⑵　税務訴訟からみた行政事件訴訟法の骨子　*392*

　　⑶　審査請求の前置　*394*

　　⑷　原告適格　*395*

　　⑸　被告適格　*396*

　　⑹　裁判管轄　*397*

　　⑺　出訴期間　*398*

　　⑻　執行停止等　*400*

　3　不服申立て（審査請求）の前置 —— 401

　　⑴　前置の原則　*401*

　　⑵　前置を要しない場合　*403*

　4　原告が行うべき証拠の申出 —— 405

　　⑴　制度の内容　*405*

　　⑵　制度の趣旨　*405*

　　⑶　立証責任との関係　*407*

第Ⅷ章　税務否認に対する実務上の対策（総括） —— 413

　第1節　総　論………*414*

　第2節　経済取引等の段階………*415*

　1　租税負担の最少化と私法 —— 415

2 適法性の検討 —— 416

第3節　申告段階·········*417*

1 申告納税の意義 —— 417

2 申告手続要件等の確認 —— 419

3 適法性等の見直し —— 420

第4節　申告後（調査前）段階·········*422*

1 納税申告の瑕疵 —— 422

2 更正の請求 —— 423

3 申告期限後の経済取引の見直し —— 428

第5節　税務調査段階·········*430*

1 税務調査への対応 —— 430

2 事前通知のある調査 —— 431

3 事前通知のない調査 —— 432

4 調査終了時 —— 435

5 調査の再開 —— 436

第6節　争訟段階·········*437*

1 争訟手段の選択 —— 437

2 争訟の代理人 —— 438

3 審理の方法 —— 440

第7節　損害賠償………*441*

　1　損害発生の態様 ── 441

　2　税理士損害賠償請求の法的根拠 ── 442

　3　税理士損害賠償保険 ── 443

終　　章 ───────────────────── **449**

　索　　引／453

凡　例

1　本書におけるカッコ内等の法令・通達・判例集・雑誌等は次のとお
　り略した。

国税通則法……通則法

国税通則法施行令……通則令

国税通則法施行規則……通則規

国税通則法基本通達……通基通

国税徴収法……徴収法

所得税法……所法

所得税法施行令……所令

所得税法施行規則……所規

所得税基本通達……所基通

法人税法……法法

法人税法施行令……法令

法人税法施行規則……法規

法人税基本通達……法基通

相続税法……相法

相続税法施行令……相令

相続税法施行規則……相規

相続税法基本通達……相基通

財産評価基本通達……評基通

消費税法……消法

消費税法施行令……消令

消費税法施行規則……消規

消費税法基本通達……消基通

xxi

税理士法施行令……税理士令

税理士法施行規則……税理士規

税理士法基本通達……税基通

地方税法……地税法

租税特別措置法……措法

租税特別措置法施行令……措令

租税特別措置法施行規則……措則

租税特別措置法関係通達……措通

司法書士法……司法

民事訴訟法……民訴法

行政事件訴訟法……行訴法

大審院民事判例集・最高裁判所民事判例集……民集

大審院刑事判例集・最高裁判所刑事判例集……刑集

高等裁判所民事判例集……高民集

行政事件裁判例集……行裁例集

税務訴訟資料……税資

判例時報……判時

判例タイムズ……判タ

2　また、カッコ内等における条文等は次の要領により略した。

（例）法人税法 22 条 3 項 1 号　→　法法 22 ③一

序　章

最高裁令和4年4月19日第三小法廷判決（民集76巻4号411頁）[*1]は，最高裁判決としては初めて，相続税節税のために購入した賃貸マンションの相続税評価額（申告額）につき，財産評価基本通達（以下「評価通達」という。）6項の定めにより同通達が定める評価額によらないことができるとした課税処分（評価通達6項の適用）を適法と認めた。その翌々日，最高裁令和4年4月21日第一小法廷判決（令和2年（行ヒ）第303号）[*2]が，国際的に展開する同族会社間の高額支払利子に係る同族会社等の行為計算規定を適用した課税処分を取り消した。このような節税と租税回避を否認する課税処分の適法性が法廷で争われることは，稀なことではない。また，実務的には，納税者側の節税方法の検討とそれに対する税務否認の有無の検討は日常茶飯事的なことになっており，税務官庁側もその対策に追われている。また，「節税」は，種々の税目，税制にも関わることになる。例えば，平成13年度税制改正において導入された法人税の組織再編税制は，建前的には法人税の近代化を図るためといわれるが，実際は，当時の大企業における繰越欠損金の長期繰延べを図るという節税要求に応えたものであろうし，その税制が，今や，中小企業における事業承継税制の適用要件を充足するために多用されている。そのような税制であるが故に，組織再編成に係る独自の行為計算の否認規定（法法132の2）を設けざるを得なかったものと推認し得る。しかし，そのことが，同族会社等の行為計算の否認規定（法法132）の性格論（確認的規定か創設的規定か）に引導を渡す結果となった。

　他方，国際課税においては，BEPS（税源浸食と利益移転）とGAAR（一般的否認規定）が大きな問題となっている。このBEPSは，元々，巨大な多国籍企業が究極的な節税手段としてタックス・ヘイブン国（地域）に利益移転を行い，企業グループ全体の税負担の最少化が図られてきたことから問題になってきたことにほかならない。また，租税負担の最少化は，種々の経済取引・行動の中に浸透しているために，GAARの要

否が問題になってきている。この GAAR の問題については，多くの国際租税の専門家がその内容やそれを採用している諸国の状況については説明するが，それを我が国に導入する必要性については口を閉ざす傾向にある。この問題が自由に論じられないことが，我が国における節税・租税回避の議論を狭めることになる。

　また，令和5年度税制改正の目玉の一つとして，国際課税制度の見直しの国際合意に沿い，法人税の引下げ競争に歯止めをかけ，企業間の公平な競争環境に資するために，グローバル・ミニマム課税（国際最低課税額）が導入された。これは，特定多国籍企業グループ等の構成会社等である内国法人に対し，基準税率（15%）までの法人税を負担させようとするものである。これなども，国際課税問題の一環であるかのように捉えられがちであるが，その背景には，租税負担の低い国（地域）に企業活動の拠点を移転させようと節税する企業とその企業を誘致しようとして税率引下げを行ってきた国の鼬ごっこが，関係各国の財政収入を歪めさせているという，いわば節税封じの一つの対策といえる。

　このような現象や問題をつらつら考えてみると，「節税」は，単に，個人が種々の取引の中で合法的に租税負担を軽減する，というミニマムの問題に止まらず，個人・法人を問わず，かつ，全ての取引段階において検討されるテーマであり，かつ，それらは各国共通していることが理解できる。そして，そのような「節税」は，限りなく「租税回避」に近づくことになり，「脱税」へ進むこともあり得るものと考えられる。このような問題があるが故に，「節税」等に携わる者は，納税者本人にとどまらず，むしろ，それを業とする専門家の方が主流になってきており，しかも，組織的に行われる場合も多くなっている。

　そのため，そのような「節税」等が行き過ぎている場合には，必然的に税務否認の問題が生じることになる。この税務否認も，法制のあり方から法解釈のあり方まで種々の問題を包含することになる。また，税務

否認のあり方が，「節税」等のあり方を見直すということにもなる。そして，両者の対立は，最終的には，法廷で裁かれることになり，その結果が節税や税務否認のあり方に影響を及ぼすことになる。

そこで，本書では，「節税と税務否認」の問題を体系的にかつ実践的に理解していただくために，次のような項目ごとに論じていくこととする。

　　○租税法律主義と私法上の取引
　　○税理士等の職務と節税
　　○節税・租税回避・脱税
　　○税務否認の形態と方法
　　○税務否認と租税制裁
　　○税務否認と税務調査
　　○税務否認に対する救済方法
　　○税務否認に対する実務上の対策（総括）

　以上の各項目（各論点）は，それぞれ独立して論じることもできるが，それぞれの論点と，「節税」又は「税務否認」との関係を体系的に論じることに努めたい。また，これらの論点は，筆者の主観に依る所が大きいであろうが，その主観は筆者の体験に基づく場合が多い。筆者は，約30年，国税庁に勤務し，国税調査官として税務調査に従事し，国税局調査査察部長として脱税告発を現場で統率し，法務省及び東京地方裁判所に出向し税務訴訟の現場を体験し，国税庁資産評価企画官時代には節税封じのための抜本的な関係通達の改正を立案するなど，いわば，「税を取る」側から節税の実態と税務否認のあり方を検討してきた。そして，筑波大学と早稲田大学の教官として約20年間，租税や税法改正のあり方を研究し，その間，「節税と税務否認」の関係を客観的に考察してきた。最後に，約8年，株式会社野村證券傘下の株式会社野村資産承継研究所

と税理士法人大手町トラストに勤務し，納税者の立場で，「節税と税務否認」のあり方を検討してきた。そのため，本書で論じることは，筆者が税金を取る側，研究する側，取られる（節税する）側において自らの体験において考察してきたこと，すなわち，実務と理論を集大成することにもなる。

＊1　本判決の評釈等については，品川芳宣・T&Amaster 2022 年 6 月 27
　　　日号 14 頁，同・資産承継 2022 年 8 月号 172 頁，同『重要租税判決の
　　　実務研究 第四版』（大蔵財務協会 令和 5 年）1216 頁等参照
＊2　本判決の評釈等については，品川芳宣・T&Amaster 2022 年 9 月 5 日
　　　号 16 頁，前掲＊1『重要租税判決の実務研究』969 頁等参照

第 I 章

租税法律主義と
私法上の取引

第 1 節　租税法律主義の意義と機能

1　意　　　義

　「節税」又は「税務否認」は，租税の賦課・徴収に関係する全ての法律関係の下で問題となる。したがって，まず，そのような法律関係とその特徴を理解しておく必要がある。そして，その租税法の法律関係の基になるのが，租税法律主義にほかならない。租税法律主義とは，「法律の根拠に基づくことなしには，国家は租税を賦課・徴収することはできず，国民は租税の納付を要求されることはない。[1]」ことを意味する。これは，租税が，公共サービスの資金を調達するために，国民の財貨の一部を直接的な対価なくして，国家（地方団体）に移するものであるから，その賦課・徴収は必ず法律の根拠に基づいて行わなければならない，ことを要請するものである。

　このような租税法律主義は，国家の存立，形成と深く関わることになる。すなわち，国家の存立は，それを支える財貨を必要とするが，それを国家の構成員である国民に要求することになる。しかし，その要求が一方的に行われることは，国民の抵抗（権利意識）を惹起し，租税の賦課・徴収を困難にすることにもなる。そのため，国家の形成過程の中で，租税の賦課・徴収には，国家と国民との合意が要請されることになる。その萌芽が，イギリスにおけるマグナ・カルタ（1215 年）といえる。マグナ・カルタは，「一切の楯金もしくは援助金は，朕の王国の一般評議会によるのでなければ，朕の王国においてこれを課さない」ことを謳っている。

　このような原則は，近代国家が形成されていく中で，国民の「自由と財産」を保障する観点から，政治原理ないし憲法原理として形成されてきた。我が国においても，明治 22 年制定の大日本帝国憲法 62 条 1 項において，「租税法律主義」と題し，「新ニ租税ヲ課シ及税率ヲ変更スルハ法律ヲ以テ之ヲ定ムヘシ」と定めるに至っている。そして，現行の憲法

84条は,「租税法律主義」と題し,「あらたに租税を課し,又は現行の租税を変更するには,法律又は法律の定める条件によることを必要とする。」と宣明している。

2 機　　能

　以上のように,租税法律主義は,主として,国民の権利保護の見地から発展し,憲法原理の一つとして確立されているものである。ところで,「序章」でも述べたように,租税は,国民の経済取引等のあらゆる過程で関係してくることとなり,その負担額も看過できない状況になっている。そのため,それぞれの取引段階等において,租税負担が法律において明確にされていないと,円滑な経済取引等も行い難いことになり,法的安定性が阻害されることになる。そのため,租税法律主義は,経済取引等における予測可能性と法的安定性を与えるという機能を有することになる。

　これを経済取引等における租税負担の軽減すなわち節税を意図する納税者側から見ると,租税の法律関係において予測可能性と法的安定性が保障されていないと,安心して経済取引等が行い難いこととなり,その保障に反するような税務否認(課税処分)が行われれば,当該課税処分とそれをもたらした租税法規について租税法律主義違反を争うことになる。他方,税務官庁側においては,予測可能性と法的安定性を害さないような当該法律関係の運用(処分)を求められることになる。いずれにしても,租税法律主義の下で予測可能性と法的安定性が機能するには租税の法律関係の内容(明確化等)が問題となる。

第2節　租税法律主義の内容

1　課税要件法定主義

　租税法律主義が租税の賦課・徴収を「法律又は法律の定める条件によ

ること」を求めているから，課税要件法定主義は，課税要件（それが充足されることによって納税義務が成立するための要件）の全てと租税の賦課・徴収の手続は国会の定める法律によって規定されなければならないことを意味する。この場合，問題となるのが，法律と行政立法（政令，省令等）との関係であり，政令，省令等が上記の「法律」に当たるか否かである。

この点，憲法 73 条 6 号が，内閣の職務として，「この憲法及び法律の規定を実施するために，政令を制定すること，但し，政令には，特にその法律の委任がある場合を除いては，罰則を設けることができない。」と定め，同 74 条が，「法律及び政令には，すべて主任の国務大臣が署名し，内閣総理大臣が連署することを必要とする。」と定めていることから，行政権による立法を全面的に排除する趣旨ではなく，一定の範囲でそれを認めているものと解されている[2]。ただし，行政立法で定め得る事項の範囲と内容については，自ずから限界があり，法律の委任による任命（委任命令）と法律の規定を執行するための命令（執行命令）のほかは許されないものと解され，国会の立法権を無視するような行政立法は許されないものと解されている。したがって，租税立法においても，政令，省令等への委任は，具体的・個別的委任に限られ，一般的・白紙的委任は許されないものと解される[3]。

この課税要件法定主義に関し，節税の見地から参考になる事件として，大阪地裁平成 21 年 1 月 30 日判決（判タ 1298 号 140 頁）及び大阪高裁平成 21 年 10 月 16 日判決（訟務月報 57 巻 2 号 318 頁）[4]がある。この事件では，賞与引当金の廃止に伴う使用人賞与の損金算入時期を定めた政令の規定が課税要件法定主義に反するか否かが争われたものであるが，その背景には，次のようなことが問題となっていた。

すなわち，使用人賞与の損金算入の要件を定めていた賞与引当金は，昭和 40 年の法人税法全文改正によって創設されたもの（旧法法 54）であるが，それ以前においても，未払賞与については，債務確定の要件（旧

法基通 265 参照）を満たすものは損金算入が認められていた[*5]。しかし，その賞与引当金は，平成 10 年度税制改正において，「課税ベース拡大・税率引下げ」の一環として廃止され，使用人賞与の具体的な損金算入時期は，当時の法人税法施行令 134 条の 2 に定められ，原則として，現金支払時となったため，未払賞与の損金算入が認められなくなった。この法人税法 134 条の 2 は，法人税法 65 条（現行法も同じ）の委任を受けたものであり，同条には，「各事業年度の所得の金額の計算の細目」と題し，「第二款から前款まで（所得の金額の計算）に定めるもののほか，各事業年度の所得の金額の計算に関し必要な事項は，政令で定める。」と定めていた。そして，上記「第二款各事業年度の所得の金額の計算」を定める各法人税法 22 条 3 項 3 号は，「販売費，一般管理者その他の費用」の損金算入時期につき，「債務確定基準」を定め，同基準の要件を満たす未払費用の計上を認めている。

　かくして，前掲の事案では，平成 16 年 5 月期末に損金算入した未払賞与（期末 2 月後に支給）の損金算入を否定する当時の法人税法施行令 134 の条の 2 の規定（平成 18 年度税制改正において，現行の 72 条の 3 へ移行[*6]）が，法人税法 65 条又は 22 条 3 項の規定の委任の範囲を逸脱する課税要件法定主義に反するか否かを争うことになった。その結果，前掲各判決は，「令 134 条の 2 は，法 22 条 3 項 2 号の定める債務確定基準に従って，その規定内容の技術的，組織的事項を定めたものとして，法 65 条による委任の範囲を逸脱するものではない」旨判示し，原告側の違憲主張を退けた。しかし，このような判示については，法人税法 22 条 3 項と同 65 条の立法上の位置付けから理解し難い問題を残している。

　もっとも，このような法廷における違憲主張については，裁判所における違憲審査の限界（範囲）を示した最高裁昭和 60 年 3 月 27 日大法廷判決（民集 39 巻 2 号 247 頁）が，「租税法の定立については，国家財政，社会経済，国民所得，国民生活等の実態についての正確な資料を基礎と

する立法府の政策的，技術的な判断にゆだねるほかはなく，裁判所は，基本的にはその裁量的判断を尊重せざるを得ないものというべきである」と消極的に判示して以降，上記大法廷判決が判例法として機能していることもあって，その後の裁判所の違憲審査も，納税者側の違憲主張に対して極めて慎重（消極的）である＊7。このことは，第Ⅶ章において改めて論じるように，法律の規定を前提に税負担の軽減を図る節税事案が税務否認を受け，その課税処分を争う場合には，関係規定の違憲主張を試みようとする時に，前述のような問題があることを認識しておく必要がある，ことを意味する。

2　課税要件明確主義

　この主義は，法律又は行政立法において，課税要件及び租税の賦課・徴収の手続を定める場合には，その定めは一義的で明確でなければならないことを意味する。法律の定めが不明確であれば，その法律の執行において税務官庁に一般的・白紙的委任をすることになりかねず，租税法律主義の機能である納税者の経済取引等における法的安定性と予測可能性を害することになる。したがって，この原則は，課税要件法定主義と一体的に要請されることになり，法律の執行における税務官庁の自由裁量を許さないことを意味する。

　この場合，最も問題となるのが，法律の定めの中で不確定概念（抽象的，多義的概念）がどこまで許されるかである。例えば，「不相当に高額」（法法34②，36），「不当に減少」（法法132，所法157，相法64等），「相当の理由」（所法145二，法法123二等），「正当な理由」（通則法65④，66①，67①等）の不確定概念について，課税要件明確主義違反の有無が争われることがある。

　その中でも，節税策を検討する場合に最も問題となるのが，役員給与の支給に関する「不相当に高額」である。元々，我が国において，中小

企業の法人成りが非常に多い最大の理由は，その法人と事業主に課税される所得税と法人税の租税負担を最少化することを図ることにあるといわれる[8]。特に，役員退職給与については，その支給時期，支給額，当該役員の処遇等の各点について，単に所得税と法人税の税負担の最少化の問題にとどまらず，資産承継，事業承継等の戦略の見地からも問題となる。そして，それらの戦略において，当該退任役員に対して支給する退職給与が税務官庁から「不相当に高額」と認定されると，それらの戦略も水泡に帰すことになりかねない。そのため，「不相当に高額」か否かをめぐって多くの争訟事件が惹起されるのであるが，納税者側の主張が認められるケースは極めて稀である[9]。また，それらの争訟事件においては，税務官庁側が一方的に選定した類似法人の平均的な退職給与額によって「相当額」が争われるため，税務官庁側にその判断について白紙委任しているようにも考えられる。

　そのため，それらの争訟において，納税者側は，法人税法34条2項等の規定自体が課税要件明確主義に反する旨主張するのであるが，判決では，ほとんどの場合，「法の執行に際して具体的事情を考慮し，税負担の公平を図るために不確定概念を用いることはやむを得ない」旨判示，納税者側の主張を退けている。このような裁判所の違憲審査に厳しい姿勢を示している理由は，前記1に述べたところによる。

3　合法性の原則

　この原則は，「租税法は強行法であるから，各税法が定めた課税要件が充足されている限り，税務官庁には，租税の減免の自由はなく，法律で定められたとおりの税額を徴収しなければならない」ことを意味する。その根拠は，このように解さなければ，租税法の執行にあたって不正が介在する恐れが生じるし，納税者によって取扱いがまちまちになると，税負担の公平が維持できなくなる，ということにある。そのことは，税

務官庁側に租税法の厳格な解釈を要請することになる。ただし，その例外として，第3節に述べるような行政先例法が成立している場合又は信義則の適用が認められる場合[10]には，それらが優先されることになる[11]。

この原則に関し，節税策を検討する場合に問題になるのは，この原則が税務官庁側に厳格な法解釈を要請するが故に，当該法解釈について納税者側と対立が生じることである。税務官庁側に厳格な法解釈が要請される根拠には，換言すると，租税法が定めたとおりの租税収入の確保と課税の公平を図らなければならないという責務があるからでもある。他方，納税者側には，私法上の契約自由の原則の下，法解釈においても租税負担の軽減の見解から考察することも当然の成り行きとも言える。そうすると，一つの条文をめぐって両者の解釈にギャップが生じることも当然の成り行きであると言える。

例えば，租税特別措置法61条の4第1項が「交際費等」の原則損金不算入を定めているところ，実務では，専ら，「交際費等」の範囲（解釈）が問題となる。もちろん，法令及び通達においては，「交際費等」の意義・範囲を詳細に定めているので，税務官庁と納税者との間に解釈上の疑義が生じることも少ないようにも考えられる。しかしながら，税務調査の段階では，会議費，福利厚生費，会費等と「交際費等」の区分が大きな問題となり，両者の見解が対立することもしばしばである。これなどは，合法性の原則が実務の面で理念どおりに執行されることの難しさを語っている。また，そのことが「節税」の概念の広さを意味しているといえる。

4　適正手続保障の原則

この原則は，租税の賦課・徴収は公権力の行使であるから，それは適正な手続で行わなければならず，また，その公権力の行使による処分に対する争訟は公正な手続で解決されなければならない，ことを意味する。

この公権力行使に係る適正手続については，我が国では，シャウプ税制以来，青色申告に対する更正の理由附記（所法155②，法法130②），青色申告承認取消しの理由附記（所法150②，法法127④）等が定められており，それらが適正に執行されなければならないことを多くの最高裁判決が命じている[12]。

　また，争訟の適正手続については，前記3等で述べたように，納税者が節税対策を講じる場合には，多くの場合，税務官庁との対立も考慮せざるを得ないものと考えられるところ，その対立（税務否認）が適正な手続で裁かれることが極めて重要である。この点，法の解釈・適用をめぐって納税者が税務官庁と対立することそれ自体を嫌悪し又は特異なものとみる雰囲気がないわけではないので，それ自体が戒められるべきであろう。

　もっとも，平成23年の国税通則法改正で設けられた質問検査権行使の制限規定については，これを適正手続の顕現であると評価する向きも多いが[13]，納税者の権利を保障するということで適正手続が行き過ぎると，他方，適正課税が歪められることもあることに留意すべきであろう[14]。

5　遡及立法禁止の原則

　前記1から4までの諸原則から派生することではあるが，租税に関して成立した法律の施行日をその成立前とすることは，租税法律主義の機能である予測可能性と法的安定性を害することになるので無効である。これを遡及立法禁止の原則という。この原則に関し，節税策の見地から問題とされたものに，平成16年度税制改正において，土地建物等の譲渡所得（損失）と他の所得との損益通算を禁じる措置がとられたことがある。この背景には，平成3年頃以降の土地バブルの崩壊により，地価が暴落し，多くの土地建物等に多額な含み損が生じることとなったため，当該土地建物等を処分（譲渡）し，その譲渡損失を他の所得と損益通算

するようになったことがある。そのこと自体は，節税策と言えるほどではないにしても，それが目に余るということで，前述のような禁止措置がとられた。しかし，当該改正法が平成 16 年 3 月末に成立した際，その附則においてその施行日を 1 月 1 日とした。そのため，平成 16 年 1 月から 3 月にかけて土地建物等を譲渡してその譲渡損を損益通算した者にとっては，その譲渡後に成立した法律の遡及適用を受ける結果となった。それを不服として，当該禁止措置が遡及立法禁止の原則に反するということで，数件の違憲訴訟が提起された。

その中で，福岡地裁平成 20 年 1 月 29 日判決（税資 258 号順号 10874）が当該禁止措置は違憲である旨判示したため，一層注目されることになった。しかし，その控訴審の福岡高裁平成 20 年 10 月 21 日判決（税資 258 号順号 10958）が逆に合憲と判断し，次いで，千葉地裁平成 20 年 5 月 16 日判決（税資 258 号順号 10958），東京高裁平成 20 年 12 月 4 日判決（税資 258 号順号 11099），東京地裁平成 20 年 2 月 14 日判決（訟務月報 56 巻 2 号 197 頁），東京高裁平成 21 年 3 月 11 日判決（同 56 巻 2 号 176 頁）等が合憲判断を示した。そして，最終的には，最高裁平成 23 年 9 月 22 日第一小法廷判決（平成 21 年（行ツ）第 73 号）及び最高裁平成 23 年 9 月 30 日第二小法廷判決（裁時 1540 号 5 頁）が，合憲判断を示したため，結着をみた[15]。その最高裁判決も所得税が暦年課税であることに着目して 1 月 1 日に遡及することの合理性を認めているが，やはり，前掲の最高裁昭和 60 年 3 月 27 日大法廷判決の影響を受けていることは否めない。

なお，遡及立法については，納税者にとって有利なもので，合理性のあるものは許容されることがある[16]。

第 3 節　租税法の法源

1　法源の意義

租税法律主義は，租税の賦課・徴収を「法律又は法律の定める条件」

によることを命じているのであるが，この場合，「法律又は法律の定める条件」の意義・範囲が問題となる。この「法律又は法律の定める条件」すなわち「租税に関する法の存在形式」を租税法の法源という。換言すると，租税に関する定めが「法源」に該当しなければ，その定めは，租税法律主義の枠の中では機能しないことになる。そして，租税の法源には，憲法，法律，命令，条例，規則等の国内法源と，条約，交換公文等の国際法源がある。また，租税法においては，慣習法の成立を認めるべきか否かについて議論はあるが，一般的には，その慣習法として，行政先例法と判例法が認められている。

2 憲　　法

　憲法が租税に関して直接定めているのは，既に述べてきた憲法84条の租税法律主義と憲法30条が「国民は，法律の定めるところにより，納税の義務を負ふ」と定める納税の義務規定ぐらいである。しかし，憲法は，国の最高法規であるから，その各条項に違反する法規は無効であり，またそれに違反する行政庁の行為も無効となる。そのため，租税は国民の財産権等を直接侵害するが故に，租税に関する行政処分（特に，課税処分）が憲法の各条項に反する旨の違憲訴訟は，数多く見られる。その中で，特に多いのが，租税法律主義を定める憲法84条違反，法の下の平等（平等原則）を定める憲法14条違反，財産権の不可侵を定める憲法29条違反，法定手続の保障を定めた憲法31条違反，遡及処罰の禁止を定めた憲法39条違反等である。

　憲法84条違反については，前記第2節において幾つかの判決例を示したが，前掲最高裁昭和60年3月27日大法廷判決では，昭和39年当時の給与所得者の概算経費控除と目される所得税法28条に定める給与所得控除制度と事業所得者に対する同法27条に定める必要経費金額控除を対比して，上記条文の憲法14条違反を争ったものであるが，同判

第Ⅰ章　租税法律主義と私法上の取引　*17*

決は，前述のように判断して，給与所得控除制度を合憲とした。当時の給与所得控除額が現在に比して相当に低かったため，このような争訟も起こったが，それらも原因となって，現在では，給与所得控除額も相当多額となり，また，必要経費の実額控除を認める道も開かれている（所法57の2参照）。

　また，バブル期の相続開始前の土地取得という節税を封じるために立法された旧租税特別措置法69条の4の下で，その後バブルが崩壊し地価が急落したため，取得価額23億円，相続時の時価9億円の土地に13億円の相続税が課税された場合に上記規定が憲法29条に違反するか否かが争われた事案がある。この事案につき，大阪地裁平成7年10月17日判決（行裁例集46巻10・11号942頁）は，立法目的に照らし上記規定には合理性が認められ違憲ではないが，上記規定を適用して相続財産価額を上回る税負担を課す当該課税処分が違憲状態になる旨判示して，当該課税処分を取り消した。また，上訴審の大阪高裁平成10年4月14日判決（訟務月報45巻6号1112頁）及び最高裁平成11年6月11日第二小法廷判決（税資242号270頁）も，一審判決を支持している。しかし，これなどは，税務官庁における合法性の原則の遵守を無視することになり，首肯し難いところがある。

3　法　　律

　法律は，国会が判定する一般的・抽象的法規範のことであるが，租税法律主義の下で，租税の課税要件と賦課・徴収の手続が原則として法律によって規定されなければならないから，法源の中で最も重要である。国税に関する法律は，共通法と呼ぶべきものと個別税法と呼ぶべきものの2種類に分かれる。前者には，国税通則法と国税徴収法の2種類があり，後者には，所得税法，法人税法など概ね税目ごとに定められているものがある。また，上記各規定の租税特別措置を定めた租税特別措置法

がある。

　地方税については，統一的法典として地方税法があり，その中で通則的規定と各地方税の課税要件及び賦課・徴収の手続について網羅的な規定を設けている。

　以上のそれぞれの法律についても，前記までに述べたように，憲法の規定に反するときには無効となる。

4　命令・告示

　命令とは，行政庁が制定する一般的・抽象的法規範をいい，法規命令ともいう。その中には，内閣が制定する政令と各省大臣が制定する省令がある。前者は，一般に，施行令と呼ばれ，後者は一般に規則と呼ばれる。

　告示は，行政庁の長が，その所掌事務に関する決定や指定を公示（一般に知らせること）する場合に，告示の形式で行うこととされている（国家行政組織法14①）。租税法の法源となるには，法律又はその委任を受けた政令の定めにより，課税要件規定を補充する場合に限られる（所法78②二，所令216②，措令27の5①②等参照）。

　以上の命令及び告示は，前記2で述べたように，租税法律主義の下で課税要件法定主義に反しない限り，法源として機能することになる。

5　条例・規則

　条例は，地方団体の議会が制定する法規であり，規則は，地方団体の長が制定する法規である。地方税については，地方税法が定めているが，同法は準則法ないし枠法の性格を有している。そのため，地方税法3条1項は，「地方団体は，その地方税の税目，課税客体，課税標準，税率その他賦課徴収について定をするには，当該団体の条例によらなければならない。」と定め，同条2項は，「地方団体の長は，前項の条例の実施のための手続その他その施行について必要な事項を規則で定めることが

第Ⅰ章　租税法律主義と私法上の取引　**19**

できる。」と定めている。そのため，各地方団体は，地方税法の規定に依拠して，税務に係る条例及び規則を定めている。その意味で，条例及び規則は，地方税の法源として重要である＊17。

6 条　　約

わが国では，現在，70余の国ないし地域との間で所得税の二重課税を防止する等のための租税条約を締結している。これらの条約は，当事国の国民，居住者等の納税義務について種々の定めをしているから，租税法の法源として重要である。この場合，租税条約が国内法と異なる定めをしているときには，租税条約の定めが優先して適用されることになる＊18。

7 行政先例法

行政先例法は，慣習法の一つとして認められると解されている。すなわち，税務官庁が，納税義務を免除・軽減し，あるいは手続要件を緩和する取扱いを行い，それが，一般的にしかも反復継続的に行われ（行政先例），それが法であるとの確信（法的確信）を納税者の間に定着させた場合には，行政先例法の成立を認めるべきであり，税務官庁もそれに拘束される，と解するものである。

かつて，税務官庁は，旧物品税法の下で，昭和16年以来，遊戯具を課税の対象としてきたが，パチンコ球遊器は長い間非課税の取扱いをしてきた。その後，税務官庁は，昭和26年に，それを課税対象とする旨の通達によって課税することにしたが，当該非課税の取扱いに行政先例を認めるべきであるとし，当該通達課税は違法となる旨争われたことがある。しかし，最高裁昭和33年3月28日第二小法廷判決（民集12巻4号624頁）は，当該通達課税を適法と認めた＊19。その後，課税処分の取消訴訟において評価通達の取扱いに行政先例を認めるべきである旨の

主張は見られるが，裁判上，行政先例法が認めた事例は見当たらない。

8　判　例　法

　裁判所の判決は，個別的な訴訟の解決を目的とするが，その判決の理由に示された法の解釈が合理的である場合には，それは先例として尊重され，それが積み重なることによって確立した法解釈として一般に承認されるようになる（裁判官の判断もそれに拘束されることになる。）。このように，一般的な承認を受けるに至った裁判所の法解釈を判例法（判例）というが，この判例法も法源の一つである。その裁判例の代表例として，第2節1等で述べた最高裁昭和60年3月27日大法廷判決がある。この大法廷判決は，前述してきたように，個別の法令が憲法の各条項に反するか否かの審査基準を示すもので，既に，多くの裁判官の判断に影響を及ぼし，正に，判例法として機能している。

　また，節税策の検討を含む課税実務においては，各税法の各条項の解釈に係る判例法の動向の方が重要である。その判例法の中でも，例えば，青色申告の更正の理由附記に係る最高裁昭和38年5月31日第二小法廷判決（民集17巻4号617頁），信義則の適用要件を示した最高裁昭和62年10月30日第三小法廷判決（訟務月報34巻4号853頁），源泉徴収制度の納税の告知の法的性格を明示した最高裁昭和45年12月24日第一小法廷判決（民集24巻13号2243頁），推計課税規定が確認的規定であることを明示した最高裁昭和39年11月13日第二小法廷判決（訟務月報11巻2号312頁）等がある[20]。

　なお，判例法については，何が「判例法」に当たるかを明示したものがあるわけではないので，実務においても，租税法の各解釈に習熟し，どの判決が「判例法」として機能しているかを見極めることが重要である。また，判例法は，最高裁判所が新たな判断を下すか，又は立法によって変更されることがある[21]。

第Ⅰ章　租税法律主義と私法上の取引　　*21*

9　通　　達

　通達は，行政庁における命令手段である（国家行政組織法 14 ②）ので，前述してきた法源とは異なる。しかし，租税法の解釈や税務否認に重要な役割を果たしているので，後述する「税務否認」に関して，その法的性格，課税実務への影響等について詳述することとする。

第4節　租税平等主義

1　意　　義

　租税は，国又は地方団体の運営する経費を賄うものであるから，それらの構成員である国民がそれを負担しなければならないことは観念し得るとしても，それが直接的対価を伴わないだけに，第1節で説明してきた租税法律主義の諸原則の要請を受けることになる。また，租税が経済取引等において直接的対価を伴わないが故に，俗に，「重きを憂えず，等しからざるを憂う」と言われることになる。このことから，税負担は国民の間に担税力に応じて公平に配分されなければならず，各種の租税法律関係において国民は平等に取り扱われなければならない，という原則，すなわち，租税平等主義又は租税公平主義の要請を受けることになる。

　このことは，憲法 14 条1項が，「すべて国民は，法の下に平等であって，人種，信条，性別，社会的身分又は門地により，政治的，経済的又は社会的関係において，差別されない。」という「法の下の平等」（平等原則）からも導き出される。この平等原則は，租税法の立法及び執行のそれぞれの段階で問題となる。そのため，立法された各条項が国民に不平等をもたらすようであれば，当該条項について平等原則違反（憲法違反）が問われることとなり，税務官庁が，租税法の解釈・適用を納税者に対し不平等に取り扱うことになれば平等原則違反（同前）が問われることになる。もっとも，租税法の立法又は執行においては，国民の間に形式

的には何らかの差別が生ずることがあろうが，その差別が不合理である場合にのみ，平等原則違反が問われることになる。

2　立 法 段 階

　租税法の立法においては，国民に対して，形式的には，各税目の租税負担が全て平等になるように定めているわけではない。むしろ，それぞれの担税力に応じた租税負担が求められている場合が多く，あるいは，租税政策上，特定の納税者の租税負担を優遇することもしばしばある。しかし，そのような規定であっても，合理的理由があれば，平等原則違反は不問とされる。問題は，形式的平等を逸脱しているように立法された規定の合理性をどのように判断するかである。よって，従来，それぞれの立法において，平等原則が問題視された主な制度を挙げると，次のとおりである。

①　累進税率制

　所得税を採用している多くの国が，その税率を比例税率ではなく，累進税率を採用している。この場合，比例税率が形式的平等に適合しているというのであれば，累進税率それ自体平等原則に反するという考えもあろうが，一般的には，所得が大きくなるに従って限界効用が逓減し，その担税力は増加するから，比例税率よりはむしろ累進課税の方が実質的平等の要請に適うものと考えられている。

　しかし，限界税率を高くして仮に一定の所得金額を超えた場合に100％の税率を課すようになると，それは一種の制裁又は没収を意味することとなり，合理性を失うこととなり，平等原則違反を惹起することになると考えられる。他方，後述するように，租税政策による各種の特別措置によって，所得税法が定める累進税率が形骸化することもままある。近年，我が国においても，「1億円の壁」と称されるように，一定の所得金額を超えると（超高額所得者になると），所得税の実効税率が低

第Ⅰ章　租税法律主義と私法上の取引　*23*

下する旨指摘されている。そのため，比例税率の多い金融所得課税の見直しが指摘されているが，直ちには実行し難い状況にある。租税負担の軽減（節税）という見地からは，資産運用を適切にして，累進課税を形骸化するように努めることが得策になる。

② 源泉徴収制度

我が国では，給与所得を中心に精緻な源泉徴収制度を採用している。この制度は，給与等の支払者と受給者の双方に一定の負担を強いることになる。例えば，給与所得者の場合，給与の支払を受ける都度所得税を強制納付（事業所得者等よりも早期に納付）させられることになり，しかも，課税される所得の捕捉が極めて高くなる（100％になる）ということで，事業所得者等よりも不利に取り扱われることになる。他方，給与の支払者にとっても，給与の支払の都度，所得税の源泉徴収とその納付が強制され，それを怠ると，行政制裁（不納付加算税等の賦課）が課されることになる。そのため，源泉徴収制度の平等原則違反等の違憲訴訟が争われてきたが，最高裁判所は，源泉徴収制度は租税の徴収確保のために必要な制度であり，不合理な差別とは言えない，と判断している[22]。

上記のような源泉徴収制度の負担を回避するため，人的役務提供の対価につき，雇用契約から請負契約等に変更して「給与」ではなく「請負金」の支払のように変更すること等も考えられるが，それが課税上認められるとは限らない[23]。

③ 給与所得控除制度

所得税法では，所得を 10 種類に区分し，その所得ごとに所得金額を算定することにしているが，原則として，当該所得に係る収入金額から必要経費を控除することにしている。ところが，給与所得の金額については，給与等の収入金額から所定の給与所得控除額を控除して算定することにしている（所法 28 ②③）。この給与所得控除制度が，必要経費の全額が控除される事業所得者等に対し不平等であるということで，憲

法14条違反が法廷で争われ，最終的に結論を出したのが，先に説明した最高裁昭和60年3月27日大法廷判決（民集39巻2号247頁）である。そして，同判決は，租税法の立法については立法府の政策的・技術的判断を尊重せざるを得ないとして，違憲主張を退けている。

　上記判決の事案では，大学教授である原告の昭和39年分所得税について争われたのであるが，当時、給与等の収入金額が約170万円で給与所得控除額が13万5,000円程度であったというのであるから，その控除額が相当低かったのは確かである＊24。しかし，その後，上記訴訟や高度経済成長の影響もあって，給与所得控除額が増額され，かえって，給与所得者を優遇し過ぎるという批判も生じることになった。そのため，給与所得控除額は，収入金額が850万円を超えると195万円で頭打ちとなり，高額給与所得者にとって不利な状態になっている＊25。そのため，会社経営者が当該会社から収入を得るに当たって，役員報酬で得るか株主配当で得るかの選択（節税）に当たって，株主配当で得る方が有利になることが多くなっている＊26。

④　租税特別措置

　租税特別措置とは，担税力その他の点で同様の状況にあるにもかかわらず，何らかの政策目的の実現のために，特定の要件に該当する場合に，税負担を軽減し，あるいは加重する措置である。このような租税特別措置は，大部分は租税特別措置法によって定められているが，一般法においても，非課税規定等によって租税優遇措置を講ずる，あるいは，特定の経費の必要経費（損金）不算入という特例措置が設けられている。このような租税特別措置は，租税理論的には，租税政策の根幹をなす租税原則の要請による租税政策の一環として設けられるものである＊27。しかし，租税優遇措置については，それがあることによって不利益を被る者あるいは当該優遇措置を受けられない者から，憲法14条違反等の違憲訴訟が提起されることがある＊28。

第Ⅰ章　租税法律主義と私法上の取引　*25*

もっとも，節税策の見地からは，租税特別措置については，優遇措置の適用を受けるためにその要件の充足に努めなければならないことになるし，重課（制裁）措置の適用を回避することやその影響を最小限にすることに努めなければならないことになる。

3　執行段階

　租税平等主義の趣旨からすれば，法の執行の段階においても，平等取扱原則ないし不平等取扱禁止原則として，当然妥当し得るものと考えられる。しかし，法の執行段階においては，租税法律主義における合法性の原則が徹底されていれば，自ずから租税平等主義が貫かれるようにも考えられる。しかしながら，租税法の現実の執行においては，合法性の原則が必ずしも徹底されるわけではない。それは，国税であれば，国税庁長官が発出する通達の取扱いにおいても生ずることになる[29]。それも，当該通達が一納税者の利益等を考慮して，法律が定める課税要件を緩和している場合に生じることが多い。

　例えば，かつて，法人税法及び所得税法が金銭債権について評価損の計上も貸倒引当金への繰入れも認めなかったときに，国税庁が定めた通達によって，実質的に評価損又は一部貸倒損失を認めることとした債権償却特別勘定を設定したことがある[30]。この場合に，法律の定めるところに違反しなくても，当該特別勘定の設定を認めなかった課税処分が平等原則違反を問われることになったことがある[31]。このような問題は，法律上の課税要件を緩めたいわゆる緩和通達[32]の取扱いにおいてしばしば生じる問題である。そして，最近では，評価通達の取扱いの是非をめぐって，多くの訴訟事件が生じている。この問題は，税務通達の法的性格や各個別通達の取扱いの是非，それらに関連しての税務否認の是非等について総合的に論じる必要があるので，追って詳細に論じることとする。

26

第5節　納税義務の成立・確定手続

1　手続法の重要性

　租税法律主義（課税要件法定主義）の下では，課税要件の全てと租税の賦課・徴収の手続は法律によって定めなければならないとされている。この場合，前者については，後述するように，所得税法上等の実体法の定めるところによるが，後者については，国税通則法又は国税徴収法の定めるところによる。特に，国税通則法については，賦課手続を中心に定めているが，節税策を検討するに当たってはその手続が重要である。

　すなわち，後述するように，各種の経済取引等の中で節税策を検討するに当たっては，その検討結果を納税義務の成立・確定段階で見直し，それを確定税額に反映させなければならない。そして，その確定税額に誤りを発見した時には，納税者側からの是正手続も承知しておく必要がある。また，当該節税策については，税務官庁から否認されることもあり得るわけであるが，その税務否認の手続や救済手続がどのように行われるかも承知しておく必要がある。そうしておかないと，自己の申告等の誤りに気付いたり，税務否認を受けたりした時に，適切な対策が講じられなくなることになる。

　この点，租税実務を担当する税理士は，税理士試験の科目に国税通則法が含まれていないこともあって，このような手続法の重要性を看過しがちである。

2　納税義務の成立

　納税義務の成立は，各税目ごとに定められている（通則法15②）が，主要税目については，次のとおりである。この場合，納税義務成立後の課税要件事実の変動は，原則として，当該納税義務に影響を及ぼさないことになるが，その例外があることにも留意する必要がある。

第Ⅰ章　租税法律主義と私法上の取引　　*27*

① 所得税（②に挙げるものを除く。）

　暦年終了の時

② 源泉徴収による所得税

　利子，配当，給与，報酬，料金その他源泉徴収をすべきものとされ
ている所得の支払の時

③ 法人税

　事業年度の終了の時

④ 相続税・贈与税

　相続若しくは遺贈又は贈与による財産の取得の時

⑤ 消費税

　課税資産の譲渡等又は特定課税仕入れをした時

⑥ 印紙税

　課税文書の作成の時

⑦ 登録免許税

　登記，登録等の時

⑧ 各種加算税

　法定申告期限又は法定納期限の経過の時

　上記の各場合において，法律の明文規定上問題となるのは，重加算税
に関して，納税者が，法定申告期限又は法定納期限後に，「国税の課税
標準等又は税額等の計算の基礎となるべき事実の全部又は一部を隠蔽
し，又は仮装し」た時に，重加算税の賦課要件を充足するかである。こ
の点について，東京地裁平成 16 年 1 月 30 日判決（税資 254 号順号 9542）
及び東京高裁平成 16 年 7 月 21 日判決（同 254 号順号 9703）[33] は，法
定申告期限後の修正申告段階における隠蔽・仮装行為についても重加算
税を賦課し得るとしている[34]。

　なお，国税通則法 38 条 3 項に定める繰上請求においては，納税義務
が成立すると，税額確定前においても，所定の税額を決定して滞納処分

が開始されることになるので，留意が必要である。

3　納付すべき税額の確定

　前記(2)によって納税義務が成立した後（又は同時）に，次の方式によって納付すべき税額が確定する（通則法 15 ①）。

① 申告納税方式

　納付すべき税額が納税者のする申告により確定することを原則とし，その申告がない場合又はその申告に係る税額の計算が国税に関する法律の規定に従っていなかった場合その他当該税額が税務署長等の調査したところと異なる場合に限り，税務署長等の処分により確定する方式をいう（通則法 16 ①一）。

　この場合，申告の期限（法定申告期限）については，各税法が定めるところであるが，所得税であれば，翌年の 3 月 15 日（所法 120 ①），法人税であれば，各事業年度終了の日の翌月から 2 月以内，（法法 74 ①），相続税であれば，相続の日の翌日から 10 月以内（相法 27 ①），贈与税であれば，贈与の翌年の 3 月 15 日（相法 28 ①），消費税であれば，課税期間の末日の翌日から 2 月以内（消法 45 ①）等である。

　なお，この申告納税方式については，巷間，戦後の民主主義体制の理念の下で導入されたものと解する向きが多いが，昭和 21 年及び 22 年に，単年度予算の下で，歳入の源となる税収を早期に確保する必要があるという，税収確保を必要とする財政上の事情から導入されたことに留意する必要がある[35]。

② 賦課課税方式

　納付すべき税額がもっぱら税務署長等の処分により確定する方式をいう（通則法 16 ①二）。この方式が適用される税目は，各種加算税と特定の間接税であるが，実務的に問題になるのは，ほとんど前者についてである。

第Ⅰ章　租税法律主義と私法上の取引　*29*

③　自動確定方式

　納税義務の成立と同時に特別の手続を要しないで納付すべき税額が確定する方式をいう（通則法15①③）。この方式が適用される主な税目は，次のとおりである（通則法15③）。

　　①　予定納税に係る所得税
　　②　源泉徴収による国税
　　③　印紙税
　　④　登録免許税
　　⑤　延滞税及び利子税

　この方式について，実務的に特に問題となるのが，源泉所得税を納付期限内に納付しなかった場合に，税務署長が行う納税の告知の法的性格である。この納税の告知は，通常，徴収処分であると解されているが，法人税の更正又は決定と同時に行われる場合が多いので，課税処分的な性格が強いため，争訟上の問題について留意する必要がある[36]。

4　申告納税方式における税額の是正手続

(1)　納税者による是正手続

　申告納税方式においては，前述のように，各税目について，納税者が法定申告期限内に納税申告書を提出することによって納付すべき税額が確定することになっている。しかし，法定申告期限内に納税申告書を提出しなかった場合又は提出して納付すべき税額を確定した後に誤りが発覚した場合には，納税者は，次の方法によってその税額等を是正することができる。

①　期限後申告

　期限内申告書を提出すべきであった者は，その提出期限後においても，税務署長による決定（通則法25）があるまでは，納税申告書を税務署長に提出することができる（通則法18①）。

② 修正申告

　納税申告書を提出した者は，先の納税申告書の提出により確定した税額に不足額があるとき等には，その税額等を修正する納税申告書を提出することができる（通則法19①）。

③ 更正の請求

　納税申告書を提出した者は，先に納税申告書の提出により確定した税額が過大であるとき等には，原則として，法定申告期限から5年以内に限り，税務署長に対し，更正をすべき旨の請求をすることができる（通則法23①）。そのほか，後発的事由に基づく更正の請求があり（通則法23②），個別税法には，更正の請求の特例が設けられている。この手続は，期限後申告又は修正申告と異なって，それのみによって税額等が是正（確定）されるのではなく，税務署長に対し，その是正を求めるにとどまる。

(2) 税務署長等による是正手続

　税務署長は，前述の納税者の申告等による税額確定等に対し，次の手続により是正することができる。

① 更　　正

　「税務署長は，納税申告書の提出があった場合において，その納税申告書に記載された課税標準等又は税額等の計算が国税に関する法律の規定に従っていなかったとき，その他当該課税標準等又は税額等がその調査したところと異なるときは，その調査により，当該申告書に係る課税標準等又は税額等を更正する。」（通則法24）この更正は，税額等が過少であった場合も過大であった場合も行われる。

② 決　　定

　「税務署長は，納税申告書を提出する義務があると認められる者が当該申告書を提出しなかった場合には，その調査により，当該申告書に係る課税標準等及び税額等を決定する。」（通則法25）

第Ⅰ章　租税法律主義と私法上の取引　**31**

③　再　更　正

「税務署長は，前2条又はこの条の規定による更正又は決定をした後，その更正又は決定をした課税標準等又は税額等が過大又は過少であることを知ったときは，その調査により，当該更正又は決定に係る課税標準等又は税額等を更正する。」（通則法26）

④　更正の請求に対する処分

「税務署長は，更正の請求があった場合には，その請求に係る課税標準等又は税額等について調査し，更正をし，又は更正をすべき理由がない旨をその請求をした者に通知する。」（通則法23④）。

上記の更正等は，法定の期間制限（通則法70，原則は法定申告期限から5年）内に行わなければならない。反射的に，前記(1)で述べた納税者による修正申告等も，その期間制限を過ぎると無効になるものと解されている。

なお，税務署長等による是正手続については，平成23年の国税通則法改正によって大幅に改正された。すなわち，同改正前は，前記是正手続の基となる「調査」のための質問検査権の行使規定は，その大枠が各個別税法に定められ（旧所法234等参照），その規定の細目は解釈に委ねられていた。そして，その解釈は，最高裁昭和48年7月10日第三小法廷決定（刑集27巻7号1205頁）＊37 が，「この場合の質問検査の範囲，程度，時期，場所等実定法上特段の定めのない実施の細目については，右にいう質問検査の必要があり，かつ，これと相手方の私的利益との衡量において社会通念上相当な限度にとどまるかぎり，権限ある税務職員の合理的な選択に委ねられている」ものと解されてきた＊38。

しかし，平成23年改正によって，納税者の権利保護等を強化する意図の下に，国税通則法において質問検査権行使の規定が統合され，同行使の細目についても決定された。そして，その中で，税務署長等は，納税者に対する調査に当たっては，原則として，詳細な事前通知を要する

こととされ（通則法74の9），調査の終了の際には，その調査結果を詳細に説明し（同74の11①②），その説明に当たって，「当該納税義務者に対して修正申告又は期限後申告を勧奨することができる。」（同74の11③）こととされた。更に，税務署長等が納税者に対して行う全ての不利益処分については，その理由を明示しなければならないこととされた（通則法74の14①，行政手続法14①）。そして，国税庁は，翌平成24年9月，上記改正通則法の趣旨を徹底させるために，「国税通則法第7章の2（国税の調査）関係通達の制定について（法令解釈通達）」（以下「調査通達」という。）を発出し，前述した「調査」の範囲を制約するなど，税務調査の機動力よりも納税者の権利保護を重視するように配慮した[39]。

5　実務上の留意事項

　前記1から4までにおいて，納税義務の成立・確定手続の概要を述べ，主な論点を指摘してきた。このような納税義務の成立・確定手続については，本書のテーマである「節税と税務否認」とは直接関係がないように考えられるかも知れないが，そうではなく，むしろ，納税者の権利関係に重要な影響を及ぼすことがあるので，それらに関し留意すべき事項について，述べておくこととする。

① 契約（取引）の解約

　後述するように，個別税法において課税の対象としている課税標準等は，私法上の経済取引等の成果を前提にしている。そうであれば，納税者としては，当該経済取引等の際に，その結果生ずる税負担の重さや税負担を軽減する課税特例の有無やその適用要件を検討しておくことであろう。しかし，当該検討結果が錯誤であったり，その適用要件を失したりすることもあり得る。そうすると，どの段階で当初の経済取引等を解約（解除）すれば，課税関係を生じさせないで済むかが問題となる。こ

の場合，前述した納税義務の成立の趣旨からすれば，その成立前（所得税であれば，その年の末日）であれば，課税関係が生じないものと考えられる。しかし，相続税や贈与税のように，財産の取得即成立，という税目もある。そこで，一般的には，当該税目の法定申告期限（納税義務の確定時期）までであれば，上記のような解約等によって課税関係を生じさせないことができるものと解されている＊40。したがって，節税策を伴うような経済取引等は，税額を確定させる法定申告期限段階において最終的な見直しが可能であると考えられる。

反面，法定申告期限後になると，上記のような解約は，課税上効力がなく，当初の経済取引等によって課税関係が確定するものと解される。しかし，東京地裁平成21年2月27日判決（判タ1355号123頁）＊41は，相続税に関し，一旦，遺産分割を済ませて法定申告期限内に納税申告書を提出した後，当該遺産分割では相続財産である取引相場のない株式の価額の評価が不利になるということで，それが不利にならないように遺産分割をやり直して更正の請求をした事案につき，①納税者が，更正の請求期間（当時は1年）内に，かつ，課税庁の調査，修正申告の勧奨等の前に，②前の遺産分割を解約し，新たな遺産分割を合意によって分割内容を変更し，③その分割内容の変更にやむを得ない事情があり誤信の内容を是正する一時的なものであれば，当該更正の請求は認められる旨判示している。この判決については，国側も控訴を見送っているので，先例として，参考になるものと考えられる。

そして，本判決の考え方は，相続時精算課税を選択して，親族間で財産を贈与した後，当該贈与税の法定申告期限（翌年3月15日）内に納税申告書と相続時精算課税の届出書の提出を怠った場合（この場合には，原則どおりの贈与税が課税される。）にも，活用できる（当初の贈与契約を解約できる）ものと解される。

② 更正の請求の活用

　更正の請求制度は，本来，納税者が，納付すべき税額等の計算を誤って，過大な税額を納付等した場合に，利用すべきものである。しかし，この制度は，納税者側の争訟手段の一つとして利用し得る。例えば，相続税の納税申告に当たって，相続した宅地の価額（時価）が1㎡当たり80万円であると考えた場合に，路線価の評価額が100万円であれば，80万円で申告して，100万円で更正を受ければ，当該更正の取消訴訟を提起するのが通常の方法である。しかし，その場合には，過少申告加算税と延滞税が課される。そのリスクを避けるには，当初100万円で申告して納税を済ませた上で，「時価」は80万円であるとする更正の請求をし，更正をすべき理由がない旨の通知が来たら，当該通知の取消訴訟を提起することも考えられる。それが認められれば，逆に還付加算金を取得することができる。このように，争訟の一手段として，更正の請求制度を活用する方法は，各税法の解釈等において税務官庁と見解が対立する場合に，争訟手段として広く行われている。しかし，この場合には，立証責任の点で不利になるときがあるので留意を要する[42]。

③ 修正申告等の時期等

　修正申告又は期限後申告は，納税者が過少申告等の誤りに気付いた時に，自主的に行うものであるが，その時期等によって加算税及び延滞税の額が異なるので留意する必要がある。すなわち，修正申告に係る過少申告加算税については，「更正があるべきことを予知してされたものでない場合」には，10％の税率が5％又は零になり（通則法65①⑤），期限後申告については，「決定があるべきことを予知してされたものでない場合」には，15％の税率が10％又はが5％に減じられる（通則法66①⑥）。

　なお，前述したように，当該職員の調査によって過少申告等が発覚された時には，当該職員から修正申告又は期限後申告の勧奨を受けること

第Ⅰ章　租税法律主義と私法上の取引　　*35*

になるが（通則法74の11③），当該職員の指摘事項に納得できない時に，修正申告又は期限後申告をすると，その申告に無効事由がない限り，税務署長等と争えなくなるので，留意する必要がある（争う場合には，更正又は決定を受けるか，前掲の各申告について更正の請求をする必要がある。）。

④　そ　の　他

　本書のテーマが「節税と税務否認」ということは，その節税策が認められなければ納税者と納税官庁の対立を意味するから，税額の確定手続はその対立を解決する手段となる。そうすると，納税者側からすると，その手続をより有利に進める必要がある。その一端の主要なものを①から③までに述べてきたが，その他の手続についても同様に論じることができる。例えば，自動確定方式によって税額が確定する源泉所得税について，納税者（源泉徴収義務者）が，過少な税額を徴収し納付した場合（又は納付しなかった場合）には，税務署長は，納税の告知をして不足額を徴収することになる（通則法36）。この納税の告知について納税者に不服がある時は，通常の課税処分と同様に3月以内に不服申立てをして取消訴訟を提起することもできるが，過誤納金の消滅時効の5年以内に過誤納金返還請求訴訟も提起することができる*43。そして，納税者側からすると，税務官庁側の処理体制からみて後者の方が一層有利に過誤納金の返還を求めることができることにもなる。

　また，税務署長等は，更正，決定等の各処分の前提に「調査」を行う必要があるが，その調査手続については，前述したように，平成23年の国税通則法の改正によって税務署長等側に不利になった（そのこと自体，筆者は反対してきたが）。しかし，納税者側は，改正後の調査手続を厳格に履践するように求める必要がある。それによって，事実認定等において納税者にとって有利な結果になることもあり得る。

第6節 課税要件（課税標準等）の算定方法

1 算定方法の特徴

　租税法律主義における課税要件法定主義は，前述したように，課税要件の全てを法律によって規定することを要請している。この場合の法律は，実体法と称される所得税法，法人税法等の各個別税法にほかならない。そして，各個別税法が定める課税要件たる課税標準等は，後述するように，各個別税法において自己完結的に定めているわけではなく，私法上の取引の成果に基礎をおいている。もっとも，立法論としては，各個別税法において，自己完結的な課税標準等を定めることも可能であろうが，現行法の下では，そのような定め方をしていない。

　例えば，後述するように，法人税法においては，法人税の課税標準の一つを「各事業年度の所得の金額とする。」（法法21）と定め，当該所得の金額を「当該事業年度の益金の額から当該事業年度の損金の額を控除した金額」（法法22①）と定め，その「益金の額」及び「損金の額」に算入すべき項目を例示しているに過ぎない。そして，具体的な所得金額の算定方法も，いわゆる確定決算主義の下で，商事法上の利益計算に基づいて算定することにしている。その確定決算は，会社法等の商事法に定めるところによっている。また，所得税法における課税標準である各種の所得金額についても，当該個人が民法等に定める何らかの契約等に基づいて取得した利得を基にして，同法の定めるところによって調整（修正）しているに過ぎない。これらのことは，各個別税法における課税標準等は，その基礎となる私法上の定め又は取引によって生じた利得に影響を受けることになる。

2 所得税法上の課税標準

　所得税法における居住者（所法2①三）の課税標準は，総所得金額，

退職所得金額及び山林所得金額である。この場合，総所得金額は，原則として，利子所得の金額，配当所得の金額，不動産所得の金額，事業所得の金額，給与所得の金額，譲渡所得の金額，一時所得の金額及び雑所得の金額の合計額である。よって，所得税法は，原則として，上記の10種類の所得に区分し，それぞれの所得ごとに所得金額が算定されることになる。そして，各種の所得金額は，原則として，各年分の収入金額（総収入金額）からそれに要した必要経費を控除して算定される。この場合，収入金額（総収入金額）については，前述のように，私法上の契約に基づいて取得した利得を基にして算定され，必要経費については，個人が生産単位と消費単位が混合しているが故に，家事関連費等が区分（除外）されることに特徴がある。

　例えば，事業所得については，農業，漁業，製造業，卸売業，小売業，サービス業その他の事業から生ずるものを事業所得といい（所法27①），その金額は，その年中の事業所得に係る総収入金額から必要経費を控除したものをいう（所法27①）。この場合，総収入金額は，別段の定めがあるものを除き，その年において収入すべき金額（金銭以外の物又は権利その他経済的な利益をもって収入する場合には，その金銭以外の物又は権利その他経済的な利益の価額）をいい（所法36①），必要経費は，別段の定めがあるものを除き，総収入金額を得るため直接に要した費用の額及びその年における販売費，一般管理費その他これらの所得を生ずべき業務について生じた費用の額である（所法37①）。上記の「別段の定め」は，各個別税法において多用されており，主として，租税政策上の要請等から私法上の利得計算と異なった定めを設けるものである。

3　法人税法上の課税標準

　法人税法における各事業年度の所得に対する課税標準は，各事業年度の所得の金額をいい（法法21），その所得の金額は，その事業年度の益

38

金の額から損金の額を控除した金額である（法法22①）。そして，各事業年度の益金の額に算入すべき金額は，「別段の定めがあるものを除き，資産の販売，有償又は無償による資産の譲渡又は役務の提供，無償による資産の譲り受けその他の取引で資本等取引以外のものに係る当該事業年度の収益の額」（法法22②）である。また，各事業年度の損金の額に算入すべき金額は，別段の定めがあるものを除き，①当該事業年度の収益に係る売上原価，完成工事原価その他これらに準ずる原価の額，②当該事業年度の販売費，一般管理費その他の費用及び③当該事業年度の損失の額で資本等取引以外の取引に係るもの，である。

　なお，上記の収益の額並びに原価の額，費用の額及び損失の額は，「一般に公正妥当と認められる会計処理の基準に従って計算されるものとする。」（法法22④）ことになる。また，資本等取引とは，「法人の資本金等の額の増加又は減少を生ずる取引並びに法人が行う利益又は剰余金の分配（〈略〉）及び残余財産の分配又は引渡しをいう。」（法法22④）ことになる。以上のように，法人税における基本的な所得計算は，商事上の利益計算との関係が深く，所得計算が利益計算から影響を受けるだけでなく，所得計算が強制規定であるが故に逆に利益計算に影響を及ぼす場合も多い（例えば，減価償却費の計上等）。

　更に，法人税については，租税政策の要請が強いこともあって，多くの「別段の定め」が設けられているが，それだけ節税の機会が多いと言える。

4　相続税・贈与税の課税価格

　相続税は，「相続又は遺贈により財産を取得した者の被相続人からこれらの事由により財産を取得したすべての者に係る相続税の総額（〈略〉）を計算し，当該相続税の総額を基礎としてそれぞれこれらの事由により財産を取得した者に係る相続税額として計算した金額により，課する。」

（相法 11）ことになる。また，相続又は遺贈により財産を取得した者については，「当該相続又は遺贈により取得した財産の額をもって，相続税の課税価格とする。」（相法 11 の 2 ①）と定められ，上記の財産の価額は，「当該財産の取得の時における時価により，当該財産の価額から控除すべき債務の金額は，その時の現況による。」（相法 22）と定められている。かくして，相続税の課税関係は，相続に関する民法の規定と「時価」の解釈から種々の影響を受けることになる。

　贈与税は，「贈与により財産を取得した者に係る贈与税額として計算した金額により，課する。」（相法 21）とされ，贈与により財産を取得した者については，その年中において贈与により取得した財産の価額の合計額をもって，贈与税の課税価格とする。」（相法 21 の 2 ①）と定められている。かくして，贈与税については，贈与に関する民法の規定の適用を受け，「時価」の解釈から影響を受けることになる。

第7節　経済取引等と私法上の規制

1　私法上の基本原則

　前述したように，租税法の法律関係は，租税法律主義の下で，課税要件の全てと賦課・徴収の手続は法律によって規定されなければならない。そして，国税の課税要件については，実体法である各個別税法の定めるところであり，賦課・徴収の手続については，手続法（共通法）である国税通則法と国税徴収法の定めるところであり，それらの特例が租税特別措置法等によって定められている。その点では，各税法が強制法であるため，納税者の自由裁量が入り込む余地がないようにも考えられる。

　しかしながら，各税法が定める課税要件及び賦課・徴収の手続は，自己完結的に定められているわけではない。すなわち，課税要件は，私法上の規制を受ける経済的取引等の成果である利得を基礎として定められており，賦課・徴収の手続等についても，私法上の規定を準用したりそ

れに類似したりするものも多く，私法上の概念を借用しているものもある。したがって，租税法の法律関係を理解する上においては，私法上の法律関係を理解することが不可欠である。

　他方，私法の分野においては，近代市民法の下では，全ての個人は，自由・平等・独立の人格として，法律関係の主体となることの地位が認められ，その法律関係は，一般的に権利本位に考えられている。そして，その法律関係の主体となることのできる資格を権利能力（法人格）と呼んでいる。このことを，民法は「私権の享有は，出生に始まる。」（民法3①）と定めている。これは，全ての個人に対して，生まれると同時に，平等に完全な権利能力が認められることを明記したものである。このような権利能力は，自然人である個人と法人とに認められている。

　この権利能力は，個人又は法人の種々の行動が公序良俗に反しない限り自由に認められている＊44。例えば，経済社会においては，売買や貸借といったような一定の債権を目的とする契約が重要であるが，その契約は，広く自由に認められている。すなわち，①締結の自由（契約を結ぶか否かはその個人の自由である。），②相手方選択の自由（誰を相手として，契約するかは自由である。），③内容の自由（品質，数量，価格，期限などの契約内容については当事者間の合意によって定められる。），④方式の自由（契約の締結に際して，一定の方式に従わなければならないものではなく，書面（契約書）を作成するか，それとも口約束で済ますかなどは，当事者間の合意で自由に決めることができる。）などが保障されているのである。これを「契約自由の原則」という。

　この契約自由の原則は，近代市民法が資本主義を基盤とするものであって，経済上の自由競争を助長しようとするものであるから，私的な取引については個人（法人）の自由な意思活動を保障し，公的な権力を関与させないこととしたものである。このことは，憲法29条1項が「財産権は，これを侵してはならない。」と保障している私有財産権の積極

的な行使を認めていることからも裏付けられる。

このような個人（法人）の意思活動の自由の尊重は，私法上の法律関係において広く承認されており，我々の法律関係はその意思さえ合致するなら，原則として，どのように形成しようが自由であり，国家も他人もこれに干渉すべきではない，というのが基本的な法理となっている。これを私的自治の原則又は私法自治の原則と呼ぶが，この考え方が，契約に関すると，「契約自由の原則」ということになる。この「契約自由の原則」は，取引関係のみに限られるものではないが，財産制度の手続面や身分制度に関しては，法律上の制限（物権法定主義，身分法の強制法規制等）があるので，その機能を十分発揮できるのは，主として債権契約の領域であるとも言える。

ところで，「私法」と言っても，その規制範囲は極めて広い分野に及んでいるが，その中でも，租税法との関係において最も深く関わるものは，民法と会社法（商法）であり，その両法から派生した関連法（特別法）である。そこで，以下，民法と会社法に関し，租税法と関係が深く，かつ，節税等の対策になりやすい条項を確認しておくこととする。

2　民法上の主要規定

民法は，いわば私法の基本法とも言えるのであるが，その規制も極めて広範囲に及んでいる。その中で，租税法との関係が深く，かつ，節税策を検討する上で注目しなければならない主要項目の各規定は，次のとおりである。この場合，特に重要と考えられる契約，物権及び相続関係について，それらの総論と重要項目の定めを確認し，租税法との関係等を取りまとめることとする。

① 契約—総論

契約の締結及び内容について，民法521条1項は，「何人も，法令に特別の定めがある場合を除き，契約をするかどうかを自由に決定するこ

とができる。」と定め，同2項は，「契約の当事者は，法令の制限内において，契約の内容を自由に決定することができる。」と定めている。このような各規定は，前述した「契約自由の原則」を具現化したものといえる。また，契約の成立と方式について，民法522条1項は，「契約は，契約の内容を示してその締結を申し入れる意思表示（〈略〉）に対して相手方が承諾したときに成立する。」と定め，同条2項は，「契約の成立には，法律に特別の定めがある場合を除き，書面の作成その他の方式を具備することを要しない。」と定めている。このような契約の成立は，所得の帰属時期等の課税関係を確定する場合に重要となる。

② 契約—売買

民法555条は，「売買は，当事者の一方がある財産を相手方に移転することを約し，相手方がこれに対してその代金を支払うことを約することによって，その効力を生ずる。」と定めている。また，民法560条は，「売主は，買主に対し，登記，登録その他の売買の目的である権利の移転についての対抗要件を備えさせる義務を負う。」と定めている。財産の売買は，所得税，法人税等において課税関係（利得）を生じさせる最大の原因であり，その時期が「いつ」であるかによって，所得の帰属時期が決せられることになる。

③ 契約—贈与

民法549条は，「贈与は，当事者の一方がある財産を無償で相手方に与える意思を表示し，相手方が受諾することによって，その効力を生ずる。」と定めている。また，民法550条は，書面によらない贈与は，「各当事者が解除をすることができる。ただし，履行の終わった部分については，この限りではない。」と定めている。贈与によって個人が財産を取得したときには，相続税法上の贈与税が課せられることになり（相法1の4①），法人が財産を取得したときには，法人税が課せられることになる（法法22②）。また，個人が法人に対して，財産を贈与又は低額譲

第Ⅰ章　租税法律主義と私法上の取引　**43**

渡したときには，その財産の「その時の価額」によって譲渡したものと
みなされ，当該個人にも所得税が課せられることになる（所法59）。なお，
上記の民法上の贈与の効力に関する規定に対応し，相続税法基本通達1
の3・1の4共一8は，財産取得の時に関し，「(2)贈与の場合　書面に
よるものについてはその契約の効力の発生したとき，書面によらないも
のについてはその履行の時」と定めているが，実務的には，書面による
贈与した不動産を登記しなかった場合の贈与の時期等に関しこの取扱い
自体が問題になることがある。そのほか，課税上問題になりやすい事項
としては，負担付贈与（民法553），死因贈与（同554）等がある。

④　契約―賃貸借

民法601条は，「賃貸借は，当事者の一方がある物の使用及び収益を
相手方にさせることを約し，相手方がこれに対してその借料を支払うこ
と及び引渡しを受けた物を契約が終了したときに返還することを約する
ことによって，その効力を生ずる。」と定め，同法602条以下に賃貸借
期間等を定めている。課税実務においては，民法の上記規定よりもその
特別法である借地借家法上の各規定に関し，権利金の収受，借地権の価
額，更新時取扱い等をめぐって多くの問題が生じていることになる。そ
のため，各税目の通達においても，多くの取扱いを定めている。

⑤　物権―所有権

民法175条は，「物権は，この法律その他の法律に定めるもののほか，
創設することができない。」と定め，同176条は，「物権の設定及び移転
は，当事者の意思表示のみによって，その効力を生ずる。」と定めている。
また，民法177条は，「不動産に関する物権の得喪及び変更は，不動産
登記法（〈略〉）その他の登記に関する法律の定めるところに従いその登
記をしなければ，第三者に対抗することができない。」と，いわゆる第
三者対抗要件を定めている。そして，物件の中で最も重要な所有権につ
いては，民法206条が，所得権の内容につき，「所有者は，法令の制限

内において，自由にその所有物の使用，収益及び処分をする権利を有する。」と定め，同 207 条が，「土地の所有権は，法令の制限内において，その土地の上下に及ぶ。」と定めている。この所有権は，前記②の売買の対象に最も多くなるものである。また，課税の実務においては，土地等の不動産の所有権の設定及び移譲をめぐって，種々の問題が生じることになる。

⑥　親族―総則

　民法 725 条は，親族の範囲につき，「次に掲げる者は，親族とする。一，6 親等内の血族，二，配偶者，三，3 親等内の姻族」と定め，同 726 条は，親等の計算につき，1 項が，「親等は，親族間の世代数を数えて，これを定める。」と定め，2 項が，「傍系親族の親等を定めるには，その 1 人又はその配偶者から同一の祖先にさかのぼり，その祖先から他の一人に下がるまでの世代数による。」と定めている。このような親族関係については，後述する相続に関し重要な影響を及ぼすばかりではなく，課税面では，相続税の基礎となる法定相続分に関わるほか，各税法においては，同族会社に対して厳しい規制（行為計算の否認等）をしているところ，その同族会社の判定において重要な役割（特に，親族の範囲）を果たすことになる。

⑦　親族―夫婦財産

　民法 762 条 1 項は，夫婦間の財産関係につき，「夫婦の一方が婚姻前から有する財産及び婚姻中自己の名で得た財産は，その特有財産（夫婦の一方が単独で有する財産をいう。）とする。」と定め，同条 2 項は，「夫婦のいずれに属するか明らかでない財産は，その共有に属するものと推定する。」と定めている。そして，民法 768 条 1 項は，財産分与につき，「協議上の離婚をした者の一方は，相手方に対して財産の分与を請求することができる。」と定めている。かくして，税法上は，夫婦が離婚して，夫名義の不動産（家屋等）を妻に分与した場合に，その不動産にキャピ

第Ⅰ章　租税法律主義と私法上の取引　*45*

タルゲインがあれば，原則として，妻には課税関係は生じないが，夫には譲渡所得税が課税されること等に留意を要する[45]。

⑧　相続—相続権（相続人）

　相続人になる者につき，民法887条1項が，「被相続人の子は，相続人になる。」と定め，同法889条1項が，「次に掲げる者は，第887条の規定により相続人となるべき者がない場合には，次に掲げる順序の順位に従って相続人となる。一，被相続人の直系尊属。ただし，親等の異なる者の間では，その近い者を先にする。二，被相続人の兄弟姉妹」と定め，同法890条が，「被相続人の配偶者は，常に相続人となる。この場合において，第887条，又は前条の規定により相続人となるべき者があるときは，その者と同順位とする。」と定めている。そして，相続の効力につき，民法896条は，「相続人は，相続開始の時から，被相続人の財産に属した一切の権利義務を承継する。ただし，被相続人の一身に専属したものは，この限りではない。」と定めている。

⑨　相続—法定相続分

　民法900条は，法定相続分につき，次のように定めている。

　「同順位の相続人が数人あるときは，その相続分は，次の各号の定めるところによる。

　一，子及び配偶者が相続人であるときは，子の相続分及び配偶者の相続分は，各2分の1とする。

　二，配偶者及び直系尊属が相続人であるときは，配偶者の相続分は，3分の2とし，直系尊属の相続分は，3分の1とする。

　三，配偶者及び兄弟姉妹が相続人であるときは，配偶者の相続分は4分の3とし，兄弟姉妹の相続分は，4分の1とする。

　四，子，直系尊属又は兄弟姉妹が数人あるときは，各自の相続分は，相等しいものとする。ただし，父母の一方のみを同じくする兄弟姉妹の相続分は，父母の双方を同じくする兄弟姉妹の相続分の2分の1とす

る。」と定めている。

　以上の⑧及び⑨の規定は，相続税の課税価格と税額を算定する上での基礎となるものであるから，相続税が私法に依存している典型的なケースである。

⑩　相続—遺留分

　民法1042条1項は，「兄弟姉妹以外の相続人は，遺留分として，次条第1項に規定する遺留分を算定するための財産の価額に，次の各号に掲げる区分に応じてそれぞれ当該各号に定める割合を乗じた額を受ける。

　一，直系尊属のみが相続人である場合　3分の1，二，前号に掲げる場合以外の場合　2分の1」と定め，同条2項は，「相続人が数名ある場合には，前項各号に定める割合は，これらに第900条及び第901条の規定により算定したその各自の相続分を乗じた割合とする。」と定めている。そして，民法1043条1項は，「遺留分を算定するための財産の価額は，被相続人が相続開始の時において有した財産の価額にその贈与をした財産の価額を加えた額から債務の金額を控除した額とする。」と定めている。このような遺留分に関する規定については，事業承継対策上支障があるということで，「中小企業における経営の承継の円滑化に関する法律」（平成20年5月成立）において，上記民法規定の特例が設けられている。

第8節　租税法の解釈と私法との関係

1　問題の所在

　前述してきたように，租税法律主義の課税要件法定主義の下で，課税要件の全てと賦課・徴収の手続が法律（税法）で定めるにしても，その課税要件等を定める各個別税法が具体的な課税標準等を定める場合に，自己完結的に定めているわけではなく，私法によって律せられる経済取引等の成果を基に課税上の調整規定を設けているに過ぎない。よって，

そこには，租税法と私法との関係が生じることになる。

　そして，この関係は，各個別税法が定めている用語についても，私法上の用語と類似するものあるいは同じものが使用されている場合が多く，両者間の解釈のあり方が問題になる。また，私法上の一般的法理（例えば，信義誠実の原則）が租税法律主義における合法性の原則と対立する場合には，どのように調整すべきかが問題になる。しかも，これらの問題は，節税と税務否認の関係を論じるに当たって，深く関わることにもなる。よって，それらの問題を主要項目について，論じることとする。

2　借用概念と固有概念

　租税法が用いている概念（用語）には，2種類のものがある。一つは，他の法分野で用いられている概念であり，これを借用概念と呼ぶ。もう一つは，租税法が独自に用いている概念であり，これを固有概念と呼ぶ。これらの場合において留意すべきことは，租税法が用いている概念の中には，私法上の概念と類似するもの（例えば，減価償却資産，棚卸資産，有価証券等）が多いが，それらが各個別税法において定義されている場合には，固有概念となるが，私法上の考え方（解釈）から影響を受けることも多い。

　まず，借用概念については，所得税法上の「住所」（所法①三），「利子」（同23①），「配当」（同24①），「配偶者」（同83①，83の2①），「親族」（同84①）等，法人税法上の「法人」（法法2①三等），「配当」（同23①一等），「親族」（法令4①一等）等，相続税法上の「相続」（相法1の3①一等），「贈与」（同1の3①五等），「遺贈」（同1の3①一等），「住所」（同1の3①一等），「配偶者」（19の2①），「相続人」（同16等），「被相続人」（同16等）等，多くのものがある。

　このような借用概念の解釈上問題となるのは，それを他の法分野で用いられているのと同義に解すべきか，それとも，租税法上の要請である

税収確保ないし課税の公平の観点から別異（独自）に解すべきか，である。前者による場合の方が，経済取引等において，租税法律主義の機能である予測可能性と法的安定性には適うことになるが，租税法の規定であるから後者を重視すべきとする考え方もある。このような両説がある中で，一般的には，「私法上におけると同じ概念を用いている場合には，別異に解すべきことが租税法規の明文またはその趣旨から明らかな場合は別として，それを私法上におけると同じ意義に解するのが，法的安定性の見地から好ましい[46]」と解されている。この場合，「別異に解すべきことが租税法規の明文またはその趣旨から明らかな場合」すなわち，個々の事実において，このような「特段の事情」がある場合をどのように判断するのかが問題となる。

　この借用概念について，節税又は租税回避の観点から問題となっているのが，所得税法又は相続税法上の「住所」の解釈である。「住所」については，民法22条が，「各人の生活の本拠をその者の住所とする。」と定め，同23条1項が，「住所が知れない場合には，居所を住所とみなす。」と定めているところであるが，所得税法及び相続税とも特段の定めも設けていない。ところが，両税法とも，ある個人の住所がどこにあるかによって，課税関係が大幅に異なることになり，両税とも，国際的に見て我が国の税率が高いので，節税策の見地からは，我が国に住所を置かない方が得策であると考えられる。

　そのため，納税者の「住所」がどこの国にあるかをめぐって，争訟事件が増加することになる。例えば，相続税法に係る「住所」をめぐって，東京地裁平成19年5月23日判決（訟務月報55巻2号267頁，いわゆる武富士事件）[47]の事案では，会社経営者が香港に住まわせていた息子に対し平成11年12月に外国株式約1,700億円を贈与（贈与前約3年間に香港に約65％，東京の自宅に約26％滞在）した場合に，当該息子の住所は国内（自宅）にあるとした贈与税の決定処分の適否が争われた。前掲判決は，

第Ⅰ章　租税法律主義と私法上の取引　　**49**

当該滞在日数からみて「住所」が国内にあると決定することは困難であるとして，当該決定処分を取り消した。これに対し，控訴審の東京高裁平成 20 年 1 月 23 日判決（判タ 1283 号 119 頁）は，当該親子が我が国の贈与税負担を回避するために手練手管を尽くして国外に「住所」があるように操作していることは明らかであるから，相続税法上の「住所」の解釈・認定において「特段の事由」が存在する旨判示して，当該住所が国内あるとして，一審判決を取り消した。ところが，上告審の最高裁平成 23 年 2 月 18 日第二小法廷判決（裁時 1526 号 2 頁）は，一定の場所が住所に当たるか否かは，客観的に生活の本拠たる実体を具備しているか否かによって決するべきである旨判示し，原審を取り消し，一審判決を支持した。

また，所得税法に関しては，経済活動が国際化している中，会社経営者の活動の場所が国際間を転々としていることもあって，会社経営者の「住所」をめぐる争訟事件が多い。その中で，国内に住所があるから居住者であるとした課税処分につき，それを認めた裁判例として，東京地裁令和 3 年 11 月 25 日判決（令和元年（行ウ）第 566 号），東京地裁平成 4 年 5 月 12 日判決（令和 2 年（行ウ）第 227 号）等が，その課税処分を取り消した（住所は国内にないと判断）事例として，東京地裁令和元年 5 月 30 日判決（平成 28 年（行ウ）第 434 号他），東京高裁令和元年 11 月 27 日判決（令和元年（行コ）第 186 号）[48] 等がある。

他方，固有概念については，典型的なものが所得税法及び法人税法が課税客体としている「所得」である。もちろん，「所得」については，国民所得，高額所得等のように，一般的にも使用されているが，税法上の「所得」は，税法固有の要請に基づく概念である。すなわち，税法上の所得概念については，沿革的には，制限的所得概念と包括的所得概念に分けて説明されてきたが，現在では，後者によるものと一般的に解されている[49]。すなわち，包括的所得概念の下では，人（法人）の担税

力を増加させる経済的利得はすべて所得を構成するものと観念し，反復的・継続的利得のみではなく，一時的・偶発的・恩恵的利得も所得を構成することになる＊50。

そのほかの固有概念については，主として，各個別税法の中でそれぞれの用語が定義されているものがそれに当たる。例えば，所得税法2条13号は，「居住者　国内に住所を有し，又は現在まで引き続いて1年以上居所を有する個人をいう。」と定めているが如くである。この場合，留意しなければならないことは，例えば，役員（法法2①十四），棚卸資産（法法2①二十），有価証券（法法2①二十一），減価償却資産（法法2①二十三），繰延資産（法法2①二十四）等のように，法人税法等で定義されているものについては，他の法制度の下でも同じ用語が使われているので，両者の異同を明確に理解しておかなければならない。

3　信　義　則

民法1条2項は，民法の基本原則の一つとして，「権利の行使及び義務の履行は，信義に従い誠実に行われなければならない。」と定めている。これは，社会共同生活における倫理的規範であって，国際的にも共通する規範であり，ドイツ法的にいえば信義誠実の原則（Treuund Glauben）であり，あるいは英米法的にいえば禁反言の原則（estoppel）である（以下「信義則」という。）。この信義則は，沿革的には私法の分野で観念されてきたことであるが，現在では，私法・公法（行政法）共通の一般原理として解されている＊51。

この信義則が実務上よく問題となるのは，納税者側がある事案につき課税されるか否かを照会したことに対し，税務署側が，一旦「課税されない旨回答した後，後日精査して課税せざるを得ないことが判明した場合」に，課税できるか否かである。この場合，租税法律主義における合法性の原則に照らせば，課税せざるを得ないのであるが，法の一般法理

第I章　租税法律主義と私法上の取引　**51**

たる信義則に照らせば，課税できないことにもなると考えられる。しかし，合法性の原則が作用する租税法の分野においては，法の一般法理たる信義則の適用があるとしても，自ずから制限されるということで，その具体的な適用要件が問題とされてきた。

筆者は，上記の租税法における信義則の具体的な適用要件は学説・判例の発展に委ねられるべきと考えられていた昭和48年頃，自身の課税実務の経験にも照らし，その適用要件を次の5項目に取りまとめたことがある[52]。

① 税務官庁が納税者に対し信頼の対象となる公的見解を表示したこと

② 納税者がその表示を信頼し，その信頼過程において責められるべき事由を有しないこと

③ 納税者がその信頼に基づき何らかの行為をしたこと

④ 税務官庁が当初の信頼の対象となる公的見解の表示に反する行政処分をしたこと

⑤ 納税者がその行政処分により救済に価する経済的不利益を被ったこと

その後，この考え方は，課税処分の取消訴訟等において逐次採用されるようになり，最終的には，最高裁昭和62年10月30日第三小法廷判決（訟務月報34巻4号853頁）[53]が，次のように判示するところに反映された。

「右特例の事情（著者注：租税法律主義に反してまでも信義則の適用を認めなければならない事情）が存するかどうかの判断に当たっては，少なくとも，税務官庁が納税者に対し信頼の対象となる公的見解を表示していたことにより，納税者がその表示を信頼しその信頼に基づいて行動したところ，後に右表示に反する課税処分が行われ，そのために納税者が経済的不利益を受けることになったものであるかどうか，また，納税者が税

務官庁の右表示を信頼しその信頼に基づいて行動したことについて納税者の責めに帰すべき事由がないかどうかという点の考慮は不可欠のものであるといわなければならない。」

　実務的には，納税者が税務官庁（税務職員）に対し，税法の解釈，適用等に関して質問をし，回答を得ることは，しばしばあるが，特に，節税策の検討においては，慎重な質問と回答が求められることになる。そして，その回答に反した課税処分が行われれば，前述のような信義則の適用問題が生じることになる。しかし，その回答が上記の「公的見解」に当たるか否かが最も重要な要件となる。この場合，税務官庁の窓口や税務調査においては，担当職員に質問をし，回答を得ることはよくあることであるが，それだけでは，公的見解とは言えないものと解されている。しかし，このような担当職員の回答については，公的見解と言えない場合であっても，各種加算税が課されないこととなる「正当な理由」（通法65④，66①等参照）に該当することがあるので，留意しておく必要がある＊54。

4　私法規定の準用

　各個別税法においては，私法上の規定を全部又は一部を準用する場合がある。この場合，各私法上の規定がそのまま税法の課税関係を律することもあるが，両者の規定・解釈に相違があることもあるので，両者の関連規定については留意する必要がある。そこで，実務上重要な準用規定とその留意事項について述べておく。

⑴　国税の連帯納付義務

　国税通則法8条は，「国税に関する法律の規定により国税を連帯して納付する義務については，民法第432条から第434条まで，第437条及び第439条から第444条まで（連帯債務の効力等）の規定を準用する。」

と定めている。この連帯納付義務について最も問題となるのが，相続税法34条に定める連帯納付の義務である。すなわち，同条によれば，原則として，同一の被相続人から相続等によって財産を取得した相続人間において互いに連帯納付の責任を負い（相法34①），同一の被相続人から相続等により財産を取得した相続人は，当該被相続人に係る相続税又は贈与税について，その相続等により受けた利益の範囲内で互いに連帯納付の責任を負い（同34②），財産を贈与した者は，その受贈者の贈与税について連帯納付の責任を負うことになる（同法34④）。このような連帯納付義務については，民法上の連帯保証制度が保証人にとって極めて厳しい制度になっており，かつ，それが国税については，民法上の債務履行の強制よりもはるかに厳しい滞納処分の対象になるので，相続又は贈与に当たっては，当事者は十分に留意しておく必要がある。

(2)　債権者代位権・行為取消権

　国税通則法42条は，「民法第423条（債権者代位権）及び第424条（詐害行為取消権）の規定は，国税の徴収に関して準用する。」と定めている。この場合，実務上，特に問題になるのが詐害行為取消権である。特に，多額な含み益がある資産を有する会社が，業績の行き詰まり等から会社を清算することとし，当該資産を売却して多額の譲渡益が生じた時に問題になる。当該会社としては，当該譲渡益を世話になった債権者に対してその債務を優先的に弁済し，会社の財産を零とした上で，法人税の確定申告をすれば，当該申告から生じた法人税額を納付しなくても済むであろうと考えたいところであろう。しかし，それを実施すると，国は，当該弁済に対して，詐害行為取消権を行使することになる。この場合，当該弁済が国の租税債権発生前であるとしても，従前の裁判例はその行使を容認している[55]。

　また，詐害行為取消権と国税徴収法39条に定める第二次納税義務（無

償又は著しい低額の譲受人等の第二次納税義務）は，類似しているので，当該事案の内容次第では，第二次納税義務が課せられることに留意する必要がある＊56。

⑶　徴収権の消滅時効

　　国税通則法72条1項は，「国税の徴収権は，その国税の法定納期限から5年間行使しないことによって，時効により消滅する」旨の原則規定を定め，同条2項において，「国税の徴収権の時効については，その援用を要せず，また，その利益を放棄することができないものとする。」と定め，同条3項において，「国税の徴収権の時効については，この節に別段の定めがあるものを除き，民法の規定を準用する。」と定めている。そして，同法73条1項において，更正・決定，賦課決定，納税の告知，督促及び交付要求があった場合に一定期間時効が中断又は停止することを定め，同条3項において，「偽りその他不正の行為」により納税を免れているときには，当該国税の法定納期限から2年間進行しない旨（時効は7年になる。）を定めている。

　　以上のように，徴収権の時効は，民法上の債権に係る原則5年と同じであり，民法の規定を準用しているのであるが，前述のように，各種の「別段の定め」があることに留意する必要がある。また，徴収権の時効については，実務的には，修正申告や期限後申告の期間制限に連動することになる。

5　租税法と私法の類似制度とその異同

　　租税法は，国と納税者間の債権・債務関係を律する規定が多く，租税法と私法とが交錯する場合が多いので，前述のような借用概念なり準用規定なりをめぐって両者間の異同が問題となる。それら以外にも，租税法においては，私法と類似する制度が設けられているので，私法との異

同を理解しておく必要がある。それらの主要な項目について，以下述べることとする。

(1) 相続における国税債務の承継

　国税通則法5条1項は，「相続（包括遺贈を含む。以下同じ。）があった場合には，相続人（包括遺贈者を含む。以下，同じ。）又は民法（〈略〉）第951条（〈略〉）の法人は，その被相続人（包括遺贈者を含む。以下，同じ。）に課されるべき，又はその被相続人が納付し，若しくは徴収されるべき国税（〈略〉）を納める義務を承継する。……」と定めている。この規定に関し留意すべきことは，節税策の一環として，個人の財産を法人（人格なき社団等を含む。）に移転させることはよくあるが，それが贈与（遺贈を含む。）又は著しく低い価額（当該財産の時価の2分の1未満）の場合には，その時の価額によって譲渡したものとみなされる（所法59①二）。そして，その移転が包括遺贈に該当する場合には，当該個人に課せられるべき所得税額を当該法人が引き継ぐ（承継する）ことになる＊57。そのことは，被相続人と相続人間においても，常に留意しなければならないことになる。

(2) 期間及び期限

　期間及び期限については，各種の法律行為において重要な事柄であるので，民法は，138条から143条までに定めるところであり，国税通則法は，10条及び11条に定めるところである。両者は，ほぼ同じような規定になっているが，国税通則法においては，災害等による国税庁長官等による期限の延長（通則法11）が法定されており，各個別税法において期限の特例が定めていることに留意を要する（通則法10②，通則令2）。

⑶　第三者による納付又は弁済

　民法474条1項は，「債務の弁済は，第三者もすることができる。」と定めているものの，債務者の意思に反する場合や債務の性質がその弁済を許さないような場合等には，第三者による弁済を禁じている。これは弁済した第三者が求償権を得ることによって，かえって，当該債務者が不利益を被ることを防ごうとするものと解される。ところが，国税通則法41条1項は，「国税は，これを納付すべき者のために第三者が納付することができる。」と定めるのみで，民法のような制限規定を設けていない。これは，滞納者の事情を無視した非情とも言える国庫優先主義が貫かれているものと考えられるが，そのことに留意を要する。

⑷　更正の請求と不当利得の返還

　民法703条は，不当利得の返還義務の原則につき，「法律上の原因なく他人の財産又は労務によって利益を受け，そのために他人に損失を及ぼした者（〈略〉）は，その利益の存する限度において，これを返還する義務を負う。」と定めている。この不当利得の返還義務の法理を租税法の特殊性に対応して定めたのが，国税通則法23条に定める更正の請求と各個別税法に定める更正の請求の特例である。よって，両者の異同については，十分理解しておく必要がある。この更正の請求については，納税者側の争訟手段の一環として利用されることについては既に述べたところである。

⑸　人格なき社団等と権利能力なき社団

　私法上の権利能力なき社団（人格なき社団）は，かつては法人格の取得が困難であったこともあり，同好クラブ等各種の中間的な団体（社団法人に近いもの，いわゆる権利能力なき社団）が多く存在していた。その後，平成18年に一般社団及び一般財団に関する法律が制定され，法人格の

取得が容易になったこともあり，現在では，法人格取得までの過渡的な団体が多くなっている。他方，租税法においては，例えば，所得税法1条1項8号が，「人格のない社団等　法人でない社団又は財団で代表者又は管理人の定めがあるものをいう。」（同旨法法2①八，通則法3等）と定め，人格のない社団等を法人とみなして所得税法の規定を適用する（同旨法法3，通則法3），と定めている。この場合，全ての個別税法が，上記のように定めているわけではなく，相続税法にはそのような規定はなく，むしろ，人格のない社団等を個人とみなして，贈与税又は相続税を課す場合がある（相法66）ことに留意を要する。このような個人（組合）と法人の中間的な団体については，解釈上の問題のほか，節税策の媒体になり得ることもあるので，留意を要する。

(6)　更正決定等の期間制限と時効

　徴収権の消滅時効と私法上の関係については，前記4(3)で述べたところであるが，更正決定等の期間制限についても，時効に類似する制度が設けられている。すなわち，国税通則法70条1項は，更正決定等の期間制限について，原則として，当該国税の法定申告期限から5年を経過した以後においては更正決定等をすることができないと定め，同条4項は，偽りその他不正の行為により税額を免れている場合はその期限を7年と定めている。これらの期間制限は除斥期間[58]と称されるもので，時効における中断は認められず，停止についても，民法161条（天災等による時効の完成猶予）が類推適用されるのみと解されている。このような期間制限については，納税者側の節税策の検討においても，考慮されるべきものである。

＊1　金子宏『租税法第24版』（弘文堂　令和3年）77頁

＊2　前掲＊1・81頁等参照

＊3　大阪高裁昭和43年6月28日判決（行裁例集19巻6号1130頁），大阪地裁平成11年2月26日判決（訟務月報47巻5号977頁）等参照

＊4　これらの判決の詳細については，品川芳宣『重要租税判決の実務研究第4版』（大蔵財務協会　令和5年）785頁参照

＊5　立法の趣旨等については，国税庁『改正税法のすべて昭和40年』140頁，142頁等参照

＊6　法人税法施行令72条の3は，同施行令第2編第1章第1節第2款の「第10目役員の給与等」の末尾に規定されているが，同目の69条から72条の2までは，それぞれ法人税法34条又は36条の委任を受けた形式を整えているが，72条の3だけは委任規定がない。元々，法人税法34条又は36条は，役員給与等の損金算入の範囲を定めたものであって，その損金算入時期を定めたものでないから，使用人給与の損金算入時期をこの「第10目」で規定することも不自然である。

＊7　詳細については，品川芳宣「租税法解釈（実務）に影響を及ぼした重要判例の検証」税務事例400号記念出版（「戦後重要租税判例の再検証」平成15年）1頁等参照

＊8　詳細については，品川芳宣「非上場会社（中小企業）における役員報酬等の支給戦略」資産承継2022年12月号6頁等参照

＊9　役員退職給与の「相当性」が争われた事例については，前掲※4・601頁，同『役員報酬の税務事例研究』（財経詳報社平成14年）304頁以下等参照

＊10　信義則の適用要件については，最高裁昭和62年10月30日第3小法廷判決（訟務月報34巻4号853頁），品川芳宣「税法における信義則の適用について－その法的根拠と適用要件－」税務大学校論叢8号1頁等参照

＊11　前掲＊1・87頁等参照

＊12　最高裁昭和38年5月31日第二小法廷判決（民集17巻4号617頁），

最高裁昭和 47 年 12 月 5 日第三小法廷判決（民集 26 巻 10 号 1795 頁），
最高裁昭和 49 年 6 月 11 日第三小法廷判決（訟務月報 20 巻 9 号 170 頁）
等参照

*13 前掲＊1・88 頁等参照

*14 平成 23 年の質問検査権行使の改正を批判的に論じたものとして，品
川芳宣「納税環境整備（税務調査手続・理由附記の法制化）の問題点」
税経通信平成 23 年 3 月号 17 頁，同「国税通則法改正後の税務調査手
続等の問題点」税経通信平成 25 年 4 月号 17 頁，同「国税通則法の改
正案の問題点とあるべき方向（上），（下）」税務事例平成 23 年 11 月号
11 頁，同平成 23 年 12 月号 9 頁等参照

*15 前掲＊4・223 頁等参照

*16 品川芳宣『傍流の正論』（大蔵財務協会　令和 5 年）187，195 頁参照

*17 なお，地方税法 388 条 1 項に基づき総務大臣が定めた固定資産評価基
準及び同項に基づき都道府県知事が定めた同基準細目について，地方
税当局は，同法 341 条 5 号に定める「適正な時価」の解釈に係る法源
性を主張していたのであるが，裁判所はこれを否定している（最高裁
平成 15 年 6 月 26 日第一小法廷判決・民集 57 巻 6 号 723 頁，同平成
18 年 10 月 10 日第三小法廷決定・平成 16 年（行ツ）第 143 号），前掲
＊4・1334 頁，1342 頁等参照

*18 前掲＊1・113 頁等参照

*19 同判決の評釈については，今村成和・別冊ジュリスト№.17（租税判例
百選）24 頁参照

*20 詳細については，前掲＊7・1 頁以下参照

*21 かつて，質問検査権の行使の範囲・程度を明確にした最高裁昭和 48 年
7 月 10 日第三小法廷決定（刑集 2 7 巻 7 号 1205 頁）が判例法として
機能していたが，平成 23 年の国税通則法の改正によって変更された。

*22 最高裁昭和 37 年 2 月 28 日大法廷判決（刑集 16 巻 2 号 212 頁），同平
成元年 2 月 7 日第三小法廷判決（訟務月報 35 巻 6 号 1029 頁）等参照

*23 東京地裁平成 25 年 4 月 26 日判決（平成 22 年（行ウ）第 308 号），東

京高裁平成 25 年 10 月 23 日判決（平成 25 年（行コ）第 224 号）等参照

* 24 ちなみに，現行法では，170 万円の収入金額であれば，給与所得控除額は 58 万円になる。また，昭和 39 年当時の 170 万円に対する給与所得控除額の割合は，7.9％であり，現行では，34.1％となる。もっとも，現在の給与ベースを考慮すると，1,700 万円に対しては 11.8％（195 万円）となり，3,000 万円に対しては，6.5％（195 万円）となる。

* 25 前出＊ 24 参照。なお，配偶者控除や基礎控除も制限されることになる。

* 26 この場合，役員報酬については，年 850 万円を超えた部分は，収入金額が即所得金額となり，年 4,000 万円を超える部分について約 55％の累進税率が課せられることになるが，株主配当については，選択によってその収入金額から所定の負債利子しか控除できないにしても，約 20％の税率で済ますことができる。

* 27 租税原則と租税政策の関係については，品川芳宣『課税所得と企業利益』（税務研究会昭和 57 年）45 頁以下参照

* 28 福岡地裁昭和 55 年 6 月 5 日判決（訟務月報 26 巻 9 号 1572 頁），大阪高裁昭和 49 年 10 月 15 日判決（税資 77 号 97 頁），東京地裁昭和 57 年 11 月 15 日判決（訟務月報 29 巻 6 号 1161 頁）等参照

* 29 税務通達の取扱いと平等原則との関係については，品川芳宣『租税法律主義と税務通達』（ぎょうせい平成 16 年）128，145 頁等参照

* 30 この制度は，平成 10 年度税制改正において，所得税法又は法人税法の個別貸倒引当金として受け継がれている（所法 52，所令 144，法法 52 ①，法令 96 ①）。

* 31 大阪地裁昭和 44 年 5 月 24 日判決（税資 56 号 703 頁）等参照

* 32 緩和通達の代表例として，所得税法 36 条 1 項及び 2 項が，「金銭以外の物又は権利その他経済的な利益をもって収入する場合」は，「当該物若しくは権利を取得し，又は当該利益を享受する時における価額」によって収入すべき金額とすると定めているにもかかわらず，当該条項の取扱いを定めた所得税基本通達 36 - 21 から 36 - 29 の 2 の各通達

第Ⅰ章　租税法律主義と私法上の取引　*61*

が，「課税しない経済的利益」を列挙している。このような緩和通達については，①当該通達の制定に正当な目的を有すること，②当該通達の内容に合理性があること，③当該通達の取扱いが納税者において異議なく受容されていること，④当該通達の内容が納税者に対して平等に執行されていること等の要件を充足すれば，租税法律主義の下で容認されるものと解されている（前出＊29・40頁，大阪地裁昭和44年5月24日判決・税資56号703頁，東京高裁昭和52年7月28日判決・同95号261頁，大阪高裁昭和55年1月25日判決・同110号90頁等参照）。

＊33　前掲※4・190頁参照

＊34　この問題の詳細については，品川芳宣『国税通則法の理論と実務』（ぎょうせい平成29年）305頁，同『附帯税の事例研究第4版』（財経詳報社平成24年）383頁等参照

＊35　詳細については，前出＊34『国税通則法の理論と実務』26頁，品川芳宣『現代税制の現状と課題－租税手続編－』（新日本法規平成29年）29頁等参照

＊36　最高裁昭和45年12月24日第一小法廷判決（民集24巻13号2243頁），前掲＊35「国税通則法の理論と実務」190頁，「現代税制の現状と課題」196頁等参照

＊37　本判決の評釈については，小早川光郎・別冊ジュリストNo.120（租税判例百選（第三版））166頁等参照

＊38　なお，「調査」の意義については，従来は，「そもそも通則法第24条にいう調査とは，被告住吉税務署長の主張するように，課税標準等または税額等を認定するに至る一連の判断過程の一切を意味すると解せられる。すなわち，課税庁の証拠資料の収集，証拠の評価あるいは経験則を通じての要件事実の決定，租税法その他の法令の解釈適用を経て更正処分に至るまでの思考，判断を含むきわめて包括的な概念である。」（大阪地裁昭和45年5月22日判決・訟務月報17巻1号91頁，同旨最高裁昭和47年11月22日大法廷判決・刑集26巻9号554頁・

同昭和 48 年 7 月 10 日第三小法廷決定・同 22 巻 7 号 1205 頁，同昭和 63 年 3 月 31 日第一小法廷判決・税資 163 号 1122 頁等参照）と解されてきた。

*39　当時の国税通則法改正と調査通達の発出について批判的に論じたものとして，品川芳宣「納税環境整備（税務調査手続・理由附記の法制化）の問題点」税経通信平成 23 年 3 月号 17 頁，同「国税通則法の改正案の問題点とあるべき方向（上）（下）」税務事例平成 23 年 11 月号 11 頁，同平成 23 年 12 月号 9 頁，同「国税通則法改正後の税務調査手続等の問題点」税経通信平成 25 年 4 月号 17 頁等参照

*40　前掲※ 1・132 頁，東京高裁昭和 61 年 7 月 3 日判決（訟務月報 33 巻 4 号 1023 頁），大阪高裁平成 8 年 7 月 25 日判決（同 44 巻 12 号 2201 頁），東京地裁平成 21 年 2 月 27 日判決（判タ 1355 号 123 頁）等参照

*41　前掲＊ 4・35 頁参照

*42　東京地裁令和 5 年 5 月 12 日判決（令和元年（行ウ）第 607 号）等参照

*43　前掲＊ 36 最高裁昭和 45 年 12 月 24 日第一小法廷判決等参照

*44　民法 1 条は，「私権は，公共の福祉に適合しなければならない。」（同条 1 項），「権利の行使及び義務の履行は，信義に従い誠実に行わなければならない（同 2 項）及び「権利の濫用は，これを許さない。」と定めている。また，民法 90 条は，「公の秩序又は善良の風俗に反する法律行為は，無効とする。」と定めている。

*45　最高裁昭和 50 年 5 月 27 日第三小法廷判決（民集 29 巻 5 号 641 頁），所得税基本通達 33 − 1 の 4 等参照。

*46　前掲＊ 1・127 頁

*47　前掲＊ 4・1009 頁等参照

*48　評釈については，品川芳宣・税研 2020 年 1 月号 86 頁，同・T&Amaster 2019 年 11 月 25 日号 19 頁，前掲＊ 4・215 頁等参照

*49　前掲＊ 1・197 頁等参照

*50　この点について，所得税基本通達 36 − 1 は，「法第 36 条 1 項に規定する「収入金額とすべき金額」又は「総収入金額に算入すべき金額」は，

その収入の基因となった行為が適法であるかどうかを問わない。」と
定め，旧法人税基本通達 51 は，「総益金とは，……純資産増加の原因
となるべき一切の事実をいう。」と定め，同通達 52 は，「総損金とは，
……純資産減少の原因となるべき一切の事実をいう。」と定めていた
（但し，旧法人税基本通達の考え方は，法令の解釈上疑義がなく，条理
上明らかであるということで，現行通達には規定されていない（品川
芳宣「課税所得と企業利益」（税務研究会昭和 57 年） 4 頁等参照）。）。
＊51 中川一郎「税法における信義誠実の原則」ジュリスト 100 号 152 頁，
原亮之助「租税法における信義誠実の原則」税務大学校論叢 2 号 11 頁，
前掲＊45・144 頁等参照
＊52 品川芳宣「税法における信義誠実の適用について―その法的根拠と適
用要件―」税務大学校論叢 8 号 1 頁参照
＊53 評釈については，首藤重幸・税務事例創刊 400 号記念出版「戦後重要
租税判例の再検証」35 頁等参照
＊54 「正当な理由」の詳細については，品川芳宣『附帯税の事例研究第四版』
64 頁以下等参照
＊55 佐賀地裁昭和 32 年 12 月 15 日判決（訟務月報 4 巻 2 号 163 頁），東京
地裁平成 3 年 6 月 27 日判決（同 38 巻 5 号 790 頁），大阪高裁平成 2 年
9 月 27 日判決（同 37 巻 10 号 1769 頁），横浜地裁平成 7 年 9 月 28 日
判決（同 42 巻 11 号 2566 頁）等参照
＊56 東京地裁平成 9 年 8 月 8 日判決（判時 1629 号 43 頁）等参照
＊57 東京地裁平成 10 年 6 月 26 日判決（税資 232 号 864 頁）等参照
＊58 除斥期間とは，一定の期間内に権利を行使しないとその期間の経過に
よって権利が当然に消滅する場合の期間をいう。

第Ⅱ章

税理士等の職務と節税

第1節　問題の所在

　前章までに，「租税法律主義と私法上の取引」と題し，租税法の法律
関係の根幹である租税法律主義の下で，課税要件の全てと賦課・徴収の
手続が法律（税法）で律せられるとしても，それらの規定が自己完結的
に定められているわけではなく，私法上の規制や取引と深く関わってい
ることを述べた。換言すると，私法上の規制や取引を変更すると，課税
要件の内容や賦課・徴収の手続の内容も変更し得ることにもなる。また，
各個別税法の規定の解釈も，私法上の関係規定やその解釈如何によって
変更し得ることもあり得る。そして，私法上の取引は，本来，租税法の
法律関係とは関係なく行われるものであるが，それらの取引如何によっ
て租税負担が変わることがあり得る。そのため，その私法上の取引は，
租税負担をできる限り軽減する方向で変更されることも考えられる。そ
こに，租税負担の軽減すなわち節税が問題となる。

　この節税は，何も私法上の取引段階で問題になるわけではなく，各個
別税法の解釈・適用においても，その解釈・適用の方法等においても問
題になる。すなわち，租税法律主義の合法性の原則の下で各個別税法の
解釈・適用が厳しく律せられるにしても，その解釈・適用には一定の幅
（アローアンス）がある場合があるので，納税者側からすると，可能な限
り自己に有利な方向で解釈・適用を試みようとする。また，解釈・適用
の前提条件の変更も可能になる。そこにも，節税の問題が生じることに
なる。

　ところで，このような私法上の取引や個別税法の解釈・適用において
節税を意識した取引や解釈・適用を行うことは，相当な専門的知見を要
するので，納税者本人では困難な場合が多い。そのため，そのような取
引をアドバイス又は代理行為するためのコンサルタントが必要とされ，
多くのコンサル会社が存在するようになった。もちろん，そのようなコ

ンサル会社は，種々の分野に関与するので，税務が専門とは限らない。しかし，主として，税務に関与するコンサル会社においては，税理士業務と競合することもあるので，その会社に税理士が従事している場合が多い。中には，実質的には同一の事業体でありながら，税理士法人とコンサル会社を併存させ，税理士法人に所属する税理士全員が，そのコンサル会社に所属することもある。このような手段を講じるのは，後述するように，税理士法人の業務上の責任が重いため（社員の無限責任），有限責任であるコンサル会社にその責任を分散させようとする苦肉の策とも言える。

　かくして，前述したところの私法上の取引において節税策を検討し，個別税法の解釈・適用において納税者に有利にするように検討する主役を演じるのは税理士又はそれに類似する職務を業とする専門家であることになる。そのため，税理士が規制を受けることになる税理士法における税理士の使命と業務との関係を確認しておく必要がある。また，税理士の業務に最も深い関係を有する専門家は，弁護士であろうから，弁護士法と税理士法との関係についても，確認しておく必要がある。なお，公認会計士についても，コンサル会社等において主役を演じることも多いが，彼らは，公認会計士独自の立場でそのような職務に従事することもあるが，主として，税理士法の下で「税理士」であることを登録して，税理士として前述のような職務に従事することが多い。そのほか，司法書士や行政書士も，税務に関連した業務を行うことがあるので，留意しておく必要がある（以下，これらの専門家を一括して「税理士等」という。）。

第2節　税理士の使命

1　沿　　革

　我が国においては，現在の税理士制度に類似するものとして，昭和2年制定の計理士法による計理士制度があり，それが昭和17年に改定さ

れて税務代理士法が制定され，税務代理士制度が設けられ，今日の税理士制度につながる基礎が確立した。その後，昭和24年のシャウプ勧告の中で，従来の税務代理士制度につき，税務代理を行う者の水準を向上させ，納税者及び税務官公署のよりよき協力者になって，税務行政の適正円滑化を推進すべき旨の勧告があった*1。かくして，昭和26年に「税理士法」が制定され，その1条において，税理士の職責（使命）について，次のように定められた。

「税理士は，中正な立場において，納税義務者の信頼にこたえ，租税に関する法令に規定された納税義務を適正に実現し，納税に関する道義を高めるように努力しなければならない」

その後，税理士法は，逐次改正されてきたが，昭和55年に大幅な改正が行われた。その中で，税理士の使命に関しては，従前の規定の中で，「中正な立場」という文言の意義が不明確であるという指摘を受けてきたので，その明確化を図る必要があるとされた。そして，結論としては，現行の規定に改正されることになった。

2　現行規定とその趣旨

現行の税理士法1条は，「税理士の使命」と題し，「税理士は，税務に関する専門家として，独立した公正な立場において，申告納税制度の理念にそって，納税義務者の信頼にこたえ，租税に関する法令に規定された納税義務の適正な実現を図ることを使命とする。」と定めている。

このように，昭和55年に改正された現行の税理士法1条に定める税理士の使命は，昭和26年に税理士法が定められた時よりも相当異なることになったが，当該改正時の衆議院大蔵委員会において，その改正の趣旨について，政府委員は，次のように説明している*2。

国会議事録（抄）（昭和54年6月5日衆議院大蔵委員会政府委員答弁）

○現行法は「中正な立場」ということになっておりまして，中正の意味

は，中立公正ということであろうかと思います。この中立という言葉にかえて，さらにはっきりと独立ということで，「独立した公正な立場」にしたということでございますが，その前の方に「税務に関する専門家として」という言葉がまた入っておるわけであります。

　ドイツ法は独立不偏という言葉を使っております。アメリカ法においては，そういう使命というような規定はなくて，すぐに内容に入っておりますけれども，この場合の独立という言葉の意味は，納税者との関係は，これは依頼者との関係で申しますと，これは民法上の契約から代理になっておると思うのです。代理の内容は，租税債務の関係から代理以上の範囲のものを含むかと思うのですけれども，そういう意味で，民法上の代理概念による委嘱によってやっておりますけれども，それは当然のことでございまして，ここでやはり第1条は，適正な納税義務の実現と締めくくっているところにポイントがあろうと思うのです。これがやはり税という公共的な仕事をやる，それをまた独占の形で保障するという，この独占業務になっておるわけでございまして，その意味で，単なる依頼関係，民法上の代理関係以上の使命というものが必要になるわけであります。その独立性というものは，依頼者の関係において単なる民法上の依頼以上に，適正な納税義務という観点からのやはり判断を要する。それは，税務の専門家という立場から行われる場合がございますし，さらに全人格的な判断を要する独立の概念，それからまた対税務官署の関係におきましても，これはまた税務官署に対して対等な立場で主張すべきものは主張するという種の独立の概念，そこが一つの今回の改正における趣旨を明確にした点でございます。

○「納税に関する道義を高めるように努力しなければならない。」という文言があったわけでございますが，今回の案ではそれを切っております。その趣旨は，納税道義の高揚ということは税理士さんが当然や

られておるわけでございますけれど，納税義務の高揚ということは即，適正な納税義務の実現ということであります。したがって，適正な納税義務の実現という言葉の中に吸収されているということを考えまして，今度御提案申し上げているようなその部分を削るという改正案をまとめておるわけでございますが，この末尾の部分を削ることによって，旧法と新法の間で法文の趣旨が異なったものになったというふうには理解はいたしておらないわけでございます。

　このような政府答弁を受け，昭和55年の税理士法1条改正の趣旨について，主税局の担当者は，次のように説明している＊3。
　「今回の改正では，税理士の社会的立場を明確にする見地から，第1条を税理士の使命に関する規定とし，その内容も，「税理士は，税務に関する専門家として，独立した公正な立場において，申告納税制度の理念にそって，納税義務者の信頼にこたえ，租税に関する法令に規定された納税義務の適正な実現を図ることを使命とする」に改められました。
　このように，税理士が「税務に関する専門家」であることを明記し，従来その解釈について議論のあった「中正な立場」を「独立した公正な立場」に改める等の改正を行った新しい使命規定は，税理士の社会的地位ないし果たすべき役割を一層明確にしたものと解されます。
　また，「申告納税制度の理念にそって」は参議院の修正により追加されたものですが，この表現は，戦後のわが国税制の基本となっている申告納税制度下における税理士の重要な役割を原点にかえって強調したもので，意義深い修正として評価することができると思います。
　なお，税理士は納税者の権利を擁護することを使命とする旨を明記すべきとの主張が従来からありますが，この主張の正しい意味での趣旨は，「納税義務の適正な実現を図ること」，すなわち，「過大でも過小でもなく納税する」ということの意味の中に当然含まれるものと解され，また，

70

参議院における修正部分にはこの主張の趣旨を含むものと解することができようかと思います。」

　次に，税理士の立場からでということで，日本税理士会連合会が編集した解説書では，この税理士の使命について，次のように説明している*4。

　「税理士制度は，税務に関する専門家としての能力，識見を有する者即ち税理士が納税義務者を援助することを通じて，納税義務者が自己の負う納税義務を適正に実現し，これによって，申告納税制度の円滑，適正な運営に資することを期待して設けられたものであり，この点において，税理士制度と申告納税制度とは形影相ともなう一体のものとしてとらえる必要がある。法第1条における「申告納税制度の理念にそって」との表現はこの趣旨をさしたものである。

　税理士はこのような公共的使命を担うものであり，委嘱者たる納税義務者の援助に当たっては，納税義務者あるいは納税当局のいずれにも偏しない独立した公正な立場で，税務に関する専門家としての良識に基づき行動しなければならない。税理士がこのような立場で，租税に関する法令に規定された納税義務の適正な実現を図るという使命を果たしていくことは，納税者と間に健全かつ強固な信頼関係を育成することになり，また，税理士に対する社会的評価をより高いものとする。

　なお，「納税義務の適正な実現を図る」とは，税法に定めるとおり"過大でも過小でもなく納税する"との趣旨であり，これにより，納税義務者の租税債務の履行は何ら不利益を被らないことになる。」

　以上のように，税理士法1条が定める「税理士の使命」について，税理士法の改正の変遷，現行法に至った国会での政府答弁，立法担当者と税理士側の解説を整理してきたところである。それらの見解は，至極ごもっともであるとも考えられるのであるが，税理士の現実の実務に照らしてみると，「疑問なしとしない」ということにもなる。例えば，「納税

第Ⅱ章　税理士等の職務と節税　71

義務の適正な実現を図る」ということが，税法の定めどおり「過大でも過小でもなく納税する」にしても，本書の前記第Ⅰ章で述べたとおり，個別税法の解釈にせよ，課税要件の基礎となる私法上の取引から生じる成果（利得）にせよ，相当の幅があることからすると，何をもって「過大」とし，「過小」とするかは，極めて困難である。それに加え，税理士は，納税者から依頼を受けて料金を受け取る立場であることも考慮せざるを得ないはずである。さすれば，税理士がどのような立場で，次に述べる税理士の業務を実施するかが問題になるはずである。そのような問題は，別項を設けて，論じることとする。

第3節　税理士の業務

1　総　　論

　税理士の業務についても，昭和26年に税理士法が制定されて以降，逐次改正が重ねられてきたが，やはり昭和55年の改正によって一層業務内容の明確化が図られてきた。特に，税理士は，前述の税理士の使命を果たすため，他人の求めに応じ，租税に関し，税務代理，税務書類の作成又は税務相談を行うことを業とする（税理士法2①）ことになっているが，このような業務は税理士及び税理士法人が独占的に行うことになっている（税理士法52）ので，その業務の範囲が明確でなければならないことになる。この明確化に当たって，次のことが特に問題となる。

(1)　税理士業務の対象となる租税

　まず，税理士の業務の対象となるのは，「租税」であるが，その「租税」から除外するものについて，税理士法2条1項かっこ書が，「印紙税，登録免許税，関税，法定外普通税（地方税法（〈略〉）第10条の4第2項に規定する道府県法定外普通税及び市町村法定外普通税をいう。），法定外目的税（同項に規定する法定外目的税をいう。），その他の政令で定めるものを除く。

以下略」と定めている。そして，税理士法施行令1条は，税理士の業務から除外される租税の詳細について，「印紙税，登録免許税，自動車重量税，電源開発促進税，国際観光旅客税，関税，とん税，特別とん税及び狩猟税並びに法定外普通税（同項（編注：地方税法2条1項に規定する法定外普通税をいい，地方税法（〈略〉）第1条第2項において準用する同法第4条第3項若しくは第5条第3項の規定又は同法第734条第6項の規定によって課する普通税を含む。））及び法定外目的税（法第2条第1項に規定する法定外目的税をいい，地方税法第1条第2項において準用する同法第4条第6項若しくは第5条第7項の規定又は同法第735条第2項の規定によって課する目的税を含む。）とする。」と定めている。

　このような「租税」の範囲については，昭和55年改正前においては，限定列挙方式がとられ，「所得税，法人税，相続税，贈与税，事業税，市町村民税，固定資産税又は政令で定めるその他の租税」とされ，政令では，「財産税と富裕税」が規定されていた。そのため，限定列挙されていない租税についての書類の作成業務は，行政書士法により行政書士の独占業務となり，税理士が税理士業務を行うに当たり，納税者から対象外税目について書類作成の依頼を受けても行えないということで，租税の専門家たる税理士としても，また，当該納税者にとっても不都合な状態であった。

　そこで，昭和55年改正において，原則として，全税目が税理士業務の対象とされ，前述のような事態は回避されることになったが，反面，行政書士の既得権を侵害することになるので，税理士法51条の2において，「行政書士又は行政書士法人は，それぞれ行政書士又は行政書士法人の名称を用いて，他人の求めに応じ，ゴルフ場利用税，自動車税，軽自動車税，事業所税その他政令で定める租税に関し税務書類の作成を業として行うことができる。」と定め，その調整を図ることとした。なお，税理士法施行令14条の2は，上記の「政令で定める租税」につ

第Ⅱ章　税理士等の職務と節税　　*73*

いて,「石油ガス税,不動産取得税,道府県たばこ税(都たばこ税を含む。),市町村たばこ税(特別区たばこ税を含む。),特別土地保有税及び入湯税とする。」と定めている。

(2) 「業とする」の意義

税理士法2条1項に定める「業とする」とは,税務代理,税務書類の作成又は税務相談を反覆継続して行い,又は反覆継続して行う意思をもって行うことをいい,営利目的の有無ないし有償無償の別を問わないものと解されている(税基通2-1)。ただし,個人あるいは法人の行う事業に係る租税について,その使用人が税理士たる使用者の命により申告書等を作成したり,税務当局と折衝したりするのは,使用者の補助者として行動しているものであって,税理士業務を行っていることにはならない。

また,国税又は地方税に関する行政事務に従事する者がその事務を遂行するために必要な限度において税務書類の作成等の事務を行うことも,それが反覆継続するものであっても「業とする」ものには該当しないことになる。

このような「業とする」か否かの区分については,主として,「ニセ税理士」問題等において問題となる。

2 税務代理

税理士法2条1項1号は,税理士が業として行う事務の一つとして,次の「税務代理」を挙げている。

「一 税務代理(税務官公署(税関官署を除くものとし,国税不服審判所を含むものとする。以下同じ。)に対する租税に関する法令若しくは行政不服審査法(〈略〉)の規定に基づく申告,申請,請求若しくは不服申立て(これらに準ずるものとして政令で定める行為を含むものとし,酒税法(〈略〉)

第2章の規定に係る申告，申請及び審査請求を除くものとする。以下「申告等」という。）につき，又は当該申告等若しくは税務官公署の調査若しくは処分に関し税務官公署に対する主張若しくは陳述につき，代理し，又は代行すること（次号の税務書類の作成にとどまるものを除く。）をいう。）」

　また，上記の「政令で定める行為」につき，税理士法施行令1条の2は，「租税（〈略〉）に関する法令又は行政不服審査法（〈略〉）の規定に基づく届出，報告，申出，申立てその他これらに準ずる行為とする。」と定めている。

　なお，昭和55年改正前は，「申告，申請，不服申立て，過誤納税金の還付の請求その他の事実（訴訟を除く。）につき代理すること」と規定されていたが，この規定については，税務調査の際に税理士が事実の解明，陳述等を行って納税者を援助する行為が含まれるかどうか等「その他の事項につき代理する」とは具体的にいかなる内容を意味するか法文上明確でないとの指摘があって，同年改正されたものである[5]。また，上記規定の主要用語の意義等については，次のとおりである。

(1)　税務官公署

　国税については，まず，国税庁，国税局，税務署及び国税不服審判所がこれに該当し，地方税については，地方公共団体の税務関係部局（税務課，税務事務所等）がこれに該当する。税関官署は，国税等の賦課徴収に関する事務を所掌する官公署であるが，この事務には通関士という職業専門家が存在しているので，税理士の独占業務との重複を避ける見地から，税理士法上の税務官公署に含めないこととされている。国税不服審判所は，租税の賦課徴収に関する事務を所掌する官公署であるとは言い難い面もあるが，納税義務の適正な実現のために存在する行政機関であり，審査請求に関する事務は納税者にとって専門家の援助を必要とすると認められるから，税務官公署に含められたものと解される。

第Ⅱ章　税理士等の職務と節税　　*75*

なお，昭和55年改正前においては，申告等の税務代理行為の相手方について明記されていなかったが，税理士制度の趣旨に照らし，現行法のように改正された。

(2)　租税に関する法令

　租税に関する法令には，国税について所得税法，相続税法，消費税法等の実体法（個別税法）と国税通則法及び国税徴収法の手続法（共通法）のほか，それらの特例法である租税特別法措置法，災害被害者に対する租税の減免，徴収猶予等に関する法律，租税条約等の実施に伴う所得税法，法人税法及び地方税法の特例等に関する法律など，租税債権（債務）の額を具体的に決定し，又はそれを履行するための法律，政省令，告示が全て含まれる。地方税については，地方税法のほか，各地方団体が制定する条例及び規則も含まれる。ただし，行政命令である通達，告示は，この法令には該当しない。なお，税理士法も租税に関する法令に該当しない。

(3)　申　告　等

　申告等とは，次の行為をいう。

　①　申告……所得税，法人税などの納税申告，住民税，事業税などの課税標準についての申告等をいう。

　②　申請……納税猶予の申請，所得税の予定納税額の減額承認申請，法人税の確定申告書の提出期限の延長申請，酒類の未納税移出承認申請等をいう。

　③　請求……更正の請求，差押換えの請求等をいう。

　④　不服申立て……不服申立てには，処分官公署又は不作為官公署の上級官公署等に対してする「審査請求」と法律に特別の定めがある場合に不服申立人の選択により審査請求の前段階として処分官公署

に対してする「再調査の請求」がある（行審法2～5）。国税については，処分官公署に対してする「再調査の請求」と国税不服審判所長又は国税庁長官にする「審査請求」があり（通則法75），地方税については，地方団体の長に対する「審査請求」のみである（地法19）。

⑤　届出……納税地の異同に関する届出等をいう。

⑥　報告……酒類の購入及び販売数量等の報告，不動産取得税等の地方税の賦課徴収に関する報告等をいう。

⑦　申出……国税の予納の申出，固定資産税課税台帳の登録事項に関する審査の申出等をいう。

⑧　申立て……租税条約の規定に適合しない課税に関する申立て等をいう。

⑨　その他これらに準ずる行為……不服申立てに関連して行われる補正や反論，後述する税務書類となる明細書や計算書の提出，特定の事実あるいは意思を伝達する行為等も含まれると解されている。

(4)　代理・代行・主張・陳述

「代理」とは，代理人が本人に代わって意思表示をなし，又は意思表示を受領し，その法律効果を直接本人に帰属させる関係をいう。また，「代行」には，代理のみならず，事実の解明，陳述等の事実行為を含むものとされている（税基通2－4）。

ところで，税理士は，納税者に代わって申告等の法律行為をするばかりではなく，納税者の納税義務に関して，税務当局との間で事実認定，法解釈等について折衝することも重要な業務であるため，専門的な知見，経験等が要求される。そのため，税理士法上の税務の「代理」には，従来，法律行為の代理にとどまらず，事実行為の代行を含むものと解されてきた[6]。これを踏まえ，「税務代理」には，税務官公署に対してする

主張又は陳述の前提となる税務官公署から納税者に対して発する書類等の受領行為を含むほか，分納，納税の猶予等に関し税務官公署に対してする陳述について代理することも含むものとされている（税基通2－3）。ただし，上記の「税務代理」に含まれる「税務官公署に対してする主張又は陳述の前提となる税務官公署から納税者に対して発する書類等の受領行為」には，国税通則法117条1項に規定する納税管理人又は同条5項に規定する特定納税管理人が，その処理すべき事項として行う税務官公署から納税者に対して発する書類等の受領行為は含まれないことになる（税基通2－3（注）書）。

　次に，「主張」と「陳述」については，一般的に，前者が自分の意見を積極的に表明することを意味することに対し，後者は，単に「主張」のみならず事実の説明を行うものと解されるが，税理士が，税務官公署に対して，納税者に代わって折衝する場合は，専門家としての立場から，意見を述べ，あるいは事実関係の説明するのが通常であるから，「主張」と「陳述」をあえて分けて議論する実益は乏しいように考えられる。

3　税務書類の作成

　税理士法2条1項2号は，税理士が業として行う事務の二つ目として，次の「税務書類の作成」を挙げている。

　「二　税務書類の作成（税務官公署に対する申告等に係る申告書，申請書，請求書，不服申立書その他租税に関する法令の規定に基づき，作成し，かつ，税務官公署に提出する書類（その作成に代えて電磁的記録（〈略〉）を作成する場合における当該電磁的記録を含む。以下同じ。）で財務省令で定めるもの（以下「申告書等」という。）を作成することをいう。）」

　また，上記の「財務省令で定める書類」は，「届出書，報告書，申出書，申立書，計算書，明細書その他これらに準ずる書類」（税理士規1）である。

　このような税務書類の作成に関して，「税務官公署」及び「申告等」

については，前記２で述べたとおりであり，「申告書等」については，前記規定のとおりである。また，税理士法施行規則１条にいう「その他これらに準ずる書類」としては，特定の事実あるいは意思を伝えることを内容とする文書であると解されている＊7。

　なお，所得税法又は法人税法において青色申告等の場合に作成，保存等が義務付けられている貸借対照表，損益計算書等の財務諸表（所法148，所規56，法法126，法規54〜59）については，元々税法の規定に基づき作成されるものではなく，商法又は会社法の規定に基づいて作成，保存等が義務付けられている（商法19，会社法432等）ものであるから，税理士法上の「帳簿書類」に含まれない＊8。しかし，実務的には，税理士が，「帳簿書類の作成」の前提作業として，商法又は会社法に定める財務諸表を作成するのが一般的であるから，税理士法に定める「申告等」と「税務書類の作成」と一体的に行われているので，後述する「付随業務」と関係する＊9。

　次に，「作成する」とは，自己の判断に基づいて作成することをいい，単なる代書は含まれないものとされている（税基通２－５）。

　そして，税理士又は税理士法人は，税務代理をする場合において，租税に関する申告書等を作成して税務官公署に提出するときは，その申告書等に署名しなければならないこととされている（税理士法33①）。

　また，情報通信技術活用法により，税務官公署に対する申告等を電子情報処理組織を使用する方法により行うことができるとされており，この方法による場合には，この申告等に係る申告書等（書面）の作成は行われず，この申告等に係る電磁的記録を作成して提出することになる。この方法は，今後，一層重視されるものと考えられる。

4　税務相談

　税理士法２条１項３号は，税理士の業務の三つ目として，次の「税務

第Ⅱ章　税理士等の職務と節税　　79

相談」を定めている。

「三　税務相談（税務官公署に対する申告等，第1号に規定する主張若しく
は陳述又は申告書等の作成に関し，租税の課税標準等（国税通則法（〈略〉）第
2条第6号イからへまでに掲げる事項及び地方税（特別法人事業税を含む。以
下同じ。）に係るこれらに相当するものをいう。以下同じ。）の計算に関する事
項について相談に応ずることをいう。）」

　この規定に関し，「税務官公署」，「申告等」及び「主張若しくは陳述」は，
前記2で述べたところである。「租税の課税標準等」については，国税
通則法2条6号イからへまでに掲げる事項ということなので，次のもの
がこれに当たる。

①　国税に関する各税法に定める課税標準（課税標準額又は課税標準数
　量）
②　課税標準から控除する金額
③　所得税法，法人税法及び相続税法に定める純損失等の金額
④　納付すべき税額
⑤　還付金の額に相当する税額
⑥　納付すべき税額の計算上控除する金額又は還付金の額の計算の基
　礎となる税額

また，地方税に関しては，令和6年1月1日から森林環境税も含まれ
ることになる。

　前記の税理士法2条1項3号に規定する「相談に応ずる」とは，同号
に規定する事項について，具体的な質問に対して答弁し，指示し又は意
見を表明することをいい（税基通2－6），単に仮定の事例に基づき計算
等を行うことまでも含まれない。また，一般的な税法の解釈なども税務
相談には該当しないものと解されている[10]。

　しかし，一般的な意味での「税務相談」については，税務に関する全
ての事項（例えば，仮定（想定）の事例における税負担や解釈上の問題等）に

ついての相談ごとも含まれると解されているので，税理士法上の「税務相談」が極めて限定的であることに留意する必要がある。このことは，税理士以外の者が，コンサルタントとして各種の「税務相談」に応じることを可能とするが，その場合の「税務相談」と税理士法上の「税務相談」との区分が困難であることも意味する。

5　付随業務

　税理士法2条2項は，税理士等の付随業務として，次のことを定めている。

　「2　税理士は，前項に規定する業務（以下「税理士業務」という。）のほか，税理士の各称を用いて，他人の求めに応じ，税理士業務に付随して，財務書類の作成，会計帳簿の記帳の代行その他財務に関する事務を業として行うことができる。ただし，他の法律においてその事業を業として行うことが制限されている事項については，この限りではない。」

　この規定は，昭和55年改正の際に追加されたものである。元々，所得税法や法人税法に定める所得金額の計算は，企業会計上の利益計算を踏まえ，税法に定められた調整計算を行うものであるから，会社法や商法に定める財務書類の作成や記帳と極めて密接な関連がある。したがって，前述した税理士の業務を行うためには，税理士に対し，財務書類の作成を業とさせることは現実的である。そのために，そのことを付随業務として明確にしたものである。また，実務的には，税理士の多くが，「税務会計事務所」と称し，事務員を雇い，記帳代行等の財務書類の作成等に事務量の多くを割いているのが現実である。

　もっとも，本来，財務書類の作成や記帳の代行などの会計業務は，自由業務であるため，税理士法2条2項の規定も，税理士の独占業務である税理士業務に含めているわけではない。なお，公認会計士法による財務書類の監査・証明等他の法律においてその事業を業としている事項に

第Ⅱ章　税理士等の職務と節税　*81*

ついては，付随業務として行うことができないことを明確にしている。

6　裁判所における補佐人

　税理士法2条の2は，税理士が，裁判所に出頭し陳述できることを次のように定めている。

　「税理士は，租税に関する事項について，裁判所において，補佐人として，弁護士である訴訟代理人とともに出頭し，陳述をすることができる。

　2　前項の陳述は，当事者又は訴訟代理人が自らしたものとみなす。ただし，当事者又は訴訟代理人が同項の陳述を直ちに取り消し，又は更正したときは，この限りでない。」

　この補佐人制度は，平成13年改正で設けられたものであるが，税務争訟が租税に関する専門技術性を有していることに鑑み，税理士が補佐人という立場で法廷でも活躍できることは意義のあることである。これで，税理士は，行政上の不服申立手続と司法上の取消訴訟上に一貫して参画できることになった。

　また，前記にいう「租税に関する事項」には，税務官公署に対する申告等又は税務官公署の調査若しくは処分に関する事項などの行政事件訴訟のほか，税理士が税法適用誤りなどをした場合の損害賠償請求訴訟，国税債権不存在確認訴訟，国家賠償請求訴訟，相続争いに伴う訴訟における税務事項等も含まれる。しかし，刑事訴訟（脱税事件）における補佐人は，刑事訴訟法42条により，被告人の法定代理人，保佐人，配偶者，直系の親族，兄弟姉妹に限定されているので，税理士は刑事事件の補佐人として出廷することはできないものと解されている[11]。

　なお，この規定の適用を受けて税理士が裁判所に出廷する場合には，税理士は訴訟事務に関しての専門家ではないため，弁護士である訴訟代理人とともに出廷することを前提としているので，弁護士を付けないい

わゆる本人訴訟において，税理士が当該本人を法廷において補佐することは認められない。この点について，弁理士については，弁理士法5条において，「……裁判所において，補佐人として，当事者又は訴訟代理人とともに出頭し，陳述又は尋問することができる。」と定められ，訴訟代理人に帯同することもなく出廷でき，かつ，税理士法のような陳述のみではなく，尋問することも認められている。よって，これらの点について，税理士の補佐人制度についても，税理士の専門家地位を高めるため，改善の余地があるものと考えられる。

7 所属税理士の税理士業務

　税理士法2条3項は，「前2項の規定は，税理士が他の税理士又は税理士法人（〈略〉）の補助者として前2項の業務に従事することを妨げない。」と定めている。これは，雇用先の税理士事務所又は税理士法人を税理士登録の登録先としている税理士の規定で，平成13年改正で設けられたものである。また，平成26年改正において，税理士業務の活性化を図る等の観点から，従前の「補助税理士」という名称（呼称）が「所属税理士」に改められるとともに，その業務内容の改善が図られた。ただし，「所属税理士が他人の求めに応じ自ら委嘱を受けて法第2条第1項又は第2項の業務に従事しようとする場合には，その都度，あらかじめ，その使用者である税理士又は税理士法人の書面による承諾を得なければならない。」（税理士規1の2②）ことになる。

　そして，前記の承諾を得た所属税理士は，次に掲げる事項を記載した書面に当該承諾を得たことを証する書面の写しを添付した上，これを委嘱者に対して交付し，当該事項につき説明しなければならない（税理士規1の2③）。

　①　所属税理士である旨
　②　その勤務する税理士事務所の名称及び所在地又はその所属する税

理士法人の名称及び勤務する事務所の所在地

③　その使用者である税理士又は税理士法人の承諾を得ている旨

④　自らの責任において委嘱を受けて税理士法1項又は2項に規定する業務に従事する旨

第4節　弁護士等との関係

1　総　　論

　先の第2節，第3節において，税理士法に定める税理士の使命と業務（以下両者を合わせる時には「職務」という。）の内容と実務上の問題点を述べてきた。そのような職務は，原則として，税理士試験に合格した税理士資格を有する者が，「財務省令で定めるところにより，氏名，生年月日，事務所の名称及び所在地その他の事項」を日本税理士会連合会が備える税理士名簿に登録して，「税理士」となった者（以下「プロパーの税理士」という。）（税理士法18，19）が行うものである。しかし，このような方法で税理士となった者が税理士の職務を遂行しているだけではなく，他の資格を有する者が，前述の「税理士」を登録して，又は他の資格のまま，一定の手続を経て，税理士の職務を遂行する場合がある。

　その代表的な他の資格者は，弁護士であり，公認会計士である。これらの者は，本来の職務の傍ら税理士の職務を遂行する場合が多く，また，税理士の職務に専念する場合もあるが，いずれにしても前の職務から影響を受けることがあるので，税理士としての職務の遂行の方法にプロパーの税理士と異なる場合がある。このような他の資格者の税理士業務への参入は，税理士の職務に多様性を与えることにもなるが，その「職務」と「節税」との関係にも微妙な影響を及ぼすことになる。よって，弁護士と公認会計士を中心に，彼らが税理士の職務を遂行するに当たっての手続やその特質等について概観しておくこととする。

2 弁護士との関係

弁護士の使命については，弁護士法1条が，「弁護士は，基本的人権を擁護し，社会正義を実現することを使命とする。②弁護士は，前項の使命に基き，誠実にその職務を行い，社会秩序の維持及び法律制度の改善に努力しなければならない。」と定めている。また，弁護士の職務については，弁護士法3条が，「弁護士は，当事者その他関係人の依頼又は官公署の委嘱によって，訴訟事件，非訟事件及び審査請求，再調査の請求，再審査請求等行政庁に対する不服申立事件に関する行為その他一般の法律事務を行うことを職務とする。②弁護士は，当然，弁理士及び税理士の事務を行うことができる。」と定めている。また，税理士法も，弁護士（弁護士となる資格を有する者を含む。）が税理士となる資格を有することを定めている（同法3①三）。

このように，弁護士は，税理士の業務を行うことができ，税理士法も税理士となる資格を有することを明記しているのであるが，実際に税理士法が定める「税理士の業務」を行うためには，次の手続が必要となる。一つは，税理士の登録を行う方法があり，税理士法18条が，「税理士となる資格を有する者が，税理士となるには，税理士名簿に，財務省令で定めるところにより，氏名，生年月日，事務所の名称及び所在地その他の事項の登録を受けなければならない。」と定めている。この場合には，税理士法上，他の税理士と同様に扱われることになる。

もう一つは，国税局長に通知する方法である。すなわち，税理士法51条1項は，「弁護士は，所属弁護士会を経て，国税局長に通知することにより，その国税局の管轄区域内において，随時，税理士業務を行うことができる。」と定めている。したがって，この場合には，クライアントの納税地を管轄する国税局ごとに通知を要することになる。この場合，税理士法上の規制等も制限的である。すなわち，税理士法51条2項は，「前項の規定により税理士業務を行う弁護士は，税理士業務を行

う範囲において，第1条，第30条，第31条，第33条から第38条まで，第41条から第41の3まで，第43条前段，第44条から第46条まで（これらの規定中税理士業務の禁止の処分に関する部分を除く。），第47条，第47条の3，第47条の4及び第54条から第56条までの規定の適用については，税理士とみなす。……」と定めている。そして，弁護士が税理士の業務に参入してくることは，後述するように，税理士業務のあり方に種々の影響を及ぼすことになる。

3　公認会計士との関係

公認会計士の使命については，公認会計士法第1条が，「公認会計士は，監査及び会計の専門家として，独立した立場において，財務書類その他の財務に関する情報の信頼性を確保することにより，会社等の公正な事業活動，投資者及び債権者の保護等を図り，もって国民経済の健全な発展に寄与することを使命とする。」と定めている。

また，公認会計士の業務については，公認会計士法2条が，次のように定めている。

「公認会計士は，他人の求めに応じ報酬を得て，財務書類の監査又は証明することを業とする。

2　公認会計士は，前項に規定する業務のほか，公認会計士の名称を用いて，他人の求めに応じ報酬を得て，財務書類の調製をし，財務に関する調査若しくは立案をし，又は財務に関する相談に応ずることを業とすることができる。ただし，他の法律においてその業務を行うことが制限されている事項については，この限りでない。

3　第1項の規定は，公認会計士が他の公認会計士又は監査法人の補助者として同項の業務に従事することを妨げない。」

以上のような使命を有し，業務を行う公認会計士については，弁護士のように法律を専門とする職種でないだけに，税理士として業務を行う

86

場合には，税理士法上次の規制を受けることになる。すなわち，公認会計士が税理士の資格を有することは弁護士と同じではある（税理士法3①四）が，公認会計士は，「公認会計士法第16条1項に規定する実務補習団体等が実施する研修のうち，財務省令で定める税法に関する研修を修了した公認会計士とする。」（税理士法3③）に限られることになる。そして，税理士法施行規則1条の3第1項が，上記の研修について，「法第3条第3項に規定する財務省令で定める税法に関する研修は，税法に属する科目（法第6条第1号に規定する税法に属する科目をいう。第2条の5第1項において同じ。）について，法第7条第1項に規定する成績を得た者が有する学識と同程度のものを習得することができるものとして国税審議会が指定する研修とする。」と定めている。また，国税審議会は，上記の研修を指定したときは，その旨を官報をもって公告しなければならない（税理士規1の3②）。

4　その他の専門職との関係

　前記第3節の「税理士の業務」に関して述べたところであるが，昭和55年の税理士法改正において，税理士業務の対象となる租税が拡大・明確化されたため，従前，行政書士が業務としていた一部の租税についての書類の作成業務も税理士業務に取り込まれることになった。そこで，昭和55年改正では，行政書士の既得権を尊重する趣旨で，税理士法51条の2で次の規定を設けることにした。

　「行政書士又は行政書士法人は，それぞれ行政書士又は行政書士法人の名称を用いて，他人の求めに応じ，ゴルフ場利用税，自動車税，軽自動車税，事業所税その他政令で定める租税に関し税務書類の作成を業として行うことができる。」

　また，上記の「政令で定める租税」については，税理士法施行令14条の2が，次のように定めている。

「法第51条の２に規定する政令で定める租税は，石油ガス税，不動産取得税，道府県たばこ税（都たばこ税を含む。），市町村たばこ税（特別区たばこ税を含む。），特別土地保有税及び入湯税とする。」

そのほか，税理士がその業務を遂行するに当たって関係が深い専門職には，司法書士が挙げられる。前記第Ⅰ章で述べたように，各税法が定める課税要件は，多くの場合，私法上の経済取引や法律行為の成果たる経済的利得を基礎にしている。そして，その経済取引や法律行為は，各種の契約等に基づいているが，そこには各種の書類作成や登記を必要としている。そして，その書類作成，登記等は，司法書士の業務とされているものが多い（司法３①）。そのため，税理士がその業務を円滑に行うには，司法書士との連携が不可欠である。

また，税理士業務の対象となる租税から除外されているものに，印紙税，登録免許税，自動車重量税，電源開発促進税，国際観光旅客税，関税，とん税，特別とん税及び狩猟税並びに法定外普通税及び法定外目的税がある（税理士法２①，税理士令１）が，その中でも，実務的には，印紙税及び登録免許税が重要である。そして，それらの実務は，司法書士が処理する場合が多いので，その点でも司法書士との連携が必要になる。

第５節　税理士等の職務と節税

1　税理士法上の職務と節税

この第Ⅱ章においては，「税理士等の職務と節税」と題して，「税理士の職務（使命と業務）」については，前記の第２節及び第３節において述べた。また，「税理士等」の「等」の中には，主として，弁護士と公認会計士が含まれるので，前記第４節において，両者の本来の使命と業務（又は職務）を述べ，両者が税理士の職務を行うための資格と手続についても述べたところである。そして，両者が「税理士」（又は通知税理士）として職務を遂行するに当たっては，税理士法の定めに従うことになる。

また，本節において「節税」という用語を使用するが，「節税」の定義等については，次の第Ⅲ章において詳述することとし，本節では，「税法の解釈を納税者にとって有利にする」あるいは，「私法上の取引において税負担が軽くなるようにする」程度の意味で用いることとする。

　ともあれ，前記第2節及び第3節で述べた税理士法における税理士の使命と業務において，前記の意味での節税が可能であるか否かが問題となる。まず，税理士の使命については，独立した公正な立場において，「租税に関する法令に規定された納税義務の適正な実現を図ること」にあるのであるが，その趣旨については，立法担当者及び日本税理士会連合会（以下「日税連」という。）の説明によると，「税法に定めるとおり，「過大でも過小でもなく納税する」」ということになる。

　このような説明における税法の解釈・適用において，「過大でも過小でもない」という概念が成立するからには，それらの中間線とも言える「正しい解釈・適用」があり得ることを意味している。しかし，そのような「正しい解釈・適用」を税理士に求めることが可能なのであろうか。このことは，税理士に対して裁判官のような判断を求めることになるが，正に，公正・中立であるべき裁判官（判決）でさえ，自由心証主義の下で，時には，恣意的（主観的）な判断（判決）を下すことがあり得るはずである。また，「納税義務の適正な実現を図る」ことには，納税義務者の信頼にこたえることになっているが，当該納税義務者から報酬を得ている税理士が国から報酬が与えられる裁判官のような判断をしていたら，納税義務者の信頼にこたえられるのかという，疑問も生じることになる。

　次に，税理士の業務の中では，税務代理が最も重要であると考えられるが，その税務代理の中で，不服申立ての代理，税務官公署の調査・処分に対する主張等の代理をすることがある。これらの代理は，本来，租税法律主義における合法性の原則の下で適法に行われているはずの調査や課税処分について不満を持っている納税者の主張等を代理することに

第Ⅱ章　税理士等の職務と節税　*89*

なるので，納税者側の不満（利益）を尊重しなければならないはずである。そうなると，税理士にとっても，「税法の解釈を納税者にとって有利にする」あるいは「私法上の取引において税負担が軽くなるようにする」程度のことを意味する「節税」とは無縁ではないはずである。そのことは，税理士の業務の一つである「税務相談」においても，税理士法上はその内容が限定されているとはいえ，現実の租税相談においては，税理士法上の「税務相談」とそれ以外の税務相談（コンサル業務）の区分もできないであろうから，前述のような「節税」についての相談に発展することはあり得るはずである。否，そのような相談こそ，依頼する納税者から期待されているはずであり，そうしなければ納税者の信頼など得られなくなるものと考えられる。

　また，税理士は，「他人の求めに応じ」，租税に関する税務代理，税務相談等を「業とする」のであるが，その「業とする」とは，前記第3節において述べたように，それらの業務を「反覆継続して行う」ことを意味する。このことは，「他人（クライアント）の求め」とそのことが「反覆継続」しなければ，税理士業務は成り立たないことになる。そして，その業務を果たすことにより「他人（クライアント）」から，相応の報酬を得ることになる。そのことは，税理士として業務を遂行するに当たっては，そのようなクライアントが継続して存続すること（クライアントを獲得するための営業活動）が最も重要であることを意味する。

　そうなると，税理士がクライアントのために前述のような業務を遂行するに当たっては，そのクライアントのために，税法を有利に解釈・適用し，私法上の取引等においても税負担が軽減することを考えざるを得ないはずである。その意味でも，税理士にとっては，クライアントが要望する「節税」は無縁ではないはずである。それでも，プロパーの税理士にとっては，税理士法1条に定める「税理士の使命」である「独立した公正な立場」，「納税義務の適正な実現」という理念の影響を受けてい

るのか，一般的には，「節税」に関して慎重であるように見受けられる。

このような慎重な理由には，税理士に対して各種の規制措置が取られていることが挙げられる。すなわち，税理士は，脱税相談又はこれらに類似する行為は禁じられており（税理士法36），税理士の信用又は品位を害する行為は禁じられており（税理士法37），委嘱者が不正に国税等を免れている事実，課税標準等の基礎となるべき事実を隠ぺい又は仮装している事実があることを知ったときはそれを是正するよう助言しなければならない（税理士法41の3），等とされている。そして，それらの業務を怠ったときには，各種の懲戒処分を受けることになっている（税理士法44～48）。

更に，税理士が「節税」等に慎重になる理由には，税理士会の存在がある。税理士は，登録と同時にその区域に設立されている税理士会の会員になる（税理士法49の6）が，その税理士会は，税務行政において，法人会，青色申告会等と同様に国税当局の「協力団体」として位置付けられている。このことは，税務行政が円滑に行くように，執行官庁（国税庁）との協力体制が重視されるので，「節税」のような執行官庁と対立しかねないことについて慎重にならざるを得ない面もある。

しかしながら，税理士がその業務を「業として」継続して行くためには，前述したように，クライアントとの信頼関係が最も重要になるはずであるから，そのクライアントの信頼を得るために，税法の解釈・適用あるいは私法上の各種取引等において，当該クライアントの税負担が軽減する方法（節税）を検討せざるを得ないことになる。そのことは，税理士会も，時には執行官庁と対立することも認識せざるを得ないはずである。そして，この問題は，弁護士や公認会計士が税理士業務に参入することによって，種々の影響を受けることになる。

2　弁護士等の参入の影響

(1)　弁護士の影響

　公認会計士が独立して税理士業務を行うことは，従前から多くあった
が，近年，弁護士が税理士業務を行うことが増加している。両者が税理
士を登録して又は通知税理士として税理士業務を遂行する場合にも，前
述した税理士法の規制を受けることには変わりない（通知税理士について
は，その規制の範囲が若干緩和されている（税理士法51②～④参照））。しかし，
両者には，前記第4節で述べたように，弁護士法又は公認会計士法によっ
て，固有の使命を有し，固有の業務又は職務を行うことが義務付けられ
ている。そして，両者の使命又は業務（職務）が，税理士法上の使命又
は業務と異なるが故に，両者が税理士業務を遂行するに当たって，それ
ぞれ特色があり，それが税理士業務全体に影響を及ぼすことになる。

　まず，弁護士の場合，その使命が，「基本的人権を擁護し，社会正義
を実現する」ことにあり，その職務が，当事者等の委嘱を受けて訴訟事
件等の法律事務を行うことにあるので，その職務の遂行に当たって，国
民の自由や権利の擁護が最優先課題となる。俗に，「盗人にも三分の理」
があると言われるように，刑事事件においても，「犯罪人にも理」があ
ることを主張・立証しようとする。筆者自身，弁護士の登録に当たって，
国選弁護人を2件担当したことがあるが，正に，「盗人にも三分の理」
を見つけ，当該被告人の刑罰が少しでも軽くなるように（三分の理を四
分にも五分にも拡大するように）奔走したことがある。このことは，刑事
事件に止まらず，民事事件（それが租税訴訟においても同じ。）であっても，
依頼人の利益につながる理由を懸命に追求することになる。

　また，弁護士も，税理士と同様に，弁護士会を組織しそこに所属する
ことになるが，その弁護士会は，税理士会とはかなり異なっている。ま
ず，弁護士会から送付されてくる会報等の資料は，思想的に片寄ったも
のが多く，個人的には賛同しかねるところも多い。そのため，税理士

会の場合は，前述したように，行政当局（権力機関）との協力体制が重視されているが，弁護士会の場合は，権力当局とはむしろ対立することに存在意義があるように感じられる。

このように，弁護士及び弁護士会は，税理士及び税理士会とは異なった使命と性格を有しているのであるが，その弁護士が税理士業務を行うとどのような影響が生じるかである。筆者自身，弁護士を登録して弁護士経験を経て約10年後に税理士を登録しているので，この問題を実感できる立場にある。また，税理士業務に進出してきている弁護士の多くの方と面識があるが，彼らは皆穏当な方で，思想的な片寄りは全く感じられない人達である。しかし，彼らが税理士業務をする時には，前述した弁護士として依頼者の権利を擁護するという使命を果たすことに努めることになる。そして，彼らのその姿勢が，税理士の使命・業務にも種々の影響を及ぼすことになるものと考えられる。

その一つの例として，東京地裁平成26年5月9日判決（平成23年（行ウ）第407号等）*12及び東京高裁平成27年3月25日判決（平成26年（行コ）第208号）（いわゆるIBM事件，いずれも納税者勝訴）をめぐって，次のことが話題になったことがある。すなわち，この事案では，同族会社間の株式譲渡において，約4,000億円のみなし配当（益金不算入）と同額の譲渡損失（損金算入）を生じさせたことに対する法人税法132条（同族会社等の行為計算の否認）を適用した課税処分の適否が争われたところ，租税回避に関する直接的証拠が不十分（要するに税務調査不足）等の理由で当該課税処分が違法とされたものである。そして，この判決に関し，税務訴訟に精通している某弁護士が，「これからの税務調査の立会は税理士ではなく弁護士に任せるべきである。税務調査において，税理士は，調査官の言われるままに課税要件に関する証拠を納税者に提出させようとするが，弁護士は，先々の当事者間の争い（争訟事件）を見据えて提出する証拠と提出すべきでない証拠を選別できるから納税者に有利にな

る」旨のコメントをしたことが話題になったことがある。また，納税者が有利になるようにすることについては，税務調査のみならず税法の解釈・適用において常に生じることである。

　確かに，このようなプロパーの税理士と弁護士の違いはあるものと考えられるが，そこには税理士法の関連規定をどう解釈するかにも関わってくる。すなわち，税理士法1条に定める税理士の使命たる「公正な立場」とか「納税義務の適正な実現」をどう解するか，同法36条に定める脱税相談等の禁止規定や同法41条の3に定める助言義務規定をどのように解釈するかである。もちろん，前述の某弁護士も，それらの法令の定めを承知した上での発言と推測されるが，「税法の解釈を納税者にとって有利にする」又は「私法上の取引において税負担が軽くなるようにする」意味での「節税」については，弁護士の方が積極的であることが認められている。そして，積極性は，プロパーの税理士に対しても影響を及ぼすことが考えられる。

(2)　公認会計士の影響

　公認会計士の場合，その使命が，「財務書類その他の財務に関する情報の信頼性を確保する」ことにあり，その業務が財務書類の監査・証明と財務書類の調整，調査等にある。そのため，税理士の付随業務たる財務書類の作成等の共通するところがあって，古くから，公認会計士は，税理士業務に参入してきていた。その点では，公認会計士は，税理士業務における財務書類の作成等の会計面では先導的役割を果たしてきたと評価される。

　また，近年，公認会計士は，財務に精通しているところから，企業経営等のコンサル業務に参入することが多くなっている。そのコンサル業務においては，企業経営，資産運用等における税コストの削減にも積極的に関与することになる。そして，公認会計士の中には，コンサル業務

と税理士業務を兼務する者が増加しており，前述のような節税について
も先導的役割を果たすようになってきている。

　かくして，税理士業務に参入してきている弁護士であれ，公認会計士
であれ，彼ら固有の使命や業務（職務）の影響もあって，前述してきた
節税について積極的である。そして，その積極性が税理士業務全体に影
響を及ぼしている[13]。

第6節　節税と税理士法人

1　税理士法人の業務と節税

　近年，税理士の業務上の規範である各税法は，量的に膨大となり，か
つ，その内容も極めて複雑化している[14]。また，その業務の対象とな
る経済取引等も国際化し，かつ，複雑化している。そのため，納税者の
税理士に対する要望も，多様化し，かつ，難解なものになっている。そ
の上，本書のテーマである節税についても，納税者の要望（関心）も極
めて高いものになって，それに対応するために税務官庁との対立も生じ
ることになり，その法律問題も複雑化している。そのため，このような
業務に対応するためには，税理士業務の共同化，すなわち税理法人制度
の必要性が高まってきた。

　かくして，平成12年3月の「規制緩和推進の3か年計画（再改定）」
において，納税者利便の向上及び規制緩和の観点から，税理士について
の法人制度の創設が提言された。それを受け，平成13年の税理士法の
改正によって，平成14年4月から税理士法人の設立ができるようになっ
た。このような専門職における法人制度については，公認会計士や弁理
士は既に認められており，平成14年4月からは弁護士，平成15年4月
から社会保険労務士と司法書士に，平成15年8月から土地家屋調査士
に，平成16年8月から行政書士に，それぞれ設立できることとされた。

　税理士法人の使命については，税理士の使命の規定が準用されてお

り（税理士法 48 の 16），その業務については，税理士法 48 条の 5 が，「税理士法人は，税理士業務を行うほか，定款で定めるところにより，第 2 条第 2 項の業務その他の業務で税理士が行うことができるものとして財務省で定める業務の全部又は一部を行うことができる。」と定めている。そして，税理士法施行規則 21 条では，次のように定めている。

「法第 48 条の 5 に規定する財務省令で定める業務は，次に掲げる業務とする。

　一　財務書類の作成，会計帳簿の記帳の代行その他財務に関する事務（他の法律においてその事務を業として行うことが制限されているものを除く。）を業として行う業務

　二　当事者その他関係人の依頼又は官公署の委嘱により，後見人，保佐人，補助人，監査委員その他これらに類する地位に就き，他人の法律行為について，代理，同意若しくは取消しを行う業務又はこれらの業務を行う者を監督する業務

　三　租税に関する教育その他知識の普及及び啓発の業務」

このように，税理士法人の業務については，その設立の趣旨が多様化・複雑化する納税者等の要請に応えることに鑑み，その範囲も拡大している。よって，このような業務の多様化等に対応し，前述してきた節税問題に対応する機会が増加してきている。特に，節税問題については，後記の第Ⅲ章以下で述べるように，その内容が複雑で，かつ，各税法が定める税務否認に対応しなければならないので，単独の税理士が対応することが極めて困難となっており，税理士法人における対応が必須となってきている。

2　社員の無限責任

ところで，税理士法人を代表して業務を執行する社員については，税理士法人が職業専門家同士の信頼関係に基づいて設立する法人という性

格が強いこと及び多額の出資を要しないという業務の性格などを踏まえ＊15，税理士法48条の21第1項の規定によって，会社法580条1項の規定が準用されている。会社法580条1項は，持分会社の社員の責任を定めるものであるが，次のように定めている。

「社員は，次に掲げる場合には，連帯して，持分会社の債務を弁済する責任を負う。

一　当該持分会社の財産をもってその債務を完済することができない場合

二　当該持分会社の財産に対する強制執行がその功を奏しなかった場合（社員が，当該持分会社に弁済をする資力があり，かつ，強制執行が容易であることを証明した場合を除く。）」

この規定は，持分会社の無限責任社員に対する無限責任を定めているのであるが，合資会社及び合同会社には有限責任社員制度があるので，この規定が全面的に適用されるのは合名会社の社員のみである（会社法576①〜④，580②参照）。すなわち，税理士法人の社員の無限責任は，合名会社の社員と同じということになる。他方，同じ職業専門家が設立した弁護士法人又は監査法人の場合には，それぞれ特定の事件について業務を担当する社員を指定する制度（指定社員制度）が設けられており（弁護士法30の14，公認会計士法34の10の4），それぞれの特定事件に関しその指定社員が連帯してその債務の弁済の責任を負うこととされ（弁護士法30の15，公認会計士法34の10の6），社員全体の無限責任が緩和されている。

ところで，税理士法人の設立が要求されているのは，前記1で述べたように，各税法やそれらが対象にしている経済取引等が多様化・複雑化しているため，それらに対応する税理士業務を単独の税理士で処理することが困難になっているからにほかならない。そして，その税理士業務を共同で処理するに当たっては，租税法等の有利性を確保する観点から，

第Ⅱ章　税理士等の職務と節税　　*97*

税理士法人の規模も，数十名，数百名，時には千名を超える規模になることもある。そうなると，一つの税理士法人において，全ての社員が全ての事案に責任を持って対応することは困難になる。そうなると，社員間の分担制度も必要になるはずである。現に，弁護士法人や監査法人における指定社員制度が社員間の分担を実施しているものと考えられる。

それに加え，税理士又は税理士法人の社員の責任が問われる最も重要な場面は，税理士業務の遂行に当たって何らかの誤りが発覚して依頼者である納税者に多額の損害を与え（主として，課税処分によって多額の追徴税額が生じた場合)，損害賠償を請求された時であるが，その損害額（税額）が数字的に明白であり，かつ，相当に多額にのぼるということがあるということである。しかも，その損失は，主として，税法の解釈・適用等の誤りから生じるのであるが，「誤り」といっても，その「解釈・適用等」にも相当の幅があるところ，当該課税処分が処分行政庁側の一方的な判断であるにせよ，それを法廷で覆すことは極めて困難であるという事実がある* 16。他方，弁護士や公認会計士の場合には，その業務から生じた損失も数字的に明白でなかったり，発生する機会も少ないものだったりと想定できる。

更に，最近の税理士法人の社員には，税理士法人の数が増え，その規模が大きくなってきたことに対応し，所属税理士から「社員」になる必要性が高まっている。この場合，「社員」になることの最大の障害は，「無限責任」という呪縛である。会社のサラリーマンが「重役」になることは，出藍（しゅつらん）の誉れであろうが，サラリーマン税理士がその法人の「社員」になることは，「自宅さえ差し押さえられるかも知れない」という覚悟を必要とする，というのもいささか異常なことである。しかし，税理士法人の健全な発展のためには，実務に精通している所属税理士が「社員」に昇任することは極めて重要なことである。

ともあれ，税理士業界の発展のためには，健全な税理士法人の存在が

不可欠であるが，その税理士法人が複雑・多様な業務を遂行するために
も，社員の無限責任を緩和することが重要である。税理士法人よりも
リスクが少ないと考えられる弁護士法人や監査法人にさえ社員の無限責任
が制限されているわけであるから，税理士法人については尚更のことで
ある。そして，本書のテーマである「節税」について顧客の要望が高ま
れば，この問題は，一層重要になるはずである。

　なお，税理士法人の社員の無限責任を軽減することを消極的に考える
人には，個人の税理士も無限責任を負っているからそれとのバランス上
無限責任は当然である，税理士法人の出資金が少なくそれでは責任が負
えない等の意見がある。しかし，個人の場合は，その税理士の判断でリ
スクの高い困難事案を回避することができるであろうし，納税者の方も
それを見越して依頼してこないであろうから，両者間には相当のリスク
の差がある。また，出資の金額の多寡については，株式会社等の有限責
任制度が採用されている法人とのバランスを考慮すれば良いものと考え
られる。すなわち，株式会社でさえ最低資本金制度が廃止されているの
で，資本金の多寡を理由に責任を過重にする必要はないはずである。そ
れに加え，最近では，ほとんど見かけなくなった合名会社のみに課せら
れている無制限の無限責任を税理士法人の社員に課しておくのは，甚だ
時代錯誤的である。この問題については，税理士が組織的にその実態を
認識し，その改善に努めるべきであるが，それは税理士会の責務である。

第7節　節税と損害賠償保険

1　損害賠償保険の約款

　前述してきたように，税理士は，独立した公正な立場において，納税
義務者の信頼にこたえ，納税義務の適正な実現を図ることを使命として，
税務代理等の業務の遂行が求められており，その業務内容も複雑，多様
化している。そして，税理士業務に参入してくる弁護士，公認会計士ら

第Ⅱ章　税理士等の職務と節税　**99**

は，彼らの固有の使命，業務等を反映させ，税理士業務に種々の影響を及ぼしている。その中でも，納税者の要請に応じ，節税についても多様な面から検討を必要としている。そのような業務の複雑化，多様化等に対応するために，税理士法人の活用が求められてきた。そして，税理士業務の複雑化，多様化は，その業務遂行に問題（依頼者に対する損害）が生じた時の責任（リスク）が大きな問題となってきている。そのことは，近年，税理士損害賠償事件が多発していることからも裏付けられるところである。

　そのような税理士の責任（リスク）と損害賠償事件に対応するためには，損害賠償保険の普及も急務となっている。そのため，日税連としても，税理士損害賠償保険の普及に努めているところであるが，その保険の内容が問題となっている。そこで，日税連が関与している某損害保険株式会社の「税理士職業賠償責任保険適用約款」の内容を確認しておくと，同約款の「税理士特約条項」の第５条に次の規定がある。

「第５条（保険金を支払わない場合－その１）

(1)　当会社は，過少申告加算税，無申告加算税，不納付加算税，延滞税，利子税または過少申告加算金，不申告加算金もしくは延滞金に相当する損失につき，被保険者が被損害者に対して損害賠償金を負担することによって被る損害に対しては，保険金を支払いません。

(2)　当会社は，次の①から③に掲げる本税等の全部または一部に相当する金額に関する損害に対しては，保険金を支払いません。

　　①　納付すべき税額を過少に申告した場合において，修正申告，更正，決定等により本来納付すべき本税

　　②　還付を受けるべき還付金の額に相当する税額を過大に申告した場合において，修正申告，更正，決定等によっても本来還付を受けられなかった税額もしくは本来納付すべき本税，または還付申告が無効とされた場合（注）において，本来還付を受けられなかっ

た税額もしくは本来納付すべき本税

　③　①および②に規定する本税または還付を受けられなかった税額
　　に連動して賦課される本税または還付を受けられなかった税額

⑶　⑵において，「本来納付すべき本税」および「本来還付を受けられ
　なかった税額」とは，税別選択その他の事項に関する被保険者の
　過失がなかったとしても被害者が納付する義務を負う本税または被
　害者が還付を受ける権利を有しない税額をいいます。

　（注）　還付申告が無効とされた場合……還付申告を取り下げた場合を含
　　みます。」

　また，税理士特約条項第6条では，「保険金を支払わない場合－その2」
として，次の事項をあげている。

　①　被保険者の犯罪行為若しくは不誠実行為又はその行為が法令に
　　反すること若しくは他人に損害を与えるべきことを被保険者が認
　　識しながら行った行為に起因する損害責任

　②　不正に国税若しくは地方税の賦課若しくは徴収を免れたこと又
　　は不正に国税若しくは地方税の還付を受けることにつき，被保険
　　者が指示，相談その他これらに類似する行為を行ったことに起因
　　する損害責任

　③　被保険者が故意に真正の事実に反して税務代理又は税務書類の
　　作成をしたことに起因する損害責任

　④　被保険者が日税連に備える税理士名簿に登録を受けずに行った
　　行為に起因する賠償責任

　⑤　他人の身体の障害又は財物の損壊，紛失若しくは盗難に起因す
　　る賠償責任

　⑥　重加算税又は重加算金を課されたことに起因する賠償責任

　⑦　税理士業務報酬の返還にかかる賠償責任

　⑧　業務の結果を保証することにより加重された賠償責任

第Ⅱ章　税理士等の職務と節税　　**101**

⑨　遺産分割若しくは遺贈に関する助言又は指導に起因する賠償責任

⑩　被保険者が代表となる法人等に対する賠償責任

2　税理士特約条項の問題点

　前述した税理士特約条項の「保険金を支払わない場合」を一読するに，税法の解釈上の問題を含めて種々の疑問が生じるのであるが，最も重要な点は，要は，「節税に失敗した損害には保険金を支払わない」ことをどう考えるべきかである。もちろん，「節税」の内容にも種々あり，それは追って詳述するにしても，税理士が納税者の依頼に応えて，「税法の解釈・適用を有利にする」程度のことでも，税務当局との見解の違いによって，修正申告したり，課税処分を受けたりすることもあるであろう。その場合の損失を保険の対象にしないということは，税理士は常に税務当局の見解に従うべきである旨のシグナルを発しているようにも考えられる。そのことを税理士団体の最高に位置する日税連が推奨しているところにも解せないところがある。

　この問題に関し，令和5年7月の税理士職業損害責任保険の改訂に当たって，日税連の担当部長が，当該改訂について，次のように説明している＊17。

「3　創設の背景・税賠保険の意義

　税賠保険は，税理士が安心してその業務に専念できる環境整備の一環として，当時の大蔵大臣の認可を受け，昭和63年に創設された保険である。

　創設当初から現在に至るまで，修正申告により追加納付する税額や加算税及び延滞税についても税賠保険の補償対象とすべきであるとの意見は根強くあるが，これらは当初から対象となっていない。これらの意見は，税賠保険未加入の理由の一つともいわれているが，税賠保険で補償

されない趣旨について解説する。

　まず，修正申告により追加納付すべき税額については，当初の申告において正確な申告を行えば，本来納税者が負担すべきものであり，申告等を行った税理士が負担すべき損害ではない。

　加算税，延滞税等の附帯税については，申告納税制度上の重要な役割を果たしており，税制上のペナルティー的性格を有するものであることから，これを損害として認識し保険で担保することは税制上の目的を阻害するものである。保険で担保することを認めると，法令違反や軽率な申告等を助長する恐れもあることから，納税義務の適正な実現を使命とする税理士の品位及び質の低下につながり，国民・納税者からの信頼を損ねることになる。」

　これらの意見が示される背景には，納税者から損害賠償請求を受けた税理士等を守るために税賠保険があるといった誤解が生じているからだと思われる。本来の税賠保険の趣旨は，税理士等の過失により納税者に損害を与えた際に，その納税者の損害を補償するためのものであり，納税者保護を目的とした保険であるということを認識していただきたい。

　税理士を取り巻く環境は，税制改正や経済取引の多様化等により年々複雑化しており，税理士業務の過誤による損害賠償請求は毎年数多く発生している。

　税理士等が行った申告等について，万が一過失により納税者に損害を与えた場合には高度な専門家責任が問われるが，税理士等が税賠保険に加入することは国民及び納税者からの信頼確保につながり，ひいては申告納税制度における税理士業務の無償独占及び税理士制度の維持発展につながるものと考える。

　前述のような説明は，日税連の機関紙に登載されていることなので，日税連の統一（公式）見解であるのであろうが，いささか理解に苦しむところがある。それを逐一論証するのがここでの目的ではないが，例え

第Ⅱ章　税理士等の職務と節税　　**103**

ば，修正申告，更正等が生じる損失については，当初から「正確な申告」を行えばそのような損失は生じない旨説明しているが，そもそも全税理士が常に「正確な申告」を行うことができるのであれば，損害賠償保険など必要ないはずである（筆者の60余年の経験に照らし，そのような税理士や税務職員にお目にかかったためしはない。）。それに，税法の解釈・適用について，納税者から信頼を受ける税理士と税務当局との間で見解が対立するのはしばしばあることなので，税務調査の後の修正申告，更正等の段階で何が「正確」であるかは判断できないはずである。それらの段階で「正確」であると断定することは，税務当局の無謬性を認めることになるので，多くの税理士にとって納得し難いことになろう。

　また，このような問題は，特に，納税者の信頼に応え，当該納税者の利益になるように，合法的な節税等を指導している場合に生じることが多いので，「過少申告」から生じる損失を一切無視することは，損害賠償制度の趣旨にも合わないものと考えられる。それに加え，税理士業務の複雑化・多様化等から税理士法人の存在が必須となっていることは既述してきたが，税理士法人の規模が大きくなるほどその役員が全事案について「正確な申告」をチェックすることは不可能な状態にあるのに，その社員に無限責任を負わしている以上，そこから生じる損失は損害賠償保険によってカバーせざるを得ないはずである。そうしなければ，健全な税理士法人と税理士制度の発展にも支障を来たすものと考えられる。

　以上のような諸問題を熟々（つらつら）考えてみるに，現行の税理士職業賠償責任保険制度については，抜本的な検討（見直し）が必要であるものと考えられるが，そのこと自体について，日税連の認識が必要であるものと考えられる。

＊1 税理士制度の沿革については，日本税理士会連合会編『新税理士法六訂版』（税務経理協会　令和5年）3頁等参照

＊2 前出＊1・73頁から引用

＊3 国税庁編『昭和55年改正税法のすべて』（大蔵財務協会）258頁

＊4 前出＊1・71頁参照

＊5 税制調査会『税理士制度に関する答申』（昭和38年12月）

＊6 前出＊1・89頁参照

＊7 前出＊1・83頁参照

＊8 昭和38年12月の税制調査会答申参照

＊9 法人税法74条1項は，「内国法人は，各事業年度終了の日の翌日から2月以内に，税務署長に対し，確定した決算に基づき次に掲げる事項を記載した申告書を提出しなければならない。」と定めているが，この規定を一般に確定決算主義といい，商事上の財務諸表の作成と法人税の申告が一体的に行われている象徴となっている。

＊10 前出＊1・84頁参照

＊11 前出＊1・90頁参照

＊12 評釈については，品川芳宣・税研2015年1月号86頁，同・T&A master　2014年11月17日号30頁等参照。

＊13 なお，税務に関する各専門家の特質を分析したものとして，中里実「BEPS問題における税務専門家と法律専門家」税研2015年1月号90頁参照。

＊14 筆者自身，税法を目にして60余年になるが，その間，各税法の条文（頁数）の量は，十数倍に膨らんでおり，内容自体も極めて複雑化していることを実感している。

＊15 前出＊1・228頁参照

＊16 課税処分の取消訴訟における納税者側の勝訴率は，一般的には，5％程度であると言われている。

＊17 日税連総務部長平昌彦「会務報告税理士職業賠償責任保険の制度改訂について〜情報漏えいからサーバーリスクにも対応〜」税理士界令和

5年4月15日号8頁参照

第Ⅲ章

節税・租税回避・脱税

第1節　総　　論

　前記第Ⅰ章及び第Ⅱ章において，「節税」という用語をしばしば使用してきたが，それぞれの場では厳格な定義をすることなく，その意味を「税法の解釈を納税者にとって有利にする」あるいは「私法上の取引において税負担が軽くなるようにする」程度で用いる旨断ってきた。しかし，その程度の意味であっても，それぞれの事案の状況，あるいは当事者の判断によって，種々の考え方があり得るのであって，それらの考え方によって，後述する「税務否認」の対象になるのか否か，また，その具体的な否認方法にも関わってくる。

　そこで，「税法の解釈を有利にする」あるいは「取引において税負担を軽くする」方法を正確に区分しておく必要がある。また，税負担を軽減することに関しては，巷間，「節税」，「租税回避」又は「脱税」という用語が用いられているが，それらも，明確に定義されているわけではなく，区々に用いられる場合が多い。そのため，それらの用語と税務否認との関係についても明確であるわけでもない。そこで，この第Ⅲ章においては，節税，租税回避及び脱税について，巷間呼称されている内容とその法律論との関係を整理し，それらが税務否認にどのように関連するかを検討しておくこととする。

第2節　節　　税

1　意　　義

　前述してきたように，「節税」という用語は，極めて多義的であり，かつ，一般的な用語として用いられる場合から法律論として論じられる場合まで様々である。そこで，まず，各種辞典等の中で，どのように定義されているのかを紹介する。

　①　「はらう税金が少なくてすむようにくふうすること。」[*1]

② 「各種の所得控除や非課税制度を活用して，税金の軽減を図ること。」＊2

③ 「非課税制度を活用するなど適法の範囲内で納税負担を軽減すること。」＊3

④ 「租税法規の認めるところに従って合法的に税額の減少を図ること。租税回避行為との限界は微妙であるが，概念上は区別される。」＊4

⑤ 「租税負担軽減行為のうち，租税法規の認めるところに従って税額の減少を図るものを指す。例えば，特例の適用を受けるため青色申告による所得のみ計算を行うこと，土地の長期譲渡所得の課税の特例を受けること等，各種の特例の適用要件を満たすことによって税負担の減少を考慮することである。これに対して租税法規の予定していない税負担軽減行為である租税回避，さらに租税法規に違反する行為としての脱税とがあり，各々概念上区別される。」＊5

⑥ 「租税は，一定の課税要件事実に該当する場合に課税されるのであり，更に租税法は各種の特別措置ないし課税標準額計算について特別の規定を設けている。これらの事情を通観し，合法的に租税を課されないか，ないしは課されるとしてもより少額にとどめ，しかも目的とする経済効果をあげるような行為を節税行為といい，脱税行為又は迂回行為等と区別される。所得計算に関し引当金，特別償却の制度を利用すること，租税法に定める非課税又は免税の制度を利用すること，租税法に定める特別措置に該当するよう取引行為をするなどは節税行為に当たるが，迂回行為など不自然不合理な行為を行って租税負担の軽減を図るような行為は，節税行為に該当しない。」＊6

⑦ 「Ⅰ　意　義

　　節税＝租税節約；タックス・セービング（tax saving）は，税法で

認められている方法により，課税所得を減少せしめ，合法的にして合理的な手段により，租税負担の軽減をもたらすことである。節税は，適法な租税負担の軽減方法であり，これは，故意に事実を曲げてする違法な手段や方法によって，租税負担の不法な削減をもたらす方法である，いわゆる脱税＝租税逋脱；タックス・イベーション（tax evasion），及び税法の目的の裏をかく悪計により不当に租税の軽減を図る方法である，いわゆる避税＝租税回避；タックス・アボイダンス（tax avoidance）とは，明確に区別されなければならない。

Ⅱ　租税節約の本義

　　節税は，誠実な納税者国民の権利として定着した概念であるが，それが言葉の意味としているわりには，具体的な手法や実務的プランとなると案外に空虚なものや，小手先のテクニックにとどまっていたり，ときには，興味本位の課題に堕していたりする傾向さえなくはない問題である。これは節税の原理とその本義がよく認識されていないためであろう。

　　租税節約の本義は，複雑膨大にして難解な租税関係法令と税務会計のシステムやメカニズムを徹底的に解明し知悉した高度の税務専門知識を知的武器として，それに実務的経験に裏付けられた「豊富なキャリア」を背景とした「知的ヒラメキ」による優れたアイデアを生み出し得る者によってはじめて体得することができる優れた英智なのである。

Ⅲ　タックス・マネジメントの進展

　　節税を本格的に進展せしめ，経営戦略にとり入れた税務戦略が，税務管理＝タックス・マネジメント（tax management）である。タックス・マネジメントは，企業の経営方針決定及び経営管理面における税務計画＝タックス・プランニング（tax planning）をとりあげる経営方針決定のための税務情報論である。

タックス・プランニングは，税務上及び経営上の代替的選択の原理の活用により，企業の経営計画を通じての「税引後の経営純利益」の極大化の実現をはかる企業の経営活動の事前的・計画的調整である。それは，経営目的達成のための計画設定に税務面から有効なインフォメーションを提供し，税務上の代替的選択及び経営上の代替的選択の原理の活用によって，経営活動の計画を通じ，税引後の経営純利益の極大化を図るために，企業の経営計画のうちに事前的な税金対策を織り込み，これを積極的に正しく位置づけることである。これは，税額算定の基礎となる課税所得金額の計算に当たり，税法が会計方法の選択適用の自由を与えたり，企業の経営方針決定のいかんにより課税所得金額の算定において事実上の変化を生じさせたりすることがあるからである。したがって，これら税務上の二者択一を経営上における経営計画の建て方と有機的に結びつけて，経営的立場から税引後の経営純利益の極大化の計画を樹立することがタックス・プランニングである。

Ⅳ　具体的手法と対象領域

　タックス・プランニングの具体的手法は，節税の手段としての会計政策である「税務会計政策」と，節税の手段としての経営政策である「税務経営政策」である。このうち，タックス・プランニングとしては，税務経営政策が特に重要である。企業の経営計画には，生産計画，販売計画，資金計画，在庫計画，設備計画，要員計画などがあるが，これらあらゆる個別計画及び長期計画と有機的に結びつけてすすめることが緊要である。タックス・プランニングは，従来の予算数値をもとにして，予算損益計算書，予想税務申告書を対象として，事前計画的な段階において，企業の経営計画行動における全活動分野を対象として広い範囲にわたり展開することができる。

第Ⅲ章　節税・租税回避・脱税　　*111*

このために，タックス・マネジメントの適用領域は，経営設備政策（設備除却更新政策，修繕補修政策，設備拡張政策），債権管理政策（債権回収管理，不良化債権管理，貸倒償却政策），棚卸資産政策（在庫投資政策，原価計算政策，棚卸評価政策），資産移動政策，研究開発政策，投資活動政策，販売促進政策（販売形態政策，販売促進費支出政策），資本調達政策，資本構成政策，経営給与政策，福利厚生政策，利益処分政策，利益配当政策，企業系列政策，経営参加政策，企業形態政策，企業決算政策など広い範囲に及んでいる。」*7

2 「節税」の多義性と問題点

以上のように，「節税」の意義について，国語辞典，法律学辞典及び税法用語辞典の主なものから抽出してみた。それらを概括してみるに，一般人向けの国語辞典においては，「単に税金を減らすこと」というように解され，法律学一般論としては，「合法的な手段で税負担を軽減すること」と解されており，租税法学の専門的な見地からは，「租税法規の認めるところにより（合法的・合理的に），税負担を減少させることであり，不自然，不合理な方法で税負担を減少させる租税回避と区分される」と説明され，『税務百科大辞典』のように，「節税」の項目の中で，租税コストの最少化を企図する経営管理論全般に及ぶものもある。

これらの「節税」論による限りでは，「節税」は，「税務否認」とは関係がないように考えられる。しかし，前述のような観念論はともかくとして，実務的には，「節税」に該当するものと考えて税務処理等をした場合にも，税務否認の対象になることはよくあることである。例えば，代表取締役等の役員が退任する場合に，会社法上の適正な手続を経て役員退職慰労金を支給することはよくあることであるが，それが税法上も適法であれば，それによって，当該法人にとっては，法人税について損金の額に算入して所得金額を減額できるし，当該役員にとっては，所得

税法上退職所得として優遇課税が受けられる。そして，当該退任によって後継者に対して経営権（自社株式）を承継させる場合には，当該自社株式の時価を減額させて贈与税を減額することもできる。そのため，役員退職金の支給は，いわば「節税」手段の宝庫でもある。

　しかし，その支給方法（支給時期，支給金額等）を誤ると，法人税法において，当該役員慰労金が「不相応に高額」等であるとして損金不算入とされ（法法34②等），所得税法において，「退職」の事実がないということになると給与所得として課税されることとなり（所法30①，28①），相続税法において，当該株式の「時価」（相法22）が誤っているということで，それぞれ課税処分（税務否認）を受け，行政制裁として，それぞれの税目に関し多額な附帯税も課されることになる（通則法60，65等）。これは，納税者が，各税法の規定に従って「適法」に処理したものと考えても，課税当局が「適法」でないと考えると，前述のような事態となる。もっとも，何が「適法」であるかは，不服申立て，取消訴訟を経て法廷で争うことはできるが，納税者側からすると，長期の争訟期間と多額な争訟費用を要し，経験則的に見ると勝訴率5％程度の狭き門を覚悟せざるを得ないことになる。

　また，前述の定義の中で，「節税」の手段として，租税特別措置の活用が挙げられている。そのこと自体は極めて重要なことではあるが，それぞれの租税特別措置は，本来の税負担を軽減する場合が多いので，当該特別措置に見合う（当該政策目的に適合する）適用要件が設けられている。したがって，当該適用要件の充足について，当該納税者が充足している（適法である）と考えても，課税当局が充足していないと判断すると，前述のような課税処分（税務否認）を受けることになる。例えば，中小企業の事業承継を円滑に促進するために，非上場株式等についての贈与税・相続税の納税猶予及び免除制度（措法70の7等）が設けられているところ，当該特例を効果的に活用するためにホールディングカンパニー

第Ⅲ章　節税・租税回避・脱税　　*113*

（持株会社）の組成が盛んに行われているが，当該ホールディングカンパニーが適用除外となる「資産保有型会社」に該当しないように種々の工夫も行われることになる。しかし，当該特例には，相続税法64条に定める同族会社等の行為計算の否認規定が準用されているので，課税当局との見解が対立すると，前述のような課税処分の憂き目に遭うことになる。

　さらに，租税特別措置の活用については，税負担の軽減という「節税」の点では極めて効果的であるが，それに対応した厳しい適用要件があることに留意しなければならないので，当該特例の政策要請に適合するか否かは個々の企業等によって異なるわけであるから，それぞれの適合の有無等について的確な判断を要することになる。

　そのほか，前記1の⑥が指摘する「租税法に定める特別措置に該当するよう取引行為をする」ことの一端については，前述のような非上場株式等の納税猶予制度の特例適用に関してホールディングカンパニーを組成する例を述べたが，類似の例も数多くある。そもそも，前記第Ⅰ章で述べたように，租税法律主義における課税要件法定主義にしても，その課税要件の基礎は私法上の取引の経済的成果にあるわけであるから，当該取引を工作することによって課税要件の内容を変更させることができる。さすれば，私法上の取引こそ「節税」の宝庫になり得るのであるが，当該取引如何によっては後述する「租税回避」行為と認定されることもあり得る。

　いずれにしても，租税法の個々の規定の解釈・適用において，又は，各種の経済取引等において，「節税」と「租税回避」を明確に区分するためには，税法や関連法規，さらには経済取引慣行等について，豊富な知識と熟練した税務処理能力を必要とすることになる。

第3節　租税回避（行為）

1　意　　義

　「租税回避」についても，明確な定義規定があるわけではなく，筆者によって区々の定義付けが行われている。そこで,前記第2節の「節税」の例にならって，各種辞典等においてどのように定義されているかを紹介する。

① 「通常用いられないような私法上の法形式を利用することによって課税要件の充足を免れ租税を回避する行為。租税法規が予定しているような通常用いられる行為か否かによって「節税」と区別される。」*8

② 「私法上の形成可能性・選択可能性を利用することにより，課税要件の充足を免れ，租税を回避する行為のこと。"納税義務は，私法上の取引や行為から生ずるが，"私的自治の原則"，"契約自由の原則"の支配する私法上の世界では，ある経済的効果を実現する場合に，いかなる法律形式を用いるかについて選択の余地がある。このような選択可能性を利用することにより，結果的には同一の経済的効果を実現しながらも，課税要件の充足を免れることが，租税回避である。租税回避は，私法上の形成可能性・選択可能性を利用するものである点で，租税法規の定めるところに従って，税負担の軽減を図る行為である"節税"と区別され，また，課税要件の充足を免れるものである点で，課税要件の充足を秘匿する行為である脱税（脱税犯）と区別される。

　　租税回避を否認できる旨の明文の規定がない場合に，その私法上の有利性は承認しながらも租税法上はその効力を否認し，本来の課税要件が充足されたものとして課税できるかどうかについては説が分かれている。」*9

第Ⅲ章　節税・租税回避・脱税　　*115*

③ 「租税法は，一定の経済成果をあげるために通常とられている行為等がとられることを前提として課税要件事実を定めているので，同じ経済成果を得てもそれを達成するために通常とられる行為等に対し，迂回行為をとるなど不自然不合理な行為等をとれば，課税要件事実に当たらないこととなり，租税負担を回避することができることとなる。このような不自然不合理な行為等をとることにより租税負担の軽減をきたすような行為を租税回避行為という。

　同族会社の行った租税回避行為，組織再編成に伴う租税回避行為及び連結法人に係る租税回避行為については，所得税法，法人税法，相続税法，地価税法にこれを否認することができる旨の定めがあるが，このような規定をまたなくとも，租税法の解釈として租税回避行為を否認することができるとする説もある。だが，租税法律主義に照らし，法律の根拠がない限り否認は認められないと解する説も有力に主張される。」＊10

④ 「租税回避行為とは，法律上の形式を濫用して，税負担を不当に軽減しようとする行為である。ここで，法律上の形式の濫用というのは，ある経済目的を達成するに当たっての行為において，本来ならば採用したであろう形式を採用せず，税負担の軽減を目的として，他の異常な形式を採用することをいう。もっとも，この場合，税負担の軽減の目的は不必要であって，結果として，税負担の軽減が生ずれば足りる，とする見解もある。

　租税回避行為をこのように狭く理解すると，それは，税法の特恵規定を利用して税負担の適法な軽減を図る節税行為とも，偽りその他不正の行為により違法に税を逋脱する脱税行為（租税逋脱行為）とも異なる概念ということになる。しかし，租税回避行為を広義に解する考え方によれば，これらもすべて租税回避行為に含まれることになる。

租税回避行為は禁止されるべきであり，それにもかかわらず，行われた場合には，税務行政上，否認されるべきである，ということについては，異論はないようである。しかし，この否認をするについて，税法に明文の根拠規定が必要であるか否か，必要であるとして，それは，行為についての一般的否認規定で足りるか，個別的具体的規定でなければならないか，については見解が分かれている。

　租税回避行為の禁止が，税法関係の内在的原理であるとする考え方によれば，明文の規定を要しないことになる。しかし，税法の理解からは，ある行為についてのある法形式の採用が法形式の濫用といえても，私法上それが適法有効のものであるときは，税法上これを禁止ないし否認するのには，特別の個別的具体的な法律上の明文規定を必要とする，という見解も一理あるということになる。

　我が国の現行税法には，租税回避行為否認の一般的規定はない。同族会社の行為計算否認規定は，その特別規定と解されるが，その内容は，一般的包括的であって，個別的具体的ではない。

　このことから，我が国の税法制度は，租税回避行為の否認については，明文の規定は必要であるが，個別的具体的である必要はないという考え方に立って定められている，とみることもできる。」* 11

⑤　「I　意　　義

　「租税回避行為」ともいう。租税回避とは，法律上の行為形式を濫用して，租税負担を不当に軽減する行為をいう。ここで，法律上の行為形式の濫用（法形式の濫用）というのは，ある経済目的を達成するに当たっての行為において，本来ならば採用したであろう行為形式を採用せずに，租税負担の軽減を目的として，他の異常な行為形式を採用すること，である。もっとも，この場合，租税負担の軽減の目的は，不必要であって，結果として，租税負担の軽減が生ずれば足りる，とする見解もある。

第Ⅲ章　節税・租税回避・脱税　*117*

いずれにしろ，租税回避は，実定租税法の特恵規定を利用して租税負担の適法な軽減を実現する「節税」とも，偽りその他不正の行為により違法に租税負担を軽減（逋脱）する「脱税（租税逋脱行為）」とも，異なる概念である。

Ⅱ　租税回避の禁止

この租税回避について，それは，禁止されるべきであり，それにもかかわらず，行われた場合には，税務行政手続上否認されるべきである，ということについては，異論はない。

しかし，この否認がなされるに当たって，実定租税法規にその明文の根拠規定が必要であるか否か，必要であるとして，それは，否認されるべき行為についての一般的包括的な否認規定で足りるか，それとも，個別的具体的な否認規定でなければならないか，に関しては，見解が分かれている。

租税回避の禁止は，租税法に内在的な原理であるとする考え方によれば，その明文の根拠規定を必要としないことになる。しかし，租税法の理解からは，たとえ，ある行為についてのある法律上の行為形式の採用が，その法律上の行為形式の濫用，ということができるとしても，例えば，それが私法上は適法有効のものであるかぎりは，租税法上これを禁止ないし否認するのには，特別の個別的具体的な実定租税法規上の明文の規定を必要とするものである，という見解も，租税法律主義の原則の理解のしかたによっては，簡単には，否定することができないものであるといわなければならない。

現行の実定租税法には，租税回避の否認に関する一般的ないし包括的規定は，存在しない。

所得税法第157条，法人税法第132条などが定めている「同族会社等の行為又は計算の否認」の規定などは，その特別規定であると一般には理解されているが，その内容は，一般的かつ包括的であっ

て，個別的具体的ではない，といわなければならない。このことから，現行の租税法制度は，租税回避の否認については，明文の規定は必要であるが，その内容が個別的具体的である必要はない，という考え方によって構成されているものである，とみることができる。しかし，個別的具体的な規定が必要である，という見解を採る立場からすれば，立法論として，行為又は計算の否認に関する規定は，否認されるべき行為及び計算を，個別的，かつ，具体的に示して定められるべきであるということになる。」＊12

⑥　「租税法の定める課税要件は，各種の私的経済取引ないし私的経済活動を定型化したものであるが，私的自治の原則ないし契約自由の原則の支配している私法の世界では，人は，一定の経済的目的ないし成果を達成しようとする場合に，強行規定に反しない限り自己に最も有利になるように，私的形成を行うことができる。租税回避（〈略〉）とは，このような，私法上の形成可能性を異常または変則的な（「不自然」という言葉は，主観的判断の幅が広く，不明確度が大きいため，避けておきたい。）態様で利用すること（濫用）によって，税負担軽減または排除を図る行為のことである。

　租税回避には，２つの類型がある。１つは，合理的または正当な理由がないのに，通常用いられない法形式を選択することによって，通常用いられる法形式に対応する税負担の軽減または排除を図る行為である。たとえば，土地の所有者が，もっぱら譲渡所得に対する税負担の軽減のために，土地を譲渡する代わりに，その上にきわめて長期間の地上権を設置して，土地の使用・収益権を相手方に移転して，それと同時に，弁済期を地上権の終了する時期として相手方から当該土地の時価に等しい金額の融資を受け，さらにこの二つの契約は当事者のいずれか一方が希望する限り更新すること，および地代と利子は同額としかつ相殺することを予約したとする。このよ

第Ⅲ章　節税・租税回避・脱税　119

うに複雑で異常な法形式を用いることによって，土地所有者は，土地を譲渡したのと同一の経済的成果を実現しながら，譲渡所得の発生を免れることができるから，これは典型的な租税回避（第1類型）の例である。

　もう一つは，租税減免規定の趣旨・目的に反するにもかかわらず，私法上の形成可能性を利用して，自己の取引をそれを充足するように仕組み，もって税負担の軽減または排除を図る行為である。

　この取引の2つの類型は，いずれも，私法上の形成可能性を濫用（〈略〉）することによって税負担の軽減・排除を図る行為である。

　租税回避は，一方で，脱税（〈略〉）と異なる。脱税が課税要件の充足の事実を全部または一部秘匿する行為であるのに対し，租税回避は，課税要件の充足そのものを開始し，または減免規定の適用要件を充足させる行為である。他方，それは，節税（〈略〉）とも異なる。節税が租税法規の予定しているところに従って税負担の減少を図る行為であるのに対し，租税回避は，租税法規が予定していない異常ないし変則的な法形式を用いて税負担の減少を図る行為である。もっとも，節税と租税回避の境界は，必ずしも明確でなく，結局は社会通念によって決めざるを得ない（租税回避に対しては，後述するように個別的否認規定が設けられることが多い）。」＊13

2　租税回避（行為）の曖昧性と違法性

　「節税」については，その用語が一般的に使用されていることもあって，前述のように，国語辞典においても説明されていたが，「租税回避（行為）」になると，専門的用語であるということで，手許の4冊の国語辞典には説明されていなかったので，前述の一般法又は租税法に関する用語辞典等から，その説明を引用した。これらの説明によると，「租税回避（行為）」とは，私法上の選択可能性を利用して課税要件の充足を免れて税

負担の軽減（回避）を図ること，不自然不合理な私法上の行為等をとることによって税負担の軽減を図ること，法律上の形式を濫用して税負担を不当に軽減しようとする行為，法律上の形式の濫用とは，本来ならば採用しないであろう税負担の軽減を図るために異常な行為形式を採用すること，私法上の形成可能性を異常又は変則的な態様で利用することによって税負担の軽減又は排除を図る行為等と説明される。

　そして，いずれの説も，租税法規が予定しているような通常用いられる法形式によって税負担の軽減を図る「節税」とは区分されるべきであるとし，租税回避（行為）については，租税法上，本来，禁止されるべきであり，否認されるべきである旨説くが，具体的な否認方法については，現行法の否認規定を考慮してのことか，曖昧な説明にとどまっている。

　しかしながら，「租税回避（行為）」を前述のような説明によって理解するにしても，実際の事案を想定した場合に，何をもって，「不自然不合理」と言えるのか，「法形式の濫用」と言えるのか，それらが禁止されるべきであるとしても，違法なもの（否認されるべきもの）か否か等，多くの疑問が生じるところである。そこで，まず，具体的な事案を題材にして，これらの問題点を検討することとする。

　その例として，名古屋地裁平成16年10月18日判決（判タ1204号244頁）及び名古屋高裁平成17年10月27日判決（税資255号順号10180）＊14の事件がある。この事件では，原告（被控訴人）が加入した民法上の組合では，組合員から出資金を募り，航空機を購入して約5年8か月間リースし，その間組合員は当該リース料の一部を受領し，それを上回る減価償却費等について損失分配を受け，リース終了後にその飛行機を購入代金の7割程度で売却して，組合員に還元するというスキームを組み，それを繰り返していた。その組合員は，その出資期間中，航空機の賃貸から得られる不動産所得につき，受取りリース料と減価償却費（法定耐用年数10年,

第Ⅲ章　節税・租税回避・脱税　**121**

定率法）との差額を損失として，他の所得と損益通算を行い，リース終了後の譲渡所得（当該飛行機の売却代金から減価償却済みの帳簿価額を控除した差額）につき，長期譲渡所得として課税の軽減を受けることができた。このスキームの目的は，飛行機の賃貸可能期間が約30年でリース料年約3％，これに対する飛行機の税法上の耐用年数，定率法の償却率が0.206ということ，6年後の残存価額が約4分の1に減額されるということで，当初の6年間で多額な減価償却費（不動産所得の損失）が計上でき，他の所得と損益通算して，全体の所得税額を減額できるというものである。

　これに対し，被告（控訴人）税務署長は，当該組合契約は仮装したもので，真実の契約は利益配当契約に該当するから，当該損失は雑所得に当たるもので他の所得とは損益通算できない旨の課税処分をした。かくして，当該課税処分の違法性が本訴で争われることになったが，前掲の名古屋地裁判決は，当該組合契約の適法性を認め，これを課税上否認するには法的根拠が必要である旨判示し，当該課税処分を取り消した。また，前掲名古屋高裁判決も，原判決を支持した。これに対し，国は，平成18年度税制改正において，租税特別措置法41条の4の2を創設し，「不動産所得を生ずべき事業を行う民法組合等の個人組合員の当該民法組合等に係る不動産所得の金額の計算上生じた損失については，なかったものとみなす」旨の措置を講じた。

　この事案に関しては，高額な飛行機を購入して賃貸するに当たって，個人1人では困難であっても組合を組成して多人数で行うことは容易なことであり，減価償却資産の法定耐用年数と使用期間の間に相当差があることも周知の事実であり，それを利用しただけだと考えると，適法な取引によって税負担を軽減したに過ぎないということで，「節税」の範囲にとどまる，という説も成り立つものと考えられる。また，前述した各説による「租税回避（行為）」の定義に照らしても，当該事案を積

極的に「租税回避（行為）」に該当するものとも解することができない。
ならば，このような事案は放置すべきなのか（現に，法人組合等については，
放置されている。）ということになるが，国は，前述のような個別否認規
定を設けて対処することにした（もっとも，このようなスキームは，専門的
かつ組織的に行われているものであるから，税制改正後は当該スキームが消滅
するだけのことであって，当該個別否認規定も死文化することになる。）。

　以上のように，前述の事案一つとってみても，現行の租税法上の各規
定の間隙と私法上許容されている取引を利用した税負担の軽減方法は，
いわば無限に考案されることでもある。それらのスキームを，前述のよ
うに定義されている「節税」又は「租税回避（行為）」に区分すること
は極めて困難である。困難であるということは，前述のようなスキーム
を組んで，「節税」であるとして納税申告をした場合に，税務当局から
否認される場合もあるし，是認される場合もあることを意味する。その
ことは，当該スキームが違法であるのか適法であるのかに関わることに
なるが，一次的には，税務当局の判断に委ねられることになる。この場合，
前述のようなスキームについては，個人組合員については，立法によっ
て封鎖措置（この場合にも，損益通算ができないだけであって禁止されている
わけではない。）が講じられたが，法人組合員については，放置されたま
まである。

　いずれにしても，各種の節税スキームの違法性（税務否認の有無）に
ついては，種々の法律論を展開することになるので，追って，章を改め
て論じることとする。

第4節　脱　税　（犯）

1　意　　義

　「脱税」については，一般的な用語として用いられる場合もあるし，
刑事罰である「逋脱犯」等の略称として用いられるなど，多様な概念で

ある。そこで，まず，前記第2節及び第3節の例にならって，各辞典等
においてどのように定義されているかを確認しておく。

① 「不正な方法で納税・課税をのがれること。」＊15

② 「納めなくてはならない税金の一部を，不正な方法により納めな
　　いですますこと。」＊16

③ 「納税義務者が義務の履行を怠り，納税額の一部または全部をの
　　がれる行為。」＊17

④ 「納税義務者が，納めなければならない税額の一部または全部を
　　のがれること。「脱税犯」国または地方公共団体の租税債権を直接
　　に侵害するものとして科刑の対象とされる行為。逋脱犯；不納付犯
　　などがある。」＊18

⑤ 「脱税は，不法に租税を免れる行為をいい，合法的に租税負担の
　　軽減を図る節税とは区別される。また，脱税は，異常な法形式等を
　　利用して不当に税負担の軽減を図る租税回避とも分けられる。脱税
　　を処罰の対象とするためには，租税を免れる意思とその租税を免れ
　　た事実の存在が不可欠なものである。脱税は，偽りその他不正の行
　　為による租税逋脱という既遂のものばかりではなく，関税法あるい
　　は酒税法では，外国貨物の密輸入，酒類の密造について，その犯罪
　　に着手してこれを遂げない者，すなわち未遂であっても既遂の者と
　　同様に罰則の対象とされる。さらに，所得税の源泉徴収義務者が所
　　得税の規定により徴収して納付すべき所得税を納付しなかった場合
　　等，徴収した租税を法定納期限までに納付しないときには罰則を科
　　される。また，納税者が滞納処分の執行を免れる目的でその財産を
　　隠蔽し，損壊し，国の不利益に処分し，またはその財産に係る負担
　　を偽って増加する行為および納税者の財産を占有する第三者が納税
　　者に滞納処分の執行を免れさせる目的で同様の行為をした場合並び
　　にその事情を知りつつ納税者またはその財産を占有する第三者の相

手方となった者は，いずれも脱税を行った者として処罰の対象となる。」[19]

⑥ 「課税要件を充足する事実を秘匿することにより課税を免れる行為。〔脱税犯〕租税債権を直接侵害するものとして刑罰を科される行為で，偽りその他不正の行為により税を免れる逋脱（ほだつ）犯，外国貨物の密輸入・酒造等の禁止違法行為である間接脱税犯，源泉（特別）徴収義務者が徴収して納付すべき税額を納付しない不納付犯がある。滞納処分の執行を免れる目的で財産の隠蔽（いんぺい）・損壊等の行為を行う滞納処分免税犯を加えて，四種に分類する考え方もある。」[20]

⑦ 「脱税犯　国又は地方公共団体の租税債権を直接侵害するため処罰される行為。逋脱（ほだつ）犯，間接逋脱犯，不納付犯及び滞納処分免税犯の４種に分かれる。

　１，逋脱犯　納税義務者又は徴収納付義務者が偽りその他不正の行為により，租税を免れ又はその還付を受けることを構成要件とする犯罪である（〈略〉）。偽りその他不正の行為とは，帳簿書類への虚偽記入，二重帳簿の作成，その他逋脱の意図をもって，税の賦課・徴収を不能若しくは困難にさせるような工作を行うことであるとされる。単純な無申告はこれにあたらない。２，間接逋脱犯　関税及び消費税において輸入の許可・製造の免許が必要な場合に（〈略〉），免許を受けずにその行為をする犯罪。密輸入や酒類の密造がこれにあたる。３，不納付犯　徴収納付義務者がその義務を怠り，徴収して納付すべき租税を納付しないことを犯則とする（〈略〉）。４，滞納処分免税犯　納税者又はその関係者が，滞納処分の執行を免れる目的で財産の隠ぺい，損壊その他租税債権者の利益を害する行為を処罰の対象とする。」[21]

⑧ 「脱税行為　租税負担を不法に免れる行為。脱税は脱税犯として

第Ⅲ章　節税・租税回避・脱税　　*125*

処罰の対象となる。合法的に租税負担の軽減を図る節税行為に対する用語である。脱税行為として処罰の対象となるためには，租税負担を不法に免れようとする意思が存したこと及び不法に租税負担を免れた事実が存したことを要する。脱税の意思を有しない単純な過少申告や無申告は，脱税の行為とはならない。

　脱税犯　納税義務者又は租税徴収義務者が，納税義務又は租税徴収義務の履行を怠ることにより租税収入の減少を実現し，又はこれを図る行為を内容とする犯罪。脱税犯に属するものの類型には，①申告納税制度を採る直接国税には，ほ脱犯，不正受還付犯，②源泉，特別徴収制の租税は，納税義務者のほ脱犯，徴収義務者の不納付犯，③間接国税には，ほ脱犯，不正受還付犯，酒類の密造等を罰する間接的脱税犯，④印紙納税制の租税における印紙不貼付犯がある。」＊22

⑨　「脱　税　犯

Ⅰ　意　義

　租税の賦課・納付・徴収に直接関係する租税犯罪のうち，租税収入の減少を実現し又はこれを図る行為のように，国家の課税権を直接に侵害するという実体を備えた犯罪類型を脱税犯といい，いまだ課税権を直接に侵害せずその正常な行使を阻害する危険があるにとどまる租税危害犯（租税秩序犯）に対比される。

　脱税犯は，更に逋脱犯（狭義の脱税犯），間接脱税犯，不納付犯及び滞納処分免脱犯に分かれるが，一般には，脱税犯というとき逋脱犯を指している場合が多い。

Ⅱ　逋脱犯（狭義の脱税犯）

　納税義務者が，偽りその他不正の行為により，租税を免れ又はその還付を受けたことを構成要件とする犯罪である（〈略〉）。その罪質は詐欺的利得犯とみられる。

偽りその他不正の行為とは，税を免れる意図をもってその手段として税の賦課徴収を不能若しくは困難ならしめるようなんらかの偽計その他の工作を行うことである（最判昭 42.11. 8 刑集 21 - 9 - 1197）。したがって，帳簿・伝票への虚偽記入，意図的な記載洩れ，ことさらな証憑書類の破棄，二重帳簿の作成など社会通念上不正と認められる行為はこれにあたるが，単純な不申告はこの不正の行為にあたらず租税危害犯としての単純無申告犯（〈略〉）を構成するにすぎない。

　過少申告がいかなる場合に，「不正行為」にあたるかについては問題であるが，真実の所得を隠蔽しそれが課税対象となることを回避するため所得金額をことさら過少に記載した内容虚偽の申告書を提出する行為はこれにあたる（最判昭 48. 3.20 刑集 27 - 2 - 138）。

　逋脱犯の既遂時期については，申告時説，債権確定時説，納期限説が考えられるが，逋脱犯の本質が納税義務自体の不履行にあり，それが，結果犯であることからすれば，右納税義務を履行しないまま法定の納期限を徒過したとき脱税の結果が発生するから，納期限説が正しい。しかし，特殊な場合として，納期限までは単純無申告の状況にあったのち，その後，虚偽申告をなすなど不正行為に出たような場合には，その時点で逋脱犯が成立し既遂となるものと解すべきであろう。

　逋脱税額は，逋脱犯の実行行為である不正行為と因果関係を有し，かつ故意ある部分に限られる。したがって，申告漏れ税額のなかに，単純な計算誤謬等により納税義務の認識を欠く部分があるときは，その部分は故意を欠き逋脱税額から除かれねばならない。

　また，逋脱税額は逋脱犯の罰金刑の上限を画する基準となっている（〈略〉）から逋脱税額の判示を欠く判決は違法となる（最判昭 38.12.12 刑集 17 - 12 - 2460）。

第Ⅲ章　節税・租税回避・脱税　*127*

Ⅲ　間接脱税犯

　　酒類の密造（〈略〉），外国貨物の密輸入（〈略〉）のように，表面的
には単なる禁止規定に違反するにすぎない行為であるが，その禁止
に違反した場合に必然的に国家の課税権の侵害が生ずるので，秩序
犯と区別し，脱税犯の一種とされる。未遂（〈略〉）及び予備（〈略〉）
が罰せられる。

Ⅳ　不納付犯

　　徴収納付義務者が，租税を徴収して納付すべきであるのに，それ
を法定納期限までに納付しないことを構成要件とする犯罪であっ
て，納税義務者の逋脱と同じく，国等の租税納入の直接的減少をき
たすので脱税犯とされる。源泉所得の不納付（〈略〉），通行税の不
納付（〈略〉），有価証券取引税の不納付（〈略〉）等がこれにあたる。

Ⅴ　滞納処分免脱犯

　　納税者等一定の者が，租税滞納処分の執行を免れる目的で，納税
者の財産を隠蔽，損壊し又は不当に処分しあるいはその財産に係る
負担を偽って増加させるなど，租税債権の満足的徴収を妨げる犯罪
類型である（〈略〉）。構成要件的には刑法の強制執行不正免脱（〈略〉）
に酷似するが，滞納処分は刑法にいう強制執行に含まれない（最判
昭29. 4 .28刑集 6 - 4 - 596）であり，租税収入を直接侵害するので
脱税犯とされる。」 ＊ 23

2　節税・租税回避との区分と問題点

　「脱税」の意義については，一般用語としては，「不正な方法により税
金の納付を免れる」等ということで，税負担を軽減するという点では，
「節税」及び「租税回避」と共通している。ただし，「不正方法」とか「納
税を免れる」とは何かについては，租税回避における「不自然・不合理」
とどう異なるかになると，それらの区分が困難になる場合も多い。また，

租税回避又は脱税と認定（区分）されると，後述する税務否認の対象になり，税務否認（課税処分）されると，やはり後述する租税制裁（行政制裁と刑事制裁）の対象になり，それぞれ賦課要件，犯罪としての構成要件の充足の有無とそれぞれの内容が問題となる。

　次に，「脱税」については，刑事罰である脱税犯と同義に解せられる場合が多い。脱税犯については，前述の各説明にあるように，「逋脱犯」を中心に各税法が定める罰則によって規定される。いずれの場合も，脱税犯については，刑事罰であるが故に，「税を免れる」という「故意（犯意）」が構成要件となるので，税務当局としては，その立証が重大な課題となる。国税局及び国税庁には，査察部（課）が独立して設けられているが，脱税犯（逋脱犯）の告発にあたって，「故意（犯意）」の立証等に多大な調査力と事務量を必要とすることになる。

　いずれにしても，「税負担を軽減する（免れる）」という手法には，種々の方法があるので，それらの方法に対して，逋脱犯と認定し，安易に刑事制裁を科すことは認められない。例えば，筆者の国税局の調査査察部長時代の体験でもあるが，「記帳もしない，申告・納税もしない，税務調査があれば是々非々で対処すればよい」として，多額な納税義務を負っているがほとんど申告していない者がいたが，その場合に，脱税といえるのか，租税回避なのか，逋脱犯として告発できるのか，重加算税の賦課要件を充足するのか，等の種々の問題が提起されたことがある。それに加え，前述のような場合はあるにしても，「脱税（犯）」と認定（区分）した場合には，その中心となる「逋脱犯」においては「偽りその他不正の行為」が認定されるから，「節税」や「租税回避」とは次元の異なった悪質なものと考える向きもあろう。しかし，筆者の脱税関係の４年間の職務経験に照らしても，「税コスト」を軽減したいという点では「節税」と「租税回避」とも共通性があり，誰しもが「脱税」の誘惑にかられることもあり得ると考えられる[24]。

＊1　『三省堂国語辞典第六版』（三省堂）739頁

＊2　新村出編『広辞苑第五版』（岩波書店）1500頁

＊3　松村明編『大辞林第二版』（三省堂）1409頁

＊4　法令用語研究会編『法律用語辞典第3版』（有斐閣）827頁

＊5　金子宏他編『法律学小辞典第4版補訂版』（有斐閣）729頁

＊6　岩﨑政明他編『税法用語辞典七訂版』（大蔵財務協会）472頁

＊7　金子宏編集代表『税務百科大辞典第3　しょ〜て』（ぎょうせい）152頁（富岡幸雄著）

＊8　前出＊4・885頁

＊9　前出＊5・788頁

＊10　前出＊6・502頁

＊11　新井隆一監修・日本税理士会連合会編『税務用語事典八訂版』（ぎょうせい）57頁

＊12　前出＊7・213頁（新井隆一著）

＊13　金子宏『租税法　第23版』（弘文堂　平成31年）133頁

＊14　品川芳宣『重要租税判決の実務研究第四版』（大蔵財務協会　令和5年）437頁参照

＊15　前出＊1・824頁

＊16　『新明解国語辞典第三版』（三省堂）713頁

＊17　前出＊2・1656頁

＊18　前出＊3・1572頁

＊19　安藤英義他編『会計学大辞典―第五版―』（中央経済社）910頁（矢内一好著）

＊20　前出＊4・918頁

＊21　前出＊5・826頁

＊22　前出＊6・543頁

＊23　前出＊7・312頁

＊24　品川芳宣『傍流の正論』（大蔵財務協会　令和5年）138頁参照

第Ⅳ章

税務否認の形態と方法

第1節　総　　論

　第Ⅰ章で述べたとおり，我が国の主要税目が申告納税方式によって税額を確定しているところ，同方式の下では，納付すべき税額が納税者のする申告により確定することを原則とし，その申告がない場合又はその申告に係る税額の計算が国税に関する法律の規定に従っていない場合その他当該税額が税務署長等の調査したところと異なる場合には，税務署長等の処分により納付すべき税額を確定することになる（通則法16①一）。かくして，納税者は，通常，納付すべき税額を経済取引等におけるコストと認識しているので，租税法律主義の下で，各税法の規定を自己にとって有利に解釈し，各税法が定める課税標準等の基となる経済取引等についても，できる限り税負担が少なく済むように努め，それに基づき申告・納税することになる。

　その結果，前記第Ⅲ章で述べたように，「節税」で済むのか，「租税回避」と認定されて課税処分を受けるのか受けないのか，あるいは，「脱税（犯）」として刑事制裁を受けるのか，という問題に出合うことになる。

　そのほか，納税者が選択した税法の解釈・適用が税務署長の判断では誤りであるということで，課税処分を受けることにもなる。このような課税処分においては，納税者の申告税額の是否の判断は，第一次的には，税務署長等が行うことになる。すなわち，国税通則法24条は，「税務署長は，納税申告書の提出があった場合において，その納税申告書に記載された課税標準等又は税額等の計算が国税に関する法律の規定に従っていなかったとき，その他当該課税標準等又は税額等がその調査したところと異なるときは，その調査により，当該申告書に係る課税標準等又は税額等を更正する。」と定めている。また，無申告のときに課税標準等を決定する場合，更正等の後に再び課税標準等を再更正する場合には，同様な規定が設けられている（通則法25，26）。そのほかにも，更正の請

求に対する「更正をすべき理由がない旨の通知」（通則法 23 ④），源泉所
得税が納付されない場合の「納税の告知」（通則法 36 ①）等がある。

このような税務署長による処分は，次のような違法事由があると認めら
れる場合に行われる。

① 単純な税額計算の誤りや税法の適用誤りがあるとき。

② 税法の解釈に幅がある場合（例えば，法人税法 34 条 2 項にいう「不
相当」の解釈における「相当」の範囲）に，納税者の判断と税務署長
の判断が異なるとき。

③ 税法上の課税標準額算定の基となる私法上の取引が仮装であると
認定されたとき。

④ 税法上の個別の否認規定に該当すると認定されたとき。

⑤ 同族会社等の行為・計算の否認規定等の適用において各税を「負
担を不当に減少させる」と認定されたとき。

⑥ その他税法の解釈・適用において納税者と税務署長の判断が異な
るとき。

⑦ 通達の取扱いにおいて，原則規定の適用が認められないとされた
とき（財産評価基本通達 6 項の適用があるとき等）。

⑧ 納税者の納税額が誤って多額であったこと等を事由とする更正の
請求が認められないとき。

⑨ 源泉所得税等の納付額が誤りであると認められたとき。

以上の事由による税務署長の処分は，納税者がした申告等に係る税額
を増加させる場合も減少させる場合もあるが，本書では，前者の場合に
ついてのみ，「税務否認」と称することとする。ただし，いわゆる減額
更正であっても，納税者に不利に影響することがある場合もあるので留
意を要する。

また，以上のような違法と認定される事由については，単独の事由で

第Ⅳ章　税務否認の形態と方法　　**133**

課税処分が行われる場合もあるし，当該事由が複合して課税処分が行われる場合もある。いずれにしても，当該事由の違法性の判断は，前述したように，第一次的には，税務署長等の判断によって行われるが，その判断が，租税法律主義（合法性の原則）の趣旨に照らし，常に，適法（正しい）とは限らない。そのため，当該課税処分の適否を正すために，納税者に対する不服審査制度と取消訴訟等の手続が必須となる。この手続については，一般に，「納税者の救済制度」と称されるが，「納税者を救済する」という特例的なものではなく，租税法律主義の下（適正手続保障の原則）で納税者に認められている当然の権利であるといえる。

　次に，前述のような課税処分に並行して，行政・刑事の租税制裁が課（科）せられるが，当該租税制裁についても，前述した課税処分と同様に論じることができる。いずれにしても，このような課税処分及び租税制裁に対する不服審査・訴訟の問題については，別途，章を改めて論じることとする。

第2節　法律による否認

1　法解釈における見解の対立

　租税法律主義の下では，課税要件と賦課・徴収の手続が全て法定され（課税要件法定主義），その定めは一義的で明確でなければならず（課税要件明確主義），税務官庁には，租税の減免の自由はなく，法律で定めたとおりの税額を賦課・徴収しなければならない（合法性の原則），こととされている。さすれば，納税者は，明確な法律の定めに従って適法な申告・納税を済ますことができ，税務官庁が当該申告・納税を是正（税務否認）する機会も極めて限られてくるであろうし，仮に，是正（税務否認）する機会があるとしても，その是正内容は合法性の原則に基づく適法なものである，と考えられる。

　しかしながら，現実の税務執行（実務）の場では，税法の解釈・適用

134

をめぐって納税者と税務官庁の見解が対立することはよくあることである。それでは，前述のような租税法律主義が機能していないのかというと，そのようにも断定できないはずである。すなわち，租税法律主義自体が「適正手続保障の原則」を謳い，税務官庁の公権力の行使による各処分に対する納税者側の公正な争訟手続を保障しているところである。このことは，税務官庁の処分が「合法性の原則」に基づいていないことがあり得ることを意味している。また，この問題は，前記第Ⅰ章で述べてきたように，課税要件等を定める各税法の各規定の解釈・適用にある程度の幅があり，かつ，課税要件それ自体が税法において自己完結的に定められているわけではなく私法上の取引の成果を基礎にしており，その私法上の取引が契約自由の原則の下で納税者の幅広い裁量が認められていることから，一層増幅することになる。

　そして，これらの税法の解釈・適用と私法上の取引における自由裁量は，申告納税方式の下で，一次的には納税者の判断に委ねられることになる。この場合，納税者としては，国民が法律の定めるところにより納税の義務を負っている（憲法39）ことを十分認識しつつも，租税が経済取引等におけるコスト（しかも直接的対価のないコスト）である以上，「適法」の範囲で租税コストの最少化（節税）（以下「租税負担の最少化」という。）に努めることになる。この場合，「適法」とは何かが問題になるが，前述の「租税負担の最少化」に資する見地から「適法」の範囲を探ることになる。また，相続税のように経済取引とは直接関係がない税目であっても，相続開始前に課税上有利な財産内容の変更（例えば，評価額の低い不動産等を大量に取得すること等）や遺産分割の操作等によって，税負担の操作が可能になる。

　他方，税務官庁（国税であれば，国税庁とその下部組織）は，租税法律主義の下で，納税者間の課税の公平と各税法が予定している税収の確保を職務にしている（そのため，当該職員には，強力な質問検査権行使（税務調査）

の権限が与えられ，税務署長等には，自己の判断に基づく課税処分等をする権限が与えられている。）から，その職務の目的に沿って各税法等の解釈・適用を行うことになる。また，税務官庁には，上記課税処分に並行して，各種の強力な租税制裁を課（科）す権限が与えられている。この権限も，税法の解釈・適用等における税官庁の判断に納税者を従わせることに有効に機能することになる。

　以上のように，納税者と税務官庁とでは，それぞれの立場や職務を異にしているから，税法の解釈・適用，あるいは税法が定める課税要件の前提となる私法上の取引の適法性等をめぐって，見解を異にする（対立する）ことも必然的であると言える。そのため，納税者が適法であると判断した納税申告（又は無申告）につき，税務官庁が違法であると判断して課税処分又はそれに並行して，租税制裁を課（科）すことは当然あり得るものと考えられる。もっとも，税法の解釈・適用については，両者の見解の対立が法廷で争われ，その結論である判決が積み重ねられること（あるいは，一つの最高裁判決）により，判例法が形成され，両者の対立が解消される場合もある*1。

　かくして，以下に述べる「法律による否認」は，種々の形態（方法）があるが，それぞれ税法上の各規定の解釈・適用をめぐって，あるいは私法上の取引の適法性（税務上の有効性）をめぐって，納税者と税務官庁との見解の対立の結果であると考えられる（もちろん，その中には，納税者側の解釈・適用の単純な誤りを是正するものもある。）。もっとも，その否認の形態（方法）は，それぞれ重複する規定もあるので，重要な所で論じることとする。

2　不確定概念等における否認
(1)　不確定概念の意義

　前記第Ⅰ章で述べたように，租税法律主義の下で課税要件明確主義が

要請されているので，各税法において税務官庁の自由裁量を認める規定を設けることは，原則として，許されないものと解されている。しかしながら，行政法一般においても，法の執行において具体的事情を考慮し，抽象的で，一見多義的な概念（用語）を用いることがままある。これを不確定概念とよぶ＊2。特に，租税法においては，個別・具体的事情に応じて課税の公平を図る必要があるので，ある程度不確定概念を用いることは不可避であると解されている＊3。

　このような不確定概念の代表的な例として，「不相当に高額」（法法34②，36），「不適当であると認められる」（所法13），「相当の理由」（所法145二，150①三，法法153等），「著しい」（法法33②），「著しく」（法令68①），「正当な理由」（通則法65④，66①等），「不当に減少させる」（法法132①，所法157①，相法64①等）等多数挙げられる。

　なお，「時価」（相法22），「その時における価額」（所法59，36②等）のように，財貨（物）の価値に係る用語については，不確定概念と称されることは少ないが，一義的に明確に解することは極めて困難である。

　かくして，このような不確定概念については，更正，決定等の課税処分に当たって，税務官庁の裁量が働く余地が大きくなるので，納税者の当該用語の解釈と対立することが多くなる。その中で，ここでは，「不相当に高額」に関し，税務否認の実態を述べることとする。また，これらの不確定概念については，「正当な理由」は租税制裁に関わることであり，「時価」等は税務通達の取扱いに関することが多いので，それぞれの項目において論じることとする。

(2)　「不相当に高額」

イ　役員給与の支給戦略

　法人税法34条1項は，役員給与について，原則として損金不算入にすることとし，所定の①定期同額給与，②事前確定届出給与及び③業績

第Ⅳ章　税務否認の形態と方法　　**137**

連動型給与についてのみ，損金算入を認めている。そして，同条2項は，上記の損金算入の対象となる給与（いわゆる年次給与）及び前記の損金不算入とならない役員退職給与（法法34①かっこ書）であっても，それらの給与のうち「不相当に高額な部分の金額として政令で定める金額」は，損金の額に算入しないとしている。また，法人税法36条は，役員と特殊の関係にある使用人に対して支給する給与についても，「不相当に高額」な部分の金額について，損金の額に算入しない旨定めている。

　このように，法人税法が役員給与の損金算入について厳しい制限を設けているのには，次のような背景がある。すなわち，我が国では，「会社」と称する事業体が約250万社存在するが，これは先進諸外国に比し異常に高い数値である。その「会社」の99％がいわゆる中小企業と称される個人事業に類似する事業体である。このように，なぜ多くの会社が存在するのか（法人成りするのか）については，いくつかの理由があるが，最大の理由は，所得税及び法人税を通じての税負担を軽減させることができることにあると考えられている。

　すなわち，個人事業の場合には，事業主の所得については，事業所得として（所法27①），その年中の事業所得に係る総収入金額から必要経費を控除した金額（所法27②）に，最高45％の累進税率（所法89）が適用されて課税される（なお，住民税等を加算すると最高税率は，55.954％となる。）。この場合，必要経費については，家事関連費及び所定の親族に対する役務提供の対価が不算入とされている（所法45①一，56，所令96）ほか，その事業主と生計を一にする配偶者その他の親族がその事業に従事していても，青色申告者については，労務の対価として相当と認められる金額が必要経費に算入されるが，青色申告者以外であれば，配偶者であっても年86万円しか必要経費に算入されない。他方，法人事業の場合は，役員給与について前述のような規制があるにしても，当該役員給与について，所得税法上「給与所得」として，「給与所得控除額」（所法28②③）

が控除された上で，所得税の累進税率が適用されることになる[4]。また，法人事業主の家族従事者を役員等に就任させて，それぞれに給与を支給することも自由であり，当該給与について前述のような法人税法上の損金算入規制がある（法法36）ものの，個人事業の場合よりも相当に有利である。そのため，法人事業の場合には，事業主である役員及びその家族従事者を含めた法人税と所得税の最少化負担を追求する役員給与等の支給戦略が容易となる[5]。

　以上のような背景があるがゆえに，法人税法においては，同族会社を中心にした法人の役員給与の支給について，厳しい損金算入規制をとらざるを得ない面はある。しかし，その規制方法の是非については，種々の議論はある[6]。それらの問題はともかくとして，法人税法34条2項等に定める「不相当に高額」の判定基準について，法人税法施行令70条は，次のように定めている。

ロ　「不相当に高額」の判定基準

　まず，役員給与のうち，年次給与の「不相当に高額」な部分については，法人税法施行令70条1号が次の①又は②のいずれか多い金額と定めている（同号イ，ロ）。

①　「当該役員の職務の内容，その内国法人の収益及びその使用人に対する給与の支給の状況，その内国法人と同種の事業を営む法人でその事業規模が類似するものの役員に対する給与の支給の状況等に照らして，当該役員の職務に対する対価として相当であると認められる金額を超える場合におけるその超える部分の金額」

②　「定款の規定又は株主総会，社員総会若しくはこれらに準ずるものの決議により，役員に対する給与として支給することができる金銭その他の資産について，金銭の額の限度額若しくは算定方法，その内国法人の株式若しくは新株予約権の数の上限又は金銭以外の資産（ロにおいて「支給対象資産」という。）の内容（ロにおいて「限度額

第Ⅳ章　税務否認の形態と方法　**139**

等」という。）を定めている内国法人が，各事業年度においてその役員（〈略〉）に対して支給した給与の額（〈略〉）の合計額が当該事業年度に係る当該限度額及び当該算定方法により算定された金額，当該株式又は新株予約権（〈略〉）の当該上限及びその支給の時（〈略〉）における一単位当たりの価額により算定された金額並びに当該支給対象資産（〈略〉）の支給の時における価額（〈略〉）に相当する金額の合計額を超える場合におけるその超える部分の金額（〈略〉）」

次に，役員退職給与の「不相当に高額」部分については，法人税法施行令70条2号が，「当該役員のその内国法人の業務に従事した期間，その退職の事情，その内国法人と同種の事業を営む法人でその事業規模が類似するものの役員に対する退職給与の支給状況等に照らし，その退職した役員に対する退職給与として相当であると認められる金額を超える場合におけるその超える部分の金額」と定めている。

なお，過大な使用人給与の額についても，法人税法施行令72条の2が，年次給与及び退職給与のそれぞれについて，役員給与に準じた判定基準を設けている。

以上のような「不相当に高額」の判定基準については，年次給与と退職給与とでは，若干の相違はあるものの，概ね外形的基準によって，当該役員の給与の相当額を判定することとしている。その中でも，類似法人における役員に対する給与の支給状況と比較する方法が最も多用されている（争訟事件においてはそのほとんどが類似法人における支給状況との比較に終始している。）。これは，当該役員の当該法人における経営者としての貢献度を実質的に判定することが極めて困難であることを吐露しているようなものである。

しかしながら，本来，会社の役員給与の支給額は，当該役員が経営者として当該会社の業績にどれだけ貢献したかによって決定され

るべきであろう。そして，その決定は，本来，会社の経営を役員に託した株主（資本金）によってなされるべきであろう。そのため，株式会社につき，会社法361条1項は，「取締役の報酬等」について，次のように定めている。

「取締役の報酬，賞与その他の職務執行の対価として株式会社から受ける財産上の利益（以下この章において「報酬等」という。）についての次に掲げる事項は，定款に当該事項を定めていないときは，株主総会の決議によって定める。

一　報酬等のうち額が確定しているものについては，その額

二　報酬等のうち額が確定していないものについては，その具体的算定方法

三～六（ストックオプション関係の詳細は略）　」

この会社法の規定に関しては，前述の法人税法施行令70条1号ロが，株主等が定めた「報酬等」の額を超えて支給した役員給与については，即，損金不算入としているところである。この点については役員に対する「報酬等」の適正額についての株主等の判断を一応評価しているようではあるが，実質的には，税務官庁側からみて，「不相当に高額」であるという判断基準を一つ付け加えたに過ぎないと解することができる（現に，課税実務では，否認事由の一つとして取り扱われている。）。

ハ　役員退職給与における検証

（イ）　具体的な判定方法

前述したように，役員退職給与の適正額の判定については，従事期間，退職の事情，類似法人の支給状況等が考慮されるのであるが，争訟事件においては，ほとんどの場合，類似法人の支給状況との比較によって判定される。従前の裁判例等において採用された具体的な判定方法には，次のようなものがある。

第IV章　税務否認の形態と方法　**141**

a 功績倍率法

　功績倍率法とは，退職役員に支給した退職給与の額が当該役員の退職時における報酬月額（最終報酬月額）に勤務年数（従事期間）を乗じた金額の何倍に当たるかを意味する功績倍率を算定し，当該功績倍率と類似法人における功績倍率とを比較して，適正額を求める方法である。功績倍率は，次の算式によって計算される。

$$功績倍率 = \frac{退職給与の額}{最終報酬月額 \times 勤続年数}$$

　この場合，類似法人における功績倍率との比較においては，その平均値を採用する方法（平均功績倍率法）と最高値を採用する方法（最高功績倍率法）とがあるが，一般的には，前者による場合が多い。

　このような功績倍率法については，最終報酬月額が高く，勤続年数が長ければ，退職給与の適正額が高くなる。そして，最終報酬月額が高いということは，会社に対する功績が高かったことを意味するとも考えられるし，勤続年数が長いということは，それだけ会社に対する貢献が高かったとも考えられるので，一応，退職給与の適正額の判定方法として妥当であるように考えられる。しかし，長年，会社の業績向上のために，自己の報酬すら抑えて滅私奉公的に経営に従事してきた役員に対して報いる方法としては，極めて不適切な方法（皮肉な結果）と言える。また，勤続年数については，その長さが必ずしも会社に対する貢献度を表すとは限らないわけで，自己の保身のために役員としての延命を図ってきた者に対して報いるという，皮肉な結果になることもある。

　そして，最も問題となるのが，類似法人の選定である。問題の一つは，類似法人の選定の地域であり，二つは，類似法人の類似性の選定基準である。選定地域については，同一の税務署管内であれば，地域的共通性が高いと言えるが，それが不可能な場合が多いので，通常，同一の国税

局管内か，更には，当該国税局に隣接する国税局の管内を含めて，選定されることになる。次に，類似性の選定基準については，一般的に，「同種の事業」については，当該法人と同種の事業である日本標準産業分類における大分類の中分類の小分類によることが多く，「事業規模が類似するもの」については，売上金額について，当該法人の売上金額の2分の1から2倍の範囲内（倍半基準）が採用される場合がほとんどである。また，他の類似性については，当該類似法人において，同等の役員（代表取締役同士）に対して退職給与の支給があり，かつ，当該法人の退任役員とその退任事由を同じくするもの，等が考慮される。

　この類似法人の選定について最も問題となるのは，税務官庁が一方的に選定するだけであって，納税者側が全く関知できないことである。納税者側には，税務官庁が選定した類似法人が実在するのか否か，当該類似法人が支給した退職給与が事実か否か，あるいは他に当社に類似する法人が存在するのか否か，等を全く知らされていないのである。このことは，税務官庁側に課せられた守秘義務上やむを得ない面もあるが，それだけに，裁判官に対しては類似法人に関するデータが真実であることの心証を十分与える説明責任が税務官庁側に課せられているものと考えられる。

　また，功績倍率法の比準要素である「最終報酬月額」については，退職役員が退職時には閑職に就いて報酬が減額されている場合もあろうし，あるいは，退職給与額を高額にするために退職直前に報酬月額を引き上げる場合もあろうから，それらの事情に応じた修正を要することも考えられる[7]。なお，勤続年数についても，使用人期間やみなし役員期間等についての調整を要するので，留意を要する[8]。

b　1年当たり平均額法

　1年当たり平均額法とは，次の算式によって適正額を算定する方法である。

$$当該退職役員の勤続年数 \times \frac{類似法人の比準役員の退職給与額}{比準役員の勤続年数}$$

この方法の場合にも，上式の1年当たり平均額につき，類似法人における平均値を採用する方法と最高値を採用する方法がある。また，この方法は，功績倍率を適用し難い場合に，いわば補完的に採用されることが多いので，適用事例も限られている[9]。

c　その他の方法

そのほかにも，従前の裁判例においては，統計的手法によって役員退職給与の適正額を算定する方法[10]，国家公務員の退職手当の額に準じて適正額を算定する方法[11]等が採用されているが，いずれも一般的ではない。

以上のような判定方法についても，いずれも客観化された外形的基準によるものであって，当該退職役員の当該法人における役員勤務期間における真実の功績を評価するものではない。もっとも，そのような功績を評価（測定）することは困難であろうから，功績倍率法であれ，1年当たり平均額法であれ，類似法人の平均値に拘泥すべきではなく，それぞれの事案において最高値を適用すべきであると考えられる[12]。

このような観点から，次に，個別事案について，役員退職給与の適正額について検証することとする。

(ロ)　個別事案における検証

以上のように，役員退職給与を題材にして，役員給与に関する「不相当に高額」の解釈における適正額の判定方法を論じてきたが，その具体的な判定方法である「功績倍率法」であれ，「1年当たり平均額法」であれ，それぞれ問題点を抱えている。しかし，他に適切な判定方法がないのであれば，実務ではこの二つの方法を軸にして，それぞれの方法の欠点を補う方向で対応せざるを得ないものと考えられる。このような観点から，

従前の裁判例の中で，種々考えさせられる次の事件を題材にして，更に，検討することとする。

〔題材とする判決〕

一審　東京地裁昭和46年6月29日判決

（行裁例集22巻6号885頁）

控訴審　東京高裁昭和49年1月31日判決

（税資74号293頁）

上告審　最高裁昭和50年2月25日第三小法廷判決

（税資80号259頁）＊13

〔事案の概要〕

　X社（原告，被控訴人，上告人）は，食肉の販売を業とする株式会社であるが，昭和42年3月期分法人税について，同社の創立以来の代表取締役甲の退職（昭和41年9月）に際し，退職慰労金650万円（最終報酬月額18万円，勤続年数12年5月，功績倍率3.0を基に算定）を支給し，同金額を損金の額に算入して確定申告をした。これに対し，Y税務署長（被告，控訴人，被上告人）は，甲の適正退職給与を類似法人3社の平均功績倍率2.1を適用して480万円であるとし，それを上回る170万円の損金算入を否認する更正等をした。

　Y税務署長は，上記功績倍率の算定につき，同署管内において，X社と同業種の法人で当時退任した役人に対して退職給与を支給した11社を選定し，そのうちから，売上金額，所得金額及び積立金増加額においてX社と類似する3社の功績倍率（A2.1，B2.0，C2.3）の平均値2.1を採用した。これに対し，X社は，上記類似法人3社はX社とは類似していない，甲の創業者としての功績が無視されている，上記11社の中にはもっと多額な退職給与を支給した事例があるなどを理由に，X社が採用した功績倍率3.0は相当である旨主張した。

第Ⅳ章　税務否認の形態と方法　　**145**

〔一審判決要旨〕請求認容

① 法人税法36条及び同法施行令72条の趣旨は，実体に即した適正な課税と租税負担の公平を期する見地から，法人の行為計算のみにとらわれることなく，その合理性の検討について特に注意を喚起しようとするにとどまり，当該事案の特殊事情をすべて捨象して同業種，同規模の他の会社の右給与の支給額を超える部分の損金算入をすべて否定しようとしたものではない。

② 役員の会社に対する貢献度は，売上金額，所得金額，積立金増加額以外の要素たる法人の創立・再興の功績，資本金額などの資産の内容等によって異なるのはもとより，売上金額等が同一であっても，設備投資の有無，当人の功罪によっても異なるものというべきである。そして，Y税務署長が選定した類似法人3社についても，売上金額等以外の要素の点について類似性を認める主張・立証はない。

③ Y税務署長が当初選定した11社の各退職給与の支給状況に比しても，それが甲の功績倍率を3.0と定めたことが不相当に失するとは認め難い。

〔控訴審判決要旨〕原判決取消し（請求棄却）

① 法人税法36条及び同法施行令72条の趣旨は，役員に対する退職金が従業員に対するものと異なり益金処分たる性質を含んでいることに鑑み，法令の基準に照らし一般に相当と認められる金額に限り収益を得るために必要な経費として損金算入を認めるものと解される。

② Y税務署長がX社と同一事情にある類似法人3社を選定し，その平均功績倍率をもって甲の退職給与の相当性を判断したことは，前記法令の趣旨に合致する。

③ 甲がX社のために功績をあげてきたことは認められるが，類似法人A，B及びC社においてもそれぞれ甲に類似し，あるいは匹敵する事情があり得るものであるから，甲の功績倍率が類似法人3社の平均値

より著しく大であると判断すべき理由はない。

〔**上告審判決要旨**〕上告棄却（請求棄却）

原審の判断は，首肯しえないものではなく，原判決に所論の違法はない。

〔**検討**〕

この事件は，50数年前であるので，給与水準が現在の約10分の1程度であったことを考慮する必要がある。また，当時は，終身雇用制度が徹底していたため，従業員，役員とも，生涯の全給与に占める退職給与が，現在よりも高かったことに留意する必要がある。これらの問題はともかくとして，この事件は，平均功績倍率法の適用のあり方について考えさせられるところが大きい。

前述したように，平均功績倍率法は，役員退職給与の適正額を判定する方法として最も多用されているものである。しかし，その方法には，多くの問題点を有しているところでもある。その中でも，類似法人の選定それ自体，税務官庁側が一方的に選定した範囲内でその是非が検討されるに過ぎない。また，比準要素である最終報酬月額にせよ，勤続年数にせよ，当該役員の会社の業績に対する貢献の尺度として十分でないことは前述したとおりである。更に，前記事案もそうであるが，同じ役員であっても，創業者の場合には，その功績に応じて，相応の配慮も行われるべきである。その上，前記事案当時，納税者側からすると，類似法人における功績倍率の正確な数値を知る由もないが，巷間，3.0程度であれば，課税当局から否認されないセーフティ・ゾーンであると考えられていた。

以上のようなことを考察すると，前掲の東京地裁判決は，極めて妥当な判断であると考えられる。しかし，控訴審の東京高裁判決は，平均功績倍率法を絶対視し，当該倍率を少しでも上回れば，「不相当に高額」になる旨判示し，上告審の最高裁判決も，安易にそれを支持している。

第Ⅳ章　税務否認の形態と方法　　*147*

問題は，このような東京高裁判決及び最高裁判決のような考え方が珍しいわけではなく，むしろ，東京地裁判決のような考え方が貴重であると思われる。しかし，実際の税務調査の段階では，前掲東京高裁判決のような形式論のみではなく，支給会社や退任役員の実態に即した判断が行われることもあることに留意する必要がある。要は，役員退職給与の支給額の決定に当たっては，役員退職給与規程を従前から整備しておき，当該給与規程に従って，当該退任役員の会社に対する功績等を的確に説明できるようにしておき，利益操作のために当該支給額を操作したものでないこと等を明確にしておくことが肝要である。

3　個別的否認規定による否認

(1)　個別的否認規定の内容

　節税の主要な対象となる所得税法，法人税法及び相続税法においては，課税標準について，原則として，所定の期間における所得金額又は相続等により取得した財産の課税価格であると定めているが，それぞれ，それらを算定するための特別規定（「別段の定め」等）を設けている。そして，当該特別規定の中で，個別的否認規定が設けられている。

　まず，所得税法においては，各年の各種所得の金額は，基本的には，当該各所得に係る収入金額又は総収入金額から必要経費又は所定の控除額を控除して算定されるが，当該収入金額等又は必要経費は，次のように算定される。すなわち，所得税法 36 条 1 項は，「その年分の各種所得の金額の計算上収入金額とすべき金額又は総収入金額に算入すべき金額は，別段の定めがあるものを除き，その年において収入すべき金額（金銭以外の物又は権利その他経済的な利益をもって収入する場合には，その金銭以外の物又は権利その他経済的な利益の価額）とする。」と定めている。

　また，所得税法 37 条 1 項は，「その年分の不動産所得の金額，事業所得の金額又は雑所得の金額（〈略〉）の計算上必要経費に算入すべき金額

は，別段の定めがあるものを除き，これらの所得の総収入金額に係る売上原価その他当該総収入金額を得るため直接に要した費用の額及びその年における販売費，一般管理費その他これらの所得を生ずべき業務について生じた費用（償却費以外の費用でその年において債務の確定しないものを除く。）の額とする。」と定めている。

　以上の総収入金額又は必要経費に算入すべき金額は，基本的には，包括的所得概念（純資産増加説）における経済的価値の増加分又は減少分を意味するのであるが，それぞれ「別段の定め」によってそれらの例外があることを定めている。この「別段の定め」については，種々の課税目的のために設けられている。例えば，課税関係を明確にするために，棚卸資産の評価方法や減価償却資産の償却費の計算方法が法定されている（所法47，所令99〜104，所法49，所令90，120〜136の2等）。

　このような「別段の定め」の中に，「個別的否認規定」又はそれに類似する規定が設けられている。それも，主として，必要経費を制限する方法で設けられている。その例として，家事関連費等の必要経費不算入等（所法45），資産損失の必要経費算入の制限（所法51），事業から対価を受ける親族がある場合の必要経費の特例（所法56），事業に専従する親族がある場合の必要経費の特例等（所法57）等が挙げられる。また，実務上，税務否認の対象になりやすい規定としては，特定の贈与等の場合の譲渡所得等の特例（所法59）等があるし，租税回避を防止するために設けられた規定としては，租税特別措置法41条の4の2（特定組合員等の不動産所得に係る損益通算等の特例）等がある。

　また，法人税法においては，各事業年度の所得に対する課税標準を各事業年度の所得の金額とし（法法21），各事業年度の所得の金額は，「当該事業年度の益金の額から当該事業年度の損金の額を控除した金額とする。」（法法22①）と定めている。そして，法人税法22条2項は，「内国法人の各事業年度の所得の金額の計算上当該事業年度の益金の額に算入

第Ⅳ章　税務否認の形態と方法　　**149**

すべき金額は，別段の定めがあるものを除き，資産の販売，有償又は無償による資産の譲渡又は役務の提供，無償による資産の譲受けその他の取引で資本等取引以外のものに係る当該事業年度の収益の額とする。」と定め，同条3項は，損金の額につき，次のとおり定めている。

「内国法人の各事業年度の所得の金額の計算上当該事業年度の損金の額に算入すべき金額は，別段の定めがあるものを除き，次に掲げる額とする。

　一　当該事業年度の収益に係る売上原価，完成工事原価その他これに準ずる原価の額

　二　前号に掲げるもののほか，当該事業年度の販売費，一般管理費その他の費用（償却費以外の費用で当該事業年度終了の日までに債務の確定しないものを除く。）の額

　三　当該事業年度の損失の額で資本等取引以外の取引に係るもの」

　以上の益金の額又は損金の額に算入すべき金額は，元々，純資産増加説の基となった規定であるが故に，各取引における経済的価値の増減に徹しているが，所得税法同様，それぞれの「別段の定め」によって，それらの例外が設けられている。その中で，法人税法においては，法人税法74条に代表されるような確定決算基準[14]を採用しているが故に，企業会計上の利益計算との調整規定が数多く設けられている[15]。

　そして，「別段の定め」としての個別的否認規定については，前記2で述べた役員給与の損金不算入（法法34），資産の評価損の原則損金不算入（法法33），寄附金の損金不算入（法法37），不正行為等に係る費用等の損金不算入（法法55）等が挙げられる。なお，法人税基本通達2－2－16に定める「前期損益修正」によって，国税通則法23条2項に定める後発的事由に基づく更正の請求が封じられていることについて，その取扱いに反する更正の請求が行われ，それを否認する処分が行われ争

訟事件を惹起してきた。その問題については，「通達による否認」のところで述べることとする。

　次に，相続税法においては，所得税法や法人税法のような「別段の定め」によって個別的否認規定を設けているわけではなく，主として，所定の経済的利益の取得を相続又は贈与とみなす旨の「みなし規定」によって税務否認問題を惹起することになる。すなわち，相続税法は，相続又は遺贈により財産を取得した者に相続税を（同法1の3），贈与により財産を取得した者に贈与税を（同法1の4），それぞれ課税することにしている。また，相続税の課税価格は，原則として，当該相続又は遺贈により取得した財産の価額の合計額であり（相法11の2），贈与税の課税価格は，その年中において贈与により取得した者の財産の価額の合計額である（相法21の2）。

　前述の「みなし規定」については，相続税に関して，被相続人に係る生命保険金の取得，退職手当金の取得，生命保険契約に関する権利の取得，定期金に関する権利の取得等がある（相法3）。もっとも，このような財産の取得については，比較的税務否認の問題を惹起することは少ない。他方，贈与税に関しては，自己が保険料，掛金等を負担していない場合に取得する保険金等が贈与によって取得したものとみなされる（相法5，6）ほか，著しく低い価額で財産の譲渡を受けた場合（相法7），対価を支払わないで，又は著しく低い価額の対価で債務の免除等の利益を受けた場合（相法8）及びその他対価を支払わないで，又は著しく低い価額の対価で利益を受けた場合（相法9）には，当該譲渡者等から贈与を受けたものとみなされる。この相続税法7条から9条に定めるみなし贈与については，何をもって「著しく低い価額」と言えるのか，何をもって「利益を受けた場合」に該当するのか，等をめぐって税務官庁と納税者が対立し，税務否認問題を惹起することになる。

　そのほか，相続税及び贈与税に関しては，信託に関する各種のみなし

第Ⅳ章　税務否認の形態と方法　　*151*

規定（相法9の2～9の6），特別の法人から受ける利益に対する課税（相法65），人格のない社団又は財団等に対する課税（相法66）及び特定の一般社団法人等に対する課税（相法66の2）においても，各種の遺贈又は贈与により取得したものとみなされる規定がある。また，これらの各規定の中には，かつては，個別的否認規定がないということで放置されていた相続回避行為を封じるために設けられた規定もある（相法66の2等）。

以上の主要3法における個別的否認規定とは別に，納税者側の帳簿不備，調査に対する非協力等から所得金額等の実額計算が困難な場合に，税務署長が所得金額等を決定できるとする（税務否認する）推計課税規定がある。その内容等については，追って詳述する。また，前述した主要3法の中の個別的否認規定のうち，実務上，問題の多い事項を詳述することとする。

(2) 推計課税規定

イ　推計課税の法的性格

前述したように，我が国の主要税目は，申告納税方式を採用しており，納税者の申告税額等に誤りがある場合に限り，税務署長等の調査に基づいて，更正・決定を行うこととしている。この場合，納税者が，帳簿もつけず（提出せず），取引上の証拠も残さず（提出せず），申告もせず（又は少額な申告しか申告せず），かつ，税務調査の際に説明もせず（調査に協力もせず）等の事情がある場合に，税務署長等は，どのような方法で更正・決定を行うかが問題となる。

このような場合に対処するため，所得税法156条は，次のように定めている（同旨法法131）。

「税務署長は，居住者に係る所得税につき更正又は決定をする場合には，その者の財産若しくは債務の増減の状況，収入若しくは支出の状況

152

又は生産量，販売量その他の取扱量，従業員数その他事業の規模により
その者の各年分の各種所得の金額又は損失の金額（その者の提出した青色
申告書に係る年分の不動産所得の金額，事業所得の金額及び山林所得の金額並
びにこれらの金額の計算上生じた損失の金額を除く。）を推計して，これをす
ることができる。」

　この推計課税は，上記のように，青色申告書が提出されている場合に
は適用されないのであるが，青色申告であっても帳簿書類等が不十分等
であって，それらに基づく所得金額の調査が困難なことがある。そのよ
うな場合には，税務署長は，当該青色申告の承認を取り消した上で，推
計課税を行うことになる（所法 150，法法 127）。

　このような推計課税規定は，昭和 25 年のシャウプ税制の時に初めて
所得税法及び法人税法に明文化されたのであるが，その法的性格（すな
わち，確認的規定又は創設的（効力的）規定の区分）が問題となる。この点
については，昭和 23 年分及び昭和 24 年分の所得税について推計課税に
基づく課税処分が行われ，それにつき遡及課税等の違法性（租税法律主
義違反）が争われた事案につき，最高裁昭和 39 年 11 月 13 日第二小法
廷判決（訟務月報 11 巻 2 号 312 頁）＊16 は，次のとおり判示している。

　「所得税法が，信頼しうる調査資料を欠くために実額調査のできない
場合に，適当な合理的な推計の方法をもって所得金額を算定することを
禁止するものでないことは，納税義務者の所得を捕捉するのに十分な資
料がないだけで課税を見合わせることの許されないことからいっても，
当然の事理であり，このことは，昭和 25 年に至って同法 46 条の 2（現
行 45 条 3 項（編注＝現行 156 条））に所得推計の規定が置かれてはじめて
可能となったわけではない。かように，法律の定める課税標準の決定に
つき，時の法律においても許容する推計方法を採用したことに対し，憲
法 84 条に違反すると論ずるのは，違憲に名をかりて所得税法の解釈適
用を非難するものにほかならない。」

第Ⅳ章　税務否認の形態と方法　**153**

かくして，所得税法及び法人税法に明文化された推計課税規定が確認的規定であることが明確化されたのであるが，実務的に特に問題となるのが消費税についてである。すなわち，所得税や法人税の売上に関して推計が行われれば，そのほとんどが消費税の課税売上げに該当することとなるから，その推計値を消費税にも適用し得るかが問題となる。この問題は，昭和63年の消費税法の立法段階から問題視されていたが，当時の厳しい消費税反対運動に対処するため，事業者の抵抗が強い行為計算の否認規定や推計課税規定は設けないこととし，それらは解釈で対処することとされた(そのため,前掲最高裁判決も参考にされていた。)。しかし，その後，現実に消費税に係る推計課税の違法性が争われることになったが，大阪地裁平成14年3月1日判決（税資252号順号9081）は，確認的規定説に基づいて，消費税についても推計課税ができるのは当然であるものとしている[17]。

ロ　推計の必要性と合理性

　所得税，法人税等においては，本来，実額課税するのが原則であるので，推計課税はいわば例外的に認められた措置である。そのため，推計課税が必要であることの要件を満たさなければ，当該推計による課税処分は，違法になるものと解されている[18]。そのため，推計の必要要件が問題となるが，従前の裁判例等を要約すると，次のような推計の必要性が存在する場合に限り，推計課税が許されると解されている[19]。

① 　納税者が帳簿書類等の資料を備え付けていない場合
② 　帳簿書類等の資料が不正確で信頼できない場合
③ 　税務調査に対して資料の提供を拒むなど非協力的な場合

　次に，推計の必要性があって推計課税を行うにしても，その推計方法に合理性がなければ，当該課税処分は，違法性を帯びることになる[20]。そのため，推計の合理性を担保する基礎的要件として，次のことが求められることになる[21]。

① 推計の基礎事実が確実に把握されていなければならない。例えば，同業者比率を用いて所得金額を推計する場合には，推計の基となる当該納税者の売上金額，仕入金額等の全部又は一部が確実に把握されていることを要する。その基礎となる数値が把握されていないと，合理的な推計が成立しなくなる。

② 推計方法には各種の方法があるが，その推計方法は，当該事案に適用し，所得金額を推計する方法として最適なものでなければならない。すなわち，推計方法の選択の合理性が要求されることになる。

③ 推計方法は，できるだけ真実の所得金額に近似した数値が算出し得るような客観的なものであることが要求される。例えば，同業者比率を適用する場合には，当該比率が客観的に適正であることが担保されなければならない。

また，推計方法には，比率法（同業者率等），効率法，資産増減法，消費高法等があるが，当該事案において，それらの推計方法が適切に適用されなければならない[22]。

ハ　争訟上の論点

推計課税は，前述のような必要性があり，かつ，合理性の要件を充足して行われたとしても，元々，推計課税を必要とする納税者には納税について非協力的な人が多いので，当該推計課税の違法性が争訟で争われることが多い。その争訟においては，調査手続の違法性が争われる場合も多いが，実額を争う場合においても，特別の論点がある。例えば，納税者が下請け業者の場合，通常，下請けの注文先を調べて売上金額を把握し，その売上金額に経費の同業者率を適用して，当該納税者の所得金額を算定する。この場合，売上金額が1億円で，同業者の経費率が80％であるとすると，所得金額は2,000万円と推計される。この課税処分の違法性が法廷で争われることになると，当該納税者は，当初は，売上金額及び経費双方について争い，途中で，売上金額については争わな

第Ⅳ章　税務否認の形態と方法　*155*

いということで（当時者間に争いがない）確定させ，その後，8,000万円以上の経費(例えば，1億円)があったことの証拠を提出する。そうすると，裁判官は，確定した売上金額1億円から実額の経費1億円を控除すると，所得金額は零になるので，当該課税処分を取り消すことになる。しかし，このように調査した売上金額は，真実の売上金額の一部であることも多いので，実際の経費の額を下回ることもある。このような弊害を是正するために，昭和59年の税制改正で国税通則法116条が立法化され，場合によっては，民事訴訟法157条（時機に後れた攻撃防御方法の却下）が援用される規定も設けられたが，当該条文の実効性も定かではないようである*23。

なお，平成4年度の税制改正において，簿外経費等の必要経費・損金不算入規定が設けられたが（所法45③一・二，法法55③），このような規定を設けざるを得なくなった背景には，税務当局における推計課税が円滑に実施できなくなった事情があるようである*24。

(3) 家事（家族）関係経費の必要経費性－所得税－
イ 家事（家族）関係経費の性質

所得税の納税主体となる個人は，財貨を稼得するための生産活動とその財貨を消費する消費活動を共に行う個体である。そして，所得税の課税対象は，主として，当該生産活動から得られた財貨を基にして算定される「所得」である。この場合，生産活動に必要な財貨の消費と消費活動に要する財貨の消費が一体的に行われることもあるので，その区分が必要となる。また，財貨の稼得については，当該個人のみで行われる場合もあるし，本来，消費活動に属している家族が一体となって行われる場合もある。特に，農業や漁業のような第一次産業においては，その傾向が強い。そのため，所得税法においては，前述のように，収入金額及び必要経費について「別段の定め」を設け，所得金額計算の明確化（主

として，必要経費不算入の否認規定）を図っているところである。

　そのための「別段の定め」として，所得税法45条に定める「家事関連費等の必要経費不算入等」がある。この45条の規定については，15項目にわたって必要経費不算入規定が設けられているが，それぞれの内容は各種の租税政策の要請等によって設けられているので，一律に論じることはできない。その中で，所得税法45条1項1号は，必要経費不算入の一つとして，「家事上の経費及びこれに関連する経費で政令で定めるもの」を挙げている。そして，所得税法施行令96条は，「次に掲げる経費以外の経費とする。」と定めている。したがって，次に掲げる経費は，必要経費に算入されることになる。

　①　家事上の経費に関連する経費の主たる部分が不動産所得，事業所得，山林所得又は雑所得を生ずべき業務の遂行上必要であり，かつ，その必要である部分を明らかに区分することができる場合における当該部分に相当する経費

　②　①に掲げるもののほか，青色申告書を提出することにつき税務署長の承認を受けている居住者に係る家事上の経費に関連する経費のうち，取引の記録等に基づいて，不動産所得，事業所得又は山林所得を生ずべき業務の遂行上直接必要であったことが明らかにされる部分の金額に相当する経費

　次に，上記の家事関連費とは別に，親族が事業から受ける対価については，まず，所得税法56条が，「事業から対価を受ける親族がある場合の必要経費の特例」と題し，次のように定めている。

　「居住者と生計を一にする配偶者その他の親族がその居住者の営む不動産所得，事業所得又は山林所得を生ずべき事業に従事したことその他の事由により当該事業から対価の支払を受ける場合には，その対価に相当する金額は，その居住者の当該事業に係る不動産所得の金額，事業所得の金額又は山林所得の金額の計算上，必要経費に算入しないものとし，

第Ⅳ章　税務否認の形態と方法　**157**

かつ，その親族のその対価に係る各種所得の金額の計算上必要経費に算入されるべき金額は，その居住者の当該事業に係る不動産所得の金額，事業所得の金額又は山林所得の金額の計算上，必要経費に算入する。この場合において，その親族が支払を受けた対価の額及びその親族のその対価に係る各種所得の金額の計算上必要経費に算入されるべき金額は，当該各種所得の金額の計算上ないものとみなす。」

　また，上記原則規定の例外として，事業に専従する親族がある場合の特例として，所得税法57条は次のように定めている。まず，青色申告者の場合には，「居住者と生計を一にする配偶者その他の親族（年齢15歳未満である者を除く。）で専らその居住者の営む前条に規定する事業に従事するもの」が給与の支払を受けた場合には，「その給与の金額でその労務に従事した期間，労務の性質及びその提供の程度，その事業の種類及び規模，その事業と同種の事業でその規模が類似するものが支給する給与の状況その他の政令で定める状況に照らしその労務の対価として相当であると認められるもの」は必要経費に算入される（所法57②）。そして，白色申告者の場合には，配偶者である事業専従者につき86万円，それ以外の事業専従者につき50万円を限度として，必要経費とみなされる（所法57②）。

　このような，親族間の役務提供の対価に関する必要経費の特例は，シャウプ税制において設けられたものであるが，家族内の所得分散による税負担回避を防ぐため，納税者の経営する事業に雇用されている配偶者や子に対する給与所得を納税者の所得に合算させようとしたものと解されている[25]。その点では，所得税法45条が家事関連費ということで，その必要経費性を否定したことに対し，所得税法56条の規定は，必要経費はあっても，家族内の所得分散を禁ずるという政策的措置といえる。

ロ　個別事案における検討

　前述のような家事（家族）関係経費の必要経費不算入は，個人が同一

の主体の中で消費活動と生産活動を営んでいるところ，所得稼得の主たる源泉である生産活動の経費と消費のための支出とを区分する必要があることと，所得税の課税単位が個人であるとしても，家族間での所得分散等による税負担回避を防止する必要があることにある。しかし，それらの区分は，解釈等において種々の問題を抱えているため，多くの税務否認問題を惹起することになる。その中でも，所得税法56条に定める配偶者等の親族に対する役務提供の対価の必要経費不算入については，当該配偶者等が専門的知見を有し独立して事業を営んでいる場合には，同条が予定していない（必要経費算入）のではないかとう問題提起がなされている。

　この問題について，次の二つの事件を通して検討することとする。

（イ）弁護士・税理士事件

　まず，東京地裁平成15年7月16日判決（税資253号順号9393），東京高裁平成16年6月9日判決（税資254号順号9665）及び最高裁平成17年7月5日第三小法廷判決（税資255号順号10070）[*26]の事件について説明する。

　この事件では，弁護士業を営むX1が，税理士業を営む妻X2との間で顧問税理士契約を締結し，税理士報酬を平成7年から平成9年までの間年72万円余ないし113万円を支払い，当該各金額を事業所得の金額の計算上必要経費に算入したところ，所轄税務署長が，所得税法56条を盾に，当該税理士報酬の必要経費算入を否認する各年分の更正等を行ったというものである。これに対し，X1は，当該更正等の取消訴訟を提起するのでなく，当該更正等が違憲又は違法（無効）であるとして，当該更正等について納付した所得税額（誤納金）の返還を請求する訴えを提起した。

　前掲の東京地裁判決は，「親族が，独立の事業者として，その事業の一環として納税者たる事業者との取引に基づき役務を提供して対価の支

払を受ける場合については，」所得税法56条が想定している場合に含まれず，「同条の上記要件に該当しない」旨判示し，X1の無効主張を認め，当該誤納金の返還をすべき旨判示した。

これに対し，前掲の東京高裁判決は，当該更正等について当然無効ならしめる事情はない旨判示した上で，「所得税法56条の「事業に従事したことその他の事由により当該事業から対価の支払を受ける場合」とは，親族が，（中略）独立の事業者として，その事業の一環として納税者たる事業者との取引に基づき役務を提供して対価の支払を受ける場合も，上記要件に該当する」旨判示し，原判決を取り消し，X1の請求を棄却した。

次いで，前掲の最高裁判決は，所得税法56条が憲法14条に違反していないことは最高裁昭和60年3月27日大法廷判決（民集39巻2号247頁）の趣旨に照らし明らかである旨判示し「居住者と生計を一にする配偶者その他の親族が居住者とは別に事業を営む場合であっても，そのことを理由に所得税法56条の適用を否定することはできない」旨判示し，X1の上告を棄却した。

（ロ）弁護士・弁護士事件

次に，東京地裁平成15年6月27日判決（税資253号順号9382），東京高裁平成15年10月15日判決（同253号順号9455）及び最高裁平成16年11月2日第三小法廷判決（判タ1173号183頁）＊27の事件について説明する。

この事件では，それぞれ独立して弁護士業を営む夫婦の間で，夫X1が平成9年ないし11年において，妻X2に対し，X1の事業に従事した労務の対価として，毎年595万円の弁護士報酬を支払い，各年分の事業所得の金額の計算上当該弁護士報酬を必要経費に算入して確定申告したところ，所轄税務署長が，所得税法56条を適用して，当該弁護士報酬の必要経費算入を否認する更正等をしたというものである。

かくして，当該更正等の違法性が争われたところ，前掲の東京地裁判決は，「X1 と X2 が別個に独立した事業主であり，X2 が X1 の事業に従属的に従事しておらず，かつ，仮に X2 の労務の対価として適正な額の本件弁護士報酬が支払われたものであって，恣意的な所得の分散がされているものではないとしても，X1 の各年分の事業所得の金額の計算上，本件弁護士報酬の支払には所得税法 56 条が適用される」旨判示して，X1 の請求を棄却した。また，前掲の東京高裁判決も，同様の理由により，X1 の控訴を棄却した。

　次いで，前掲の最高裁判決は，「法 56 条の上記の趣旨及びその文言に照らせば，居住者と生計を一にする配偶者その他親族が居住者と別に事業を営む場合であっても，そのことを理由に同条の適用を否定することはできず，同条の要件を満たす限りその適用があるというべきである。」旨判示，所得税法 57 条との関係（バランス）につき，「これは（編注＝所得税法 57 条），同法 56 条が上記のとおり定めていることを前提に，個人で事業を営む者と法人組織で事業を営む者との間で税負担が不均衡とならないようにすることなどを考慮して設けられた規定である。同法 57 条の上記の趣旨及び内容に照らせば，同法が 57 条の定める場合に限って 56 条の例外を認めていることについては，それが著しく不合理であることが明らかであるとはいえない。」旨判示し，最後に，「本件各処分は，同法 56 条の適用を誤ったものではなく，憲法 14 条 1 項に違反するものではない。このことは，当裁判所の判例（最高裁昭和 60 年 3 月 27 日大法廷判決・民集 39 巻 2 号 247 頁）の趣旨に徴して明らかである。」旨判示した。

（ハ）検　　討

　この二つの事件を考察してみるに，所得税法 56 条の例外として同法 57 条が設けられていることに鑑みると，同法 56 条の解釈においても，本件各事件のように専門的知見に関する役務提供については例外を認めるべきではないかということ等もあって，弁護士・税理士事件における

東京地裁判決については，その判例評釈の中でこれを支持する見解も多い[28]。しかし，家族間の役務提供は，それぞれの事業等の必要性に応じて行われるものであり，それが専門的知見であるか否かによって区分すべきではないであろうから，法解釈上は両事件の最高裁判決の判示するところになると考えられる[29]。

　しかし，両事件において問題提起された各事項については，個人単位課税制度それ自体から派生しているものであって，それらを解決するためには，同制度自体を見直す必要がある。具体的には，課税単位を2分2乗方式又はN分N乗方式に変更すれば[30]そのような問題点は解消できるはずである。特に，現下において，我が国では，少子化対策が喫緊の課題になっているわけであるから，N分N乗方式（少なくとも，2分2乗方式）に舵を取るべきである。この点については，既に，政府・与党側からも指摘されているが，その後，進展がないことが憂慮される。

(4)　寄附金の損金不算入－法人税－

イ　無償取引と関係会社間取引

　前記(1)で述べたように，法人税法22条2項は，「無償による資産の譲渡又は役務の提供，無償による資産の譲受け」から原則として収益が生じることとし，同条3項3号は，「損失の額」について原則として損金の額に算入することを定めている。この場合，「無償による資産の譲渡」等に関しては，低額によるときには，「有償」による部分と「無償」による部分とに区分し得ると解されている[31]。このように，法人税法においては，資産の無償譲渡等の無償取引から収益を認識することとしているが，その趣旨について，一般には，「無償による譲渡の場合には，現実的には収益が生じないが，一旦収益が実現し，しかる後にそれが贈与されたものと考えられる」[32]と，二段階的に説明される。

　このような収益の認識については，裁判例においても幅広く容認され

ているが，例えば，東京地裁昭和55年10月28日判決（訟務月報27巻4号789頁）は，次のとおり判示している。

「法人税法22条2項が資産の譲渡にかかる収益として課税の対象としているのは，法人の資産が売買，交換等によりその支配外に流出したのを契機として，顕在化した資産の値上り益の担税力に着目し，清算課税しようとする趣旨であるから，課税の対象となる収益の額は，譲渡対価の有無やその多寡にかかわりなく，当該資産が譲渡された当時における時価相当額をもって算定すべきである。法人が資産を時価相当額より低廉な対価により譲渡した場合には，あたかも右資産を時価相当額で譲渡すると同時に，その譲渡対価との差額を譲受人に贈与したのと同一の経済的効果を有するのであり，これと税負担の公平という見地からしても，収益の額は右資産の時価相当額によるべきであって……」

ところで，無償取引から収益を認識し得ることについて，「一旦収益が実現し，しかる後に贈与した」と観念し得るとしても，当該贈与による資産等の喪失は，通常，企業会計上の「損失」となり，法人税法22条3項3号にいう「損失」になるであろうから，当該「損失」について「別段の定め」による損金算入の規制がない限り，法人税の所得金額の計算において「無償取引から収益を認識すること」は全く意味をなさないことになる。かくして，当該「別段の定め」の最たるものとして，法人税法37条に定める「寄附金の損金不算入」規定がある。そして，この定めによって，無償取引に係る「贈与（損失）」について損金不算入となるが故に，無償取引において収益を認識する実質的意義がある。

ところで，このような無償取引については，合理的な経済取引を目的とする通常の経済人（企業）間では想定し難いところである。そのため，無償取引から生じる損益は，通常，何らかの利害関係を有する関係会社間，会社と個人間の取引において生じるものと想定される。そして，当該損金は，通常，益金（収益）の認識よりも，当該益金と反射的に生じ

第Ⅳ章　税務否認の形態と方法　**163**

る損金すなわち寄附金について問題が生じることになる。

　なお，個人から法人に対して，資産を無償又は低額（その時の価額の2分の1未満）で譲渡した場合には，所得税法59条の適用により，当該資産の「その時の価額」によって譲渡したものとみなされ，実務上，種々の問題を惹起しているが，それは所得税の問題であり，かつ，当該資産の「その時の価額」の評価について通達の適用が問題となることが多いので，別途論じることとする* 33。

ロ　寄附金の意義と問題点

　法人税法37条1項は，法人が各事業年度において支出した「寄附金の額」について，資本金の額等を基準にして算定される金額を超える部分を原則として損金の額に算入しないことにしている。そして，同条7項は，「前各項に規定する寄附金の額は，寄附金，拠出金，見舞金その他いずれの名義をもってするかを問わず，内国法人が金銭その他の資産又は経済的な利益の贈与又は無償の供与（広告宣伝及び見本品の費用その他これらに類する費用並びに交際費，接待費及び福利厚生費とされるべきものを除く。次項において同じ。）をした場合における当該金銭の額若しくは金銭以外の資産のその贈与の時における価額又は当該経済的な利益のその供与の時における価額によるものとする。」と定めている。

　また，法人税法37条8項は，「内国法人が資産の譲渡又は経済的な利益を供与した場合において，その譲渡又は供与の対価の額が当該資産のその譲渡の時における価額又は当該経済的な利益のその供与の時における価額に比して低いときは，当該対価の額と当該価額との差額のうち実質的に贈与又は無償の供与をしたと認められる金額は，前項の寄附金の額に含まれるものとする。」と定めている。

　このような「寄附金の額」の解釈・適用に当たって特に問題となるのが，子会社等を再建，整理等する場合の損失負担等である。そこで，法人税基本通達9－4－1は，「法人がその子会社等の解散，経営権の譲渡等

に伴い当該子会社等のために債務の引受けその他の損失負担又は債権放棄等（〈略〉）をした場合において，その損失負担等をしなければ今後より大きな損失を蒙ることになることが社会通念上明らかであると認められるためやむを得ずその損失負担等をするに至った等そのことについて相当な理由があると認められるときは，その損失負担等により供与する経済的利益の額は，寄附金の額に該当しないものとする。」と定めている。そして，同通達の注書では，「子会社等には，当該法人と資本関係を有する者のほか，取引関係，人的関係，資金関係等において事業関連性を有する者が含まれる。」と定めている。

　また，法人税基本通達9－4－2は，「法人がその子会社等に対して金銭の無償若しくは通常の利率よりも低い利率での貸付け又は債権放棄等（〈略〉）をした場合において，その無利息貸付け等が例えば業績不振の子会社等の倒産を防止するためにやむを得ず行われるもので合理的な再建計画に基づくものである等その無利息貸付け等をしたことについて相当な理由があると認められるときは，その無利息貸付け等により供与する経済的利益の額は，寄附金の額に該当しないものとする。」と定めている。そして，同通達の注書は，「合理的な再建計画かどうかについては，支援金の合理性，支援者による再建管理の有無，支援者の範囲の相当性及び支援割合の合理性等について，個々の事例に応じ，総合的に判断するのであるが，例えば，利害の対立する複数の支援者の合意により策定されたものと認められる再建計画は，原則として，合理的なものと取り扱う。」と定めている。

ハ　個別事案における検討

　以上のように，法人の所得金額の計算上損金不算入となる「寄附金の額」の解釈・適用に当たっては，特に，関係会社間の無償取引等や損失負担が問題となるが，それらは実務上非常に重要であるので，次の代表的な事例に基づいて検討することとする。

第Ⅳ章　税務否認の形態と方法　　**165**

(イ) 土地の低額譲渡が義務付けられた場合の収益認識（大阪地裁昭和58年2月8日判決・税資129号172頁，大阪高裁昭和59年6月29日判決・行裁例集35巻6号822頁）＊34

(事実)

この事件では，時価が1坪当たり3,000円の土地につき，親会社からの指示に従い，系列会社のA社，B社及びC社の間で時を置くこともなく次のような取引が行われた場合に，A社に対して時価による収益認識と寄附金課税が行われた後，B社に対しても時価による収益認識と寄附金課税が行われたところ，B社に対する当該課税処分の適否が問題となったものである。

(一審判決要旨) 請求棄却

低額譲渡の場合，時価との差額のうち「実質的に贈与したと認められる金額」が寄附金の額に含まれるのであり，「実質的に贈与したと認められる」ためには，当該取引に伴う経済的な効果が，贈与と同視しえるものであれば足りるのであって，必ずしも贈与者が贈与の意思を有していたことを必要とせず，時価との差額を認識していたことも必要としないと解するのが相当である。また，譲渡者が，時価を認識しながら，差額を贈与する意思でことさらに低額で譲渡した場合には，その差額を実質的に贈与したものと認め，法人税法37条によって税務処理するのが正当である。このことは，本件のように，関係会社間で転売義務付きで土地を売買したことによっても変わるものではない。

(控訴審判決要旨) 請求認容

法人税法22条2項の収益の額を判断するに当たって，その収益が契

約によって生じているときは，法に特別の規定がない限り，その契約の全内容，つまり特約をも含めた全契約内容に従って収益の額を定めるべきものである。もし契約のうち，民法等に定めのない特別の約定の部分をすべて省いて収益の額を判断するというのでは，実質的には収益がないのに課税が行われ，あるいは実質的には収益があるのに課税が行えないという不合理が生じる。

　低額譲渡があった場合には，その時価との差額部分にも収益があり，それが譲受人に実質的に贈与されたものとする法人税法22条2項，37条7項は，譲受人が譲渡価額よりもより高額に譲渡できるのに，経済人としては不合理にも，それよりも低額に譲渡した場合に適用されるのであって，譲渡価額よりも高額に譲渡できる利益，権利，地位を有していなかったときは，より高額に譲渡しなかったからといって，自己の有していたところを不当にも低く譲渡したとして同法37条7項を適用することはできない。

（検討）

　本件においては，土地の無償譲渡の一態様ではあるが，系列会社間の利益調整のために，低額で譲り受けた当該土地を所定の低額で転売することが義務付けられている（指示を受けている）ので，かかる転売特約を収益認識と寄附金課税においてどのように評価するかが問題となる。この点，一審判決は，このような転売特約に影響されないとして，法人税法22条2項及び同法37条を機械的に適用した当該課税処分を適法とした。これに対し，控訴審判決は，本件の転売特約に従って法人税法22条2項等を解釈すべきである旨判示し，当該土地の時価と実際の売買価額との差額についての収益の認識を否定した。

　確かに，本件のように，低額で転売することが義務付けられた資産の低額譲受けと当該特約に基づく低額譲渡において，しかも，A社に対して既に寄附金課税が行われている場合においては，B社の所得金額が幾

第Ⅳ章　税務否認の形態と方法　　**167**

許であるかという結論自体については，控訴審判決の方が妥当のように思われる。しかしながら，その論理の展開に問題がある。けだし，控訴審判決は，当該土地の譲渡について収益が生じないことについて，賃貸借用地や広告宣伝用資産と対比しているが，これらの資産は使用が制限されていて当該資産の価値自体が減少しているのであって，本件の土地にはそのような価値の減少事由があるわけではないので，事情を異にしている。また，転売価額の拘束を強調して譲渡時の収益の計上を否定すれば，A社に対する寄附金課税自体も成立し得なくなる。ならば如何に解すべきかについては，前述の無償収益に係る収益認識の論理により，B社においては，A社からの低額譲受けに係る受贈益についてはC社への譲渡の原価を構成して所得金額の計算上相殺し，当該土地をC社に低額譲渡した段階で，その時価と売買価額との差額について一旦収益を認識し，然る後に，当該金額は，法人税法37条8項にいう「実質的に贈与又は無償の供与をしたと認められる金額」に該当しないとして，寄附金ではない単純損金として処理すればよいことになる。さすれば，本件のような系列会社間の土地ころがしについては，一度寄附金課税すれば足りるし，法人税法22条2項及び37条の法意並びに複式簿記に基づく所得金額計算原理を正確に顕現することが期待できる。いずれにしても，この事件は，法人税法22条2項と同37条7項，8項の解釈上重要な論点を提供している。

(ロ)　子会社に対する条件付貸倒処理の可否（東京地裁平成13年3月2日判決・判例時報1742号25頁，東京高裁平成14年3月14日判決・判例時報1783号52頁，最高裁平成16年12月24日第二小法廷判決・民集58巻9号2637頁）＊35

(事実)

この事件では，都市銀行であるA社が，平成8年3月期分法人税について，いわゆる住専の一社で，A社の子会社であるB社に対する貸付

債権 3,760 億円余を債権放棄し，貸倒損失と処理して確定申告したことに対し，当該貸倒損失を否認する課税処分の適否が争われたものである。当該債権放棄は，Ａ社・Ｂ社間で，平成 8 年 3 月 29 日付でＢ社の「営業譲渡の実行及び解散の登記」が平成 8 年 12 月末日までに行われないことを解除条件として放棄するものであった。なお，Ｂ社の平成 8 年 3 月末の財務状況は，純資産マイナス 1 兆 60 億円余であった。

（一審判決要旨）　請求認容

　平成 8 年 3 月末時点において，Ａ社がＢ社に対する債権を全額放棄したとしても，Ｂ社が一般行為で系統の債権の金額を返済することは不可能であったこと，Ａ社がＢ社に対して債権の全額を放棄せざるを得ないことは関係者の共通の認識であったこと等からみて，当該債権は，同時点において社会通念上回収不能の状況にあったものというべきである。本件の債権放棄に係る解除条件は，民法上の解除条件にあたり，その意思表示後条件成否未定の間も債権放棄の法的効力は発生している。

（控訴審判決要旨）　原判決取消し（請求棄却）

　貸倒損失は，当該債権の全額回収不能の事実が債権者の資産状況や支払能力等から客観的に認知し得た時点の事業年度において損金の額に算入すべきであり，それが一般に公正妥当と認められる会計処理の基準に適合する所以である。本件についてみると，Ｂ社の正常資産及び不良資産のうち回収が見込まれるものの合計額は，当時，少なくとも 1 兆円は残されていたことが推認され，この金額は，Ｂ社の借入金総額の 40％に上るのであるから，平成 8 年 3 月末時点において，当該債権が全額回収不能でなかったことは明らかである。本件の解除条件付債権放棄は，住専処理法が成立に至らなかった場合に株主代表訴訟の責任を免れるためにいわば苦肉の策として考えられたものということができる。平成 8 年 3 月期決算において当該債権を償却できることを見越して平成 7 年 11 月以降株式売却を積極的に行って得た 4,603 億円もの売却益に対する

税負担を回避することを意図して行われたものということができる。

（上告審判決要旨） 原判決放棄（請求認容）

金銭債権の貸倒損失は，当該金銭債権の全額が回収不能であることを要すると解される。そして，その全額が回収不能であることが客観的に明らかでなければならないが，そのことは，債務者の資産状況，支払能力等の債務者側の事情のみならず，債権回収に必要な労力，債権額と取立費用との比較衡量，債権回収を強行することによって生ずる他の債権者とのあつれきなどによる経営的損失等といった債権者の事情，経済的環境等も踏まえ，社会通念に従って総合的に判断すべきである。本件の事実関係によれば，Ａ社が当該債権について非母体金融機関に対して債権額に応じた損失の平等負担を主張することは，それが当該債権譲渡担保契約に係る被担保債権に含まれているかどうかを問わず，平成8年3月末までの間に社会通念上不可能となっており，当時のＢ社の資産等の状況からすると，当該債権の全額が回収不能であることは客観的に明らかになったというべきである。そして，このことは，当該債権の放棄が解除条件付でされたことによって左右されるものではない。

（検討）

本件においては，直接，寄附金課税の是非が争われたものではないが，控訴審判決が判示するように，Ｂ社の財務状況に照らして当該債権の約40％は回収できた事実があるとすると，単なる貸倒損失の時期の問題だけではなく，寄附金課税の問題を惹起することになる。ともあれ，本件のように，関係会社間で回収可能な債権を放棄（免除）すると，寄附金課税に関係することに留意する必要がある。

また，本件は，旧住専処理問題が政治・社会問題化したこと，貸倒れの対象債権が3,760億円という巨額であったこともあって，税務処理の問題としてのみならず，社会的にも注目されてきた。しかも，裁判所の判断も，一審で納税者勝訴，控訴審で国の逆転勝訴，上告審で納税者の

再逆転ということで，劇的な展開であった。本件の事実関係（特に，解除条件付債権放棄）と法人税基本通達の取扱い等[36]に照らすと，当該貸倒損失を否認した課税処分は相当であるものと考えられるが，最高裁判所が前述のような見解を示したことにより，当該取扱いが弾力的に適用される，という期待もあり，今後の貸倒損失の処理に影響を及ぼすものと考えられる[37]。

(5)　みなし贈与課税―贈与税―
イ　みなし贈与規定とその取扱い

　前記(1)で述べたように，法律による個別的否認規定については，所得税法及び法人税法においては，各所得金額の計算に関して「別段の定め」を設け，その「別段の定め」の一環として，個別的否認規定を設けている。他方，相続税法においては，その課税標準が，所得税法等のような期間ごとの所得金額ではなく，相続又は贈与によって取得した財産の課税価格としていることもあって，民法上の「相続」又は「贈与」によって財産を取得した場合だけではなく，その他の法律行為又は取引によって，「相続」又は「贈与」による経済的利得と同様な経済的利得を得ている場合に，それらの経済的利得を「相続」又は「贈与」により取得したものとみなして，相続税又は贈与税を課税することにしている。その中で，実務上は，みなし贈与課税が最も問題となるが，その中でも，相続税法7条，8条及び9条の規定とその取扱いが特に問題となる。

　まず，相続税法7条は，「著しく低い価額の対価で財産の譲渡を受けた場合においては，当該財産の譲渡があった時において，当該財産の譲渡を受けた者が，当該対価と当該譲渡があった時における当該財産の時価（〈略〉）との差額に相当する金額を当該財産を譲渡した者から贈与（〈略〉）により取得したものとみなす。ただし，当該財産の譲渡が，その譲渡を受ける者が資力を喪失して債務を弁済することが困難である場

合において，その者の扶養義務者から当該債務の弁済に充てるためになされたものであるときは，その贈与又は遺贈により取得したものとみなされた金額のうちその債務を弁済することが困難である部分の金額については，この限りでない」と定めている。

また，相続税法8条は，「対価を支払わないで，又は著しく低い価額の対価で債務の免除，引受け又は第三者のためにする債務の弁済による利益を受けた場合においては，当該債務の免除，引受け又は弁済があった時において，当該債務の免除，引受け又は弁済による利益を受けた者が，当該債務の免除，引受け又は弁済に係る債務の金額に相当する金額（〈略〉）を当該債務の免除，引受け又は弁済をした者から贈与（〈略〉）により取得したものとみなす。〈以下略〉」と定めている。

次に，相続税法9条は，「〈略〉対価を支払わないで，又は著しく低い価額の対価で利益を受けた場合においては，当該利益を受けた時において，当該利益を受けた者が，当該利益を受けた時における当該利益の価額に相当する金額（対価の支払いがあった場合には，その価額を控除した金額）を当該利益を受けたさせた者から贈与（〈略〉）により取得したものとみなす。〈略〉」と定めている。

以上の3か条におけるみなし贈与については，資産の売買，債権の免除，増資株式の引受け等通常の取引の一環として行われることが多く，当事者にとって，相手方に対する贈与の意思がない場合も多いはずである。また，それぞれの取引の対象資産等の価額（時価）が幾許であるかを認識した上で，贈与税の課税を回避することも試みる場合もあろう。いずれの場合にも，「当該財産の価額」，「当該利益の価額」の評価が問題となる。この点につき，相続税法22条は，「〈略〉相続，遺贈又は贈与により取得した財産の価額は，当該財産の取得の時における時価によ」ると定めている。

この「時価」の解釈については，一般的には，「不特定多数の当事者

間で自由な取引が行われる場合に通常成立すると認められる価額」すなわち客観的交換価値（価額）であると解されているのであるが，そのような抽象的な概念では，実務上の解釈指針にはなり難い。そこで，財産評価基本通達（以下「評価通達」という。）１の(2)は，「財産の価額は，時価によるものとし，時価とは，〈略〉不特定多数の当事者間で自由な取引が行われる場合に通常成立すると認められる価額をいい，その価額は，この通達の定めによって評価した価額による。」と定めている。そして，同通達以外に各財産について評価額を定めている。

　この評価額は，宅地に係る路線価に代表されるように，一種の標準価額であるため，時には，当該財産の客観的交換価値から乖離することがあり得る。その顕著な例は，昭和末期の土地バブルの時にみられた。当時，１年間に地価が２〜３倍上昇することも珍しくなく，路線価が取引価額の10分の１ぐらいになる地域もあった。そのため，評価通達が定める評価額が「時価」であることを盾に，親が１億円で取得した宅地を子に1,000万円（路線価）で譲渡しても，相続税法７条に定めるみなし贈与に当たらないとする節税策が横行したことがある[38]。

　そのため，国税庁は，平成元年３月29日付で，「負担付贈与又は対価を伴う評価により取得した土地等及び家屋等に係る評価並びに相続税法第７条及び第９条の規定の適用について」（以下「負担付贈与通達」という。）を発した。同通達「１」では，土地及び土地の上に存する権利（以下「土地等」という。）並びに家屋及びその附属設備又は構築物（以下「家屋等」という。）のうち，負担付贈与又は個人間の対価を伴う取引により取得したものの価額は，当該取得時における通常の取引価額に相当する金額によって評価する，と定めている。そして，当該土地等に係る取得価額が当該課税時期における通常の取引価額に相当すると認められる場合には，当該取得価額に相当する金額によって評価することができる，と定めている。

また，同通達「２」において，前記の対価を伴う取引による土地等又は家屋等の取得が相続税法７条に規定する「著しく低い価額の対価で財産の譲渡を受けた場合」又は同法９条に規定する「著しく低い価額の対価で利益を受けた場合」に当たるかどうかは，個々の取引について取引の事情，取引当事者間の関係等を総合勘案し，実質的に贈与を受けたと認められる金額であるかどうかにより判定する旨定めている。そして，同通達「２」の注書で，「その取引における対価の額が当該取引に係る土地等又は家屋等の取得価額を下回る場合には，当該土地等又は家屋等の価額が下落したことなど合理的な理由があると認められるときを除き，「著しく低い価額の対価で財産の譲渡を受けた場合」又は「著しく低い価額の対価で利益を受けた場合」に当たるものとする。」と定めている。

　この負担付贈与通達は，当時，相続税法 22 条にいう「時価」の解釈（取扱い）を通達によって使い分ける（二本立てにする）ということで，相続法の基本原則である平等原則に反する旨の批判もあったが，その後，実務に定着し，現在に至っている。また，この通達が発出し，定着したことにより，評価通達６項に定める「この通達の定めによって評価することが著しく不適当と認められる財産の価額」は個別評価する旨の取扱いも，事実上，日の目を見ることとなり，現在に至っている* 39。

　なお，負担付贈与通達における通達評価額の使い分け（二本立て）は，平成２年８月の評価通達の改正において，上場株式の評価（評基通 169(2)）や取引相場にない株式を純資産価額方式で評価するとき（評基通 185 かっこ書）でも採用されている。

ロ　個別事件における検討

　前述のみなし贈与課税に関し，次の二つの事件について，検討することとする。

　（イ）　親族間の評価通達価額による土地売買とみなし贈与課税（東京

地裁平成 19 年 8 月 23 日判決・税資 257 号順号 10763) ＊40

（事実）

　この事件では，平成 13 年に都内の宅地 857㎡余を 1 ㎡当たり 51 万円余で取得した A が，その後関係会社に賃貸し（賃料は相続税評価額の 6 ％，権利金の収受なし），平成 15 年 12 月，当該貸宅地の 40％弱を 1 ㎡当たり27 万円余で妻に譲渡し，同じ条件で，約 15％を子 C に譲渡し，その譲渡損を他の所得と損益通算した場合に，税務署長が，B 及び C に対し，負担付贈与通達を適用して，みなし贈与課税を行ったことの適否が争われたものである（なお，上記 1 ㎡当たり 27 万円余の算定根拠は，路線価 1 ㎡当たり 36 万円を基にした評価通達評価額（8 割評価）による。）。

（判決要旨）　請求認容

　「課税当局が相続税評価額（路線価）を 80％を目途としている理由として，1 年間の地価が 20％近く下落することもあり得るものと考えられていることを示すものである。そうすると，相続税評価額は，土地を取引するに当たり一つの指標となり得る金額であるというべきであり，これと同水準の価額を基準として土地の譲渡の対価を取り決めることに理由があり，少なくとも，そのようにして定められた対価をもって経済合理性のないことが明らかな対価ということはできない。」

　「負担付贈与通達の適用については，同通達が「通常の取引価額」によって「時価」を評価することとしていること等には合理性があり正当であるが，個々の事案に対して同通達をそのような硬直的に適用するならば，結果として違法な課税処分をもたらすことが考えられ，本件がそのような事例である。」

（検討）

　本判決は，当該宅地の譲渡価額について，「時価」に対して 80％程度の評価額であれば，「著しく低い価額」に当たらないとしているのであるが，本件においては，A が当該宅地を取得した価額（1 ㎡当たり約 51

万円）の約53%（同約27万円）相当額で家屋間で売買したことが殊更軽視されているし，売買代金の決算方法も明らかにされていない（なお，当該宅地の取得から譲渡までの約2年間に地価はほとんど下落していない。）。これは，相続税評価額が「時価」の80%評価というだけではなく，家族間の取引（賃貸）によって貸宅地評価（本件では20%減）を可能にし，更に「時価」から乖離することになることを物語っている。

　更に，本件では，平成15年12月の「平成16年度税制改正大綱」の発表によって，平成16年から不動産の譲渡損の損益通算が不可能になることを知って，急遽，家族間で土地売買を行って譲渡損を計上していることも，本判決は，無視している。また，国も，他の事案[41]においては同族関係者間の賃貸借について相続税法64条を適用するなど，厳しい姿勢を示しているにもかかわらず，本判決について控訴もしていないことも不自然である。

　（ロ）　医療法人の跛行増資に対するみなし贈与税（横浜地裁平成18年2月22日判決・税資256号順号10321，東京高裁平成20年3月27日判決・同258号順号10932，最高裁平成22年7月16日第二小法廷判決・判例時報2097号28頁）[42]

（事実）

　この事件では，甲医療法人が，平成10年6月，従前の出資口数110口（理事長Aが12口，Aの義父で前理事長乙が98口）を90口増資して200口とし，AとB（Aの妻）に各23口，C及びD（AとBの子）に各22口を割り当て，1口当たりの出資金額5万円として，それぞれ払い込んだことに対し（1口当たりの評価通達上の評価額は，増資前685万円余，増資後379万円余），続税法9条を適用したみなし贈与課税（課税価格は，A 4,934万円余，B 8,610万円余，C及びD 8,236万円余）が行われ，当該課税処分の適否が争われた。

（一審判決要旨）　請求棄却

　医療法人については，剰余金の配当が禁止されている等の特殊性は指

摘できるが，本件のような跛行増資が行われた場合に増資前後における
出資持分の評価次第では，当該出資によって経済的利益の移転があった
ととらえ得る場合がある。出資持分の時価（客観的交換価値）については，
課税実務において定着している評価通達 194－2 に定められた評価方法
で評価することに合理性が認められる。

（控訴審判決要旨） 原判決取消し（請求認容）

平成 10 年 6 月の本件出資当時，甲医療法人の運用財産の評価額は合
計 20 億 8,461 万円余，負債合計額が 38 億 1,020 万円余であって，17 億
2,558 万円余の債務超過となっている。なお，基本財産の評価額は，合
計 24 億 7,875 万円余である。したがって，本件出資当時の出資（1 口当
たりの客観的交換価値（時価））は，A らの出資金額である 5 万円を上回る
ものではないということができるから，税務署長が認定した 1 口当たり
685 万円余は客観的交換価値を上回る過大な評価であるといわざるを得
ない。よって，当該課税処分は，相続税法 9 条所定の要件を満たさず，
違法である。

（上告審判決要旨） 原判決破棄（請求棄却）

医療法人の出資社員は，払戻し請求が権利濫用になるなど特段の事情
がない限り，総出資額中に当該出資社員の出資額が占める割合に応じて
当該法人の財産から払戻し等を受けることになる。そして，医療法人の
権利内容は，自治的に定められる定款によって様々な内容となり得る余
地があるものの，その変更もまた可能であって，仮にある時点における
定款の定めにより払戻し等を受け得る対象が財産の一部に限定されるな
どしていたとしても，客観的にみた場合，出資社員は，法令で許容され
る範囲内において定款を変更することにより，財産全体につき自らの出
資額の割合に応じて払戻し等を求め得る潜在的可能性を有するものであ
る。また，評価通達 194－2 は，以上のような持分の定めのある事情を
踏まえて医療法人の出資等の客観的交換価値を評価するものであるか

第Ⅳ章　税務否認の形態と方法　　*177*

ら，特別の事情がない限り，合理性があるというべきである。

これを本件についてみると，新定款においては，払戻し等に係る定めの変更を禁止する旨の条項があるが，社団法人の性格に鑑みると，法令において定款の再度変更を禁止する定めがない中では，このような条項があるからといって，法的に当該変更が不可能になるものではない。また，基本財産と運用財産の範囲に係る定めは変更禁止の対象とされていないから，運用財産の範囲が固定的であるとはいえない。そうすると，本件においては，本件増資時における定款の定めに基づく出資の権利内容がその後変動しないと客観的に認めるだけの事情はないといわざるを得ず，他に評価通達194－2の定める方法で新定款の下における甲法人の出資を適切に評価することができない特別の事情があることもうかがわれない。

（検討）

相続税法基本通達9－4は，同族会社の跛行増資や新株引受権の失権によって親族間において経済的利益の移転が行われた場合には，相続税法9条を適用することにしている。このような課税問題が生じるのは，増資前の株式の単位当たりの価額よりも新株の単位当たりの発行価額が低い場合に，その新株を取得する権利に経済的価値が存するときであるが，そのような場合にみなし贈与あったとする課税処分を適法とする事例も多い[43]。もっとも，この相続税法基本通達9－4が医療法人についてもそのまま適用されるか否かについて疑義もあったが，最高裁判決が医療法人についても同通達を適用し得ることを明確にしたことは実務に影響を及ぼすものと考えられる。ところで，平成18年の医療法の改正によって，医療法人の出資持分は，同改正前に設立された医療法人（経過措置医療法人）以外は廃止され，その経過措置医療法人についても，当分の間，従前どおりの出資持分が保障されることになっているものの，定款の変更によっていつでも持分のない医療法人に移行できることとさ

れ，移行した場合には，再び持分のある医療法人に逆戻りすることができないとされた。そして，経過措置医療法人が持分のない医療法人に移行するに当たっては，社員間のみなし配当課税，当該医療法人に対する贈与税課税等の新たな課税問題が生じることとなった。それを防止するため，新たに認定医療法人制度ができているが，その認定等も容易ではない＊44。

4　包括的否認規定による否認

⑴　包括的否認規定の内容

　法律による否認については，既に，法解釈における納税者と税務官庁の対立が必然的に生じることもあり，特に，「不相当に高額」等の不確定概念の解釈が問題になることを述べ，次いで，個別的否認規定ということで，推計課税規定と所得税，法人税及び相続・贈与税の重要否認規定について，それらの内容と問題を個別案件を紹介しながら論じてきた。そして，租税法においては，前述のような個別的否認規定のほか，特定の税法において，一定の案件を満たした場合には，税務署長が納税者の行為・計算を否認できる規定がある。これを前述の個別的否認規定に相対するという意味で包括的否認規定と称することにする。この包括的否認規定には，次の３種類がある（以下一括するときは，「行為計算の否認規定」という。）。

イ　同族会社等の行為計算の否認規定

　この否認規定には，所得税法157条，法人税法132条及び相続税法64条がある。その中で，他の否認規定と対比する意味で，法人税法について紹介すると，同法132条１項は，次のように定めている。

　「税務署長は，次に掲げる法人に係る法人税につき更正又は決定をする場合において，その法人の行為又は計算で，これを容認した場合には法人税の負担を不当に減少させる結果となると認められるものがあると

第Ⅳ章　税務否認の形態と方法　　**179**

きは，その行為又は計算にかかわらず，税務署長の認めるところにより，その法人に係る法人税の課税標準若しくは欠損金額又は法人税の額を計算することができる。

一　内国法人である同族会社

二　イからハまでのいずれにも該当する内国法人

　　イ　3以上の支店，工場その他の事業所を有すること。

　　ロ　その事業所の所長，主任その他のその事業所に係る事業の主宰者又は当該主宰者の親族その他の当該主宰者と政令で定める特殊の関係のある個人（〈略〉）が前に当該事業所において個人として事業を営んでいた事実があること。

　　ハ　ロに規定する事実がある事業所の所長等の有するその内国法人の株式又は出資の数又は金額の合計額がその内国法人の発行済株式又は出資（〈略〉）の総数又は総額の3分の2以上に相当すること。」

　なお，所得税法157条及び相続税法64条については，次の法人税法における「組織再編成に係る行為又は計算の否認」の関係条項を同じ条文の中で規定されているので，留意する必要がある（所法157④，相法64④参照）。そして，相続税法に関係しては，いわゆる法人版事業承継税制である，「非上場株式等についての贈与税の納税猶予及び免除」（措法70の7）等において，相続税法64条1項及び4項が準用されていることに留意する必要がある（措法70の7⑭，70の7の2⑮等参照）。特に，法人版事業承継税制においては，当該各措置の適用要件を充足させるため，関係企業の組織再編成を要することが多いので，当該規定の適用の可能性について検討を要することになる。

ロ　組織再編成に係る行為又は計算の否認

　法人税法132条の2は，「税務署長は，合併，分割，現物出資若しくは現物分配（〈略〉）又は株式交換等若しくは株式移転（以下この条におい

て「合併等」という。）に係る次に掲げる法人の法人税につき更正又は決定をする場合において，その法人の行為又は計算で，これを容認した場合には，合併等により移転する資産及び負債の譲渡に係る利益の額の減少又は損失の額の増加，……その他の事由により法人税の負担を不当に減少させる結果となると認められるものがあるときは，その行為又は計算にかかわらず，税務署長の認めるところにより，その法人に係る法人税の課税標準若しくは欠損金額又は法人税の額を計算することができる。」と定めている。

① 　合併等をした法人又は合併等により資産及び負債の移転を受けた法人

② 　合併等により交付された株式を発行した法人

③ 　①及び②に掲げる法人の株主等にある法人

この法人税法上の組織再編成税制に関係して株主等である個人の所得税並びに相続税及び贈与税に影響を及ぼす場合には，前記イで述べたように，所得税法 157 条 4 項及び相続税法 64 条 4 項において律するところとなっている。

ハ　通算法人に係る行為又は計算の否認

法人税法 132 条の 3 は，「税務署長は，通算法人の各事業年度の所得に対する法人税につき更正又は決定をする場合において，当該通算法人又は他の通算法人の行為又は計算で，これを容認した場合には，〈略〉法人税の負担を不当に減少させる結果となると認められるものがあるときは，その行為又は計算にかかわらず，税務署長の認めるところにより，当該通算法人に係る法人税の課税標準若しくは欠損金額又は法人税の額を計算することができる。」と定めている[45]。

第Ⅳ章　税務否認の形態と方法　　**181**

⑵　同族会社等の行為計算の否認規定の法的性格

イ　確認規定説

　前記⑴で述べた包括的否認規定のうち，最も早く制定され，その法的性格が論争されてきたのが，同族会社等の行為計算の否認規定である。すなわち，当該規定の前身は，大正12年の所得税法改正[46]において明文化されたものであるが，その立法趣旨は，同族会社が行う脱税目的の行為計算を否認するためのものであった[47]。しかしながら，納税者の租税行動においては，「脱税」と評価されるものでなくても，私法上の法律行為の選択等を利用した租税回避が行われることが多くなり，それも，そのような租税回避は同族会社に限定されることもなくなった。

　そのため，国税当局は，同族会社等の行為計算の否認規定を，推計課税規定[48]と同様に確認規定と解し，非同族会社等の不当な租税回避行為を否認する課税処分を行うようになった。このような確認規定であることを一層明確にしたのが，「国税通則法の制定に関する答申（税制調査会第二次答申）」（昭和36年7月5日）であった[49]。そして，非同族会社に対する租税回避行為を否認する課税処分は，法廷でも適法と認められることがあった。例えば，大阪高裁昭和39年9月24日判決（税資38号606頁）は，「私法上許された法形式を濫用することにより租税負担を不当に回避し又は軽減することが企図されている場合には本来の実情に適合すべき法形式に引直してその結果に基いて課税しうることも認めなければならない。」と判示している[50]。

　しかしながら，このような確認規定説は，学説，判例において次第に少数税と評価されるようになり，平成13年度税制改正で制定された前述の「組織再編成に係る行為又は計算の否認」規定の制定によって，事実上消滅したものと言える。

ロ　創設（効力）規定説

　前述したように，確認規定説よりも創設（効力）規定説が次第に有力

になったのであるが，例えば，東京高裁昭和47年4月25日判決（税資65号800頁）は，「同族会社の行為計算の否認（〈略〉）のほか，一般的に租税回避の否認を認める規定のないわが税法においては，租税法律主義の原則から右租税回避行為を否認して，通常の取引行為を選択しこれに課税することは許されないところというべきである。」と判示している。

　そして，確認規定説と創設（効力）規定説の論争についての裁判上の結着（最高裁判決）を見る前に，国は，平成13年税制改正において組織再編成税制の制定に当たって，当該税制に係る行為計算の否認規定（法法132の2）を設けたため，確認規定説は消滅することになった。そのため，いわゆる租税回避行為の否認にあたっては，それを許容する法律上の根拠を要するものと解されている*51。

(3)　「負担を不当に減少させる」の意義

イ　学説・判例の動向

　以上のように，租税回避行為に対する伝統的な否認規定であった「同族会社等の行為計算の否認規定」が創設（効力）規定であると解されるようになっているため，当該租税回避行為に対する否認は，前記(1)で述べた三つの否認規定の各条文に従って行われることになる。これらの否認規定に共通する否認根拠（判定基準）は，所得税等の「負担を不当に減少させる」結果となると認めるか否かである。この「負担を不当に減少させる」の意義とその解釈については，前記第3章第3節で「租税回避（行為）」の意義について，各説があることを紹介してきた。しかし，それらの各説については，「租税回避（行為）」を定義付けようとしているものであって，「負担を不当に減少させる」の意義を直接説いたものではない。

　そこで，従前の裁判例等を検討してみると，「負担を不当に減少させる」の意義・解釈については，次の各説に取りまとめることができるが，そ

第Ⅳ章　税務否認の形態と方法　**183**

れぞれ問題点を有している。

（イ）非同族会社基準説

　元々，包括的否認規定と言っても，同族会社等の行為計算の否認規定が最も歴史が古く，当該規定に基づく課税処分の違法性が最も多く争われてきたため，「負担を不当に減少させる」ことの解釈についても，納税道義に関し，同族会社＝性悪説，非同族会社＝性善説的な考え方から，説明されることがある。例えば，鳥取地裁昭和 39 年 4 月 24 日判決（税資 38 号 313 頁）は，同族会社等の行為計算の否認規定の判定基準について，次のように判示している＊52。

　「法人税法 31 条の 3 の規定は同族会社においては通常利害相反しない少数同族株主が過半数以上の株式数又は出資額を所有しているため，非同族会社の如く株主一般又は株主相互間と経営者の利害対立より自ら経営者による恣意的行為，計算が抑制されるということがなく，かかる恣意的行為，計算のため法人税負担を不当に免れしめる虞があるので，このような結果を防ぐために設けられたものであって，当該行為又は計算が否認されるべきものであるか否かは当該会社と企業の諸条件が同一若しくは類似する他の法人（以下比較法人と略称。〈略〉）における同一若しくは類似の行為計算と比較し，比較法人において一般的になされている行為計算を著しくこえるものであるか否かにより判定する外はない。」

　また，東京地裁平成 9 年 4 月 25 日判決（税資 223 号 500 頁）は，次のように判示している（同旨東京高裁平成 11 年 5 月 31 日判決（同 243 号 127 頁））。

　「所得税法第 157 条の対象となる同族会社の行為又は計算は，典型的には株主等の収入を減少させ，又は経費を増加させる性質を有するものということができる。そして，株主等に関する右の収入の減少又は経費の増加が同族会社以外の会社との間における通常の経済活動としては不合理又は不自然で，少数の株主等によって支配される同族会社でなければ通常は行われないものであり，このような行為又は計算の結果として

同族会社の株主等特定の個人の所得税が発生せず，又は減少する結果となる場合には，特段の事情がない限り，右の所得税の不発生又は減少自体が一般的に不当と評価されるものと解すべきである。すなわち，右のように経済活動として不合理，不自然であり，独立かつ対等で相互に特殊な関係にない当事者間で通常行われるであろう取引と乖離した同族会社の行為又は計算により，株主等の所得税が減少するときは，不当と評価されることになるが，所得税の減少の程度が軽微であったり，株主等の経済的利益の不発生又は減少により同族会社の経済的利益を増加させることが，社会通念上相当と解される場合においては，不当と評価するまでもないと解すべきである。また，右不当性の判断は，行為又は計算の態様から客観的に判断されるものであって，当該行為又は計算に係る株主等が租税回避等の目的あるいは不当性に関する認識を有していることを要件とするものではない。」

　なお，同族会社が少数の利害関係者によって経営が支配されているが故に，租税負担を不当に減少させる行為をし易い旨判示する裁判例は多い[53]。

(ロ) 純経済人基準説

　経済人又は純経済人（homo economicus）とは，元々，経済学上の概念であるが，一般的には，「経済人は，動機のいかんにかかわりなく，経済原則に従う合理的な人間ということになる[54]。もっとも，古典的な経済学の下では，「経済人とは，富の追求に余念のない利己的な個人であり，古典学派の経済理論は経済主体としてこのような型の人間を想定していた」[55] とされる。

　このような経済学上の「純経済人」概念を租税法の解釈に持ち込むことの是非はともかくとして，「負担を不当に減少させる」ことの判定基準として，純経済人基準説を採用する裁判例は多い。例えば，東京地裁昭和40年12月15日判決（税資41号1188頁）は，次のように判示して

第Ⅳ章　税務否認の形態と方法　**185**

いる（同旨東京高裁昭和43年8月9日判決・税資53号303頁）＊56。

「元来，法人税法は，法人が純経済人として，経済的に合理的に行為計算を行うべきことを前提として，かような合理的行為計算に基づき生ずべき所得に対し課税し，租税収入を確保しようとするものであるから，法人が通常経済的に合理的に行動したとすればとるべきはずの行為計算をとらないで法人税回避もしくは軽減の目的で，ことさらに不自然，不合理な行為計算をとることにより（〈略〉），または，直接法人税の回避軽減を目的としないときでも，経済的合理性をまったく無視したような異常，不自然な行為計算をとることにより（〈略〉），不当に法人税を回避軽減したこととなる場合には，税務当局は，かような行為計算を否認して，経済的に合理的に行動したとすれば通常とったであろうと認められる行為計算に従って課税を行ないうることは当然である。」

(ハ)　その他の説

前述の非同族会社基準説にせよ，純経済人基準説にせよ，後述するように，それぞれ難点を抱えているが故に，近年では，それらの説を補完・修正する動きも見られる。例えば，学説の上では，次のように説かれる。

◎「抽象的な基準としては，第2の考え方（編注：純経済人基準説）をとり，ある行為または計算が経済的合理性を欠いている場合に否認が認められると解すべきであろう。そして，行為・計算が経済的合理性を欠いている場合とは，それが異常ないし変則的で，租税回避以外にそのような行為・計算を行ったことにつき，正当で合理的な理由ないし事業目的が存在しないと認められる場合のことであり，独立・対等で相互に特殊関係のない当事者間で行われる取引（アメリカ租税法でarm's length transaction（独立当事者間取引）と呼ばれるもの）とは異なっている取引には，それにあたると解すべき場合が多いであろう。この規定（編注：法人税法132条）の解釈・適用上問題となる主要な論点は，①当該の具体的な行為計算が異常ないし変則的で

あるといえるか否か，および②その行為・計算を行ったことにつき租税回避以外に正当で合理的な理由ないし事業目的があったとみとめられるか否か，である。」＊57

○「筆者は，上記Ｃ説（編注：前記の金子説）も魅力的であると考えるが，一方で，経済合理性の欠如になぜ独立当事者間原則が含まれるのかの疑問も生じる。独立当事者間原則は，移転価格税制でも用いられているが，租税法の様々な領域で用いられる広汎な判断基準である。独立当事者基準は経済合理性基準よりもむしろ上位基準ではないかとも考えられる。……〈中略〉……同族会社等の行為計算否認規定の立法経緯を考えてみると……〈中略〉……元々は，客観的な意味での目的基準であったと考えられる。そうすると，経済合理性基準というのは，経済合理性テストを満たす場合には，客観的にみて，税負担減少目的が主であるということを意味しており，その意味で，主観的な認識や意図は，それが認められるのであれば，考慮事情にはなり得るが，必ずしも必要ではないということと考えられる。」＊58

次に，裁判例については，次の二つの最高裁判決を紹介することとしたい。

○最高裁平成28年2月29日第一小法廷判決（民集70巻2号242頁，この判決は，法人税法132条の2に定める組織再編成税制に係るものである。以下「最高裁平成28年判決」という。）＊59

　「組織再編成は，その形態や方法が複雑かつ多様であるため，これを利用する巧妙な租税回避行為が行われやすく，租税回避の手段として濫用されるおそれがあることから，法132条の2は，税負担の公平を維持するため，組織再編成において法人税の負担を不当に減少させる結果となると認められる行為又は計算が行われた場合に，それを正常な行為又は計算に引き直して法人税の更正又は決定

を行う権限を税務署長に認めたものと解され，組織再編成に係る租税回避を包括的に防止する規定として設けられたものである。このような同条の趣旨及び目的からすれば，同条にいう「法人税の負担を不当に減少させる結果となると認められるもの」とは，法人の行為又は計算が組織再編成に関する税制（以下「組織再編成税制」という。）に係る各規定を租税回避の手段として濫用することにより法人税の負担を減少させるものであることをいうと解すべきであり，その濫用の有無の判断に当たっては，①当該法人の行為又は計算が，通常は想定されない組織再編成の手順や方法に基づいたり，実態とは乖離した形式を作出したりするなど，不自然なものであるかどうか，②税負担の減少以外にそのような行為又は計算を行うことの合理的な理由となる事業目的その他の事由が存在するかどうか等の事情を考慮した上で，当該行為又は計算が，組織再編成を利用して税負担を減少させることを意図したものであって，組織再編税制に係る各規定の本体の趣旨及び目的から逸脱する態様でその適用を受けるもの又は免れるものと認められるか否かという観点から判断するのが相当である。」

○最高裁令和４年４月21日第一小法廷判決（令和２年（行ヒ）第303号，以下「最高裁令和４年判決」という。なお，本事件の内容については，後述する。）＊60

「法人税法132条１項は，同項各号に掲げる法人である同族会社等においては，その意思決定が少数の株主等の意図により左右され，法人税の負担を不当に減少させる結果となる行為又は計算が行われやすいことから，税負担の公平を維持するため，そのような行為又は計算が行われた場合に，これを正常な行為又は計算に引き直して法人税の更正又は決定をする権限を税務署長に認めたものである。このような同項の趣旨及び内容に鑑みると，同項にいう「これを容

認した場合には法人税の負担を不当に減少させる結果となると認められるもの」とは，同族会社等の行為又は計算のうち，経済的かつ実質的な見地において不自然，不合理なもの，すなわち経済的合理性を欠くものであって，法人税の負担を減少させる結果となるものをいうと解するのが相当である。

　同族会社等による金銭の借入れが上記の経済的合理性を欠くものか否かについては，当該借入れの目的や融資条件等の諸事情を統合的に考慮して判断すべきものであるところ，……〈略〉……当該一連の取引全体が経済的合理性を欠くものか否かの検討に当たっては，①当該一連の取引が，通常は想定されない手順や方法に基づいたり，実態とはかい離した形式を作出したりするなど，不自然なものであるかどうか，②税負担の減少以外にそのような組織再編成を行うことの合理的な理由となる事業目的その他の事由が存在するかどうか等の事情を考慮するのが相当である。」

ロ　各説の問題点（検討）

　以上のように，行為計算の否認規定における「負担を不当に減少させる」の意義・解釈について各説を概観してきたところであるが，それぞれ当該否認規定の趣旨・目的等を踏まえて工夫して論じていることについては評価できる。これらの，各説は，行為計算の否認規定の対象となる「行為計算」を第Ⅲ章で説明した「租税回避（行為）」に該当することを前提としているようであるので，「租税回避（行為）」に該当する「行為計算」を想定して，「不自然・不合理」を強調することになる。

　しかしながら，第Ⅲ章で説明した「租税回避（行為）」の概念は，多義的であり，それを「刑事罰の対象となる「脱税」と区分し得るとしても，一般に合法と考えられている「節税」との区分は困難な場合もある。第Ⅲ章では，一般的に言われている「節税」，「租税回避（行為）」及び「脱税」について，各説を紹介し，問題点を指摘した。そして，ここでは，具体

第Ⅳ章　税務否認の形態と方法　**189**

的に税務否認を行う場合に行為計算の否認規定における「負担を不当に減少させる」の解釈を論じているのであるが，この場合，「負担を不当に減少させる」＝「租税回避（行為）」と論じていることに問題があるのかも知れない。

　既に，随所において論じてきたように，私人（企業）の経済行動の目的は，収入から支出（経費）を控除した利益の最大化にある。そうであれば，私人（企業）にとって，当該経済行動において生じる「支出（経費）」の一項目である「租税」負担の最少化を図ることは自然なことであり，合理的なことであると言える。そして，この「租税負担の最少化」は，各税法の解釈において，「節税」として容認される場合もあるし，行為計算の否認規定の対象になることもある，ということになる。

　そのように考えると，前述した①非同族会社基準説については，「非同族会社善人説」を前提にしているが，非同族会社と同族会社とを区分・比較すること自体無意味となる。むしろ，大企業を中心とする非同族会社の方が，租税負担の最少化に熱心に取り組んでおり，その巧妙な租税負担の最少化は最近の行為計算の否認規定に係る税務訴訟事件によく見られるところである。

　また，②純経済人基準説については，経済学上の「純経済人」が合理的な経済行動に徹する，というのであれば，「支出（経費）」の一項目たる「租税」負担の最少化こそ，「合理的な経済活動」である，ということになり，その論拠を失うことになる。かくして，上記の両説に問題がある，ということをもって，③その他の説が台頭することになるのであるが，「その他の説」の各説とも，「不自然・不合理」を基調としているが故に，前述のような疑問に全面的に対応することは難しいものと考えられる。そうは言っても，行為計算の否認規定における「負担を不当に減少させる」の解釈にあたっては，私人（企業）の経済行動である「租税負担の最少化」の中で否認すべきものを区分する判定基準が必要にな

る。

　この場合，「不自然・不合理」という概念は捨て難いにしても，その判定の対象を非同族会社や純経済人に置くのではなく，各税法の課税標準（所得金額等）計算に本旨に置くべきものと考えられる。

　例えば，法人税法においては，法人税の主要な課税標準である「各事業年度の所得の金額」は，当該事業年度の益金の額から損金の額を控除して算定されるところ（法法21，22②），当該益金の額に算入すべき金額は，「別段の定めがあるものを除き，資産の販売，有償又は無償による資産の譲渡又は役務の提供，無償による資産の譲受けその他の取引で資本等取引以外のもの」（法法22②）から生じる収益の額とされる。このような法人税法22条の規定は，法人税の所得金額の計算の基本規定（本旨）にほかならないが，そこには，無償等の取引であっても，第三者間の時価取引に置き換えて所得金額を計算するという考え方に貫かれている。すなわち，「時価（価額）」とは，「不特定多数の当事者間で自由な取引が行われる場合に通常成立すると認められる価額」すなわち「客観的交換価値」を意味するが，利害関係を共有する者の間では，このような「時価（価額）」から乖離した取引・解釈が行われることがままある。このような場合には，当該取引価額を客観的交換価値に置き換えて，法人税法22条2項等を解釈することになる。そしてこのような解釈論は，他の項目についても論じることができるはずである。さすれば，そのように，各課税要件の認定上著しく問題があれば，「不自然・不合理」と判定して，「負担を不当に減少させる」と判断できるものと考えられる。このような，法人税法の課税標準計算の本旨は，所得税法や相続税法においても共通して論じることができるはずである。

⑷　個別事件における検討

イ　所　得　税

　　個人の法人に対する無利息貸付に係る行為計算の否認—平和事件—＊61

　　東京地裁平成 9 年 4 月 25 日判決・税資 223 号 500 頁

　　東京高裁平成 11 年 5 月 31 日判決・税資 243 号 127 頁

　　最高裁平成 16 年 7 月 20 日第三小法廷判決・判例時報 1873 号 123 頁

（事実）

　　X（原告，控訴人，双方上告人）は，パチンコ機器メーカー H 社の代表取締役のほか，資産管理会社である N 社の取締役を兼ね，昭和 63 年 12 月末当時，H 社の発行済株式 5,888 万株の 73.5％，N 社の資本金 500 万円の 98％をそれぞれ所有していた。H 社は，その株式を昭和 63 年 8 月に店頭登録し，平成 3 年 12 月に上場し，N 社は，昭和 63 年 11 月に設立，平成 4 年 8 月に解散した。X は，平成元年 3 月，N 社に対し，H 社の株式 3,000 万株（以下「本件株式」という。）を総額 3,450 億円で譲渡し，その買受代金として，N 社に対し 3,455 億円を無利息・無担保で貸し付けた（以下「本件貸付け」といい，当該貸付金を「本件貸付金」という。）。

　　これに対し，Y 税務署長（被告，被控訴人，双方上告人）は，X に対し，本件貸付けについて所得税法 157 条を適用し，平成元年から 3 年分の所得税について雑所得金額を合計 495 億円（貸出金利 5.58％）とする更正（以下「本件更正」という。）及び過少申告加算税の賦課決定（以下「本件決定」という。）をした。X は，本件更正等が信義則に違反する等を理由にそれらの取り消しを求めて本訴を提起した。

（一審判決要旨）　請求棄却

　　個人が法人に対して金銭を無利息で貸し付けることは，通常人として経済的合理性を欠くものと言わざるを得ない。そして，当該個人には，かかる不自然・不合理な取引行為によって，独立当事者間で通常行われるであろう利息付き消費貸借契約によれば当然収受できたであろう受取

利息相当額の収入が発見しないことになるから，結果的に，当該個人の所得税負担を減少したことになる。したがって，本件貸付けは，特段の事情がない限り，所得税法157条の適用対象となる。

本件証拠の各文献は，私的な著作物というほかなく，信義則の適用はなく，本件決定について，「正当な理由」もない。

（控訴審判決要旨）　請求一部認容

本件貸付けについて所得税法157条を適用したことに違法はなく，その理由は，原判決を引用するが，本件決定については，本件証拠の各文献が編者等がいずれも東京国税局勤務者が官職名を付して，大蔵省の外郭団体から出版されたことに鑑みると単なる私的な著作物と言えないから，「正当な理由」が認められる。

（上告審判決要旨）　請求棄却

本更正については，原判決維持。本件決定については，Xが指摘する各解説書は，本件貸付けのようは3,455億円という多額な金員を無利息・無期限・無担保で貸し付けるという不合理・不自然な経済活動であるといえる本件と事実を異にするから，「正当な理由」も存しない。

（検討）

本件貸付けが行われた背景には，一つは，無利息融資から収入（収益）が生じるか否かについて，所得税法と法人税法の規定とその解釈に差異があることである。すなわち，法人税法については，前述のように，無利息融資について，収益が生じるが，融資を受ける側にはそのようなことは明記されてなく，一般的にも生じないものと解されている。他方，所得税法においては，収入金額の基本規定である同法36条には，無償取引から収入金額が生ずることは明記されておらず，同条の別段の定めである同法59条において，個人が法人に対し資産を無償等で譲渡した場合等には，当該資産の「その時の価額（時価）」で譲渡したものとみなす旨定めている。そのため，一般的には，個人が法人に対して無利息

第Ⅳ章　税務否認の形態と方法　　**193**

で貸し付けた場合には，個人にも法人にも収入金額（収益）が生じない，すなわち課税関係が生じないものと解され，そのことが，本訴で証拠として提出されている国税当局の幹部が肩書と実名を付し出版されている解説書で説明されていた。そのことが，Xが，本件貸付けをした論拠となっている。もう一つは，当時の評価通達では，資本金１億円以上等の法人を「大会社」として，当該大会社の株式を類似業種比準方式で評価し得るとし，当該株式の価額を純資産価額の数％で評価することも可能とされていた[62]。このような背景の下で，本件貸付けと本件株式の譲渡が行われたのであるが，当時では，相続税対策等における究極の「租税負担の最少化策」（節税策）と称されていた。

　ところが，平成２年８月には，評価通達の改正によって，Ｎ社のような持株会社は，株式保有特定会社と区分され，当該会社の株式の価額は原則純資産価で評価されることとなり，平成４年６月には，本件更正等によって約300億円もの税負担を強制されることとなった。そして，平成４年10月には，Ｎ社は解散することとなり，本件株式の時価が2,040億円に下落したこともあって，Xは，本件貸付金の全額を回収できず，1,398億円余を免除することになった。Xにとっては，究極の「租税負担の最少化」から「泣き面に蜂」の結果になったと言える。なお，本件における「信義則」と「正当な理由」についても，論点が多いが，別稿に譲ることとする[63]。

ロ　法　人　税

　同族会社間の高利子借入れと同族会社の行為計算の否認

　東京地裁令和元年６月27日判決・平成27年（行ウ）第468号

　東京高裁令和２年６月24日判決・令和元年（行コ）第213号

　最高裁令和４年４月21第一小法廷判決・令和２年（行ヒ）第303号[60]

（事実）

　X（原告・被控訴人・被上告人）は，音楽事業を国際的に展開するフラ

ンス法人のAの系列にある日本法人であるが，平成20年12月期分から同24年12月期分の法人税について，同系列のフランス法人Bから借り入れた866億円（以下「本件借入金」という。）に係る支払利子を各期10億4,763万円余ないし44億1,081万円余（以下「本件利息」という。）を損金の額に算入して確定申告をした。これに対し，処分行政庁は，法人税法132条を適用し，本件利息の損金算入を否認する各更正（以下「本件各更正」という。）等をした。Xは，本件各更正等を不服として，国（被告，控訴人，上告人）に対し，その取消しを求めた本訴を提起した。

なお，本件借入れは，A傘下の日本法人を一つの統括会社（X）の傘下にまとめること等の8項目の経営目的があり，その一環として行われたものである。

（一審判決要旨）　請求認容

法人税法132条にいう「法人税の負担を不当に減少させる結果となると認められるもの」に該当するか否かは，専ら経済的，実質的見地において，当該行為又は計算が純粋経済人として不自然，不合理なものと認められるか否か，すなわち経済的合理性を欠くか否かという客観的，合理的基準に従って判断すべきものと解される。本件の事実関係に照らすと，Xによる本件借入れが行われる原因となった，Aグループが設定した本件8つの目的は，日本の関連会社に係る資本関係の整理や同グループの財務態勢の強化等の観点からいずれも各経済的合理性を有するものとあったと認められるから，本件借入れがXに不当な経済的不利益をもたらすものであったとはいえない。

（控訴審判決要旨）　控訴棄却（請求認容）

本件の事実を総合すれば，本件借入れが専ら経済的，実質的見地において純粋経済人として不自然，不合理なもの，すなわち経済的合理性を欠くものであるというべき事情は見当たらない。

（上告審判決要旨） 上告棄却（請求認容）

○ 「負担を不当に減少させる」の意義等は，前記(3)のイ参照。

○ 以上の諸事情を総合的に考慮すれば，本件借入れは，経済的かつ実質的な見地において不自然，不合理なもの，すなわち経済的合理性を欠くものとはいえない。したがって，本件借入れは，法人税法132条1項にいう「負担を不当に減少させる」結果になるものには当たらないというべきである。

（検討）

本件は，国際的に音楽事業を展開し，数百を超える関係会社を統率するＡの系列化にあるＸが，同じ系列化のＢから本件借入れを行い，Ｘの直接の親法人であるＢからの出資金約300億円を合わせて，系列化の日本法人Ｅの株式を1,161億円余で取得し，直接傘下に収めたものであるが，本件借入金の利息を各期10億円余ないし44億円余（Ｘの各期の所得金額に相当，年利5.9％ないし6.8％）を支払い，法人税の負担を零にしたというものである。そして，これを実施するために，Ａ系列化の8項目の経営計画を立て，その一環として本件借入れが行われたとするものである。しかし，うがった見方をすれば，日本の法人税率が高いが故に，Ｘの法人税負担が生じないように，本件借入れが行われたと解することができる。

しかし，本件各判決は，Ａ系列化の8項目にわたる経営計画の経済的合理性を評価し，我が国の金利水準からすると数倍にも及ぶ利息を支払った本件借入れにつき，「法人税の負担を不当に減少させる結果」にはならない旨判示したものである。この点，本件各判決には納得し難いところはあるが，「租税負担の最少化」を図るためには，相応の経営計画の重要性を示唆している事件であると言える。

ハ 相 続 税

相続税法64条と評価通達6項の関係

大阪地裁平成 12 年 5 月 12 日判決・税資 247 号 607 頁[64]

（事実）

　本件は，平成 3 年 6 月 20 日に死亡した被相続人甲を相続した X ら（原告）の相続税に対して被告 Y がした課税処分につき，相続税負担の最少化対策の違法性が争われたもので，その争点は，次の 2 点にある。一つは，甲が，平成 3 年 6 月 14 日，尼崎市所在の宅地等約 1,800㎡（以下「本件土地」という。）を，X らが設立した N 社に対し駐車場事業の用に供する目的で，地代年 3,684 万円，存続期間 60 年とする地上権（以下「本件地上権」という。）を設定した場合に，X らが当該相続申告において本件土地の評価額を更地価額から借地権割合 90％を控除したことに対し，Y が相続税法 64 条を適用したというものである。二つは，甲が，平成 3 年 3 月から 4 月に，銀行等から総額 74 億円余借入れ，当該金額で有限会社甲社を設立し，次いで，甲社の出資を現物出資して X 社を設立し，当該 X 社の出資を X らが相続して当該出資の価額を 35 億円余（当該出資の評価差額に係る法人税等相当額を控除）と評価したことに対し，Y が評価通達 6 項を適用したというものである。

（判決要旨）　請求棄却

①　本件土地の使用権原を賃借権ではなく，極めて強固な地上権が設定されたことは極めて不自然であることや，本件地上権の内容も，営業収益と比較してあまりにも高額に設立されたために甲社が大幅な営業損失を生じている点及び甲の年齢を考えると，経済合理性を全く無視したものと言わざるを得ないから，本件地上権の設定は，通常の経済人であれば到底採らないであろうと考えられる不自然・不合理な取引であるということができ，相続税の負担を大幅に減少させる結果になることは明らかである。

②　評価通達 185 等が評価差額に対する法人税額等相当額を控除している趣旨は，株式等を所有することを通じて法人の資産を間接的に

所有している場合と個人事業主が事業用資産を直接所有している場合とでは，その所有形態が異なることから，将来法人を清算した場合の清算所得に係る法人税額等相当額を控除することにより，両者の評価上の均衡を図ろうとしたものと解することができる。このような趣旨に照らすと，本件のように，相続税の負担を軽減することを意図して計画的に実行された場合には，評価通達6項の定めにより法人税額等相当額を控除しないで評価するのが相当である。

（検討）

　相続税における租税負担の最少化策は，最も多く行われるのが，相続開始前に相続財産をより評価額の低い財産に変更させることである。この手法が最も多く使われたのが，土地バブルの頃，借入金等をもって土地を取得することにあった。それを防止するために，昭和63年12月に成立した租税特別措置法69条の4によって，土地等の取得後3年間は取得価額で課税する旨規制されたことがある。

　そのような中で，本件の被相続人の死亡直前に当該被相続人が関係会社との間でその所有地を関係会社間との間で60年にも及ぶ地上権を設立することは，租税負担回避以外合理的な説明はできないであろう。よって，相続税法64条の適用は可能であろうし，本件土地の価額の評価上評価通達6項を適用して地上権の存在がなかったものとする評価も可能であると考えられる。

　また，もう一点の借入金によって会社を設立し，当該会社の出資を現物出資してもう一つの会社を設立する方法は，当時，「A社・B社方式」と言われ，平成2年8月の評価通達の改正によって現物出資による会社設立における法人税額等相当額の累積控除を禁じたことに対し，1回の現物出資なら法人税額等相当額の控除が得られるということで採用されたものである。この手法も，平成6年の評価通達の改正によって封じられことになった。このA社・B社方式についても，相続税法64条の適

用は可能であると考えられる。いずれにしても，相続税における租税負担の最少化対策は，財産評価に関わることが多いので，相続税64条と評価通達6項とが競合する場合があると考えられる*65。

5　仮装行為等による否認

(1)　明文規定の限界

　前記1から4までに述べたように，納税者側には，種々の租税負担の最少化策があり，それに対応するために，税務官庁側は，不確定概念等における解釈論により，各税法に定められている，「別段の定め」としての個別的否認規定の適用により，あるいは，所得税法等の特定の税法に定められている包括的否認規定の適用により，税務否認（課税処分）を行うことによって対処してきた。しかし，税務官庁側からすると，それ以外にも対処せざるを得ない場合もまま生じることになる。かつては，同族会社等の行為計算規定を確認的規定と解し，租税回避的な租税負担の最少化策に対処してきた。しかし，前記4で述べたように，同族会社等の行為計算規定が創設（効力）的規定と解されることとなったため，当該規定を援用することも適わなくなった。そこで，税務官庁側としては，他の解釈論等によって看過し難い租税負担の最少化策に対処してきた。それが，仮装行為等による否認である。

(2)　仮装行為による否認

イ　仮装行為の意義

　まず，手許にある法律学辞典では，「仮装行為」について，次のように説明している*66。

　「Ⅰ．私法上，内心の意思と合致しない"効果意思"を要素とする"法律行為"。心裡留保，虚偽表示などと同じことになるが，これらは要素である"意思表示"を中心に表現する語であるのに対し，仮装行為はそ

のような意思表示を要素として成立する法律行為をいう。例えば，差押えを免れるために他人と通謀して不動産を売買に仮装して他人名義にする意思表示が虚偽表示であり，それによって成立する法律行為である売買が仮装行為である。

　Ⅱ．税法上，租税負担を軽減するために，真の事実や法律関係を仮装して，虚偽の形態を企てるものをいう。例えば，資産の譲渡により譲渡所得税がなされるのを回避するために，長期の賃貸借契約の形態をとったり，贈与税が課されるのを回避するために親子間で貸付けを装うことなどにみられる。取引の形態が仮装であることが認定されれば真実の取引形態に従って課税されるが，仮装であることが認定できない場合が多く，そのような場合には，"租税回避"行為とされ，原則として否認はできなくなる。」

　また，租税法の代表的なテキストでは，次のように説明している[67]。
　「課税要件事実の認定にあたって，しばしば問題となるのは，仮装行為（〈略〉）である。仮装行為というのは，意図的に真の事実や法律関係を隠蔽ないし秘匿して，みせかけの事実や法律関係を仮装することであって，通謀虚偽表示（民94条）がその典型的な例である。仮想行為が存在する場合には，仮装された事実や法律関係でなく，隠蔽ないし秘匿された事実や法律関係に従って課税が行われなければならない。これは，特段の規定をまつまでもなく，課税要件事実は外観や形式に従ってではなく，実体や実質に従って認定されなければならないことの，当然の論説的帰結である。たとえば，租税回避の部分で述べた地上権を設定するとともに地価相当額の融資を受ける旨の契約が虚偽表示であって，土地を譲渡する契約が隠蔽されていたという場合には，譲渡所得が発生することになる。また，債権者の差押を免れるため，第三者と通謀して，土地を譲渡する意思がないにもかかわらず，譲渡したように見せかけることを目的として登記名義をその第三者に移転したという場合は，譲渡所

得は発生せず，また不動産取得税の課税要件も充足されない（東京地判平成 3 年 5 月 28 日判時 1404 号 71 頁）。なお，被相続人の生存中に不動産を親族に贈与する旨の公正証書が作成されているが，それが脱税を目的とするもので，真実は遺贈によって財産を取得したと認定される場合には，その不動産は相続税の課税対象に含まれる。映画フィルムを取得しこれをリースする契約書が存在するが，それが仮装行為であり，真実は出資契約であると認定された場合には，映画フィルムの所有権の取得はないから映画フィルムの減価償却は認められない。ただし，契約が仮装行為であるか否か，真実の法律関係はなんであるかの認定は，きわめて微妙な作業であることが多いから，慎重に行わなければならない。」

ロ　個別事件における検証

次に，税務官庁側から仮想行為と認定された代表的な課税処分につき，当該取消訴訟の顛末を紹介し，その問題点を検証する。

（イ）名古屋地裁平成 16 年 10 月 18 日判決（判タ 1204 号 244 頁），名古屋高裁平成 17 年 10 月 27 日判決（税資 255 号順号 10180）＊ 68

　　この事件については，前記第Ⅲ章第 3 節 1 で紹介したところであるが，原告ら多数が加入した民法上の組合が，組合員から集めた資金で航空機を購入し約 6 年間リースし（リース可能期間は約 30 年間），その間組合員は，当該リース料とそれを相当上回る減価償却費（耐用年数 10 年，定率法）等の分配を受け，その不動産所得の損失を他の所得と損益通算をした後，リース終了後に当該飛行機を売却して，その譲渡益について，長期譲渡所得として課税軽減を受けた，というものであり，この組合契約につき，所轄税務署長が，真実は利益分配契約であるものを仮装したものであると認定し，当該契約に基づく損益分配は雑所得に当たるとして，前述の損益通算を否認する課税処分をした，というものである。

　　しかし，上記各判決は，当該組合契約の適法性を認め，これを課

第Ⅳ章　税務否認の形態と方法　　*201*

税上否認するには法的根拠が必要であるとして、当該課税処分を取り消した。

（ロ）東京地裁平成 20 年 10 月 24 日判決（税資 258 号順号 11059）＊69

パチンコ業を営む S 社の創業者の妻甲が、平成 13 年 6 月、S 社の株式 1 万 3,040 株を 652 万円（1 株当たり額面の 500 円、相続税評価額は 9 万 1,882 円）で S 社の総務部長 K（将来、従業員持株会が設立された時の理事長候補）に譲渡し、平成 14 年 7 月に死亡した。当該株式については、平成 15 年 1 月に従業員持株会が設立されたので、K は、当該持株会に当該株式を甲からの買取り価額で譲渡した。この一連の取引につき、所轄税務署長は、甲から K に対する当該株式の売買は寄託契約を仮装したものだと認定し、当該株式の相続税評価額 11 億 9,814 万円を課税価額に加算する課税処分をした。

しかし、前掲東京地裁判決は、①当該売買契約によって、当該株式の議決権も K に移転したと認められること、②K には当該株式の配当を受ける権利があったと認められること等を認定した上で、当該売買契約が仮装行為であったとは認められないとして、当該課税処分を取り消した。

（ハ）大阪地裁平成 10 年 10 月 16 日判決（税資 238 号 715 頁）、大阪高裁平成 12 年 1 月 18 日判決（同 246 号 20 頁）、最高裁平成 18 年 1 月 24 日第三小法廷判決（民集 60 巻 1 号 252 頁）＊70

外国の投資会社 M 社は、他社が制作した 2 本の映画の取得配給等に係る資金として日本の投資家を集めて任意組合を結成し、組合員からの出資金約 26 億円及び借入金約 63 億円を調達した。不動産業を営む X 社は、この任意組合の組合員となり、平成元年から 5 年まで法人税につき、約 4 億 2,800 万円の減価償却費と約 1 億 1,400 万円の支払利子を負担（分配）したということで、所得金額を圧縮できた（映画フィルムの法定耐用年数は 2 年である。）。これに対し、所轄

税務署長は，X社は当該映画フィルムを取得したことにならないとして，当該減価償却費等の損金算入を否認する課税処分をした。

かくして，前掲東京地裁判決は，本件の一連の取引は，その実質において，X社は，当該任意組合を通じて，当該映画の興行に対する融資を行ったものであって，当該任意組合契約は単に形式を整えたものに過ぎないから，X社らは当該映画フィルムを取得したことにはならず，減価償却費の計上も認められない旨判示した。上訴審の各判決とも，同様な判断を示している。

以上の各事件を概観してみるに，（イ）及び（ロ）の事件については，所轄税務署長が当該任意組合契約なり売買契約なりについて仮装行為と認定して課税処分したことに対し，各判決とも，当初の各契約の実在性を容認し，租税回避的行為であるにしても，それを否認する法的根拠が必要である旨判示した。これらに対し，（ハ）の事件については，不動産会社が映画興行に参画することの不自然さがあっても，当該任意組合契約の実在性を否定したものであるが，その法的根拠が明確に読みとれない問題を残している。いずれにしても，税務官庁側が，仮装行為論を盾に，納税者側の租税負担の最少化策を否認することは，かなりハードルが高いようである。

(3)　その他の否認

その他，仮装行為の一種とも解されるが，税法上の制度を濫用したということで否認されることがある。次の裁判例を検討することとする。

○大阪地裁平成 14 年 9 月 20 日判決（税資 252 号順号 9200），大阪高裁平成 15 年 5 月 14 日判決（民集 59 巻 10 号 3165 頁），最高裁平成 17 年 12 月 19 日第二小法廷判決（同 59 巻 10 号 2964 頁）

この事件では，X銀行（原告，被控訴人，非上告人）が，シンガポール支店において，クック諸島法人E社との間で預金契約を締結し，その預

金額と同額をE社の関係会社と同国法人のF社との間でローン契約を締結し，F社から受領した貸付金利息についてクック諸島で源泉税が徴収されたため，法人税法69条に規定する外国税額控除を適用して法人税を申告したところ，所轄税務署長が，当該控除は控除枠を利用するための仮装行為であるとして，当該控除を否認する課税処分をしたため，当該課税処分の適否が争われたものである。

　前掲の大阪地裁判決及び大阪高裁判決は，いずれも，本件各取引は仮装行為ということはできず，法人税法69条の規定が適用される旨判示し，この部分についての請求を認容した。しかし，前掲最高裁判決は，「本件取引に基づいて生じた所得に対する外国法人税を法人税法69条の定める外国税額控除の対象とすることは，外国税額控除制度を濫用するものであり，さらには，税負担の公平を著しく害するものとして許されない」旨判示し，原判決を破棄した。

　この最高裁判決の後，同旨の最高裁平成18年2月23日第一小法廷判決（訟務月報53巻8号2461頁）等も追従したため，税務否認の一つの論拠として，制度の濫用（権利濫用）を挙げる向きもあるが，一般的には，「法律上の根拠がない場合に否認を認める趣旨ではなく，外国税額控除制度の趣旨・目的にてらして規定の限定解釈を行った例であると理解しておきたい。ただし，租税法律主義の趣旨からして，この限定解釈の法理の適用については，十分に慎重でなければならない。」[71] と解されている。

6　一般的否認規定創設の要否

(1)　問題の所在

　前述してきたように，租税法律主義の下では，課税要件法定主義といっても，各税法が定める課税標準等は私法上の規制を受ける経済取引等の成果を基礎においており，その私法の世界では，私的自治の原則ないし契約自由の原則によって律せられているから，当該経済取引等の中で租

税負担の最少化策の実行も自由である。また，課税要件明確主義及び合法性の原則の下で，各税法の解釈・適用が適正に行われるものと考えられるが，それも，不確定概念に代表されるように，各規定（用語）の解釈・適用には相当の幅があるので，そこでも租税負担の最少化の見地から解釈・適用が可能となる。特に，主要税目の税法が申告納税方式を採用しているが故に，各税法の規定（用語）の解釈・適用は，第一次的には，納税者によって行われることに留意を要する。

　他方，税務官庁においては，各税法が定めるところによって租税収入を確保することが最大の責務であるから，質問検査権行使の権限が与えられ，当該行使（税務調査）に基づいて更正・決定等の課税処分を行う権限も与えられている。そして，各税法においては，租税収入の確保や課税の公平の見地から各種の個別的否認規定が設けられ，同族会社等の行為計算等に対しては，包括的否認規定が設けられている。しかし，前述の納税者側の租税負担の最少化策に対抗するためには，明文上の否認規定では対処できないことがしばしば生じることがある。

　そこで，税務官庁側は，かつては，同族会社等の行為計算の否認規定を確認規定と解釈して，非同族会社等の租税回避行為に対しても税務否認を行うこととしてきたが，前述したような経緯を経て，当該解釈論も通用しなくなった。また，仮装行為と認定する課税処分についても，限界があることを前述した。そのため，現下においては，改めて，一般的否認規定創設の要否が問題となっている。そこで，まず，一般的否認規定の創設を否定する租税法学界の動向を紹介し，我が国において一般的否認規定の導入を初めて提案した国税通則法制定答申の内容を確認し，近年，主として，国際課税の分野で問題視されている BEPS，GAAR の動向と我が国への影響を検討し，それらのまとめとして，一般的否認規定の創設の要否とその影響を論じることとする。

第Ⅳ章　税務否認の形態と方法　**205**

⑵　創設否定の論拠

　この一般的否認規定の導入を否定することについて，最も大きな影響
を及ぼしている学説は，次のとおりである＊72。

　「このような否認規定がある場合に，その定める要件に従って否認が
認められることは，いうまでもない。問題は，否認規定がない場合にも
否認が認められるかどうかである。この点については，最高裁判所の
明確な判断はまだ示されておらず（ただし，最判平成23年2月18日判タ
1345号115頁，月報59巻3号864頁（武富士事件）の補足意見は，法令上の根
拠がない限り否認はできない，という考え方を表明しており，多数意見もその
趣旨を含んでいるように思われる），下級審の裁判例は分かれている。この
場合に否認が認められないと解すると，租税回避を行った者が不当な利
益を受け，通常の法形式を選択した納税者との間に不公平が生ずること
は否定できない。したがって，公平負担の見地から否認規定の有無にか
かわらず否認を認める見解にも，一理がある。しかし，租税法律主義の
もとで，法律の根拠なしに，当事者の選択した法形式を通常用いられる
法形式にひきなおし，それに対応する課税要件が充足されたものとして
取り扱う権限を租税行政庁に認めることは，困難である。また，否認の
要件や基準の設定をめぐって，租税行政庁も裁判所もきわめて複雑なそ
して決め手のない負担を背負うことになろう。したがって，「法律の根
拠がない限り租税回避行為の否認は認められない」と解するのが，理論
上も実務上も妥当であろう。もちろん，このことは租税回避行為が立法
上も容認されるべきことを意味しない。新しい租税回避の類型が生み出
されるごとに，立法府は迅速にこれに対応し，個別の否認規定を設けて
問題の解決を図るべきであろう。」

⑶　国税通則法制定答申の現在的意義

　国税通則法は，昭和37年度税制改正によって制定されたのであるが，

その基となったのが「国税通則法の制定に関する答申（税制調査会第二次答申）」（昭和36年7月5日，以下「国税通則法制定答申」という。）である。この答申は，租税回避行為の一般的否認規定を国税通則法に設けることについて，次のように答申していた。

「第二　実質課税の原則等

　税法の解釈・適用に関しては，現行法においても従来からいわゆる実質課税の原則の適用があるとされ，これに基づいた具体的な規定も各税法に部分的に散見されるのであるが，国税通則法制定の機会において，各税を通ずる基本的な課税の原則として次のようにこれを明らかにするものとする。

　一　実質課税の原則

　　税法の解釈及び課税要件事実の判断については，各税法の目的に従い，租税負担の公平を図るよう，それらの経済的意義及び実質に即して行なうものとするという趣旨の原則規定を設けるものとする。

　二　租税回避行為

　　税法においては，私法上許された形式を濫用することにより租税負担を不当に回避し又は軽減することは許されるべきではないと考えられている。このような租税回避行為を防止するためには，各税法において，できるだけ個別的に明確な規定を設けるよう努めるものとするが，諸般の事情の発達変遷を考慮するときは，このような措置だけでは不充分であると認められるので，上記の実質課税の原則の一環として，租税回避行為は課税上これを否認することができる旨の規定を国税通則法に設けるものとする。

　　なお，立法に際しては，税法上容認されるべき行為まで否認する虞れのないよう配慮するものとし，たとえば，その行為をするについて他の経済上の理由が主な理由として合理的に認められる場合等

には，税法上あえて否認しない旨を明らかにするものとする。

　三　行為計算の否認

　　1　現在，法人税法等において，税負担を不当に減少する結果となると認められる行為計算はこれを否認することができる旨の規定が設けられているが，国税通則法においても，実質課税の原則規定に関連して，特殊関係者間等における行為計算の否認に関する基本的な規定を設けるものとする。

　　2　現行法人税法等における同族会社及び特定の法人の行為計算の否認規定については，次のように改正するものとする。

(1)　否認の対象となるものの範囲

　現在，行為計算の否認規定は，同族会社等に対してのみ適用されることになっているが，否認の対象となっている行為計算の態様や現在の諸情勢からみて，これを同族会社等のした行為計算のみに限定する理由は乏しいと認められるので，同族会社等の行為計算のほか，おおむね下記のような特殊関係者間の行為計算についても，これを否認することができることとする。

　　（イ）非同族である会社とその系列下にある会社間及びそれら系列下にある会社相互間の行為計算（系列下にあるかどうかの範囲については，現在の同族会社等の範囲に限定することは適当でないと認められるので，資本，資金，人的関係等の諸点から通常系列下にあるとみられる範囲を実情に即して検討のうえ定めることとする。）

　　（ロ）非同族である会社と株主（社員）又は役員間の行為計算

　　（ハ）企業組合等と組合員間及び組合の構成員相互間の行為計算

　　（ニ）医療法人，財団法人等とその理事者等との間の行為計算

　　（ホ）親族等の特殊関係にある個人間の行為計算

(2)　否認の対象となる行為計算の態様

　現行法では，否認の対象となる行為計算の範囲ないし態様については

規定がなく，取り扱い上の基準が通達で示されているにとどまっている。現行通達に示されているところはおおむね妥当と認められるが，重要な事項であるので，具体的にその対応を法令において明らかにするものとする。

　なお，課税上否認される行為計算は，上記の態様に該当しているばかりでなく，これを容認した場合においては租税の負担を不当に減少させる結果となると認められるものに限定されることは当然であるが，系列会社間の行為計算については，原則として，これら両当事者を通じて不当に租税負担を減少させたかどうかを判定することとするのが妥当であると考える。」

　また，このような一般的否認規定の立法の必要性について，「国税通則法の制定に関する答申の説明（答申別冊）」では，次のように説明している。

「2　立法の必要性

(1)　右記1に述べたような租税回避行為が無制限に許されるならば，租税負担の公平は著しく害される結果となろう。そのような租税行政がとうてい納税者の高い支持を得ることができないことは当然である。

　　したがって，このような租税回避行為により不当に租税負担を回避し又は軽減することは許されるべきではないのであって，このような場合には，仮装のために採られた法形式にとらわれることなく，通常あるべき取引行為によってえられる経済的実質，しかも，その法形式がどのようなものであれ，その通常生ずべき経済的実質と同じ実体として現に生じているところに即して課税が行なわれるべきこととなる。

(2)　租税回避行為に対して右記のように対処することは，広義における実質課税の原則の一部面であるということができる。

第Ⅳ章　税務否認の形態と方法　　**209**

このような回避行為は，いかに仮装のために行なわれるもので
あっても，私法上の形式としては完備されており，契約の履行等そ
れに従った実行がされている反面，これをそのまま認めれば，通常
あるべき取引行為によって生ずべき経済的実質に即して課税がされ
た場合に比し，経済的実質としてはまさにそれと同一の実体が生じ
ていながら，税負担においてのみ不当に軽減が図られるという点に
問題がある。

　これに対処する規定のあり方としては，さきに実質課税の原則に
関して述べたところから明らかなように，租税回避として典型的な
類型が考えられる場合には，できるだけそれに即した規定を具体的
に明らかにすることが，法的安定を保つために望ましいというべき
であろう。したがって，われわれはこのような事情からみて，類型
的に考えられる租税回避行為については，税法に明文の規定を設け
ることが望ましくかつ必要なことであると考える。

　既に右記1(2)の（イ）の事例に対しては，昭和34年における所
得税法及び同法施行規則の改正により，借地権の設定の際に授受さ
れる対価を従来の不動産所得から譲渡所得に移行させたときに，前
記のような特に有利な条件による金銭の貸付その他の方法により受
けた特別の経済的利益の額を当該設定の対価の額に加算した額を
もって借地権の設定の対価として支払いを受けた金額とすることと
されている。

　また，1(2)の（ロ）の事例については，昭和36年における所得
税法及び同法施行規則の改正により，有価証券の取引市場を通じな
い譲渡（譲渡人及びその特殊関係者の相互間における譲渡を除く。）が行
なわれた場合において，左記の（a）及び（b）に掲げる要件のい
ずれにも該当するときは，その年における（b）の株式又は出資の
譲渡による所得については，非課税所得から除外し，譲渡所得とし

210

て課税することとされた。

(a) その年以前3年内のいずれかの時において，その者及びその特殊関係者が法人の株式又は出資金額の100分の50以上に相当する金額の株式又は出資を有していること。

(b) その年においてその者及び特殊関係者が右記（a）の法人の株式金額又は出資金額の100分の10以上に相当する株式又は出資の譲渡をし，かつ，その年以前3年以内において当該法人の株式金額又は出資金額の100分の25以上に相当する金額の株式又は出資の譲渡をしたこと。

(3) 租税回避行為に対処する立法のあり方としては，右記のように，各税法において個別的，具体的に規定を設けることが望ましいものであることはいうまでもない。たしかに立法者は，現にある事例に限らず予想される事例についてもできるだけそれに対処しうる規定を税法に設けるべきであろう。しかし，あらゆる事例を予見し，いかなる経済発展の形態をも規定して，すべての場合につき，しかも個別的，具体的に明文規定を設けよということは無理というべきであろう。もっともこれに対しては，そのような事態が現実に発生したつど，所要の立法をすればよいという議論もあろう。もちろん，このようにして，漸次具体的な規定が整備補完されてゆくことは，それ自体必要なことであり，望ましいことである。しかし，立法における規定が欠けていることに乗じて，ためにする納税者が私法上許された形式を濫用することにより不当に租税を回避し又は軽減することがいかなる場合にもありうるわけで，このような場合に，これを黙過してよいとすることは負担の公平を生命とする税法のとるべき態度とはいえないであろう。

(4) よって，われわれは，租税回避行為により不当に租税負担が回避され又は軽減されることのないよう，努めて各税法に個別的に明確

第Ⅳ章　税務否認の形態と方法　　**211**

な対処規定を設けることはもとよりであるが，広義の実質課税の原
則の一環として，租税回避行為につき，これを否認する旨の最後の
担保的な規定を国税通則法に設けることとすべきであると考えた。」
　以上のように，国税通則法制定答申は，国税通則法に実質課税の原則
規定を設けることの一環として，租税回避行為に対する一般的否認規定
を設けることを提言していた。しかし，実質課税の原則自体が当時と現
在とでは，租税法学の中でその位置づけが変化（現在では軽視傾向にある。）
しているので，その点では，同様に論じることは困難と言える。しかし
ながら，当該答申の別冊で論じている「2　立法の必要性」の中で，個
別的否認規定の限界を指摘し，「税法において規定が欠けていることに
乗じて，ためにする納税者が私法上許された形式を濫用することにより
不当に租税を回避又は軽減することがいかなる場合にもありうるわけ
で，このような場合に，これを黙過してよいとすることは負担の公平を
生命とする税法のとるべき態度とはいえない」との指摘については，現
在でも，同様に論じることができるものと考えられる。

(4)　BEPS・GAAR の思考停止
イ　問題の所在
　節税又は租税回避そしてそれらを一括した租税負担の最少化は，何も
我が国だけの問題ではなく，本書の序章で述べたように，各国共通する
問題である。否，むしろ，我が国よりも外国における多国籍企業を中心
とする企業（納税者）の方が，租税負担の最少化に積極的に取り組んで
いるものと考えられる。そのことが，経済取引が一段と国際化する中で，
税負担がより少ない国（地域）に所得を移転させようとするし，それに
対抗する形で，各国とも法人税率等を引き下げ，企業の国外転出を喰い
止めようとすることになる。我が国が，平成に入って，「課税ベース拡
大し，税率を引き下げる」という手法を講じてきたのも，そのような国

際的な「法人税引き下げ合戦」のあおりを受けた「苦肉の策」であったといえよう。

また，国際間の所得移転に対しては，我が国でも，国外関連者との取引に係る課税の特例（措法66の4，いわゆる移転価格税制），国外支配株主に係る負債の利子等の課税の特例（措法66の5），内国法人の外国関係会社に係る所得の課税の特例（措法66の6，いわゆるタックス・ヘイブン対策税制）等の個別的否認規定を設けてきたところである。

そして，近年，よく目にするのが，BEPSでありGAARである。このような用語がどのようなことを意味し，我が国の租税負担最少化対策税制にどのような影響を及ぼすかについて検討しておく必要がある。

ロ　BEPS

BEPS（Base Erosion and Profit Shifting）とは，「税源浸食と利益移転」であり，多国籍企業による各国の税制の違いなどを利用したクロスボーダーの「行き過ぎたタックス・プランニング」（Aggressive Tax Planning）のことである。このようなBEPSが議論となったのは，多国籍企業が世界に関連会社を展開していることから，各国（地域）の税制の違いなどを利用した極度の租税回避が問題になったからにほかならない。

そして，この問題においてOECDでは，2012年6月から，BEPSプロジェクトということで，国際的に協調して有効に対応していくための対応策の策定に取り組むことになり，2016年10月に最終報告を公表した。この最終報告では，BEPSへの対応策として，①多国籍企業は価値が創造されるところで適正な税金を支払うべきとの国際課税の原則の再構築，②各国政府・多国籍企業の活動に関する透明性の向上，③企業の不確実の排除，という三つの柱で構成されている[73]。

ハ　GAAR

GAAR（General Anti‐Avoidance Rule）とは，文字どおり，一般的否

第Ⅳ章　税務否認の形態と方法　**213**

認規定のことである。このような一般的否認規定は，租税法律主義を基調とする主要各国において，経済取引や内部計算が，当該租税法規の立法趣旨に反するもので，目的的解釈で許される拡張解釈や限定解釈の限界を超える場合，当該取引や内部計算を否認する規定であると考えられる。一般的否認規定は，前述のように，租税負担の最少化策が激しくなり，それに対抗する中，多くの国が採用するに至っている。主要7か国の中で，採用していないのは，我が国のみである。その主要国の中で古くから経済的観察法によって租税回避行為を否認し得るとしてきたドイツでは，その経済的観察法を修正し，租税通則法42条で次のように定めている*74。

「(1)租税法律は，法の形成可能性の濫用によって回避することはできない。租税回避の防止のための個別租税法律の規定の要件が充足される場合には，当該規定によって法効果が決定される。それ以外の場合において，第2項に規定する濫用が存在するときは，租税請求権は，経済事象に適合する法的形成をした場合に成立するのと同じく成立する。

(2)濫用は，不相当な法的形成が選択され，相当な形成と比較して，納税義務者または第三者に法律上想定されていない租税利益（税負担の軽減ないし排除）がもたらされる場合に，納税義務者が，その選択した当該法的形成について状況の全体像からみて租税外の相当な理由があることを証明した場合には，存在しないものとする。」

ニ　我が国税制との関係

以上のように，租税負担の過度な最少化問題は，我が国のみではなく，世界各国において，更には，多国籍企業（大企業）や富裕層が利用しやすい国際取引の中で生じている。その一端として問題となっているのが，BEPSでありGAARの存在である。しかし，このようなBEPSやGAARの存在と問題点は，国際制度（法）の分野で盛んに議論されているが，我が国税制との関係については，タックス・ヘイブン対策税制等

の国際課税の分野で議論されているにとどまっている。

　特に，GAAR については，万国共通のテーマであるにもかかわらず，それを採用している各国の税制の内容とその問題点を指摘するにとどまり＊75，我が国への導入の必要性については，議論されることが極めて少ない＊76。いわば，この問題については，思考停止に陥っているようである。

(5)　一般的否認規定の要否と解釈への影響
イ　一般的否認規定の要否
　税務否認の中で「法律による否認」について，不確定概念等の解釈，個別的否認規定及び包括的否認規定の解釈とその限界を論じ，各税法上の明文規定から明確ではない「仮装行為等による否認」の問題点を論じてきたが，それらの「法律による否認」では，納税者側の「租税負担の最少化」対策には不十分であることを指摘してきた。

　そこで，この６では，一般的否認規定の要否を論じるに当たって，我が国の租税法学界では当該規定の導入に消極的であるので，その論拠にふれ，国税通則法制定答申の現在的意義を論じた。しかし，国際的にも，BEPS 及び GAAR が問題となり，我が国でも，それらの実態が紹介されているが，それらを国際課税の問題であるかのように論じられる場合が多く，GAAR を我が国でも導入すべきとする論説は極めて稀である。その中で，法務省法務局租税訟務課長として国側の訴訟指揮をとられたことがある今村隆教授は，内外の租税回避問題を論じた上で，「筆者としては，第２章第１節の２で論じたとおり，我が国の租税回避に対する判例法理には限界があり，BEPS で問題とされているような租税回避には十分に対抗できないと懸念している。そのようなことから，結論として，我が国でも GAAR の導入を検討すべき時期に至っていると考えている。」＊77 と述べている。しかし，同教授としても，積極的に一般的

第Ⅳ章　税務否認の形態と方法　**215**

否認規定の導入を説いているわけでもない。

　筆者としては，従前から一般的否認規定導入の必要性を論じてきたが＊78，その実効性については，種々考えさせられるところはある。特に，令和4年末まで7年間務めてきた税理士法人代表社員の立場からすると，税務官庁側の権限が強化されないほうが有難いことになる。しかしながら，「租税」とは，本来，国家の財政収入確保の手段である，ということを考えれば，その手段を果たすことを最優先するということを，「租税」に携わる者としては考えざるを得ないことになる。

　ところで，前記(1)の一般的否認規定の導入の問題提起の中で引用した，「租税法律主義のもとでは，法律の根拠なしに，当事者の選択した法形式を通常用いられる法形式にひきなおし，それに対応する課税要件が充足されたものとして取り扱う権限を租税行政庁に認めることは，困難である。また，否認の要件や基準の設定をめぐって，租税行政庁も裁判所もきわめて複雑なそして決め手のない負担を背負うことになろう。したがって，法律の根拠がない限り租税回避行為の否認は認められないと解するのが，理論上も実務上も妥当であろう。もちろん，このことは租税回避行為が立法上も容認されるべきことを意味しない。新しい租税回避の類型が生み出されるごとに，立法府は迅速にこれに対応し，個別の否認規定を設けて問題の解決を図るべきであろう。」という考え方が，一般的に容認されてきた。要するに，「一般的否認規定は執行困難であるから，個別的否認規定で対処すべし」ということになる。

　しかしながら，「執行困難である」という問題は，一般的否認規定の具体的な規定の内容にもよるはずである。前述したように，国税当局は，国税通則法制定の際に一般的否認規定が設けられなくても，同族会社等の行為計算の否認規定を確認的規定と解して，非同族会社の行為計算についても，当該条項を適用して課税処分を行い，裁判所もその是非を判断してきた。そのことから考えるに，一般的否認規定の導入についても，

例えば，法人税法132条の規定について，当該規定が適用される同条1項1号及び2号に制限列挙されている「同族会社等」を同法131条に定める推計課税の規定と同様に「内国法人」に改めれば済む，という考え方もあるはずである。そして，現行の法人税法132条等の包括的否認規定の解釈上問題となる「負担を不当に減少させる結果となると認められる」については，既に，多くの裁判例で判断され，近年，最高裁判決も，説得的な判断を示しているところである。そうすると，現行の法人税法132条の規定の対象を「内国法人」一般に適用するとしても，「執行困難」という問題が生じないことになる。

　もちろん，一般的否認規定の規定方法については，前述のような関係法に拘わることなく，種々検討を要する必要はある。その点では，前述したドイツ租税通則法42条の規定を参考にする必要もあろうし，前述の国税通則法の制定に関する答申の説明（答申別冊）では，一般的否認規定の「規定のあり方」について，アメリカ税法にならい，「通常の事業目的がその取引行為の主たる目的と認められるときは，その取引行為は税法上容認されるが，そうでないときには，税法上その取引行為は否認されることになる」旨を定めればよいとしている。いずれにしても，具体的な規定方法については，今後，種々検討すればよいことである。

　なお，前述の一般的否認規定の導入否定の論拠として，「新しい租税回避の類型が生み出されるごとに，立法府は迅速にこれに対応し，個別の否認規定を設けて問題の解決を図るべき」ことが挙げられており，それに対応するように，最近では，個別的否認規定が多く設けられているが，その中でも，前述で引用した名古屋地裁平成16年10月28日判決及び名古屋高裁平成17年10月27日判決に対応して，平成18年度改正で租税特別措置法41条の4の2が制定されたことがある。しかし，このような税法スキームは，大手企業が事業上の目的をもって組織的に行うものであるから，規制規定が導入されればそのようなスキームを販売

しなくなるだけであって，当該条文は死文化されることになる。このように，個別的否認規定は，納税者側の租税負担の最少化策にはそれほど役には立たず，租税法をいたずらに複雑にする，というデメリットがあることにも留意を要する。

ロ　解釈への影響

　一般的否認規定の各種の論議は，立法論のみの問題ではなく，類似規定の解釈にも多くの影響を及ぼすものと考えられる。例えば，一般的否認規定導入の否定説が多数説であれば，類似の規定の解釈において，当該租税回避的な行為を容認する傾向になるものと考えられる（当該行為を否認する課税処分を違法と判断する傾向になる。）。そのことは，例えば，前述で引用した名古屋地裁判決では，納税者が行った任意組合契約を仮装であるとした課税処分を違法としたのであるが，その論拠として，「同一の経済目的を達成するために通常用いられる法的手段，形成に対応する課税要件を充足したものとして扱うためには，これを許容する法律上の根拠を要すると解すべきである。」と判示している。ここには，一般的否認規定消極論がにじんでいるようにも考えられる。

　他方，一般的否認規定が導入された場合には，関連規定の解釈にどのような影響を及ぼすかは一概に言えないが，導入前よりも納税者側の租税負担の最少化策に対して厳しくなるものと考えられる。ということは，一般的否認規定の導入の要否は，単なる税制上の論議のみではなく，関連規定の解釈にも影響を及ぼすことを考えておく必要がある。

第3節　通達による否認（見解の対立）

1　問題の所在

　税務否認は，前述してきたように，租税法律主義の下で，各税法の文理解釈，個別的否認規定又は包括的否認規定の適用によって行われるものであるが，その否認の根拠は法律の規定に基づくものである。ところ

が，実務では，通達の規定に基づく課税処分（税務否認）の違法性がしばしば問題になることがある。最近では，最高裁令和4年4月19日第三小法廷判決（民集76巻4号411頁）＊79が，評価通達6項に基づく課税処分の適法性について判断が下されたこともあって，当該最高裁判決の適否を含めて種々の問題が提起されている。中には，「そもそも，通達によって「時価」を定めているから問題が起こるのであるから，「時価」を法定する必要がある」というような通達の存在論にかかわるような見解も見受けられる。また，「通達で定めたことを通達で覆すことは，租税法律主義の機能である予測可能性と法的安定性を侵害する」という見解も多い。

　確かに，相続税の申告に当たって，評価通達の定めに従って，マンション1室の価額を5,000万円と評価したところ，評価通達の別の定めによって2億円になる旨の課税処分が行われれば，納税者の予測可能性は成り立たなくなる。そうなると，通達の存在それ自体が租税法律主義に反するような飛躍した議論を惹起することにもなる。しかし，そのような議論には，現象面のみにとらわれて，「通達のなんたるか」を軽視又は無視したものも見受けられる。また，法律と通達との関係についても，法律の優位性だけが論じられ，通達が果たしている法的機能（役割）の是非が深く論じられることが少ない。また，税務通達の取扱いによって税務否認が行われるのは，当該取扱いが解釈指針を示すことが多いところ，当該解釈の方法をめぐって納税者と税務官庁が対立する場合が多い。

　そこで，本書では，特に，税務通達を中心に，通達の本質論を踏まえ，現象的に，「通達による否認」が生じることの問題を論じることとするが，その中で，実務上問題になっている評価通達に係る税務否認問題を中心に論じることとする。その論述に当たっては，筆者自身，国税庁勤務時代に各種の通達の制定作業に参加した経験＊80とそれらに基づいてまとめた論文等＊81に基づいていることを付言しておきたい。

第Ⅳ章　税務否認の形態と方法　　*219*

2　税務通達の法的性格

　通達が存在する法的根拠は，国家行政組織法14条2項にある。同項は，「各省大臣，各委員会及び各庁の長官は，その機関の所掌事務について，命令又は示達をするため，所管の諸機関及び職員に対し，訓令又は通達を発することができる。」と定めている。すなわち，国税に関する税務通達は，国税庁の所掌事務（基本的には，国税に関する税法の執行事務）について，国税庁長官が，国税局長等に対し，命令又は示達するために発せられるものである。この場合，特に問題となる国税に係る税法の解釈通達は，国税庁長官が傘下の職員に対して解釈の統一を図るために下す職務上の命令である。したがって，このような税務通達は，前記第Ⅰ章で述べたように，租税法律主義における法源ではなくて，納税者を直接拘束するものではない。

　ところが，通達と類似する行政行為に告示があり，国家行政組織法14条1項は，「各省大臣，各委員会及び各庁の長官は，その機関の所掌事務について，公示を必要とする場合においては，告示を発することができる。」と定めている。この告示に関しては，所得税法，法人税法等において，財務大臣の告示によって，課税要件規定が補充されることがある。例えば，法人税法37条3項2号は，公益社団法人等に対する寄附金で財務大臣が指定したものを，所得金額の計算上損金の額に算入する旨定めているが，その指定は，財務大臣の告示によって行われる（同条11項）。このように告示は，その性質上，法規の一環をなすものであるから，租税法の法源となり，税務通達とは法的性格を異にする。

　なお，同じ税務上の告示であっても，地方税法では，固定資産税に係る固定資産の評価等に関し，総務大臣は，固定資産の評価の基準並びに評価の実施の方法及び手続（以下「固定資産評価基準」という。）を定めてこれを告示しなければならないと定め（地税法388①），市町村長は，固定資産評価基準に従って固定資産の価額を決定しなければならないと定

めている（地税法 403 ①）ところ，この告示（固定資産評価基準）の法的
性格が問題になる。この固定資産評価基準について「法的な基準」ない
し「法的な拘束力」をあるものと解する向き*82 もある。ならば，固定
資産評価基準の定めによって土地課税台帳等に登録された登録価格が固
定資産税の課税標準である当該固定資産の「価格（適正な時価）」（地税法
341・五）になるのか（当該登録価額が不可争になるか）については，判例
上否定されている*83。したがって，この告示である固定資産評価基準
は，法源としての機能を有するとは認められず，相続税の実務上の評価
基準となっている評価通達と法源としての法的性格を同じくすることに
なる。

3　税務通達の法的拘束力

⑴　行政庁部内の拘束力

　通達が行政組織内の職務命令（命令手段）であるとすれば，税務通達
に関しては，税務官庁部内において，職務命令として，法的拘束力を有
するのは当然である。この点について，国家公務員法 98 条 1 項は，「職
員は，その職務を遂行するについて，法令に従い，且つ，上司の職務上
の命令に忠実に従わなければならない。」と定め，同法 82 条は，「この
法律又はこの法律に基づく命令に違反した場合」，「職務上の義務に違反
し，又は職務を怠った場合」等には，その職員に対し，懲戒処分として，
免職，停職，減給又は戒告の処分をすることができる旨定めている*84。

　これらの規定から，税務通達によって税法解釈等について指示（命令）
を受ける税務職員に対しては，税務通達の厳しい遵守義務が課せられて
いることになる。そのため，巷間，「税務職員は，法律よりも通達を大
事にする（課税の根拠にする）」と言われるのも，彼らにとってはやむを
得ないところがある。

　なお，税務通達の中で，主として，手続規定の中で，税務職員に対し

第Ⅳ章　税務否認の形態と方法　　**221**

て所定の手続の遵守義務が課せられていることがある（評基通6，同14
－3等）が，これらの遵守義務を怠った場合の法律問題が生じる。この
問題については，別途論じることとする。

(2) 納税者に対する拘束力

　前述したように，税務通達が租税法における法源に該当しない以上，
納税者が税務通達に法的に拘束されることはない。これは，法源である
法令が定める納税義務以上に税務通達によって納税者の権利が侵害され
ないことを意味する。具体的には，納税者は，法令の定めるところによ
り納税申告を行えば足りるのであって，税務官庁が税務通達に基づいて
課税処分を行ったとしても，その是非を最終的には法令の規定を根拠に
して法廷で争えば足りる。そして，法廷では，裁判官は，原則として，
税務通達に拘束されることなく，当該課税処分の是非を法令の規定に
よって裁けば足りる。

　よって，納税者は，なんら税務通達に法的に拘束されることはないこ
とになるが，そのような論理は，講学上の形式論に過ぎない。現実の税
務執行においては，税務通達の存在（規定）をめぐって税務官庁と納税
者との間に法的関係（法的拘束）が成り立つことや法廷で争っても裁判
官が当該通達を参考にすることもしばしばある。このことは，納税者に
対する通達の実質的法的拘束力と言えるが，その例として，次のような
ことが挙げられる。

イ　間接的強制

　前述したように，税務通達が税務職員に対して法的な遵守義務を課す
ことは，納税者に対しても税務通達の取扱いを間接的に強制することに
なる。すなわち，納税者は，税務通達に従わない納税申告をすれば，更
正処分等の課税処分を受けることになる。もちろん，この課税処分を法
廷で争うことは可能であるが，一般的に，当該課税処分の取消訴訟にお

222

ける納税者側の勝訴率は５％程度ということになるので，課税処分を争うことの時間とコストをも考慮し，その損得を検討せざるを得ないことになる。そして，争った方が損だということになれば，納税者も，当該通達の取扱いに従わざるを得ないことになる。これは，いわば，通達の納税者に対する間接的強制ということになる。

ロ　手続要件の強制

前述のような納税者に対する間接的強制だけではなく，通達の取扱いが直接的に納税者を強制（拘束）することがある。それは，前述のように間接的に強制を受けて通達の取扱いに従う場合，あるいは，後述するように，通達の取扱いの方が課税上有利のため当該通達の取扱いを利用する場合等において生じることになる。

例えば，法人が借地権の設定等により他人に土地を使用させる場合に，相当の地代を収受していなければ，権利金の認定課税を受けることになるが，その借地権の設定等に係る契約書において将来借地人等がその土地を無償で返還する旨を借地人と連名により遅滞なく当該法人の納税地の所轄税務署長に届け出たときには，権利金の認定課税が見合わされることになる（法基通13－1－7，この通達に定める無償返還届出書の提出という手続的要件を履践しなければ，認定課税を受けることになる。）。そのほか，所定の課税上の利益を受けるためには，確定申告書に明細書を添付することや当該確定申告書への記載を要すること等の手続要件が定められていることも多い（所基通37－12の2，同37－13，同36・37共－13，法基通2－1－39等参照）。

このような手続要件については，当該手続要件の効力を認めない向き*85も見受けられるが，大方の裁判例は，租税法律主義に反するものではないとして，当該手続要件の履践は当然であると解している*86。

ハ　便　宜　性

国税庁は，国税の税目ごとに「基本通達」のタイトルの下に数多くの

第Ⅳ章　税務否認の形態と方法　**223**

解釈通達を発出している。これは，課税の公平のため，職員間の解釈の統一を図る必要があるほか，職員に対して税法の解釈の便宜を与えることを目的にしているはずである。その便宜性を享受することは，納税者にとっても同じである。例えば，相続税法22条は，「相続等により取得した財産の価額は時価による」旨定めているが，財産ごとに「時価」を評価（算定）することは，極めて困難である。ところが，相続等により取得した宅地の価額は，評価通達が定めた路線価（評基通14）を見れば，比較的容易に当該時価を算定し得ることになる。また，非上場株式のように，取引相場のない株式の「時価」についても，評価通達が定める純資産価額方式（評基通185等）なり類似業種比準方式（評基通180等）によって，比較的容易に算定し得ることになる。このように，法解釈の便宜性において，通達の影響（拘束）を受けることが多い。

ニ　有　利　性

　所得税法36条1項は，その年分の各種所得の金額の計算上収入金額とすべき金額につき，金銭以外の物又は権利その他経済的な利益をもって収入する場合には，その金銭以外の物等の価額によるとし，同条2項は，当該価額は，「当該物若しくは権利を取得し，又は当該利益を享受する時における価額とする。」と定めている。ところが，上記各規定の解釈通達である所得税基本通達36－21以下では，「課税しない経済的利益」と題して，永年勤続者の記念品，創業記念品，社内商品等の値引，月3,500円以下の社員昼食代，社内レクリエーション費用等について，数多くの非課税規定を設けている。また，前記ハで述べた評価通達上の評価額については，例えば，路線価であれば，地価公示価格の8割評価が行われているなど，通常，一般の取引価額を相当下回ることが公知の事実となっている。

　よって，このような通達上の有利性を享受するために通達の取扱いを利用することになるが，それが通達に拘束されることにもなる。

ホ　税賠事件の影響

　近年，税理士に対して，顧客からの損害賠償請求事件が多発している。それは，経済取引の複雑化や税法規定の複雑化により，税理士にとっても，適正な税法の解釈・適用が困難になっていることと，顧客の権利意識の高まりがあるからにほかならない。いずれにしても，納税者側に損害が発生し，訴訟になると，税理士の専門家責任については，「税務に関する法令，通達，実務の専門知識に精通し，納税者の信頼に応えて，納税者の利益を図る必要がある」とされて，税理士に損害賠償を求められることになる[87]。そうなると，税理士としても，「通達は法令ではない」と称して，前述のような通達上の取扱いを無視すると，自身の命取りにもなりかねないことになる。さすれば，税理士自身が，最も，通達の取扱いに拘束されることになりかねない。

4　税務通達の種類

(1)　税務通達の性質

　税務通達には，その機能等に応じていろいろな種類があり，また，その種類によって形態なり性格を異にしている。そして，それらのことが，当該通達の法律問題に影響を及ぼすことになる。特に，このような問題は，税法上の「時価」，「価額」等に係る取扱通達において顕著である。そのため，税務通達の種類，形態を区分・整理し，それぞれにおける問題点を整理する必要がある[88]。

　まず，税務通達の形態は，それが納税者等に対して公開されている公開通達と公開されないで行政組織内の命令にとどまっている非公開（部内）通達に区分される。そして，通常，公開通達は，租税法の解釈に関わるものであり，非公開（部内）通達は，行政庁部内の税務執行に関わるものとして区分される。

　また，非公開通達の存在の是非が税務執行の民主化の観点から問題と

第Ⅳ章　税務否認の形態と方法　　**225**

されるところであるが，税務通達が行政組織内の命令手段である以上，非公開（部内）通達が存在していても何ら法的に問題となるもではないし，税務行政の特殊性（守秘義務等）からみて，むしろ必要な場合もあると考えられる。

しかしながら，租税法の解釈と執行とは複合する場合が多く，通常，部内通達と称されるものであっても，納税者の一般的な権利義務に関わるものもあり，それらについては，情報公開の趣旨を論じるまでもなく，公開されることが望ましい。

その意味では，かつては，部内限りということで秘扱いであった各種加算税の取扱通達が平成12年に公表されたことは時機を得ている＊89。もっとも，各種加算税に係る通達については，「事務運営指針」として，所得税基本通達のような「法令解釈通達」と一線を画しているが，各種加算税に係る通達も，国税通則法68条1項等に規定する「隠ぺい・仮装」や同法65条4項に規定する「正当な理由」等の法解釈に関わる事項が中心となっているだけに，肯定し難いところがある。

いずれにしても，情報公開法の施行等を契機に，部内通達の公開化が促進されてきたが，それはそれで，税務通達の法律論の裾野を広くすることにもなる。

(2)　解釈通達と執行通達

税務通達の性格から区分すると，税法の統一解釈を図るための解釈通達と税務官庁部内の執行に係る執行通達に区分される。この区分は，前述の公開通達と非公開（部内）通達の区分に通じるところがある。すなわち，前者については，その代表的な解釈通達は従前から公開されているところであり，後者についても，従前，非公開とされていた執行通達の一部が公開されるようになっている。また，租税法の解釈・適用においては，前述のように，税法解釈と税務執行とが複合的に行われる場合が

あるので，解釈通達と執行通達とを厳格に区分することにそれほど意味を有しない場合がある。すなわち，両者が混合した通達も存在する＊90。

　この解釈通達は，通常，税目ごとに出される基本通達とそれを補完等するための個別通達に区分される。前者は，法解釈について基本的かつ網羅的な規定を設けており，その全部が公表されている。しかし，後者は，個別問題や納税者からの質疑に対応して発出されているようであり，普遍的なもののみが公表されているようである。

(3)　解釈通達の内容

　解釈通達の中にも，その内容には様々なものがある。まず，租税法の用語の意義等を示す文字どおりの解釈通達，例えば，「住所」の意義（所基通2－1）や「時価」の意義（評基通1⑵）を明らかにする通達がある。この場合，住所については，民法において定義規定があるので＊91，租税法解釈における借用概念の代表例とされているが，時価については，租税法上の固有概念に近いと言える＊92。

　また，租税法においては，「著しく」とか「不相当」というような不確定概念が用いられることがあるが，その概念を明確（補充）にするための補完通達がある。例えば，法人税基本通達9－1－7では，法人税法施行令68条に規定する「有価証券の価額が著しく低下したこと」とは，その時価が帳簿価額の概ね50％相当額を下回ることである，としている。

　次に，税務通達には，留意通達と称するものがある。これは，租税法の規定から見て当然にそのように解釈できるものをその解釈の統一（課税の公平）を図るために，確認的に示すものである。当該通達の語尾に，「……留意する」と規定していることから，留意通達なる名が付されている。

　もっとも，これらの留意通達には，果たして留意通達と言えるか否か

第Ⅳ章　税務否認の形態と方法　　*227*

疑問のあるものもある。例えば，法人税基本通達2－2－16では，次のように定めて法人税法につき，国税通則法23条2項が規定する後発的事由に基づく更正の請求を原則として禁じているが，そのように取り扱うことができるとしても，それが関係法令の規定から当然に解釈できるか否かは疑問のあるところである＊93。

「当該事業年度前の各事業年度（〈略〉）においてその収益の額を益金の額に算入した資産の販売又は譲渡，役務の提供その他の取引について当該事業年度において契約の解除又は取消し，値引き，返品等の事実が生じた場合でも，これらの事実に基づいて生じた損失の額は，当該事業年度の損金の額に算入するものであるから留意する」

そのほか，解釈通達には，法律が定めた課税要件を緩めたと解される緩和通達と称されるものがある。これは，評価通達のように，財産（資産）の価額を評価することを取り扱っている通達において問題となる。つまり，租税法律主義の下では，税務通達において法令が定める課税要件よりも厳しい課税要件を定めても，それに基づく課税処分が違法となるので，そのような税務通達が存在する余地はないが，税務通達において法令が定める課税要件よりも緩い課税要件を定める場合がしばしば見受けられる。もっとも，課税要件を緩めているか否かは，それぞれの立場によって見解の違いもあろう。ともあれ，法令上の課税要件を緩めたものと目される税務通達は，緩和通達と称されており，かかる緩和通達の法的性格等が問題となる。その問題は，追って詳述する。

なお，税務通達には，法律上の根拠が必ずしも明らかでないものも存し，その法的性格又は租税法律主義違反が問題となる。

例えば，小規模宅地等の評価減については，かつては税務通達によって定められていたが，昭和58年の税制改正によって租税特別措置法による課税価格の計算の特例として定められるようになり（旧措法69の3，現行措法69の4参照），特定のリース取引等を取り扱っていた，いわゆる

リース通達は、平成10年度の税制改正で、法人税法施行令で定められるに至っている（旧法令136の3参照）。

(4) 緩和通達の性格

緩和通達の存在自体に租税法律主義の見地から議論はあろうが、例えば、所得税法36条1項及び2項は、所得金額の計算上、収入すべき金額には、いわゆる経済的利益についても含まれるものとし、その経済的利益はそれを享受する時の価額（時価）によって算定することを明示しているが、所得税基本通達36−21から36−35の2において、「課税しない経済的利益……」として、給与等に係る経済的利益について課税しないものを列挙している。

また、平成10年の税制改正で貸倒引当金制度（所法52、法法52）に取り込まれた債権償却特別勘定は、昭和29年以降通達で定められたものであるが、実質的に貸付金等に対する評価損勘定であると解され、当該評価損の計上を禁じている法律の規定（法法33①等）を緩める（又は当該規定に反する）ものと解されていた[94]。

このような緩和通達の存在については、租税法律主義の合法性の原則に違反する旨明示する判決[95]も見受けられるが、裁判例の傾向としては、一定の要件を満たすことを条件にこれを租税法律主義の枠内で容認する傾向にある[96]。容認する考え方を要約すると、①当該通達の制定に正当な目的を有すること、②当該通達の内容に合理性があること、③当該通達の取扱いが納税者において異議なく受容されていること、④当該通達の内容が納税者に対して平等に執行されていること、⑤当該通達によって定められている手続及び実体の要件が厳格に適用されていること等の各要件を満たす必要がある[97]。

更に、このような緩和通達は、それを適用しないで法律が定めるとおりに課税処分等が行われた場合に、それらの適法性等について問題を惹

起する。これらの問題も，追って詳述する。

5　税務通達の取扱いをめぐる見解の対立

　前述したように，税務通達の取扱いは，各税法が定めている用語等の解釈の指針を示すものが多いが，その解釈の是非をめぐって納税者と税務官庁が対立することも多い。例えば，所得税法では，その個人の「住所」が国内にあるか否かによって，居住者又は非居住者と区分され（所法2①三，五），両者の課税関係は大幅に異なるが（所法5），当該「住所」は，解釈に委ねられている。そこで，所得税基本通達2-1は，「法に規定する住所とは各人の生活の本拠をいい，生活の本拠であるかどうかは客観的事実によって判定する。」と定めているが，この「住所」の解釈をめぐって争われる場合も多い[98]。

　また，国税通則法23条2項では，申告等に係る課税標準等又は税額等の計算の基礎となった事実に関する訴えについての判決等があれば，当該判決等を後発的事由とした更正の請求を認めることとしている（この更正の請求については，税目により制限は設けられていない。）。ところが，法人税基本通達2-2-16は，「当該事業年度前の各事業年度においてその利益の額を益金の額に算入した資産の販売又は譲渡，役務の提供その他の取引について当該事業年度において契約の解除又は取消し，返品等の事実が生じた場合でも，これらの事実に基づいて生じた損失の額は，当該事業年度の損金の額に算入するのであるから留意する。」と定め，前記後発的事由に基づく更正の請求を禁じている。この取扱いに基づく課税処分は違法であるということで，いくつかの訴訟で争われてきたが，最高裁令和2年7月2日第一小法廷判決（平成31年（行ヒ）第61号）[99]が，破産会社の破産債権の確定に基づく更正の請求についても，前記取扱いの適法性が認められる，ということで一応結着している。

6 税務通達に反した課税処分の効力

(1) 税務通達に反することの意義

イ 問題の所在

　前述したように，税務通達は，行政庁内部の職務上の命令手段であり，納税者を法的に直接拘束するものではないから，仮に，税務通達に反する課税処分が行われたとしても，当該課税処分が法令上の課税要件を充足している限り，原則として，納税者と税務官庁との間で法的に問題になることはないものとも考えられる。しかしながら，課税の実務においては，まま税務通達に反した（反したと思われる）課税処分が存在し，その法的効力が法廷で争われることも少なくない。そのような問題は，主として，納税者間の課税の公平（平等原則違反）や租税法律主義上の予測可能性にからむ場合が多い。

　そのため，「税務通達に反する課税処分」とは，そもそも何を意味するものであるかを明らかにする必要がある。その問題には，主として，税務通達の構造上の問題を明らかにする必要がある。すなわち，税務通達の取扱いの中には，原則的規定を設けながら，事情によって当該原則的規定ではない例外規定を適用することを定めているものがあり，当該例外規定についても，個別的に定めるものと，包括的に定めるものがある。以下，個別的に定めるものを個別的限定条項と称し，包括的に定めるものを包括的限定条項と称するが，それらの限定条項の適用によって課税処分が行われると，あたかも，通達によって税務否認が行われたものと考えられる場合がある。また，法律の規定からは解釈（適用）できそうな事項であっても，通達の取扱いによってその適用を禁止する規定もある。そのような取扱いが強制されると，通達による税務否認が行われたかのように思われることになる。

ロ 個別的限定条項

　個別的限定条項については，相続税法22条に定める「時価」の解釈

通達である評価通達の取扱いに関するものが多いが，それらは別途論ずることとするが，他の税目においても，主として，「価額」の解釈に関わるものが実務上問題となる。例えば，所得税基本通達59－6は，非上場株式の譲渡についての所得税法59条1項に定める「その時の価額」の解釈につき，純資産価額の計算上，土地等を「通常取引される取引価額」で評価すること，評価差額に係る法人税額等相当額を控除しないこと等を条件にして，原則として，評価通達の取扱いの準用を認めることとしている（法基通4－1－6及び9－1－14においても同様な規定が設けられている。）。そのため，1株当たりの純資産価額の計算につき，土地等について評価通達上の路線価で評価したり，評価差額に係る法人税額等相当額を控除したりすると，税務否認を受けることとなり，また，「原則として」評価通達の準用を認めることとしているので，その他の事由によって，評価通達の準用を認めないとする税務否認が行われることになる（なお，法基通4－1－6等では，「課税上弊害がない限り」評価通達の準用を認めることとしている。）。

そのほか，税務通達には，「……している場合には，これを認める」等の限定的，断定的な取扱いをしている場合が多いが，その「している場合」に該当しなければ，税務否認が生じることになる。この点は，法律上の個別的否認規定に類似するところがある。

ハ　包括的限定条項

包括的限定条項とは，当該通達の取扱いについて，特定の事由が存する場合には，当該取扱いを包括的（全面的）に否定して，他の取扱いによって課税処理をすることを定めるものである。このような包括的限定条項は，実務上，専ら評価通達の取扱いにおいて問題になっているので，追って詳述する。

(2)　税務通達に反した課税処分の効力

イ　問題の所在

　前述したように，「税務通達に反する課税処分」とは何を意味するかについては，税務通達に内在する各種の限定条項等を勘案した上での判断が求められることになる。また，税務通達が行政庁内部の命令手段として発せられるものであり，かつ，その命令に反した職員には国家公務員法上の罰則が科せられることを考慮すると，そもそも，「税務通達に反した課税処分」が存在すること自体疑問であろう。しかし，実務では，「税務通達に反した課税処分」が行われたということで，当該処分の違法性を争う争訟事件も少なくない。そこで，「税務通達に反した課税処分」と称する事件が争われた場合には，当該課税処分の効力を含めどのような法律問題が生じるかについて検討しておく必要があるが，従前の裁判例から考察すると，次の事項について検討を要するものを考えられる。

　①　信義則の適用
　②　平等原則（公平負担の原則）違反
　③　行政先例法との関係
　④　適正手続の原則との関係
　⑤　予測可能性・法的安定性の侵害
　⑥　実体要件と手続要件

　以下，上記の各論点について，検討することとする。

ロ　信義則の適用

　民法1条2項は，「権利の行使及び義務の履行は，信義に従い誠実に行われなければならない。」と定め，信義誠実の原則（信義則）を謳っているが，これは，法の一般原理であると解されている。しかし，租税法律主義（合法性の原則）を基本原則とする租税法の下では，その適用を認め難いとする説もあったが[100]，通説・判例では早くからこれを認めている[101]。もっとも，その適用要件については，私法よりも厳し

第Ⅳ章　税務否認の形態と方法　　*233*

いものと解されるところ，次の要件を満たす必要があるものと考えられる＊102。

① 税務官庁が納税者に対し信頼の対象となる公的見解を表示したこと

② 納税者がその表示を信頼し，その信頼過程において責められるべき事由を有しないこと

③ 納税者がその信頼に基づき何らかの行為をしたこと

④ 税務官庁が当初の信頼の対象となる公的見解の表示に反する行政処分をしたこと

⑤ 納税者がその行政処分により救済に価する経済的不利益を被ったこと

　上記の各要件の中で最も問題となるのが，①の公的見解の範囲である。その点では，税務通達の取扱いは，国税庁長官が発出しているものであるから，公的見解そのものと言える。したがって，当該取扱いに反した課税処分が行われれば，他の要件を充足する限り，信義則に反することとなり，当該課税処分は違法となる。しかし，実際には，前述の税務通達上の限定条項との関係があり，当該課税処分が税務通達に反したことになるのか否かが最も問題となる。なお，税務調査等の段階における担当職員の誤指導については，「公的見解」とは認め難いが，各種加算税の賦課における「正当な理由」と認められ，当該賦課決定が取り消されることもある＊103。

ハ　平等原則（公平負担の原則）違反

　平等原則は，憲法14条1項の命ずるところであるが，「重きを憂えず，等しからざるを憂う」と言われる如く，租税法においても，最も重要な原則の一つである。したがって，例えば，前記4で述べた緩和通達につき，Aという納税者には当該緩和通達の定めるところにより課税し，Bという納税者は法律が定める課税要件どおりに課税することがあれば，特段

の事情がない限り，平等原則に反し，当該課税処分は違法となる。実務では，一見，「税務通達に反した課税処分」であるということで，当該課税処分について，平等原則違反が争われることが多いが，しかし，この場合にも，前述の限定条項等の関係で，「税務通達に反した」ことにならない場合も多い。

ニ　行政先例法との関係

　税務通達の取扱いが行政先例として成立している場合には，当該行政先例が法源になるので，その取扱いに反する課税処分は一般に違法となる。特に，税務通達においては，前述の緩和通達が多く存在しているので，当該緩和通達について行政先例を認めるべきであるとする見解も多い。しかし，今もって，税務通達の取扱いに行政先例を認めて，当該取扱いに反する課税処分を違法とした裁判例は見当たらない。

　もっとも，最高裁昭和33年3月28日第二小法廷判決（民集12巻4号624頁）の事案では，旧物品税法の下で，昭和16年以降，遊戯具を課税の対象としていたが，パチンコ球遊器具は長い間非課税として取り扱われていたところ，昭和26年に，それを課税対象にする旨の通達によって課税したため，当該通達に基づく課税処分の憲法30条違反が争われた。前掲最高裁判決は，「論旨は，通達課税による憲法違反を云為しているが，本件の課税がたまたま所論通達を機縁として行われたものであっても，通達の内容が法の正しい解釈に合致するものである以上，本件課税処分は法の根拠に基づく処分と解するに妨げがなく，所論違憲の主張は，通達の内容が法の定めに合致しないことを前提とするものであって，採用し得ない。」と判示している。しかし，この最高裁判決については，行政先例法を認めるべきではなかったかという見地から批判もある[104]。

ホ　適正手続の原則との関係

　適正手続の原則とは，租税の賦課・徴収は公権力の行使であるから，

それは適正な手続で行われなければならず，課税処分係る争訟は公正な手続でなされなければならないことを意味し，憲法31条（法定の手続の保障）にも関係する。税務通達においても，例えば，後述するように，評価通達6項の適用においては，国税庁長官の指示を手続要件としているのであるが，裁判例においては，意外に軽視されている＊105。

ヘ　予測可能性・法的安定性の侵害

　経済取引等における予測可能性と法的安定性は，租税法律主義の最も重要な機能である。この場合，合法性の原則も作用しているので，税務官庁が税法の明文規定に反するような課税処分を行うことは考え難い。しかし，実務上，税務通達の取扱いに反した課税処分が行われたということで，予測可能性や法的安定性が侵害された旨の話はよく聞くところである。もっとも，仮に，税務通達に反した課税処分が行われたとしても，当該通達が法源ではないので，租税法律主義が侵害されたものとも考え難い。

　しかし，税務通達は，前述したように，実務においては，納税者も拘束され，実質的には法的機能を有しているわけであるから，税務通達の取扱いに明らかに反した課税処分が行われたとしたら，租税法律主義違反の問題も惹起することが考えられる。もっとも，争訟等において予測可能性・法的安定性の侵害が問題となるのは，前述の税務通達が定める限定条項によって課税処分が行われた場合であり，特に，包括的限定条項によって課税処分が行われた場合に問題になる。そこで，この問題は，後述の包括的限定条項に関して，詳述することにする。

ト　実体要件と手続要件

　税務通達は，法律上の課税要件等について具体的な取扱い（実体規定，実体要件）を定めている場合と前記ハの（ロ）で述べたように，納税者に有利になるような取扱いを認めるときには納税者側に一定の手続要件を課している場合がある。前者の場合，例えば，所得税基本通達23〜

35 共―9(4)イは，非上場株式の価額を，最近において適正と認められる売買実例における価額があれば当該価額によって評価する旨定めているが，適正と認められる価額があるにもかかわらず，税務官庁が別の価額で課税処分を行えば，当該処分の違法性が争われることになる*106。

また，法人税基本通達13－1－7が定める借地権設定等における無償返還届出書の提出という手続要件を履行しなかった場合には，権利金認定という課税処分を受けてもやむを得ないものと解されている（個人については，個別通達「相当の地代を支払っている場合等の借地権等についての相続税及び贈与税の取扱いについて」（昭和60年6月5日直評9ほか）参照）。

7　評価通達の特殊性

(1)　問題の所在

前記において，「通達による否認」について，税務通達一般の法的性格，法的拘束力，税務通達の取扱いをめぐる見解の対立及び税務通達に反した課税処分の効力について述べてきた。これらの問題については，評価通達も，税務通達（解釈通達）の一つであるから，共通に論じられるところである。しかし，近年の税務通達をめぐる上記の法律問題（特に，取消訴訟において）は，評価通達の取扱いや他の税目において評価通達の取扱いを準用しているものに非常に多い。しかし，それらの論争（論述）においては，税務通達を一括して論じられるものが多く，相続税や評価通達の特性を踏まえて論じるものは少ない。

また，そのような特性（特殊性）を正確に把握しているようにも考えられない。そこで，まず，そのような特殊性を明らかにした上で，評価通達をめぐる法律論を論じていくこととする。

(2)　相続税法上の「時価」

相続税法22条は，「この章で特別の定めのあるものを除く外，相続，

遺贈又は贈与に因り取得した財産の価額は，当該財産の取得の時における時価により，当該財産の価額から控除すべき債務の金額は，その時の現況による」と定めている。

　また，相続税法7条は，「著しく低い価額の対価で財産の譲渡を受けた場合においては，当該財産の譲渡があった時において，当該財産の譲渡を受けた者が，当該対価と当該譲渡があった時における当該財産の時（当該財産の評価について第3章に特別の定めがある場合には，その規定により評価した価額）との差額に相当する金額を当該財産を譲渡した者から贈与（〈略〉）に因り取得したものとみなす。……」と定めている。

　これらの規定のうち，相続税法上の「特別の定め」については，相続税法23条から26条までに特定の財産について定められているが，地上権等（相法23）及び立木（相法26）は，「時価」に対する割合によって評価する仕組みを採用しているので，「時価」の解釈と無縁ではない。

　以上のように，相続税法上は，相続等により取得した財産の価額は「時価」によるのであるが，その「時価」の解釈が評価通達の取扱いにほぼ全面的に委ねられていることに特色がある（この点は，納税者においてもそうである。）。

　これは，所得税や法人税が課税標準（所得金額）の算定を有償取引を前提としながらも例外的に無償（低額）取引に係る資産の時価認定を要することに対し，相続税の場合，課税標準（課税価格）の算定の対象がすべて無償（低額）取引であり，それにより取得した財産のすべてについて時価評価を要することや相続が偶発的に生じること，非取引性であることに鑑み，課税（納税）の便宜を図る必要があるからであると考えられる。

　もっとも，贈与税については，「贈与」それ自体が民法上の契約であるから，当事者間でその時期や方法（負担付贈与の選択等）が選択し得るものであるから，後述するように，その特質に応じた通達上の措置を講

じざるを得なくなることもある。

(3)　評価通達上の「時価」（標準価額）

イ　「時価」の意義

　前記(2)で述べたように，相続税法は，相続等により取得した財産の価額は「時価」によると定めているものの，当該「時価」は解釈に委ねている。そして，相続等の偶発的な財産の取得と「時価」が全ての課税関係に影響するということで，その解釈が問題となる。

　そこで，評価通達は，「時価とは，課税時期（相続，遺贈若しくは贈与により財産を取得した日若しくは相続税法の規定により相続，遺贈若しくは贈与により取得したものとみなされた財産のその取得の日……）において，それぞれの財産の現況に応じ，不特定多数の当事者間で自由な取引が行われる場合に通常成立すると認められる価額をいい，その価額は，この通達の定めによって評価した価額による。」（評基通1(2)）と定めている。

　この「不特定多数の……通常成立すると認められる価額は，一般に，客観的交換価額又は客観的交換価値を意味するものとして，学説，判例において広く支持されている＊107。しかしながら，「時価」の意義が客観的交換価値を意味するものであることを明らかにするのみでは通達の機能である職務命令として時価解釈の統一を図ることは困難である。そこで，同通達は，前記規定に続けて，「その価額は，この通達の定めによって評価した価額による（評基通1(2)）」と定め，2項以下において各財産の価額について具体的な評価方法を定めている＊108。

　このように，各財産について具体的な評価方法（評価額）を定めているのは，相続税及び贈与税の課税関係のすべてが当該財産の価額の評価に関わるため職員間の評価の統一化を図る必要があることや，相続が偶発的に発生し，かつ，日頃財産の取引や取引価額に疎い個人に対する課税であるため，納税者に対しても，課税当局の評価方法を周知する必要

第Ⅳ章　税務否認の形態と方法　***239***

があるからである，と考えられる。

ロ　標準価額・評価基準の制度

　かくして，同通達2項以下の評価方法に基づく評価額は，各財産の時価を統一的に定める必要があることもあって，評価基準制度等に基づく一種の標準価額としての性格を帯びている。この評価基準制度又は標準価額の算定方法について，実務上最も問題となる宅地と取引相場のない株式についてみると，次のとおりである。

　まず，宅地については，市街地的形態を形成する地域にある宅地については路線価方式によることとし，それ以外の宅地については倍率方式によることとしている（評基通11）。

　路線価方式とは，その宅地の面する路線に付された路線価を基とし，奥行価格補正等（評基通15〜20−5）の画地調整により計算した金額によって評価する方法をいう（評基通13）。路線価は，宅地の価額が概ね同一と認められる一連の宅地が面している路線ごとに設定し，売買実例価額，公示価格，不動産鑑定士等による鑑定評価額，精通者意見価格等を基として国税局長によって定められる（評基通14）。

　この路線価方式は，いわゆる評価基準制度の代表的なものであるが，それによって算定される価額は，路線価が標準宅地を想定して定められていること，評価日がその年の1月1日とされていること等からみて，課税時期における当該財産の本来の「時価」というよりも標準価額を意味することになる。

　また，倍率方式とは，固定資産税評価額に国税局長が一定の地域ごとにその地域の実情に即するように定める倍率を乗じて計算した金額によって評価する方法をいう（評基通21）が，その評価額は，実質的には，路線価方式の場合と同様である（評基通21−2参照）。

　次に，取引相場のない株式については，評価会社を大会社，中会社及び小会社に区分し（評基通178），原則として，大会社の株式の価額は類

似業種比準方式により，小会社の株式の価額は純資産価額方式により，そして中会社の株式の価額は両方式の併用方式により，それぞれ評価される（評基通179）。

この類似業種比準方式は，上場会社の類似業種の株価を基として，当該類似業種の1株当たりの配当，利益及び簿価純資産と評価会社のそれぞれに対応する数値とを比準させ，斟酌率7割（中会社6割，小会社5割）として評価する方法をいう（評基通180）。この方式から算定される評価額は，当該評価会社を上場した場合には株価がどの程度になるかという推定値にほかならない。

この場合，評価会社の規模区分に多くの問題を有していることや斟酌率が0.5から0.7という数値が利用されていることからみて，上場会社との株価との適切な比準が行われることになるか否か疑問も多い[109]。いずれにしても，このような評価額も標準的な価額を意味することになる。

また，純資産価額方式は，小会社が個人事業に類似するということから，評価会社の1株当たりの純資産価額（相続税評価額によって計算した金額）によって評価する方式をいう（評基通185）。この場合にも，評価会社が所有している土地については，原則として，前述の路線価方式等に基づいて評価されることや，評価会社が含み益を有する資産を有しているときには，その含み益（評価差額）に係る法人税額等相当額を控除している（評基通185，186の2）こと等からみて，この方式によって算定される評価額も，類似業種比準価額と同様に，一種の推定的な標準価額を意味している。

以上のような評価基準制度に基づく評価額又は一定の方式によって算定された評価額は，当該財産に係る相続税法上の時価（客観的交換価値）を上回らないように安全性（謙抑性）に配慮されていることも確かである[110]。

第Ⅳ章　税務否認の形態と方法　　*241*

かくして，評価基準制度等に基づく評価額については，安全性の配慮がされていること，土地等の評価基準日が1月1日とされていて，その年分の相続等について一律に適用されること，対象財産が標準的なものに想定されていること，対象財産の価格変動があること等からみて，相続税法上の課税時期における時価（客観的交換価値）から乖離しやすい宿命を有している[111]。

8 評価基準制度の補完措置

(1) 補完措置の必要性

前述したように，相続税法上の「時価」が客観的交換価値を意味するものであるとしても，多くの財産について客観的交換価値が算定し難いため，課税実務上の要請や納税者に対する便宜性を考慮して，評価通達の下で，多くの財産について評価基準制度（標準価額制度）及び安全評価のための斟酌制度が採用されている。しかし，当該制度が標準価額等によって各財産の価額を評価することにしているので，種々の事情によって，当該標準価額等が本来の客観的交換価値と相当乖離することによって，看過し難い場合が生じることもあり得る。

そこで，評価通達は，同通達が定める標準価額等に評価することを原則にしているが，看過し難い場合には，例外的に原則評価によらないこととする限定条項を設けている。それが，他の税務通達においても見られるように，個別的限定条項と包括的限定条項であるが，納税者に対する影響については，他の税務通達よりも厳しいものがある。そのため，後述するところの包括的限定条項である評価通達6項の適用については，平等原則に反したり，予測可能性を害したりするから，廃止すべきである旨の見解も見受けられる。しかし，そのような見解も，評価通達6項の廃止と評価基準制度の廃止をセットとして考えているかどうかということについては定かではない。仮に，「評価通達6項のみ廃止すべき」

というのであれば，「時価とは客観的交換価値である」という本来の命題を冒瀆することになる。

このような哲学的論争はともかくとして，評価基準制度等の補完措置である個別的限定条項と包括的限定条項について，以下に述べる。

(2) 個別的限定条項

個別的限定条項は，主として，標準価額や評価の安全性の措置を利用（悪用）した節税策を封じるために設けられている。例えば，評価通達（その前身）は，昭和 39 年に制定されたのであるが，その時には，すべての土地等の価額について路線価等の標準価額で評価していたところ，不動産業者等が，当該事業主の相続開始前に棚卸資産として大量の土地等を仕入れ，相続税負担を大幅に減少させる例が見られた。これに対処するために，早くも昭和 41 年に基本通達を改正して，土地，家屋その他の不動産のうちたな卸資産に該当するものは，第 6 章（動産）第 2 節（たな卸商品等）の定めに準じて評価する（すなわち，取得価額を基準にして評価する）ことにした。

このような節税策は，他の財産についても行われていたのであるが，昭和末期から平成初期にかけてのバブル経済期に看過し難いほど顕著となった。そのため，国は，昭和 63 年末に成立した改正税法の中の租税特別措置法 69 条の 4 において，土地，家屋等（居住用を除く。）は取得後 3 年間は当該取得価額で課税することとした[112]。しかしこのような節税策は，親族間で負担付贈与や低額譲渡等を行うことによって贈与税の負担を減少させることにも多用された。そこで，国税庁は，平成元年 3 月 29 日付で，「負担付贈与又は対価を伴う取引により取得した土地等及び家屋等に係る評価並びに相続税法第 7 条及び第 9 条の規定の適用について」（以下「負担付贈与通達」という。）を発出し，負担付贈与等により取得した土地等及び家屋等の価額を「通常の取引価額に相当する金

第Ⅳ章　税務否認の形態と方法　*243*

額」によって評価することとし，当該取得価額が「通常の取引価額に相当する金額」に相当すると認められる場合には，当該取得価額によって評価することにした。このような負担付贈与通達は，相続税法上の「時価」の評価について，通達の中で評価額が二本建てになることを認めたもので，画期的なものであった。また，このような評価額の二本建てについては，平等原則違反の問題も惹起することになったが，大きな問題にはならず，むしろ，その後の評価通達6項の適用に論拠を与えることになった。

　また，取引価額と通達評価額を利用した節税策は，非上場株式等の他の財産についても看過し難い状況であったので，国税庁は，平成2年8月2日付で，次のような評価通達の改正を行った。そして，それらは，すべて，評価通達における個別的限定条項となっている＊113。

イ　上場株式等の株価斟酌の制限

　上場株式等の価額の評価は，課税時期の最終価格か，過去3月間の最終価格の月平均の最も低い価格で評価できることとしていたが，負担付贈与等の取引により取得した場合には，課税時期の最終価格のみによって評価することとした（評基通169⑵，174⑴）。

ロ　公開途上にある株式の評価

　従前，株式が実際に公開（途上）されるまでは「取引相場のない株式」としてその価額が評価されてきたが，「公開途上にある株式」を区分し，その価額を所定の公募価格等によって評価することとした（評基通168⑵ロ，174⑵）。

ハ　課税時期前3年以内取得の土地等の評価

　取引相場のない株式の価額を純資産価額方式により評価する場合に，評価会社が課税時期前3年以内に取得した土地等及び家屋等の価額を通常の取引価額により評価することとした（評基通185かっこ書）。

ニ　評価差額に係る法人税額等相当額の累積排除

　取引相場のない株式の価額を純資産価額方式で評価する場合に，評価差額に係る法人税額等相当額を控除することになっているが，その株式を評価差額が生じるように現物出資してそれを繰り返すと，最後に取得する株式の価額は限りなく零に近づくことになるので，そのような累積排除ができないことにした。しかし，それでは，いわゆるＡ社・Ｂ社方式により相続開始直前に取引相場のない株式を現物出資して一度は法人税額等相当額の控除が受けられるということで，平成６年の改正で現物出資等で資産を低額で受け入れた場合には，法人税額等相当額の控除を認めないこととした（評基通186－２）。

ホ　特定の評価会社に対する類似業種比準方式適用の制限

　かつて，株式や土地等を大量に保有している財産保有・管理会社の株式の価額について類似業種比準方式を適用すると多額な節税が可能になるというので，株式等保有特定会社，土地保有特定会社等の特定の評価会社の株式を区分し，当該株式の価額を原則として純資産価額方式で評価することとした（評基通189～189－７）。

　更に，令和５年９月には，「居住用の区分所有財産の評価について（法令解釈通達）」を発出し，いわゆる高層マンションの区分権の評価をめぐる節税問題に対処するため，所定のマンションの区分権の評価額を所定の算式を適用して引き上げることにした。

(3)　包括的限定条項

　以上のように，評価基準制度等に基づく評価額と客観的交換価値（又は取引価額）との開差から生じる弊害を除去するために，個別に通達で措置することは，その措置の内容の当否は別として，納税者側の予測可能性の保障には適うものである。もっとも，このような評価基準制度等の個別的補完的措置は，常に時機を得て採用できるとは限らない。

第Ⅳ章　税務否認の形態と方法　　**245**

そのため，総則6項では，「この通達の定めによって評価することが著しく不適当と認められる財産の価額は，国税庁長官の指示を受けて評価する」と定めている。

　これは，評価通達に基づく評価基準制度等による各財産の評価額が著しく不適当と認められる時には，客観的交換価値に近づけるために個別評価を行う趣旨，すなわち評価基準制度の補完措置であると解され，評価通達上の包括的限定条項であると言える＊114。この包括的限定条項については，前記第2節で述べた法律による否認における包括的否認規定に類似しているが，通達で定めているが故に，後述するような種々の法律問題を惹起することになる。

9　評価通達6項の適用問題
(1)　評価通達構造上の問題

　前記7及び8で述べたように，評価通達は，相続税等の特殊性に対応し，評価基準（標準価額）制度を採用しているが故に，当該標準価額と相続税法22条がいう「時価」たる客観的交換価値が乖離することがあり，それが租税法の執行上（租税法律主義の合法の原則上）看過し難い状況が生じることもあり得る。そのため，前記8で述べたように，評価基準制度の補完措置として，個別的限定条項と包括的限定条項を設けている。評価通達に関しては，これらの規定を総合した上で，当該限定条項を適用した課税処分の適否を判断する必要がある。この点，巷間，「評価通達6項の適用は，納税者の予測可能性を著しく害し，平等原則に反するから，当該6項を廃止すべきである」旨の意見はよく聞く。しかし，そのような意見も，評価基準制度の利便性を無視して（当該基準を廃止すべきであるとして），評価通達6項を廃止すべきと説いているとも思えない（要は，総合的判断が求められている。）。

　もちろん，租税法律主義の機能である納税者の予測可能性の保障も重

246

要であるし，租税法の基本原則である平等原則違反を看過することはできない。そのため，特に，評価通達6項については，同6項に定める「著しく不適当」及び「国税庁長官の指示」については，税務官庁側と納税者側の共通の認識が必要であると考えられる。

　まず，実体的要件たる「著しく不適当」とは，評価通達が相続税法22条に規定する「時価」を解釈・適用するために存在しているのであるから，当該財産の通達上の評価額と客観的交換価値との開差が客観的にみて著しく不適当と認められる場合，すなわち，財産の客観的価値に関する事項に限定すべきであって，租税回避を企画したか否かというような主観的要素は本来当該判断の要素とすべきではないと考えられる＊115。そのような租税回避事案は，相続税法64条の規定によって，税務署長が当該行為計算を否認すれば足りるものと考えられる。もっとも，実務上は，不動産に係る通達評価額と取引価額の乖離を利用した相続直前の不動産取得について総則6項が適用される場合が多いが，それらの事例からみて，一応通達評価額と取引価額との間に相当の乖離があり，その乖離を利用した不動産取得による相続税の負担軽減があり，かつ，当該負担軽減と不動産取得（取引）との間に相当因果関係がある場合に評価通達6項を適用し得るものと考えられる。

　他方，評価通達の規定の構造上予測し難い事項については，総則6項を適用すべきではないものと考えられる。例えば，ある宅地に関して路線価が付設されている場合に，当該宅地について売買価額が成立している場合はともかくとして，当該宅地の隣地について売買価額が成立していたとしても，総則6項を適用して隣地の売買価額によって当該宅地を評価する余地はなく，当該路線価によって評価すべきである。この場合，当該宅地を当該隣地の売買価額によって評価する課税処分をすれば，納税者の予測可能性と法的安定性を著しく害することとなり，それは通達に反したものと判断すべきであろう。

第Ⅳ章　税務否認の形態と方法　　**247**

また，評価通達では，公開途上にある株式の価額は，その株式の公開価格を基にして評価することとしている（評基通174(2)）が，「公開途上にある株式」とは，上場等が公表された後の株式を意味している（評基通168(2)ロ）。これは，公開を準備しているような会社の株式については，その準備過程において相応に高額な取引価額が成立することもあろうが，それらを客観的にとらえることは困難であるということで，公開が公表（通常，公開の1月前）されるまでは「取引相場のない株式」として取り扱う趣旨であると解される＊116。そして，取引相場のない株式については，純資産価額若しくは類似業種比準価額（それらの併用方式を含む。）又は配当還元価額で評価することとされ（評基通178，179），それ以外の取引価額等による評価方法は予定されていない。

　さすれば，公開準備中の株式の価額については，当該株式それ自体に売買価額が成立している場合はともかくとして，同一銘柄の他の株式について評価通達上の評価額を上回る取引価額がたまたま成立していたとしても，総則6項を適用して当該取引価額によって評価することは許されないものと考えられる。このことは，当然のことながら，取引相場のない株式全般に言えることである。そうでなければ，納税者側の合理性のある予測可能性の保障など到底かなわないことになるので，それを無視した課税処分には，前記第2節の6で述べたように，信義則違反，租税平等原則違反等の違法性を惹起することになると考えられる。

　なお，以上のような場合に，当該隣地や当該他の株式の取引価額等によってあえて課税する必要（総則6項適用）があるというのであれば，現行のような規定ではなく，法人税基本通達9－1－13又は所得税基本通達23～35共－9のような規定を設けて，あらかじめ適正な取引価額によって評価することを定めるべきである（そうしないことには，納税者側に所得税や法人税と違って取引価額によって課税されることはないという信頼を与えることになる。）。

次に，手続要件たる「国税庁長官の指示」の要否については，多くの
裁判例等が，当該指示の有無は課税処分の効力に影響を及ぼさないも
のであり，当該指示の存否を明らかにするまでもないとしている[117]。
しかしながら，このような考え方については，①税務通達は法源ではな
くても税務官庁の職員を法的に拘束するものであること，②税務通達に
反する課税処分が信義則違反，平等原則違反に問われること，③総則6
項の適用には国税庁長官の指示が必要であるから余程のことがない限り
同項の適用はないであろうと予測する納税者側の予測可能性を保障する
必要があること等を考えると，法的にも問題（違法性）があるものと考
えられる。

　なお，総則6項を適用する税務執行においては，国税庁長官の指示が
ないまま税務署長の自由裁量で課税処分が行われているわけでもないで
あろうし，当該指示を当事者に開示することに執行上の支障があるとも
考えられない。いずれにせよ，前述のような裁判所の考え方では，納税
者側の税務官庁に対する不信感を招来するだけで，税務官庁にとっても
決して得策ではないと考えられる[118]。

⑵　最判4.4.19判決の影響

　前述したように，評価通達6項は，評価通達の構造上の弊害を補完す
るものであるから，税務通達が本来行政庁部内の命令手段であることに
照らせば，同項の適用についてはそれ以上の法律問題は惹起しないはず
である。しかしながら，最高裁判所として初めて評価通達6項を適用し
た課税処分を適法と認めた最高裁令和4年4月19日第三小法廷判決（民
集76巻411頁，以下「最判4.4.19判決」という。）の相当前にも，評価通達
6項を適用した課税処分の是非が法廷において論じられてきた。

　すなわち，事の発端は，東京地裁昭和53年9月27日判決（訟務月報
25巻2号513頁）にある[119]。この事案では，被相続人が，土地を代金4,539

第Ⅳ章　税務否認の形態と方法　　*249*

万円で譲渡する旨契約し，内金と手付金 1,600 万円を受領し，残代金は
所有権移転登記日に受領することとしていたが，その 5 日前に死亡したので，相続人は，当該土地の価額を路線価評価額の 2,018 万円と評価して申告したところ，被告税務署長が当該土地は売却されたものとして，受領済金員と残代金請求権の合計額すなわち当該売買代金を相続財産として課税したため，当該課税処分の適否が争われたものである。前掲東京地裁判決は，相続開始時には当該土地の所有権移転登記は済んでいないから，相続財産は当該土地であるとして，当該課税処分を取り消したものである。この東京地裁判決に対し，国税庁は事実認定で土地と判断された以上控訴しない旨申し出てきたが，法務省の判断で控訴することとし，土地であっても本件のような特別の事情があれば当該土地を当該売買価額で評価すべきであり，それが評価通達 6 項が定められている所以である旨主張した＊120。そして，控訴審の東京高裁昭和 56 年 1 月 28日判決（行裁例集 32 巻 1 号 106 頁）は，全面的に国の主張を容認し，「本件土地の評価については，前記取引価額をもってすることが正当として是認し得る特別の事情（編注＝傍点筆者）があるというべきである。」と判示した。しかし，上告審の最高裁昭和 61 年 12 月 5 日第二小法廷判決（訟務月報 33 巻 8 号 2149 頁）は，原判決の結論を維持したものの，当時，評価通達 6 項の適用は平等原則に反する旨の説もあり，「特別の事情」による評価の使い分けについてはその結論を避けた。

　その後，前記8⑵で述べた負担付贈与通達等の発出に対応し，国税庁でも，積極的に評価通達 6 項に基づく課税処分を行うようになり，それが法廷でも争われることになった。そして，法廷では，評価通達 6 項を適用した課税処分については，筆者の記憶では 1 件を除き＊121，「特別の事情」を容認し，その適法性が容認されることになった＊122。

　かくして，最判 4.4.19 判決を迎えることになるが，この判決の事案は，次のとおりである。被相続人は，平成 24 年 6 月 17 日に死亡（相続開始）

したのであるが，平成21年1月30日，杉並区所在のＡ不動産（賃貸マンション）を総額8億3,700万円で購入し（銀行からの借入れ6億3,000万円），平成21年12月25日，川崎市所在のＢ不動産（賃貸マンション）を5億5,000万円で購入（銀行からの借入れ3億7,800万円）していたが，相続人らは，評価通達が定める評価方法によりＡ不動産を2億4万円，Ｂ不動産を1億3,366万円と評価して相続税の申告をした。これに対し，所轄税務署長は，評価通達6項を適用し，鑑定評価額により，Ａ不動産を7億5,400万円及びＢ不動産を5億1,900万円と評価して，各更正処分等を行ったため，当該各処分の違法性が争われた。そして，一審の東京地裁令和元年8月27日判決（平成29年（行ウ）第539号）及び控訴審の東京高裁令和2年6月24日判決（令和元年（行コ）第239号）は，当該各処分につき，評価通達6項の適用につき，「特別の事情」を容認して，当該各処分を適法と認めた。

　かくして，最判4.4.19判決は，要旨，次のとおり判示して，原判決を維持（請求棄却）した。

　「評価通達は相続財産の価額の評価の一般的な方法を定めたものであり，課税庁がこれに従って画一的に評価を行っていることは公知の事実であるから，課税庁が，特定の者の相続財産の価額についてのみ評価通達の定める方法により評価した価額を上回る価額によるものとすることは，たとえ当該価額が客観的な交換価値としての時価を上回らないとしても，合理的な理由がない限り，上記の平等原則に違反するものとして違法というべきである。もっとも，上記に述べたところに照らせば，相続後の課税価格に算入される財産の価額について，評価通達の定める方法による画一的な評価を行うことが実質的な租税負担の公平に反するというべき事情がある場合には，合理的な理由があると認められるから，当該財産の価額を評価通達の定める方法により評価した価額を上回る価額によるものとすることが上記の平等原則に違反するものではないと解

第Ⅳ章　税務否認の形態と方法　*251*

するのが相当である。

〈中略〉

　本件各不動産の価額について評価通達の定める方法による画一的な評価を行うことは，本件購入・借入れのような行為をせず，又はすることのできない他の納税者と上告人らとの間に看過し難い不均衡を生じさせ，実質的な租税負担の公平に反するというべきであるから，上記事情があるものということができる。」

　以上の判示については，「特別の事情」という用語を避けているから，評価通達6項を適用した課税処分を適法と認めてきた従前の裁判例の考え方とは異なる旨の説もあるようであるが，「特別の事情」といえ，「実質的な租税負担の公平に反する事情」といっても，評価通達6項の存在とその適用を認めたことには変わりはないはずである。もっとも，本判決に係る最高裁判所調査官が，本件のような通達評価額と客観的交換価値の乖離については，本来，評価通達の見直し等によって解消されるべき旨の見解[123]もあり，国税庁は，前記8(2)で述べたように，高層マンションの評価方法を改正したところである。しかし，評価通達が評価基準（標準価額）制度を援用している限り（その必要性も既に述べた。），評価通達6項の存在とその適用は，避けることはできないものと考えられる。

(3)　評価通達6項の適用要件

　その後、東京地裁令和6年1月18日判決（令和3年（行ウ）第22号）が、最判4.4.19判決後初めて評価通達6項を適用した課税処分の取消訴訟について判決をし，しかも，当該課税処分を取り消したため，評価通達6項の適用要件のあり方が一層注目されるに至った。もとより，評価通達の適用については，納税者の予測可能性を保障する見地から，適用要件が明確であるに越したことはない。そのため，国税庁では，最判4.4.19

判決及び前掲東京裁地裁判決に対応し，事務運営指針や記者会見を通して，評価通達の定めによって評価することが著しく不適当であるかどうかは，次の３つの適用基準を総合的に勘案して判断すべきこととしている[124]。

① 評価通達に定められた評価方法以外にほかの合理的な評価方法（不動産鑑定士による不動産鑑定評価や非上場株式の場合は専門家による企業価値評価など）が存在すること。

② 評価通達に定められた評価方法による評価額と他の合理的な評価方法による評価額との間に著しい乖離が存在すること。

③ 課税価格に算入される財産の価額が，客観的交換価値としての時価を上回らないとしても，評価通達の定めによって評価した価額と異なる価額とすることについて合理的な理由があること（評価通達の定めによって画一的な評価を行うことが実質的な租税負担の公平に反するというべき事情があること）。

しかし，このような適用基準については，いくつか疑問がある。まず，①の合理的な評価方法については，不動産鑑定士であれ，公認会計士であれ，大概の資産について，鑑定要請に応じることができるはずであり，そもそも，評価通達６項が適用されるような事案については，第三者間による「通常取引される価額」が成立しているはずである。また，②については，「著しい乖離が存在すること」は当然のことである。そして，③については，最判 4.4.19 判決の判示を引用したに過ぎない。これは，筆者が，最初に評価通達６項の適用を法廷で訴え，それを判決で認めさせた経験等を踏まえての実感である[125]。

そこで，筆者は，次のような適用要件が必要であることを明らかにしてきたところである[126]。

① 評価通達評価額と客観的交換価値（取引価額）との間に相当大幅な乖離があること。

第Ⅳ章　税務否認の形態と方法　　**253**

② 当該乖離に関した（利用した）取引が行われ，当該取引をしなかった場合に比し，多額な税負担が軽減していること。又は，当該取引により評価通達上の評価額を大幅に上回る客観的交換価に相当する利益が確実に見込まれること。

③ 上記の取引と上記の税負担の軽減との間に相当因果関係があること（その取引と税負担の軽減との間は3～4年程度が相当と考えられる（長くて5年）。）。

10 「課税上弊害がない限り」との関係

(1) 「課税上弊害がない限り」を定めた経緯

税務通達に反する課税処分の効力を検討するに当たって，「税務通達に反する」ことを明確にするため，税務通達の構造上設けられている個別的又は包括的な限定条項とその運用のあり方について述べてきた。そして，評価通達の特殊性を論じ，包括的限定条項である総則6項の趣旨とそれをめぐる問題点を論じてきた。また，少なくとも平成6年までは，評価通達の限定条項としては，総則6項の存在を指摘し，その問題点を論じれば足りた。

ところが，平成6年の評価通達の改正により，定期借地権等の価額の評価方法が定められた。その規定によると，定期借地権等の価額は，原則として，借地権者に帰属する経済的利益等を基として評価するが，課税上弊害がない限り，その定期借地権等の目的になっている宅地の自用地価額に，所定の算式により計算した数値を乗じて計算した金額によって評価する（評基通27－2），とされた。このような「課税上弊害がない限り」という用語は，他税目の課税の取扱いにおいて用いられているものであって，「時価」の取扱いを定める評価通達においては関係がなかったはずである。

その後，定期借地権等の対象となっている貸宅地（底地）の価額につ

き，その自用地の価額から前記通達の定めによって算定した定期借地権等の価額等を控除する方法（評基通25(2)）が実態に合わないという批判が生じ，国税庁は，実態調査を踏まえて，平成10年8月25日付で「一般定期借地権の目的となっている宅地の評価に関する取扱いについて」（課評2-8）という個別通達を発出している。

これによると，一般定期借地権の目的となっている底地の価額は，課税上弊害がない限り，当分の間，路線価図の借地権割合に応じ，自用地の価額の55％から75％（それまでは，最低概ね80％）で評価できるとしている（同通達注書1，2）。そして，「課税上弊害がない」場合とは，一般定期借地権の設定等の行為が専ら税負担回避を目的としたものでない場合をいうほか，この通達の定めによって評価することが著しく不適当と認められることのない場合をいい，個々の設定等についての事情，取引当事者間の関係等を総合勘案してその有無を判定する（同通達注書3），としている。また，平成12年の評価通達の改正の際，国外財産の価額の評価方法が定められたが，「この通達の定めによって評価することができない財産については，課税上弊害がない限り，その財産の取得価額を基に……評価することができる」（評基通5-2（注））と定めている。

(2)　6項と「課税上弊害がない限り」

以上のように，平成6年以降，評価通達及びそれに関する個別通達の取扱いの中で，課税上弊害がなければ，原則評価とは別の評価を許容する方法が採用されている。すなわち，相続税法上の「時価」の解釈・適用を旨とする評価通達の中で，個別的限定条項と包括的限定条項が併存している。しかも，前記個別通達においては，「課税上弊害がない」とは，専ら税負担回避を目的としたものではなく，この通達の定めによって評価することが著しく不適当と認められることのない場合とし，後段においては，総則6項と同じ趣旨を解いている。

第Ⅳ章　税務否認の形態と方法　　*255*

これでは，総則6項と「課税上弊害がない限り」との関係は，単に競合しているだけなのか，通達上の規定の仕方からして「課税上弊害がない限り」が優先されるように読めるが，何故そのような個別的限定条項を設ける必要があるのか，また，国外財産並びに定期借地権等及び一般定期借地権の目的となっている底地の価額の評価に限定して，総則6項のみでは足りず個別的限定条項を設ける必要があったのか等の疑問が生じる。

　更には，評価通達（それに関する個別通達を含む。）は，相続税法上の「時価」の解釈・適用に関するもので，各財産の客観的交換価値（時価）を純粋に追及するものであろうし，総則6項も，客観的交換価値（時価）と評価基準制度等による評価額との開差を埋めるための補充規定であると解されるところ，租税回避防止を意図すると思われる「課税上弊害がない限り」という概念を何故持ち込む必要があったのか，理解に苦しむところである。

　このような用語の使い方は，単に言葉がダブっているというような問題ではなく，「時価」とは何かという純粋な解釈に疑念を抱かせ，ひいては，納税者側の予測可能性に影響を及ぼすことにもなる。よって，この問題については，通達制定者による明確な説明を求めたいものである。

＊1　もっとも，判例法についても，最高裁判所が新たな判断を下すことによって変更される場合もあるし，法律によって変更される場合もある（法律によって変更された例として，質問検査権行使規定の解釈について判例法であった最高裁昭和 48 年 7 月 10 日第三小法廷決定（刑集 27 巻 7 号 1205 頁）の考え方が，平成 23 年 12 月の国税通則法改正における質問検査権規定の改正によって変更されたことがある。）。

＊2　新堂幸司，他編『法律学小辞典第 4 版補訂版』（有斐閣）1054 頁等参照

＊3　金子宏『租税法　第 24 版』（弘文堂　令和 3 年）85 頁等参照

＊4　この点については，平成 18 年度税制改正において，同族会社の特定役員に係る給与所得控除額相当額を法人税の所得金額の計算上損金算入とする措置（旧法法 35）がとられたが，同措置に対する批判が高まり平成 22 年度税制改正において廃止された。

＊5　詳細については，品川芳宣『非上場会社（中小企業）における役員報酬等の支給戦略』資産承継 2022 年 12 月号 6 頁参照

＊6　平成 18 年法人税法改正等の問題については，品川芳宣「役員給与課税の本質を衝く！（前）」T & Amaster 2008 年 4 月 14 日号 27 頁，同「役員給与課税の本質を衝く！（後）」T & Amaster 2008 年 4 月 21 日号 24 頁等参照。

＊7　例えば，高松地裁平成 5 年 6 月 29 日判決（税資 195 号 709 頁）は，退職役員の退職時の最終報酬月額が低額過ぎるとして，同役員が従前受領していた報酬月額を修正した金額を最終報酬月額として平均功績倍率法を適用するのが相当である旨判示している。また，東京地裁令和 2 年 3 月 24 日判決（平成 28 年（行ウ）第 589 号）は，最終報酬月額（25 万円）を退任 6 月前に遡及して 3 倍（75 万円）引き上げた事案につき，平均功績倍率法を適用するのは適切ではなく，1 年当たり平均額法を適用すべき旨判示している（同判決の評釈については，品川芳宣・T & Amaster 2023 年 4 月 24 日号 15 頁参照）。

＊8　前出＊7 の東京地裁令和 2 年 3 月 24 日判決等参照

第Ⅳ章　税務否認の形態と方法　　*257*

＊9 1年当たり平均額法を適用した判決例等として，前出＊7の東京地裁
令和2年3月24日判決，札幌地裁昭和58年5月27日判決（行裁例集
34巻5号930頁），岡山地裁平成元年8月9日判決（税資173号432頁），
昭和61年9月1日裁決（裁決事例集32号231頁）等参照

＊10 大阪地裁昭和44年3月27日判決（税資56号316頁）参照

＊11 大阪高裁昭和54年2月28日判決（税資104号531頁）参照

＊12 功績倍率法について最高値を採用した判決として，岐阜地裁平成2年
12月26日判決（税資181号1104頁），東京地裁昭和55年5月26日
判決（訟務月報26巻8号1452頁），東京高裁昭和56年11月18日判
決（税資121号355頁），最高裁昭和60年9月17日判決（同146号
603頁），仙台高裁平成10年4月7日判決（同231号470頁）等参照

＊13 詳細については，品川芳宣『役員報酬の税務事例研究』（財経詳報社
平成14年）304頁等参照

＊14 確定決算基準とは，形式的には，法人が，その決算に基づく計算書類
につき株主総会等の手続による承認を得た後，その承認を受けた決算
に係る利益に基づいて税法の規定により所得の金額の計算を行い，そ
の所得の金額及び当該利益の計算と当該所得の金額の計算との差異を
申告書において表現することを意味する。また，実質的には，法人が
確定決算において採用した具体的な会計処理（すなわち選択し得る複
数の会計処理がある場合にはその選択した会計処理）が，適正な会計
基準に従ってなされている限り，その計算を所得金額の計算の上でみ
だりに変更してはならないこと（すなわち申告調整が許されないこと）
を意味する（品川芳宣『課税所得と企業利益』（税務研究会出版局　昭
和57年）24頁等参照

＊15 例えば，減価償却資産や繰延資産の償却費の計算（法法31，32），資
産の評価損の計上（法法33），貸倒引当金の計算（法法52）等が挙げ
られる。

＊16 同判決の評釈については，増田英敏「推計課税の法的性格」税務事例
創刊400号―戦後重要租税判例の再検証―62頁参照

＊17 推計課税の法的問題については，品川芳宣『国税通則法の理論と実務』（ぎょうせい　平成28年）118頁以下，同『現代税制の現状と課題─租税手続編』（新日本法規　平成29年）123頁以下等参照

＊18 東京地裁昭和48年3月22日判決（行裁例集24巻3号177頁），大阪地裁昭和50年4月4日判決（同26巻4号492頁）等参照

＊19 司法研修所編『推計課税の合理性について』（司法研究報告書第30輯第1号，法曹会昭和56年）2頁参照

＊20 東京地裁昭和49年9月25日判決（判例時報768号25頁）等参照

＊21 前出＊19・3，6頁参照

＊22 詳細については，前出＊17の各書，前出＊19等を参照

＊23 品川芳宣『傍流の正論』（大蔵財務協会　令和5年）114頁参照

＊24 詳細については，品川芳宣「簿外経費等の必要経費・損金不算入の論拠と問題点」T ＆ Amaster 2022年9月12日号14頁等参照

＊25 東京地裁平成15年7月16日判決（税資253号順号9393）等参照

＊26 品川芳宣『重要租税判決の実務研究　第4版』（大蔵財務協会　令和5年）334頁参照

＊27 前出＊26・341頁参照

＊28 三木義一・税理2003年11月号10頁，朝倉洋子・T ＆ Amaster 2003年10月6日号16頁，増田英敏・税務事例2003年12月号1頁等参照

＊29 この二つの事件の結論については，実例の役務提供が専門的知見であることのみが強調されるが，夫から妻への対価の支払は，所得の多い人から少ない人への所得移転ということになり，生計を一にする者間の所得配分を禁じようとする所得税法56条の趣旨に適うことになる。

＊30 課税単位に関しては，金子宏『課税単位及び譲渡所得の研究所得課税の基礎理論　中巻』（有斐閣　1996年）1頁，品川芳宣「租税理論からみた配偶者控除是非論の検証（上），（下）」税理40巻5号10頁，同40巻6号26頁等参照

＊31 品川芳宣『課税所得と企業利益』（税務研究会　昭和57年）16頁等参照

＊32　前出＊31・16頁

＊33　なお，資産の無償等譲渡をめぐる各税法上の規定と問題点等について
は，品川芳宣「資産の無償等譲渡をめぐる課税と徴収の交錯(1)〜(5)」
税理2004年1月号23頁，同2004年2月号10頁，同2004年3月号18頁，
同2004年4月号16頁及び同2004年5月号14頁参照

＊34　前出26・504頁参照

＊35　前出26・566頁参照

＊36　法人税基本通達9－6－1〜9－6－3，品川芳宣「法人税法におけ
る貸倒損失の計上時期」金子宏先生古稀祝賀『公法学の法と政策上巻』
（有斐閣平成12年）437頁等参照

＊37　前出＊26・569頁，大淵博義「旧興銀最高裁判決の論点と課税実務へ
の影響」税務弘報2005年4月号8頁，「税務の動向」速報税理2005年
4月1日号8頁等参照

＊38　このような評価通達の評価額と取引価額の乖離を利用した節税策は，
相続税にも横行したが，相続税については，昭和63年12月末に成立
した租税特別措置法の改正において，居住用以外の不動産については，
取得後3年間は当該取得価額によって課税する旨の措置（旧租税特別
措置法69条の4）がとられた（このような措置等がとられた背景につ
いては，品川芳宣『詳解財産の資産評価の実務研究』（大蔵財務協会
令和4年）111頁，215頁，同『傍流の正論』（大蔵財務協会　令和5年）
146頁等参照

＊39　詳細については，前出＊38・『財産・資産評価の実務研究』215頁，『傍
流の正論』150頁等参照

＊40　前出＊26・1023頁参照

＊41　大阪地裁平成12年5月12日判決（訟務月報47巻10号3106頁）等参
照

＊42　前出26・1038頁参照

＊43　神戸地裁昭和55年5月2日判決（税資113号258頁），大阪高裁昭和
56年8月27日判決（同120号386頁），平成3年10月18日裁決（裁

決事例集 7 号 44 頁）等参照

* 44　この問題の詳細については，品川芳宣ほか編著『医療法人の法律・会計・税務』（大蔵財務協会　令和元年）388 頁参照

* 45　この規定における通算法人とは，「通算親法人及び通算子法人をい」（法法 2 十二の七の二）い，通算親法人とは，「第 64 条の 9 第 1 項（通算承認）に規定する親法人であって同項の規定による承認をうけたものをい」（法法 2 十二の六の七）い，通算子法人とは，「第 64 条の 9 第 2 項に規定する他の内国法人であって同条第 1 項の規定による承認を受けたものをいう。」（法法 2 十二の七）。なお，この否認規定は，平成 13 年度税制改正で設けられた「連結法人に係る行為又は計算の否認」（法法 132 の 3）を受け継いでいる。

* 46　なお，当時，法人の所得に対する課税も所得税法の中で規定されており，法人税法が独立して制定されたのは，昭和 15 年である。

* 47　武田昌輔編『ＤＨＣ法人税法コンメンタール』（第一法規）5536 頁等参照

* 48　推計課税の法的性格については，本章第 2 節の 3 の(2)参照

* 49　この答申の内容と問題点については，追って詳述する。

* 50　そのほか，確認規定説を支持するものとして，東京地裁昭和 40 年 12 月 15 日判決（税資 41 号 1188 頁），東京高裁昭和 43 年 8 月 9 日判決（同 53 号 303 頁），広島高裁昭和 43 年 3 月 27 日判決（同 52 号 592 頁），広島地裁平成 2 年 1 月 25 日判決（行裁例集 41 巻 1 号 42 頁）等参照

* 51　名古屋地裁平成 16 年 10 月 28 日判決（判タ 1204 号 224 頁），名古屋高裁平成 17 年 10 月 27 日判決（税資 255 号順号 10180）等参照

* 52　非同族会社基準説については，東京地裁昭和 26 年 4 月 23 日判決（行裁例集 2 巻 6 号 841 頁），東京高裁昭和 40 年 5 月 12 日判決（税資 49 号 596 頁）等参照

* 53　東京地裁昭和 51 年 7 月 20 日判決（訟務月報 22 巻 11 号 2621 頁），東京高裁昭和 53 年 11 月 30 日判決（同 25 巻 4 号 1145 頁），広島地裁平成 2 年 1 月 25 日判決（行裁例集 41 巻 1 号 42 頁），那覇地裁平成 7 年

第Ⅳ章　税務否認の形態と方法　　*261*

7月19日判決（税資213号163頁）等参照

* 54 高橋泰蔵ほか編『体系経済学小辞典』（東洋経済新報社　昭和31年）251頁参照

* 55 前出＊26・250頁参照

* 56 その他純経済人基準説によっているものと認められる裁判例としては，東京高裁昭和26年12月20日判決（行裁例集2巻12号2196頁），広島高裁昭和43年3月27日判決（税資52号592頁），東京高裁昭和48年3月14日判決（行裁例集24巻3号115頁），福岡高裁昭和55年9月29日判決（同31巻9号1982頁），東京地裁令和元年6月27日判決（平成27年（行ウ）第468号等）等参照

* 57 前出＊3・542頁参照

* 58 今村隆『現代税制の現状と課題　租税回避否認規定編』（新日本法規平成29年）137頁参照

* 59 前出＊26・940頁，品川芳宣「組織再編成税制における行為計算の否認―ヤフー事件―」T & Amaster 2016年6月6日号14頁参照

* 60 前出＊26・969頁参照

* 61 前出＊26・312頁参照

* 62 詳細については，品川芳宣『傍流の正論』（大蔵財務協会　令和5年）154頁，品川芳宣・緑川正博『相続税財産評価の論点』（ぎょうせい平成9年）205頁等参照

* 63 詳細については，信義則については，品川芳宣「税法における信義則の適用要件について」税務大学校論叢8号1頁等を，「正当な理由」については，同『附帯税の事例研究　第4版』（財経詳報社平成24年）等を参照

* 64 前出＊26・1202頁参照

* 65 なお，当時の租税負担の最少化策と規制方法については，品川芳宣『傍流の正論』（大蔵財務協会　令和5年）146頁以下等参照

* 66 金子宏・新堂幸司・平井宜雄編『法律学小辞典第4版補訂版』（有斐閣2008年）119頁

＊67　前出＊3・150 頁

＊68　前出＊26・437 頁参照

＊69　前出＊26・981 頁参照

＊70　前出＊26・859 頁参照

＊71　前出＊3・141 頁参照

＊72　前出＊3・138 頁参照

＊73　BEPS の詳細については，青山慶二『現代税制の現状と課題　国際課税編』（新日本法規　平成 29 年）122 頁，301 頁，今村隆『現代税制の現状と課題　租税回避否認規定編』（新日本法規　平成 29 年）61 頁，浅川雅嗣「最近の国際課税をめぐる議論－BEPS を中心に」租税研究 2016 年 4 月号 12 頁等参照

＊74　前出＊3・136 頁参照

＊75　GAAR の各国の導入状況については，前出＊73，『現代税制の現状と課題　租税回避否認規定論』183 頁以下，松田直樹『租税回避行為の解明』（ぎょうせい　平成 21 年）44 頁以下，本部勝大『租税回避と法－GAAR の限界と解釈統制』（名古屋大学出版会　2020 年）152 頁以下等参照

＊76　前出＊75，『租税回避と法』245 頁以下参照

＊77　前出＊73，『現代税制の現状と課題　租税回避否認規定論』320 頁

＊78　品川芳宣「租税回避行為に対する包括的否認規定の必要性とその実効性」税務事例 2009 年 9 月号 34 頁参照

＊79　評釈については，品川芳宣・Ｔ ＆ Amaster 2022 年 6 月 27 日号 14 頁，前出＊26・1216 頁参照

＊80　筆者は，昭和 41 年から同 43 年に，国税庁直税部審理課（当時，直税関係の基本通達等の制定を一括して担当）で，昭和 40 年に全文改正された法人税法の基本通達の制定作業に参画し，昭和 55 年から同 57 年に，同審理課で個別通達の発遣等を取りまとめ，昭和 63 年から平成 3 年に，資産評価企画官として節税封じの評価通達の改正を統率し，平成 3 年から同 6 年に国税庁徴収部の各担当課長として関係通達発遣の

責任者を務めたことがある。

* 81　品川芳宣『租税法律主義と税務通達』（ぎょうせい　平成 16 年），同「租税法律主義の下における税務通達の機能と法的拘束力」『現代企業法等の研究―筑波大学大学院企業法学専攻十周年記念論集』（信山社　平成 13 年）347 頁，同『詳解　財産・資産評価の実務研究』（大蔵財務協会　令和 4 年）29 頁以下等参照

* 82　前出＊ 3・112 頁，千葉地裁昭和 57 年 6 月 4 日判決（判例時報 1050 号 37 頁），福岡地裁昭和 57 年 3 月 20 日判決（判例時報 254 号 17 頁），全国婦人税理士連盟編『固定資産税の現状と課題』（信山社　1999 年）88 頁等参照

* 83　最高裁平成 15 年 6 月 26 日第一小法廷判決（民集 57 巻 6 号 723 頁），最高裁平成 18 年 7 月 7 日第二小法廷判決（判タ 1224 号 217 頁），最高裁平成 18 年 10 月 10 日判決（平成 16 年（行ツ）第 143 号）（以上の最高裁判決については，前出＊ 26・1334 頁，1350 頁及び 1342 頁参照）等参照

* 84　筆者の経験では，職員が国家公務員法上の懲戒処分を一度でも受ければ，その職員の公務員生命は絶たれる，と考えられていた。

* 85　大阪地裁昭和 63 年 12 月 26 日判決（税資 166 号 288 頁）等参照

* 86　大阪高裁平成元年 9 月 26 日判決（税資 173 号 950 頁），大阪地裁昭和 54 年 8 月 31 日判決（同 106 号 319 頁），大阪高裁昭和 55 年 1 月 25 日判決（同 110 号 90 頁）等参照

* 87　東京地裁平成 7 年 11 月 27 日判決（平成 5 年（ワ）第 2494 号），東京高裁平成 7 年 6 月 19 日判決（判例時報 1540 号 48 頁）等参照

* 88　詳細については，前出＊ 81『詳解　財産・資産評価の実務研究』44 頁以下参照

* 89　品川芳宣『附帯税の事例研究　第 4 版』（財経詳報社　平成 24 年）74 頁参照

* 90　例えば，平成元年 3 月 29 日付で発出された「負担付贈与又は対価を伴う取引により取得した土地等及び家屋等に係る評価並びに相続税法第

7 条及び第 9 条の規定の適用について」通達は，相続税法上の「時価」の解釈と同法 7 条及び 9 条の執行をするための指示が混合している。

＊91　民法 22 条は，「各人の生活の本拠をその者の住所とする。」と定めている。

＊92　借用概念及び固有概念の解釈論については，前出＊3・126 頁参照

＊93　他方，租税特別措置法（法人税関係）通達の 62 の 3 ⑹−5 は，「譲渡利益金額につき特別税率が適用された土地等の譲渡について，その後の事業年度において契約が解除された場合（再売買と認められる場合を除く。）には，譲渡事業年度の当該譲渡に係る土地譲渡利益金額に対する税額について，通則法第 23 条第 2 項の規定による更正の請求をすることができる。」と定めている。

＊94　大阪地裁昭和 54 年 8 月 31 日判決（税資 106 号 319 頁），品川芳宣「法人税法における貸倒損失の計上時期」金子宏先生古稀祝賀『公法学と法と政策』上巻 456 頁参照

＊95　東京地裁昭和 60 年 3 月 22 判決（判時 116 号 27 頁）参照

＊96　大阪地裁昭和 44 年 5 月 24 日判決（税資 56 号 703 頁），東京高裁昭和 52 年 7 月 28 日判決（税資 95 号 261 頁），大阪地裁昭和 54 年 8 月 31 日判決（税資 106 号 319 頁），大阪高裁昭和 55 年 1 月 25 日判決（税資 110 号 90 頁），神戸地裁昭和 60 年 5 月 13 日判決（税資 145 号 424 頁）等参照

＊97　前出＊96 の各判決参照

＊98　東京地裁令和元年 5 月 30 日判決（平成 28 年（行ウ）第 434 号），東京地裁令和元年 11 月 27 日判決（令和元年（行コ）第 186 号），東京地裁令和 5 年 4 月 12 日判決（令和元年（行ウ）第 400 号）等参照

＊99　前出＊26・70 頁等参照

＊100　下村芳夫「租税法律主義をめぐる諸問題」税務大学校論叢 6 号 43 頁等参照

＊101　金子宏『租税法　初版』（弘文堂　昭和 56 年）109 頁，中川一郎「税法における信義誠実の原則」シュトイエル 100 号 152 頁，東京地裁

第Ⅳ章　税務否認の形態と方法　　*265*

昭和 40 年 5 月 26 日判決（行裁例集 16 巻 6 号 1033 頁）等参照

＊102　品川芳宣「税法における信義則の適用について―その法的根拠と適用要件―」税務大学校論叢 8 号 1 頁，最高裁昭和 62 年 10 月 30 日第三小法廷判決（判例時報 1262 号 91 頁）等参照

＊103　前出＊89・113 頁等参照

＊104　前出＊3・115 頁等参照

＊105　東京地裁平成 11 年 3 月 25 日判決（税資 241 号 345 頁）等参照

＊106　大分地裁平成 13 年 9 月 25 日判決（税資 251 順号 8982，前出＊83，369 頁）等参照

＊107　前出＊3・734 頁，東京地裁昭和 55 年 9 月 3 日判決（行裁例集 31 巻 9 号 1750 頁），東京高裁平成 7 年 12 月 13 日判決（同 46 巻 12 号 1143 頁），最高裁平成 22 年 7 月 16 日第二小法廷判決（判時 2097 号 28 頁）等参照

＊108　このような定めについては，国税庁が各財産について一方的に「時価」を定めているということで，租税法律主義違反を主張する向きもあるが，前述してきたように，税務通達が基本的には行政庁部内の職務命令という法的性格を有する以上，上記のような通達批判は的を射ていないものと考えられる。

＊109　品川芳宣・緑川正博『相続税財産評価の論点』（ぎょうせい　平成 9 年）178 頁，品川芳宣「財産評価基本通達改正の背景とその論点」税理 43 巻 10 号 28 頁等参照

＊110　例えば，路線価方式及び倍率方式の基となる評価額は，公示価格の 8 割とされ，類似業種比準方式における斟酌率は最小 0.5 とされている。

＊111　評価基準制度の限界については，品川芳宣「措置法 69 条の 4 の廃止と評価通達との関係」税理 39 巻 5 号 18 頁等参照

＊112　この租税特別措置法 69 条の 4 は，その後土地バブルが崩壊し，当該土地等の取得価額が「時価」を大幅に上回ることが続出し，大阪地裁平成 7 年 10 月 17 日判決（行裁例集 46 巻 10・11 号 942 頁）が，当該規定を適用した課税処分は違憲状態になる旨判示したため（同旨，

大阪高裁平成 10 年 4 月 14 日判決・訟務月報 45 巻 6 号 1112 頁及び最高裁平成 17 年 6 月 11 日第二小法廷判決・税資 243 号 270 頁），平成 8 年 3 月廃止された。

＊ 113　改正の経緯については，品川芳宣『傍流の正論』（大蔵財務協会　令和 5 年）154 頁以下参照

＊ 114　品川芳宣『租税法律主義と税務通達』（ぎょうせい　平成 16 年）124 頁等参照

＊ 115　品川芳宣『詳解　財産・資産評価の実務研究』（大蔵財務協会　令和 4 年）65 頁等参照

＊ 116　品川芳宣（当時国税庁資産評価企画官）「通達改正の趣旨と説明」別冊商事法務 122 号 14 頁等参照

＊ 117　東京地裁平成 9 年 9 月 30 日判決（税資 228 号 829 頁），東京地裁平成 11 年 3 月 25 日判決（同 241 号 345 頁），東京地裁令和元年 8 月 27 日判決（平成 29 年（行ウ）第 539 号），東京高裁令和 2 年 6 月 24 日判決（令和元年（行コ）第 239 号）等参照

＊ 118　前出＊ 115・68 頁等参照

＊ 119　この判決及び上訴審判決については，前出＊ 26・1138 頁参照

＊ 120　当時の詳細については，品川芳宣『傍流の正論』（大蔵財務協会　令和 5 年）110 頁参照

＊ 121　東京地裁平成 17 年 10 月 12 日判決（税資 255 号順号 10156）では，非上場株式の価額の評価につき評価通達 6 項を適用した課税処分を違法としたが，詳細については，前出＊ 26・1209 頁参照

＊ 122　前出＊ 26・1145 頁以下，笹岡宏保『評価通達 6 項の是否認ポイント』（ぎょうせい　令和 5 年）等参照

＊ 123　山本拓・ジュリスト 1581 号 95 頁参照

＊ 124　税のしるべ令和 5 年 12 月 18 日号 3 頁，笹岡宏保『評価通達 6 項の是否認ポイント』（ぎょうせい　令和 5 年）128 頁等参照

＊ 125　前掲東京高裁昭和 56 年 1 月 28 日判決参照

＊ 126　詳細については，品川芳宣「東京地裁令和 6 年 1 月 18 日判決と評価

第Ⅳ章　税務否認の形態と方法　　*267*

通達 6 項の適用要件」税理 2024 年 5 月号 219 頁参照

第V章

税務否認と租税制裁

第1節　総　　　論

　前記第Ⅳ章で述べたように，納税者の納税申告等の内容が税務否認の対象となる場合には，前記第Ⅰ章第5節で述べたように，更正（通則法24），決定（同25），再更正（同26）若しくは更正をすべき理由がない旨の処分が行われ，又は自動確定方式によって確定した税額を所定の期限内に納付しなければ，納税の告知（同36）が行われる。また，このような税務署長の処分を待たずに，自主的に，又は当該職員による勧奨に基づき，修正申告（通則法19），期限後申告（同18）又は期限後納付を行う場合もある。

　これらの場合には，更正をすべき理由がない旨の通知処分を除き，期限後納付する本税のほかに，原則として，延滞税，過少申告加算税，無申告加算税，不納付加算税及び重加算税の附帯税（附帯税には，そのほかに利子税がある。）が賦課されることになる。これらの課税は，一括して，行政制裁と称される。このような行政制裁については，過少申告等について，「原則として」賦課されるのであるから，当該過少申告等について宥恕される事情があれば，当該賦課は免れることになる。よって，このような行政制裁に係る実務においては，各種附帯税の課税要件や当該賦課が免除される要件の内容を把握しておくことが重要であり，かつ，宥恕される事情の証拠を明確にしておくことが必要である。また，このような事情の有無等については，不明確なことも多いので，当該賦課をめぐる税務官庁との折衝も重要である。そのため，附帯税に関する裁判例等の先例も理解しておく必要がある＊1。

　また，上記のような行政制裁とは別に，各税目に関し，「偽りその他不正の行為」等により，各税を免れた者は，懲役又は罰金が科せられることになる（所法239〜243，法法159〜163，相法68〜71等参照）。このような逋脱罪とは別に，国税の納付をしないことを煽動した者等に対

しては、秩序罰として、懲役又は罰金が科せられることになる（通則法126, 128 ～ 130）。このような逋脱罰及び秩序罰を刑事制裁という。

このように、租税制裁には、行政制裁と刑事制裁があるが、実務的には、圧倒的に行政制裁に関わることが多い。よって、以下に、行政制裁を中心に論じることとする。

第2節　延　滞　税

1　延滞税の性質と課税要件

延滞税については、巷間、納付遅滞に係る遅延利息であるから、同じ附帯税の利子税と同様に行政制裁ではないと説く者もいる。しかし、後述するように、延滞税の税率の高さや所得金額の計算上損金性が否定されることからみて、単なる遅延利息ではなく、行政制裁の一種と解すべきであろう[*2]。

まず、延滞税は、次に該当する場合に納付しなければならない（通則法60①）。

①　期限内申告書を提出した場合に、その申告書の提出により納付すべき国税をその法定納期限までに完納しないとき。

②　期限後申告書若しくは修正申告書を提出し、又は更正若しくは決定を受けた場合に、納付すべき国税があるとき。

③　納税の告知により納付すべき国税をその法定納期限後に納付するとき。

④　予定納税に係る所得税をその法定納期限までに完納しないとき。

⑤　源泉徴収等による国税をその法定納期限までに完納しないとき。

また、延滞税の額は、延滞税の課される国税につき、原則として、その法定納期限の翌日から起算して、その国税を完納する日までの期間の日数に応じ、その未納に係る本税の額に年14.6％の割合を乗じて計算した額である。ただし、納期限（更正等に係る具体的納付期限（通則法37①））

第Ⅴ章　税務否認と租税制裁　　*271*

までの期間又は納期限の翌日から起算して2月を経過するまでの期間については，その未納に係る本税の額に年7.3％の割合を乗じて計算した額である（通則法60②）。

なお，上記の年14.6％の割合及び年7.3％の割合は，これらの規定にかかわらず，各年の延滞税特例基準割合（平均貸付割合に年1％の割合を加算した割合をいう。）が年7.3％の割合に満たない場合には，その年中においては，年14.6％の割合にあっては当該延滞税特例基準割合に年7.3％の割合を加算した割合とし，年7.3％の割合にあっては当該延滞税特例基準割合に年1％の割合を加算した割合（当該加算した割合が年7.3％の割合を超える場合には，年7.3％の割合）とされる（措法94①）。

そして，延滞税は，各種の本税に対してのみ課されるもので，各種加算税，延滞税等の納付が遅延しても課されることはない（通則法60①三かっこ書参照）。なお，その損金性については，利子税と異なって，個人及び法人を問わず所得金額の計算上必要経費又は損金の額に算入されることはない（所法45①三，法法55④一）。

なお，延滞税の額の計算の基礎となる期間については，所定の期間を除外する旨の特例（通則法61）が設けられているが，その場合にも，偽りその他不正の行為により国税を免れた等の場合には，当該特例から除外されることになっている（通則法61①かっこ書）。この特例除外について，令和6年度税制改正において「隠蔽し，又は仮装して更正の請求書を提出している場合」も含まれることとされている。

2　延滞税の免除

延滞税は，国税債務の納付遅延に対して制裁的に市中金利よりも相当高い税率により税負担を強制するものであるが，その納付遅延が納税者においてやむを得ない理由によるものであるときは，その全部又は一部について免除されることになっている。

まず，①災害等による納税の猶予をした場合（通則法46①，②一，二，五），②事業の廃止等による納税の猶予をした場合（通則法46②三～五，③），③換価の猶予をした場合（徴収法151①），④滞納処分の停止をした場合（徴収法153①）及び⑤災害による期限の延長をした場合（通則法11）には，それぞれ所定の免除期間に応じて，2分の1又は全額の延滞税が免除される（通則法63①②）。納税の猶予の取消し（通則法49①），換価の猶予の取消し（徴収法152）又は滞納処分の停止の取消し（徴収法154①）の基因となる事実が生じた場合には，税務署長等は，その生じた日以後の期間に対応する部分の金額について免除しないことができるとされている（通則法63①ただし書）。なお，前記事由により延滞税が2分の1に減額された場合には，租税特別措置法の規定によって税率が軽減される（措法94）。

　次に，①納税の猶予又は換価の猶予をした場合において，その納税者において延滞税の納付を困難とする所定の事由が生じた場合（通則法63③），②税務署長等が滞納国税の全額を徴収するために必要な財産を差押えし，又は納付すべき税額に相当する担保の提供を受けた場合（通則法63⑤）及び③納付委託等による国税の納付があったこと，震災，風水害，火災等の災害により国税を納付できなくなったこと等の特定の事由が生じた場合（通則法63⑥）には，税務署長等は，その裁量により所定の額の延滞税を免除することができる。また，上記の特定の事由については，次に掲げる場合に限定されている（通則令26の2）。

①　国税徴収法に規定する交付要求により交付を受けた金銭を当該交付要求に係る国税に充てた場合

②　火薬類の爆発，交通事故その他の人為による異常な災害又は事故により，納付すべき税額の全部若しくは一部につき申告することができず，又は国税を納付することができない場合（その災害又は事故が生じたことにつき納税者の責めに帰すべき事由がある場合を除く。）

上記の「人為による異常な災害又は事故」が何を意味するかについて，解釈上疑義があるので，「人為による異常な災害又は事故による延滞税の免除について（法令解釈通達）」（平成13年6月22日付徴管2 - 35ほか）では，次の場合を挙げている。

① 誤指導……税務職員が納税者から十分な資料の提出があったにもかかわらず，納税申告又は源泉徴収に関する税法の解釈又は取扱いについて誤った指導を行い，かつ，納税者がその指導その誤指導を信頼したことにより，納付すべき税額の全部又は一部につき申告又は納付することができなかったこと（納税者がその誤指導を信じたことにつき，納税者の責めに帰すべき事由がないこと。）。

② 申告書提出後における法令解釈の明確化等……税法の解釈に関し，申告書提出後に法令解釈が明確化されたことにより，その法令解釈と納税者の解釈が異なることとなった場合等において，当該法令解釈等により既に申告又は納付された税額に追加して納付することとなったこと。

③ 申告期限時における課税標準等の計算不能

④ 振替納付に係る納付書の送付漏れ等

以上の通達上の取扱いについては，特に，税務職員による誤指導の存在が争われることが多いが，訴訟になるとその事実が否定されることが多い[3]。

なお，以上の国税通則法の規定による免除のほか，特別の事由があるときには，他の法律によって延滞税が免除される場合がある[4]。

3 催告通知の処分性等

延滞税の納税義務は，原則として，本税が法定納期限を経過しても納付されないときに成立し，その成立と同時に特別の手続を要しないで納付すべき税額が確定する（通則法15③六）。したがって，延滞税の額に

ついては，本来課税処分はあり得ず，法定納期限後に本税を納付すると
きに延滞税の額を計算して納付すればそれで全てが終わる。しかし，実
務では，延滞税が納付されないときには，所轄税務署長から，督促状等
により納付すべき延滞税の額について通知（催告）されることがある。
かくして，かかる催告通知を不服とする納税者から，その取消しを求め
て不服申立て又は取消訴訟が提起されることがある。

　この問題については，東京地裁昭和41年6月16日判決（税資44号
789頁）が，次のように判示しており，多くの判決も同様な判示をして
いる*5。

　「本件延滞税については，期限後申告書の提出によりその所得税を納
付すべき時に当然に延滞税の納付義務が成立し，同時に特別の手続を要
しないで納付すべき税額が確定するのであって，本件延滞税についての
前記納付催告といえども，税の賦課処分ではないのはもとより，行政事
件訴訟法第3条第1項にいう処分にも当たらず，その性質上観念の通知
にすぎないものと解すべきであるから，本件延滞税について原告のいわ
ゆる賦課決定処分の取消しを求める訴えは，結局取消訴訟の対象たる処
分を欠くものとして不適法たるを免れない。」

　以上のように，延滞税の催告通知に処分性がないことについては，一
般的に承認されていると言える。しかし，それでもなお，若干の問題が
残されている。一つは，同じく自動確定方式で税額が確定する源泉所得
税を未納付の場合に税務署長から発せられる納税の告知（通則法36）に
ついては処分性が認められている*6こととの対比である。もっとも，
納税の告知については，それを発することに法的根拠があるが，延滞税
の催告通知には，法的根拠がないという差異がある。

　また，実質的には，前述したように，延滞税の賦課には多くの減額規
定があり，その解釈上の問題があるから，当該各規定の適用や解釈につ
いて課税庁と納税者の見解が対立することも考えられる。そうすると，

第V章　税務否認と租税制裁　**275**

当該対立を「延滞税の債務不存在」の確認を求めるような，訴訟の場のみで争うのではなく，不服申立ての段階で解決する方が納税者の利益に適うこともある。したがって，延滞税の「催告通知に処分性がない」ということだけで終わらせるのではなく，不服申立段階でも，前述の免除規定の適用の可否について審理できるように検討すべきであると考えられる。

第3節　過少申告加算税

1　賦課要件

国税通則法65条1項は，「期限内申告（還付請求申告書を含む。〈略〉）が提出された場合（期限後申告書が提出された場合において，次条第1項ただし書又は第9項の規定の適用があるときを含む。）において，修正申告書の提出又は更正があったときは，当該納税者に対し，その修正申告又は更正に基づき第35条第2項（〈略〉）の規定により納付すべき税額に100分の10の割合（修正申告書の提出が，その申告に係る国税についての調査があったことにより当該国税について更正があるべきことを予知してされたものでないときは，100分の5の割合）を乗じて計算した金額に相当する過少申告加算税を課する。」と定めている。

また，上記の過少申告加算税の税率については，上記に規定する納付すべき税額（当該修正申告等前に修正申告等がある場合には所定の累積増差税額を加算した金額）がその国税に係る期限内申告税額に相当する金額と50万円とのいずれか多い金額を超えるときは，過少申告加算税の額は，上記の規定にかかわらず，上記の規定により計算した金額に，その超える部分に相当する税額に100分の5の割合を乗じて計算した金額を加算した金額となる（通則法65②）。

次に，当該納税者が，帳簿に記載し，又は記載すべき事項に関しその修正申告書の提出又は更正があった時より前に，当該職員から当該帳簿

の提示又は提出を求められ，かつ，次に掲げる場合のいずれかに該当するときは，過少申告加算税の額は，国税通則法 65 条 1 項及び 2 項の規定により計算した金額に，同 1 項に規定する納付すべき税額に 100 分の 10 の割合（次の②に該当するときは 100 分の 5）を乗じて計算した金額を加算した金額とする（通則法 65 ④，通則令 27 ①）。

① 当該職員に当該帳簿の提示若しくは提出をしなかった場合又は当該職員にその提示若しくは提出がされた当該帳簿に記載し，若しくは記録すべき事項のうち，納税申告書の作成の基礎となる重要なものとして所定の記載若しくは記録が著しく不十分である場合

② 当該職員にその提示又は提出がされた当該帳簿に記載し，又は記録すべき事項のうち，特定事項の記載又は記録が不十分である場合

この国税通則法 65 条 4 項の規定は，いわば当該職員に対する調査非協力等に対して，罰則的に過少申告加算税の税率を加重するのであるので，いわば秩序罰的な性格を有している。そのため，当該過少申告加算税の加重措置は，過少申告加算税が本来過少申告に対する制裁的措置であることを考慮すると，本来の過少申告加算税の制度の趣旨に逸脱するように考えられる。

ともあれ，過少申告加算税は，ケアレスミス等から生じた過少申告に対する制裁措置ということで，本税の 5 〜 10％程度の負担であると考えられていたが，前述の各加重措置を考慮すると，最高本税の 25％程度の税負担になるので，留意を要する。

なお，過少申告加算税については，過少申告につき「正当な理由」がある場合又は当該修正申告が「更正があるべきことを予知してされたものでない」場合には，それぞれ軽減措置が設けられているので，次に述べる。

第Ⅴ章　税務否認と租税制裁　　*277*

2 「正当な理由」等

(1) 規定の内容

　国税通則法 65 条 5 項は，次のように定め，過少申告加算税の全部又は一部を課さないことにしている。

　「次の各号に掲げる場合には，第 1 項又は第 2 項に規定する納付すべき税額から当該各号に定める税額として政令で定めるところにより計算した金額を控除して，これらの項の規定を適用する。

　　一　第 1 項又は第 2 項に規定する納付すべき税額の計算の基礎となった事実のうちにその修正申告又は更正前の税額（還付金の額に相当する税額を含む。）の計算の基礎とされていなかったことについて正当な理由があると認められるものがある場合……その正当な理由があると認められる事実に基づく税額

　　二　第 1 項の修正申告又は更正前に当該修正申告又は更正に係る国税について期限内申告書の提出により納付すべき税額を減少させる更正その他これに類するものとして政令で定める更正（更正の請求に基づくものを除く。）があった場合……当該期限内申告書に係る税額（還付金の額に相当する税額を含む。）に達するまでの税額」

　上記の 2 号の規定は，最高裁平成 26 年 12 月 12 日第二小法廷判決（訟務月報 61 巻 5 号 1073 頁）[7]を契機にして平成 28 年度税制改正で改正されているが，このような事由は「正当な理由」の 1 事例とも解することができるから，通達改正で対処することも可能であったと考えられる[8]。

(2) 「正当な理由」の意義

イ　裁判例の動向

　「正当な理由」の解釈（意義）については，後述するように，かつて，国税庁は，その取扱いを明らかにしていたが，その後，当該取扱いを「マル秘」扱いとしたため，その後の当該解釈（意義）は，裁判例によっ

て形成されてきた＊9。その代表的裁判例である東京高裁昭和51年5月24日判決（税資88号841頁）は，次のとおり判示している。

「右にいう『正当な理由がある場合』とは，例えば，税法の解釈に関して申告当時に公表されていた見解がその後改変されたことに伴い修正申告し，また更正を受けた場合あるいは災害または盗難等に関し申告当時損失とすることを相当としたものがその後予測しなかった保険金等の支払いを受けあるいは盗難品の返還を受けたため修正申告し，また更正を受けた場合等申告当時適法とみられた申告がその後の事情の変更により納税者の故意過失に基づかずして当該申告額が過少となった場合の如く，当該申告が真にやむをえない理由によるものであり，かかる納税者に過少申告加算税を賦課することが不当もしくは酷になる場合を指称するものであって，納税者の税法の不知もしくは誤解に基づく場合は，これに当たらないといいうべきである。」

かくして，このような東京高裁判決の考え方は，その後の裁判例＊10にも引き継がれることになった。

その中で，近年の最高裁平成18年4月20日第一小法廷判決（民集60巻4号1611頁）は，「『正当な理由があると認められる』場合とは，真に納税者の責めに帰することのできない客観的な事情があり，上記のような過少申告加算税の趣旨に照らしても，なお，納税者に過少申告加算税を賦課することが不当又は酷になる場合をいうものと解するのが相当である。」と判示している＊11。

ロ　通達の取扱い

国税庁は，かつて，所得税基本通達（昭和26年発出）等において，「正当な理由」についての取扱いを公表していたことがあり，それが前述の裁判例にも影響を及ぼしてきた。しかし，その後，当該取扱いを「マル秘」扱いとしてきたが，課税庁側の加算税の取扱いを明らかにすべきである旨の納税者側の要請が高まったこと＊12等もあって，国税庁は，平

成12年7月3日付けで，各種加算税の取扱いを明らかにした。

　しかし，これらの取扱通達（以下「加算税通達」という。）は，「事務運営指針」として発出され，各税目ごとに，国税通則法65条に係るもの4本，同法66条に係るもの4本，同法67条に係るもの1本及び同法68条に係るもの5本というように複数発出されている*13。

　このような事務運営指針については，他の税法の解釈を指示している基本通達等が「法令解釈通達」としていることや加算税通達の発出後に出された延滞税に係る「人為による異常な災害又は事故による延滞税の免除について」通達（平成13年6月22日付徴管2－35ほか）が，「法令解釈通達」となっていること等に照らし，不自然である。また，加算税通達は，基本的には前述の裁判例の考え方を踏襲しているが，税目ごとに定められていることもあって，各通達の取扱いに整合性がないところがある*14。例えば，税務職員の誤指導によって過少申告等が生じた場合に，「申告所得税の過少申告加算税及び無申告加算税の取扱いについて」通達では「正当な理由」の一つに挙げているが，他の税目の取扱いでは何ら定めがない。以上のように，「正当な理由」の意義（解釈）については，ことの性格上抽象的概念にならざるを得ず，裁判例，加算税通達等においても整合性があるとも考えられないが，実務においては，個別事案の事実関係に対応し，かつ，前記解釈論を踏まえて，対応する必要がある。

ハ　「正当な理由」の態様

　前述のように，「正当な理由」の意義（解釈）については，客観的には，当該過少申告が「真にやむを得ない理由によるものであり，納税者に過少申告加算税を賦課することが不当若しくは酷になる場合を指称するものであって，納税者の税法の不知若しくは誤解に基づく場合は，これに当たらない」と解されることになる。かくして，「納税者に過少申告加算税を賦課することが不当若しくは酷になる場合」とは，具体的に何を指すかが実務上問題となる。それらの事由については，実務的には，税

法解釈の疑義・誤解に関するもの及び事実関係の不知・誤認に関するものが多いが、それらが税務官庁側の対応から生じる場合も多く、信義則の適用とも関係することになる[15]。具体的には、次のような場合に問題となる[16]。

① 税務職員の誤指導

② 税務官庁の不作為（納税者の法令解釈等の照会等に対して税務官庁側が何らの行動を起さないこと等）

③ 税務官庁の見解（通達）の変更（改正）が不適切であったこと

④ 公刊物等における担当職員の見解等が納税者に誤解を生じさせたこと

3　更正の予知等

(1)　規定の内容と趣旨

国税通則法 65 条 1 項かっこ書において、修正申告の提出がその申告により当該国税について更正があるべきことを予知してされたものでないときは税率を 5 ％に減じる旨定めているほか、同 6 項は、次のように定め、納税者が自主的に修正申告をしたときには、過少申告加算税を課さないことにしている。

「第 1 項の規定は、修正申告書の提出が、その申告に係る国税についての調査があったことにより当該国税について更正があるべきことを予知してされたものでない場合において、その申告に係る国税についての調査に係る第 74 条の 9 第 1 項第 4 号及び第 5 号（〈略〉）に掲げる事項その他政令で定める事項の通知（次条第 6 項第 2 号及び第 8 項において「調査通知」という。）がある前に行われたものであるときは、適用しない。」

上記の政令で定める事項は、国税通則法 74 条の 9 第 1 項に規定する実地の調査において質問検査等を行わせる旨とし（通則令 27 ④）、政令で定める通知には、国税通則法 74 条の 9 第 5 項に規定する場合に該当

第Ⅴ章　税務否認と租税制裁　*281*

する場合において同項に規定する税務代理人に対してする通知を含むことになる（通則令27⑤）。

このような自発的意思によって修正申告が行われた場合の過少申告加算税の減免は，他の加算税においても採用されている（通則法66⑧⑨，67②③，68①②参照）が，このような制度の趣旨について，東京地裁昭和56年7月16日判決（税資120号129頁）は，当時の制度に関し，次のように判示している。

「そもそも加算税制度の趣旨は，適法な申告をしない者に対し所定の率の加算税を課することによって右のような納税義務違反の発生を防止し，もって申告納税制度の信用を維持しその基礎を擁護するところにある。この加算税制度の趣旨に鑑みれば，前記法条の趣旨は，過少申告がなされた場合には修正申告書の提出があったときでも原則として加算税は賦課されるものであるが，「申告に係る国税についての調査があったことにより当該国税について更正があるべきことを予知」することなく自発的に修正申告を決意し，修正申告書を提出した者に対しては例外的に加算税を賦課しないこととし，もって納税者の自発的な修正申告を歓迎し，これを奨励することを目的とするものというべきである。」

また，国税通則法65条6項の規定の解釈については，「調査があったこと」及び「更正があるべきことを予知」及び「調査通知」が何を意味するかが問題となる*18。

(2) 「調査があったこと」の意義

国税通則法上の「調査」という用語は，多くのケースにおいて使用されている（通則法23④，24，25，26，27，32，65⑥，66①⑧，68①，74の2①④，74の3①，74の9①④，74の10，74の11①②④，74の12①，75②，82，84①等参照）。このように多用されている「調査」の意義については，国税通則法上定義規定があるわけではないものの，かつては，裁判例等

282

を通してその解釈が統一されていた。しかし，平成23年国税通則法改正に対応した平成24年9月12日付「国税通則法第7章の2（国税の調査）等関係通達の制定について（法令解釈通達）」（以下「調査通達」という。）が制定され，その中の「調査」の取扱いを一変させたので，むしろ，解釈・実務とも混乱しているようである。詳細については，「第Ⅵ章　税務否認と税務調査」において論じることとする。

⑶　「更正があるべきことを予知」の意義

イ　裁判例の動向

　前述したように，国税庁は，かつては加算税の取扱いを公表（昭和26年）したこともあるが，その後（昭和30年代），それを「マル秘」扱いにしたため，「更正があるべきことを予知」の解釈についても，主として，裁判例によって構築されてきたと言える。その解釈論を大別すると，次の3説に区分することができる。

①　具体額発見説（調査により脱漏所得が発見された後に出された修正申告）

　　　この説は，和歌山地裁昭和50年6月23日判決（税資82号70頁）に依拠するものと解されるが，同判決は，次のように判示している。

　　　「『……更正があるべきことを予知してなされたもの』というのは，税務当局が，当該納税申告に疑惑を抱き，調査の必要を認めて，納税義務者に対する質問，帳簿調査等の実地調査に着手し，これによって収集した具体的資料に基づき，先の納税申告が適正なものでないことを把握するに至ったことを要するものと解すべきである。しかしそれ以上に，税務当局が，申告もれの所得金額を正確に把握し，更正をなすに足りる全資料を収集していなければならないものでもない。」

②　調査開始説（調査が開始された後に提出された修正申告）

この説は，最高裁昭和51年12月9日第一小法廷判決（税資90号759頁）に依拠するものと解されるが，同判決は，次のとおり判示している。

　「原審が確定した事実によれば，亡○○が嘆願書を提出したのは，すでにその申告にかかる昭和39年分所得税について調査を受けた後であったというのであり，仮に，税務職員の適切な指導・助言により，亡○○が，嘆願書を提出した時期に修正申告書を提出していたとしても，更正処分を受けるべきことを予知してこれを提出したことになるものというべきであって，過少申告加算税の賦課を免れないところである。」

③　客観的確実性説（調査により脱漏所得を発見するに足るかあるいはその端緒となる資料が発見され，更正に至るであろうことが客観的に相当程度の確実性をもって認められる段階に達した後に，納税者が更正に至るべきことを認識したうえで修正申告を決意して提出した修正申告）

　この説は，①と②の中間説といえ，多くの判決によって支持されているところであるが，その先駆けとなった東京地裁昭和56年7月16日判決（税資120号129頁）は，次のとおり判示している。

　「『……更正があるべきことを予知してされたものではないとき』というのは，税務職員がその申告に係る国税についての調査に着手してその申告が不適正であることを発見するに足るかあるいはその端緒となる資料を発見し，これによりその後調査が進行し先の申告が不適正で申告漏れの存することが発覚し更正に至るであろうということが客観的に相当程度の確実性をもって認められる段階に達した後に，納税者がやがて更正に至るべきことを認識したうえで修正申告を決意し修正申告書を提出したものでないこと，言い換えれば右事実を認識する以前に自ら進んで修正申告を確定的に決意して修正申告書を提出することを必要とし，かつ，それをもって足りると

解すべきである。」

ロ　通達の取扱い

　平成12年に発出された加算税通達は，各税目ごとに，「調査があることにより……更正があるべきことを予知してされたもの」の取扱いを定めているが，例えば，法人税に係る過少申告等通達では，次のとおり定めている。

　「その法人に対する臨場調査，その法人の取引先の反面調査又はその法人の申告書の内容を検討した上での非違事項の指摘等により，当該法人が調査があったことを予知したと認められた後に修正申告書が提出された場合の当該修正申告書の提出は，原則として，同項に規定する「更正があるべきことを予知してされたもの」に該当する。

（注）臨場のための連絡を行った段階で修正申告書が提出された場合には，原則として，「更正があるべきことを予知してされたもの」に該当しない。」

　このような取扱いは，各税目にも共通しているが，内部調査も含めて非違事項の指摘等があれば，当該法人が調査があったことを予知し，原則として，更正を予知したものと取り扱うとしているのであるから，一段階要件説と調査開始説を採用したものと解される。

　しかし，前述の調査通達では，「調査」の意義について従前の解釈を変更し，かつ，「調査」と「更正の予知」との関係についても加算税通達とは別な取扱いを示している。これらの問題については，後述する「Ⅵ　税務否認と税務調査」のところで論述することとする。

ハ　小　　括

　以上のように，「更正があるべきことを予知」の解釈については，判例上，客観的確実性説が支配的になっているが，同説にしても，調査が進行し先の申告が不適正で申告漏れの存することが発覚し更正に至るであろうということが，「客観的に相当程度の確実性をもって認められる段階」をどのようにして判断するかが問題となる。この段階の判断いか

第Ⅴ章　税務否認と租税制裁　　**285**

んによっては，その認定が調査開始後に限りなく近づくことになったり，具体額発見説に近づくことになったりすることもある＊19。結局，個々の事案においては，争訟の審理過程における当事者の主張・立証の程度と裁判所又は国税不服審判所における裁判官等の判断に委ねられることになろう。

　他方，過少申告加算税の賦課決定の基となる国税庁の取扱い通達は，前述したように，加算税通達においては，調査開始説的な取扱いを指示しているが，その後発出された調査通達では，「調査」の概念を変更し，「更正の予知」の範囲を大幅に制限するように取り扱うことにしている。そのため，今後の課税実務の推移を見守る必要があるが，平成23年国税通則法改正後の税務執行の状況を見るに，過少申告加算税等の賦課決定における厳しさ（厳正さ）が薄れて行くものと見込まれる。もっとも，そのことが，適正な税務執行であるということとは別問題である。

(4)　「調査通知」の意義

　このような「調査」と「更正の予知」の関係は，平成28年度及び令和4年度の改正によって一層複雑化している。令和4年度改正（施行は令和6年1月1日）後の国税通則法65条6項は，前述のように，「調査があったことにより……更正があるべきことを予知してされたものではない」場合においては，調査通知（調査を行う旨，調査対象税目及び調査対象期間の通知）の前の修正申告についてのみ過少申告加算税を課さない旨定めるに至った。

　この場合，「調査通知」とは，調査税目，調査期間及び実地調査における質問検査権行使を通知することをいう（通則法65⑥，74の9①四，五，通則令27④）。要するに，「更正の予知」の解釈については，前述のような幅があるため，調査通知の前後において，5％の軽減税率を課す場合と全く課さない場合に区分したことになる。

第4節　無申告加算税

1　賦課要件

　国税通則法66条1項は，無申告加算税の原則的な賦課要件について，次のように定めている。

　「次の各号のいずれかに該当する場合には，当該納税義務者に対し，当該各号に規定する申告，更正又は決定に基づき第35条第2項（〈略〉）の規定により納付すべき税額に100分の15の割合（期限後申告書又は第2号の修正申告書の提出が，その申告に係る国税についての調査があったことにより当該国税について更正又は決定があるべきことを予知してされたものでないときは，100分の10の割合）を乗じて計算した金額に相当する無申告加算税を課する。ただし，期限内申告書の提出がなかったことについて正当な理由があると認められる場合は，この限りでない。

　　一　期限後申告書の提出又は第25条（〈略〉）の規定による決定があった場合

　　二　期限後申告書の提出又は第25条の規定による決定があった後に修正申告書の提出又は更正があった場合」

　また，過少申告加算税の場合と同様に，上記の「納付すべき税額」（累積納付税額を加算した金額）が50万円を超えるときは，その超える部分に相当する税額に100分の5の割合を乗じて計算した金額を加算することになる（通則法66②）。

　更に，高額な無申告に対して制裁を強化するために国税通則法66条2項に定める加算後累積納付税額が，50万円までは15%，50万円超300万円以下は20%，300万円超は30%の税率になる（通則法66③）＊20。

　なお，記帳水準の向上に資する観点から，記帳義務の適正な履行を担保するため，帳簿の不存在，記載不備，帳簿等の不提出・不提示に対し，過少申告加算税の場合と同様（通則法65④），無申告加算税の税率

が10%（又は5％）加算されることになる（通則法66⑤）＊21。

　それに加え，自主的に申告を促し，納税コンプライアンスを高める観点から，前年及び前々年の国税について，無申告加算税又は重加算税（無申告加算税に代えて課されるものに限る。）を課される者が一定期間繰り返し行われる無申告行為等に対して課される無申告加算税又は重加算税の税率が10%加算されることになる（通則法66⑥，68④）＊22。

2　「正当な理由」と決定等の予知

　無申告加算税に関しても，過少申告加算税の場合と同様に，行政制裁を課すべきでないと認められる事情があるときには，無申告加算税を課さないこととし，あるいは，その税率を軽減することにしている。

　すなわち，国税通則法66条1項は，期限後申告書等の提出が，その申告に係る国税について更正又は決定があるべきことを予知してされたものでないときは，その税率を10%に軽減するとし，期限内申告書の提出がなかったことについて正当な理由があると認められる場合は，無申告加算税は課さないことにしている（ただし，この「正当な理由」がある場合には，過少申告加算税が課されることになる（通則法65①かっこ書）。また，「更正又は決定があるべきことを予知」したか否かに関しては，調査があったことの前後において特別の規定が設けられている（通則法66⑧⑨）。

　これらの「正当な理由」又は「決定等の予知」の解釈等については，無申告加算税の固有の問題も若干存するが，大部分は過少申告加算税について論じたことに準じることになるので，ここでの詳述は避けることとする。

第5節　不納付加算税

1　徴収要件

　所得税収入の大半が源泉徴収によって国庫に納入されるなど，源泉徴

収制度は，我が国の租税制度において重要な役割を果たしている。しかし，この制度は，源泉徴収義務者に所得税等の徴収と納付を強制させるため，憲法違反論争を惹起することになるが，最高裁昭和 37 年 2 月 21 日大法廷判決（刑集 16 巻 2 号 107 頁）等が合憲と判断している。とはいえ，源泉徴収義務者の徴収・納付の役務提供によって源泉徴収制度が成り立っていることもあって，当該徴収・納付を怠った者に対して課される不納付加算税については，他の加算税に比して，やや緩和されたものとなっている。

　すなわち，国税通則法 67 条 1 項は，「源泉徴収等による国税がその法定納期限までに完納されなかった場合には，税務署長又は税関長は，当該納税者から，納税の告知（〈略〉）に係る税額又はその法定納期限後に当該告知を受けることなく納付された税額に 100 分の 10 の割合を乗じて計算した金額に相当する不納付加算税を徴する。ただし，当該告知又は納付に係る国税を法定納期限までに納付しなかったことについて正当な理由があると認められる場合は，この限りでない。」と定めており，同条 2 項は，「源泉徴収等による国税が納税の告知を受けることなくその法定納期限後に納付された場合において，その納付が，当該国税についての調査があったことにより当該国税について当該告知があるべきことを予知してされたものでないときは，その納付された税額に係る前項の不納付加算税の額は，同項の規定にかかわらず，当該納付された税額に 100 分の 5 の割合を乗じて計算した金額とする。」と定めている。

　以上が不納付加算税の基本的な徴収規定であるが，平成 18 年度税制改正において，国税通則法 67 条に 3 項が加えられ，同項は，「第 1 項の規定は，前項の規定に該当する納付がされた場合において，その納付が法定納期限までに納付する意思があったと認められる場合として政令で定める場合に該当してされたものであり，かつ，当該納付に係る源泉徴収等による国税が法定納期限から 1 月を経過する日までに納付されたも

のであるときは，適用しない。」と定めている。

　上記の「政令で定める場合」については，過去1年間に，①納税の告知を受けたことがない場合及び②納税の告知を受けることなく法定納期限後に納付された事実がない場合，が挙げられている。

2　「正当な理由」と「告知の予知」

　不納付加算税に関しても，過少申告加算税及び無申告加算税の場合と同様に，行政制裁を課すべきでない事情があるときには，不納付加算税を課さないこととし，あるいは，その税率を軽減することとしている。また，不納付加算税の納税義務者たる源泉徴収義務者に対しては，国の徴収事務を代行するような義務を課していることもあり，過少申告加算税や無申告加算税に関して課せられているような税率の加重措置は設けられていない。

　上記の軽減措置については，前述のように，国税通則法67条1項ただし書が，法定納期限までに納付しなかったことにつき，「正当な理由」があれば不納付加算税を課さないこととし，同条2項が，「告知があるべきことを予知してされたもの」でないときは，その税率を5％に軽減することにしている。このような「正当な理由」及び「告知があるべきことを予知」については，不納付加算税に関する固有の事情があるものの，大部分は過少申告加算税で論じたことに準ずることになるので，詳述を避けることとする。

　なお，前述の国税通則法67条3項の非課税措置については，源泉徴収制度に係る固有の問題があるものの減多に生じない事情であるから，取扱通達等で「正当な理由」の一つとして取り扱えば足り，立法化するほどのものでもないと考えられる。

第6節　重加算税

1　賦課要件

　国税通則法 68 条 1 項は，過少申告加算税に代えて重加算税の賦課する要件について，次のように定めている。

　「第 65 条第 1 項（〈略〉）の規定に該当する場合（修正申告書の提出が，その申告に係る国税についての調査があったことにより当該国税について更正があるべきことを予知してされたものでない場合を除く。）において，納税者がその国税の課税標準等又は税額等の計算の基礎となるべき事実の全部又は一部を隠蔽し，又は仮装し，その隠蔽し，又は仮装したところに基づき納税申告書を提出していたときは，当該納税者に対し，政令で定めるところにより，過少申告加算税の額の計算の基礎となるべき税額（〈略〉）に係る過少申告加算税に代え，当該基礎となるべき税額に 100 分の 35 の割合を乗じて計算した金額に相当する重加算税を課す。」

　このような過少申告加算税に代えて重加算税を課す要件については，無申告加算税に代えて課す場合（通則法 68 ②）及び不納付加算税に代えて課す場合（通則法 68 ③）にも，同様に定められている。ただし，無申告加算税に代えて課す場合には，その税率は 40％ とされている（通則法 68 ②）。

　なお，令和 6 年度税制改正において，過少申告加算税又は無申告加算税に代えて課される重加算税の適用対象に，隠蔽し，又は仮装された事実に基づき更正の請求書を提出していた場合も含まれることが明らかにされた。

　また，重加算税についても，従前の申告内容に応じて，加重税率を課すことについて，国税通則法 68 条 4 項は，次のように定めている。

　「前 3 項の規定に該当する場合において，次の各号のいずれか（〈略〉）に該当するときは，前 3 項の重加算税の額は，これらの規定にかかわら

第Ⅴ章　税務否認と租税制裁　　**291**

ず，これらの規定により計算した金額に，これらの規定に規定する基礎
となるべき税額に 100 分の 10 の割合を乗じて計算した金額を加算した
金額とする。

　　一　前 3 項に規定する税額の計算の基礎となるべき事実で隠蔽し，又
　　　は仮装されたものに基づき期限後申告書若しくは修正申告書の提
　　　出，更正若しくは決定又は納税の告知（〈略〉）若しくは納税の告知
　　　を受けることなくされた納付があった日の前日から起算して 5 年前
　　　の日までの間に，その申告，更正若しくは決定又は告知若しくは納
　　　付に係る国税の属する税目について，無申告加算税等を課され，又
　　　は徴収されたことがある場合

　　二　その期限後申告書若しくは修正申告書の提出又は更正若しくは決
　　　定に係る国税の課税期間の初日の属する年の前年及び前々年に課税
　　　期間が開始した当該国税（〈略〉）の属する税目について，特定無申
　　　告加算税を課されたことがあり，又は特定無申告加算税等に係る賦
　　　課決定をすべきと認める場合」

　以上の規定により，重加算税の税率は，最高 45% 又は 50% というこ
とになる。それだけに，重加算税は，脱税に近い行為に対する措置であ
るということで，行政制裁としては最も厳しい措置である。また，重加
算税の賦課においては，「隠蔽又は仮装」とは，何を意味し，どのよう
な論点を有するかが最大の問題となる。そこで，それらの問題点を以下
に論じることとする。

2　「隠蔽又は仮装」の意義

(1)　通達の取扱い

　国税庁は，平成 12 年 7 月 3 日付で各税目ごとに加算税の取扱いを公
表しているが[23]，その中で，例えば，「申告所得税の重加算税の取扱
いについて（事務運営指針）」では，「隠蔽し，又は仮装し」とは，次に

掲げるような事実がある場合をいう，と定めている。

① いわゆる二重帳簿を作成していること。

② 帳簿書類の隠匿，虚偽記載等があること。

③ 事業の経営，売買，賃貸借，消費貸借，資産の譲渡又はその他の取引について，正当な理由なく，本人以外の名義又は架空名義で行っていること。

④ 所得の源泉となる資産（株式，不動産等）を本人以外の名義又は架空名義により取得していること（正当な理由がある場合を除く。）。

⑤ 秘匿した売上代金等をもって本人以外の名義又は架空名義の預貯金その他の資産を取得していること。

⑥ 居住用財産の買換えその他各種の課税の特例の適用を受けるため，所得控除，税額控除等を有利にするように，虚偽の証明書その他の書類を自ら作成し，又は他人をして作成させていること。

⑦ 源泉徴収票，支払調書等の記載事項を改ざんし，若しくは架空の源泉徴収票等を作成し，又は他人をして源泉徴収票等に虚偽の記載をさせ，若しくは源泉徴収票等を提出させていないこと。

⑧ 調査等の際の具体的事実についての質問に対し，虚偽の答弁等を行い，又は相手先をして虚偽の答弁等を行わせていること及びその他の事実関係を総合的に判断して，申告時における隠蔽又は仮装が合理的に推認できること。

　また，法人税の重加算税の取扱いについても，同様な規定が定められているが，法人税固有の問題として，①簿外資産（確定決算上の帳簿に資産として計上されていないもの）に係る利息収入等が除外され，又は当該簿外資産をもって役員賞与その他の費用が支出されていること，②同族会社の判定の基礎となる株主等が架空又は単なる名義人であり，非同族会社としていること，等が挙げられている。

　なお，以上の現行の取扱いでは，「隠蔽又は仮装」に関して「故意」

を要件としていないが，旧所得税基本通達(昭和26年1月1日付)では，「故意」を要件にすることを定めていた＊24。

(2)　裁判例の動向

　「隠蔽又は仮装」の意義を判示した裁判例は多いが，その意義を端的に判示したものとして，和歌山地裁昭和50年6月23日判決（税資82号70頁）がある。同判決は，次のとおり判示している。

　「右法条の各1項に規定する『……の計算の基礎となるべき事実(〈略〉)を隠ぺいし，又は仮装し』たとは，不正手段による租税徴収権の侵害行為を意味し，『事実を隠ぺい』するとは，事実を隠匿しあるいは脱漏することを，『事実を仮装』するとは，所得・財産あるいは取引上の名義を装う等事実を歪曲することをいい，いずれも行為の意味を認識しながら故意に行なうことを要するものと解すべきである。」

　また，大阪高裁平成3年4月24日判決（税資183号364頁）は，次のように判示している。

　「法第68条第1項に定める重加算税の賦課要件である『隠ぺい・仮装』とは，租税を脱税する目的をもって，故意に納税義務の発生原因である計算の基礎となる事実を隠匿し，又は，作為的に虚偽の事実を付加して，調査を妨げるなど納税義務の全部または一部を免れる行為をいい，このような見地からは，重加算税の実質は，行政秩序罰であり，その性質上，形式犯ではあるが，不正行為者を制裁するため，著しく重い税率を定めた立法趣旨及び『隠ぺい・仮装』といった文理に照らし，納税者が，故意に脱税のための積極的行為をすることが必要であると解するのが相当である。そして，隠ぺい，又は仮装行為が，申告者本人ないし申告法人の代表者が知らない間に，その家族，従業員等によって行われた場合であっても，特段の事情のないかぎり，原則として，右重加算税を課することができるものと解される。」

さらに，東京地裁昭和52年7月25日判決（税資95号124頁）は，税務調査段階での収入計上漏れを正当化するための虚偽資料の提出や虚偽答弁につき，「右認定事実によれば，原告には，益金に計上されるべき家賃収入（〈略〉）あるいは定期預金利息（〈略〉）について，これに対する課税を回避しようとする意図が当初からあったものと推認することができ，そうとすれば，原告は右家賃収入があるにもかかわらず，この事実を隠ぺいし，その隠ぺいしたところに基づいて確定申告し」たものと判示している。

3　解釈上の論点

(1)　論点の要旨

　以上のように，「隠蔽又は仮装」の意義についての解釈については，種々の考え方がある。それらの考え方は，「隠蔽」又は「仮装」の言葉の意味するところから，それらの概念を語義的にかつ抽象的に表そうとするもの，あるいは，二重帳簿の作成，架空仕入の計上等具体的な不正行為を例示することにより，「隠蔽」又は「仮装」の概念を明らかにしようとするもの等，さまざまである。そして，特に，裁判例においては，「隠蔽又は仮装」の意義について，重加算税の性質が，悪質な過少申告・不申告による納税義務違反の発生を防止し，もって納税の実を挙げんとする行政上の制裁措置であることに鑑み，究極的には，租税徴収権の侵害行為を意味する何らかの不正手段であると解することについては共通している。しかし，何が「隠蔽又は仮装」に当たるか否かを考察してみるに，前述の国税庁通達の取扱い，裁判例等において統一された考え方があるわけではなく，また，相互に矛盾した考え方も露呈している。

　そこで，それらの考え方を検討すると，次のような論点が残るので，それらについて個別に検討を要するといえる。

　①　納税者がその不正手段を行うに当たって，それを認識した上で，

第Ⅴ章　税務否認と租税制裁　　**295**

税を免れようとする意志すなわち故意が明らかにされている（立証する）必要があるか否か。

② 無記帳，不申告，虚偽申告，つまみ申告，申告書上の虚偽記載等のように積極的な不正工作を伴わない行為が「隠蔽又は仮装」といえるか否か。

③ 「隠蔽又は仮装」を行った者（行為者）が納税者本人に限定されるか，また，限定されない場合にどの範囲まで行為者を拡大できるのか。

④ 重加算税の納税義務の成立との関係で，納税義務成立後の税務調査等の段階での虚偽答弁等の不正工作が賦課要件を充足することになるのか。

⑤ 脱税等について刑事罰が適用されることとなる場合又は課税権の期間制限等が延長されることとなる場合の「偽りその他不正の行為」又は「偽り」との異同はどうなるのか。なお，令和4年度税制改正において，所得税法及び法人税法において，納税者が「隠蔽仮装行為」に基づき確定申告書を提出している場合には，所定の費用等の必要経費又は損金不算入を定めている（所法45③，法法55③）が，それらの場合の「隠蔽仮装行為」の異同も問題となる。

(2) 故意（認識）の要否

前記2で述べたように，国税庁の旧通達や裁判例では，「隠蔽又は仮装」の要件について，「故意（認識）」を必要としていたが，国税庁の現行の通達においては，故意（認識）の要否は一切不問とされている。それらの考え方を整理すると，次のようになる。

① 二重帳簿の作成等の行為が客観的に隠蔽又は仮装と判断されるものであれば足り，納税者の故意（認識）の立証まで必要としていないと解するもの。

② 課税要件となる事実を隠蔽又は仮装することについての認識があれば足り，その後過少申告等についての認識は必要としないとするもの。

③ ②の要件に加え，過少申告等についても租税を免れることの認識を必要とするもの。

このような考え方の中で，②説について，脱税犯の犯意と区分する必要があるということで裁判例[25]においても支持されるようになり，最高裁昭和 62 年 5 月 8 日第二小法廷判決（税資 158 号 592 頁）が，次のように判示したことによって，判例としての考え方が固まったといえる[26]。

「国税通則法第 68 条に規定する重加算税は，同法第 65 条ないし第 67 条に規定する各種の加算税を課すべき納税義務違反が事実の隠ぺい又は仮装という不正な方法に基づいて行われた場合に，違反者に対して課される行政上の措置であって，故意に納税義務違反を犯したことに対する制裁ではないから（〈中略〉），同法第 68 条第 1 項による重加算税を課し得るためには，納税者が故意に課税標準等又は税額等の計算の基礎となる事実の全部又は一部を隠ぺいし，又は仮装し，その隠ぺい，仮装行為を原因として過少申告の結果が発生したものであれば足り，それ以上に，申告に際し，納税者において過少申告を行うことの認識を有していることまでを必要とするものではない。」

(3) 行為者の範囲

国税通則法 68 条各項は，「納税者が……隠蔽し，又は仮装し」と定め，「隠蔽又は仮装」の行為の主体が「納税者」であることを明確にしている。この場合，「納税者」とは，「国税に関する法律の規定により国税（〈略〉）を納める義務がある者（〈略〉）及び源泉徴収等による国税を徴収して国に納付しなければならない者をいう。」（通則法 2 五）と定められている。

第Ⅴ章　税務否認と租税制裁　**297**

よって，文理上は，各税法に定められている納税義務者（所法5，法法4等）又は源泉徴収義務者（所法6）本人が，隠蔽又は仮装した場合に重加算税が課されるようにも解される。

　しかしながら，重加算税制度がそもそも納税義務違反に対する行政制裁であること，かかる納税義務については，納税者本人以外の従業員等の補助者，納税申告の委任を受けた代理人（税理士等）等が当該国税の課税標準等などの計算に従事すること等により履行されることが多いこと，かかる行政制裁よりも一層厳しい要件の下に罰せられる逋脱犯に対しては，「代理人，使用人その他の従業者」が脱税に加担する行為をした場合には，それらの者に対しても罰則規定が設けられていること（所法244，法法164等）等からみて，同法68条の規定は，隠蔽又は仮装の行為者を納税者本人に限定しているものとは解されない。そのことは，学説，判例等においても，容認されているところである。問題は，「納税者」という文言に照らし，隠蔽又は仮装の行為者の範囲をどのように解するかであるが，その解釈については，学説，判例，国税庁通達の取扱等において一様ではない。よって，それらの解釈論を検討し，その方向性を探る必要がある。

　裁判例においては，個人に関しては，納税者の家族が隠蔽又は仮装したことによって当該納税者に対する重加算税の賦課決定が適法と認めるものが多い[27]。また，相続税に関しては，被相続人が隠蔽，仮装行為を行い，相続人がそれを利用して過少申告した場合に，当該相続人について重加算税の賦課要件を充足するものと解されている[28]。

　法人（法人税及び消費税の場合）については，特に，従業員等が不正工作を働いた場合に重加算税を賦課し得るかが問題となるが，役員等の要職に就いている者が不正工作を行ったときには，当該重加算税の賦課決定を適法と認める裁判例[29]は多い。しかし，それ以外の従業員等が不正工作を行ったときには，その事案の内容によって判断が分かれるこ

とになる。このような場合，当該従業員の地位やその状況（納税者と同一利害関係の有無等）によって判断すべきとする見解[30]もある。

　また，納税申告等を受任した代理人である税理士等が行った隠蔽・仮装行為については，原則として，それを委任した納税者本人が行ったものとみなされるが[31]，特段の事情があれば，納税者本人の責めに帰せられないとする傾向にある。例えば，東京高裁平成18年1月18日判決（税資256号順号10265）[32]は，納税者と税理士との委任状況に鑑み，両者の間に隠蔽又は仮装を容認する意思の連絡はなかったとして，当該重加算税賦課決定を取り消している。更に，最高裁平成18年4月20日第一小法廷判決（民集60巻4号1611頁）及び最高裁平成18年4月25日第三小法廷判決（民集60巻4号1728頁）も，OB税理士と現職の税務職員が共謀等して隠蔽・仮装行為を行った場合に，特段の事情を容認し，当該重加算税賦課決定を取り消している。

　なお，国税庁の重加算税関係通達では，所得税及び相続税については，前述の裁判例と同様な取扱いになっているが，法人税に関しては，隠蔽又は仮装の行為者に関して何ら触れていない。このことは，法人の全ての経理処理において何らかの隠蔽又は仮装の事実があれば，行為者の如何を問わず，重加算税の課税対象にするように読みとれるし，現に，そのような実務が行われているようである。

(4)　消極的不正行為（不申告，つまみ申告等）

　重加算税は，「隠蔽し，又は仮装し」たところに基づき過少申告等をした場合に課されるものであるが，「隠蔽し，又は仮装し」たということは，二重帳簿の作成等のような積極的な不正工作が存しないときには，不明確な場合も多い。例えば，所得があるにもかかわらずその一部しか申告しなかったり，収入金額の一部のみ帳簿に記載して過少申告したり，申告書の記載内容を偽って過少申告したり，あるいは，税務調査の段階

第V章　税務否認と租税制裁　　*299*

で意図しなかった過少申告を後日正当化するために，虚偽の資料を作成提出し，又は虚偽答弁したりすることがあるが，それらが，上記の「隠蔽し，又は仮装し」たことに該当するか否か疑義のあるところである。さらには，隠蔽又は仮装の事実を残さないため，あるいはそれらを意識することなく，所得計算に関して最初から記録等を残さないで，申告をしなかったり，あるいは所得の一部をつまんで申告（いわゆる「つまみ申告」）したりすることが，上記「隠蔽し，又は仮装し」たことになるか否かも文理解釈上問題となるところである。

　また，これらの必ずしも明白でない不正な申告（消極的不正行為）に関しては，従来の学説，判例等において，それらの実態に応じ，「つまみ申告」，「ことさらの過少申告」等と称し，重加算税の賦課要件を充足するものと解されたり，逋脱犯に係る「偽りその他不正の行為」と解されたりすることがある。もっとも，それらの実態によっては，当該賦課要件の充足等が否定されることになるのであるが，それらの区分も必ずしも明らかでなく，統一した見解が確立されているわけではない[*33]。

　そこで，筆者は，かねてより，不申告行為やつまみ申告行為あるいは虚偽申告行為等が隠蔽又は仮装行為と認定し得るかについては，国税通則法68条の文言のみに拘泥すべきではなく，同条の立法趣旨，税法上の記帳義務制度等を考慮して，それらの行為の前後における事実関係を総合して「隠蔽又は仮装」行為であるか否かを推認して判断されるべきとする「総合関係説」を主張してきた[*34]。この総合関係説を採用したものとも考えられる最高裁平成6年11月22日第三小法廷判決（民集48巻7号1379頁，以下「平成6年最高裁判決」という。）[*35]及び最高裁平成7年4月28日第二小法廷判決（民集49巻4号1193頁）[*36]を次に紹介しておくこととする。そして，この二つの最高裁判決は，消極的不正行為に対して重加算税を課す場合の先例となっている。

　なお，このような消極的不正行為に対しては，平成28年度以降の税

制改正において，過少申告加算税及び無申告加算税について，加重措置がとられているので，重加算税として行政制裁を強める必要性が薄くなったともいえる。

イ　平成6年最高裁判決

　この事件では，金融業を営む者が，会計帳簿書類を備え付けて事業内容を記録していたにもかかわらず，確定申告において，3年間にわたり最終申告によって確定した総所得金額の数％にすぎない額のみを申告し，再三の税務調査の際にも，調査官の修正申告の慫慂に従い申告額の2～3倍程度の所得金額で修正申告をし，それに見合う（虚偽の）資料を提出していた後，査察調査を受けてその全容が明らかにされ，重加算税の賦課決定も行われた。かくして，当該賦課決定の適否が争われたが，一審の京都地裁平成4年3月23日判決（税資188号894頁）は，当該賦課決定を適法としたのであるが，控訴審の大阪高裁平成5年4月27日判決（訟月40巻4号856頁）は，重加算税を課するためには，事実としての隠蔽・仮装行為と過少の納税申告との間に因果関係の存在が必要であり，つまみ申告についても可罰違法性の基準は明らかでなく，申告所得と真実の所得との較差のみによって，「ことさらの過少申告」に該当するとはいえない旨判示し，原判決を取り消した。かくして，上告審において，当該賦課決定の適否が争われることになったが，前掲最高裁判決は，次のとおり判示して，原判決を取り消した。

　「亡○○は，単に真実の所得金額よりも少ない所得金額を記載した確定申告書であることを認識しながら，これを提出したというにとどまらず，本件確定申告の時点において，白色申告のため当時帳簿の備付け等につきこれを義務付ける税法上の規定がなく，真実の所得の調査解明に困難が伴う状況を利用し，真実の所得金額を隠ぺいしようという確定的な意図の下に，必要に応じ事後的にも隠ぺいのための具体的工作を行うことも予定しつつ，前記会計帳簿類から明らかに算出し得る所得金額の

大部分を脱漏し，所得金額を殊更過少に記載した内容虚偽の確定申告書
を提出したことが明らかである。したがって，本件確定申告は，単なる
過少申告行為にとどまるものではなく，国税通則法第68条第1項にい
う税額等の計算の基礎となるべき所得の存在を一部隠ぺいし，その隠ぺ
いしたところに基づき納税申告書を提出した場合に当たるというべきで
ある。」

ロ　平成7年最高裁判決

　この事件では，会社役員が，給与所得等については毎年確定申告書を
提出したものの，株式等の売買による雑所得（3年間2億4,400万円）を
申告しなかったものであるが，当該株式の売買等について，取引の名義
を架空にしたり，その資金の出納のために隠れた預金口座を設定したり
することはなかった。しかし，当該会社役員は，株式等の売買による所
得について，一定要件を満たせば課税されることを顧問税理士及び証券
会社担当者から知らされていたが，当該所得を申告せず，所得計算すら
もせず，顧問税理士からの再三の念押しにもそのような所得はない旨回
答していた。かくして，当該会社役員は，その後査察調査を受け，重加
算税の賦課決定を受けることになり，当該賦課決定の違法性を争った。

　一審の神戸地裁平成5年3月29日判決（税資194号1112頁）及び大阪
高裁平成6年6月28日判決（税資201号631頁）は，当該会社役員の行為が，
その所得を基礎づける事実を隠しその真相の追及を困難にするもので所
得税の申告を納税者に委ねた趣旨を没却する行為であるから，隠蔽又は
仮装に当たる旨判示した。上告審の平成7年最高裁判決も，次のとおり
判示して，原判決を支持している。

　「この重加算税の制度は，納税者が過少申告をするについて隠蔽・仮
装という不正手段を用いていた場合に，過少申告加算税よりも重い行政
上の制裁を科することによって，悪質な納税義務違反の発生を防止し，
もって申告納税制度による適正な徴税の実現を確保しようとするもので

ある。したがって，重加算税を課するためには，納税者のした過少申告行為そのものが隠蔽・仮装に当たるというだけでは足りず，過少申告行為そのものとは別に，隠蔽・仮装と評価すべき行為が存在し，これに合わせた過少申告がされたことを要するものである。しかし，右の重加算税制度の趣旨にかんがみれば，架空名義の利用や資料の隠匿等の積極的な行為が存在したことまで必要であると解するのは相当でなく，納税者が，当初から所得を過少に申告することを意図し，その意図を外部からもうかがい得る特段の行動をした上，その意図に基づく過少申告をしたような場合には，重加算税の右賦課要件が満たされるものと解すべきである。」

⑸　納税義務成立後の隠蔽・仮装行為
　重加算税の納税義務は，法定申告期限の経過の時又は法定納期限の経過の時に成立する（通則法15②十三，十四）。これを本税との関係でみると，申告所得税については，暦年の終了の時に納税義務が成立し，その税額を確定するための確定申告の法定申告期限が翌年の 3 月 15 日である（通則法 2 七，所法 120 ①）ところ，当該暦年終了後（翌年）の経済取引は納税義務が成立した前年分所得税の納税義務に何ら影響を及ぼすことはないはずであり，かつ，当該申告所得税に係る重加算税についても，当該法定申告期限経過後の隠蔽・仮装行為については当該重加算税の納税義務（賦課要件）に影響を及ぼさないものとも解される。
　また，国税通則法 68 条の規定によれば，「課税標準等又は税額等の計算の基礎となるべき事実の全部又は一部を隠蔽し，又は仮装し，その隠蔽し，又は仮装したところに基づき」，「納税申告書を提出していたとき」（通則法 68 ①），「法定申告期限までに納税申告書を提出せず，又は法定申告期限後に提出していたとき」（通則法 68 ②），又は「その国税をその法定納期限までに納付しなかったとき」（通則法 68 ③）に，重加算税が

賦課されるのであるから，重加算税の賦課要件としての隠蔽又は仮装の行為は，原則として，重加算税が賦課される態様に応じ，「期限内申告書である確定申告書を提出した時」，「法定申告期限が経過した時」又は「法定納期限が経過した時」までに限られるものと解される。そうすると，上記の法定申告期限等を経過した後の税務調査における調査官に対する虚偽答弁，虚偽資料の提出等は，文理上，重加算税の賦課要件である「隠蔽し又は仮装し」に該当しないものと解される。しかし，課税の実務においては，このような法定申告期限等経過後の不正行為についても重加算税の賦課要件を充足するものと取り扱われている。

　他方，裁判例においては，上記の国税通則法の規定を反映して，当該「隠蔽し又は仮装し」という行為を法定申告期限等前に限定しようとするものと，それに拘わらないとするものなど様々である。

　例えば，名古屋地裁昭和55年10月31日判決（税資115号31頁）は，国税通則法68条に定める「隠蔽又は仮装」の有無の判断は，「確定申告時を基準としてなされるべきものであることは，多言を要しない。」と判示している。このような考え方を支持する裁判例としては，大阪地裁昭和29年12月24日判決（行裁例集5巻12号2992頁），大阪高裁昭和50年5月20日判決（税資81号602頁），宇都宮地裁平成12年8月30日判決（同248号586頁）等がある。

　他方，東京地裁昭和52年7月25日判決（税資95号124頁）は，税務調査の際の虚偽答弁や隠蔽・仮装行為につき，かかる事実があれば，当初から課税を回避しようとする意図があったものと推認することができるから，重加算税の賦課要件たる隠蔽又は仮装行為を認定し得る旨判示している。もっとも，大阪高裁平成5年4月27日判決（税資195号169頁）は，法定申告期限後の「隠ぺい・仮装行為は，法定申告時における隠ぺい・仮装行為の存在を推認させる一間接事実になりうるに過ぎない」として，当該事実における当該間接を否定している。

以上の各判決に対し，東京地裁平成 16 年 1 月 30 日判決（税資 254 号
順号 9542）及び東京高裁平成 16 年 7 月 21 日判決（同 254 号順号 9703）*
37 は，「納税義務者が，その国税の課税標準等又は税額等の基礎となる
べき事実の全部又は一部を隠ぺいし，又は仮装し，その隠ぺいし，又は
仮装したところに基づいて修正申告書を提出していたときは，その納税
者に対して重加算税を課することができると解するのが相当である。」
と判示し，隠蔽又は仮装の時期について法定申告期限に拘る必要はない
としている。

⑹　「偽りその他不正の行為」等との関係

　国税通則法は，前述してきたように，国税の課税要件事実を「隠蔽し，
又は仮装し」て，それらに基づき過少申告等をした場合には，重加算税
の賦課という最も重い行政制裁を課すこととしているが，それとは別に，
「偽りその他不正の行為により……税額を免れ」たときには，更正決定
等の期間制限を延長し（通則法 70 ④等），又は徴収権の消滅時効を停止（延
長）し（通則法 73 ③等），さらには，延滞税の賦課期間の短縮を認めない
こととする（通則法 61 ①等）など，実質的な行政制裁を行うこととして
いる。

　これらの行政制裁については，同一の法律の下において何故に別々の
用語が使用されているのかという立法との問題とは別に，解釈上，「隠
蔽し，又は仮装し」と「偽りその他不正の行為により……税額を免れ」
の差異が問題となる。特に，後者については，逋脱犯の構成要件と同一
である（所法 238，法法 159 等）が故に，問題を一層紛糾させることになる。
また，これらの用語の差異については，立法担当者の説明によると，次
のとおりである* 38。

　「『偽りその他不正の行為により』とは，罰則規定における『偽りその
他不正の行為により（〈略〉）』とその表現を同じくする。（〈略〉）もっとも，

表現は同じであっても，ほ脱犯訴追の現実の処理に当たっても，社会的非難性が高く，可罰的違法性の大きいものが選定されざるを得ないであろう。したがって，具体的事案については，必ずしも互いに重なり合うものでないことは，当然である。(〈略〉) なお，重加算税の賦課要件である『仮装隠蔽』とこの条の『偽りその他不正の行為』とは現実には多くの場合相互に一致して重なりあうであろうが，厳密には別個のものであるから，重加算税の賦課処分を取り消す審査裁決の拘束力が更正の期間制限の判断に当然に影響するわけではない。」

結局，このような説明によっても，更正決定等の期間制限の延長における「偽りその他不正の行為」と罰則規定における同一用語については，社会的非難性と可罰的違法性の大小によって実務上の差異が生じるに過ぎないということが解り，その「偽りその他不正の行為」と「隠蔽し，又は仮装し」とは，相互に重なり合うが，厳密には別個の概念であるから，実務上の差異が生じることが解るに過ぎない。しかも，その差異が生じる具体的論拠も明らかでない。

そうすると，これらの三者の関係は，本質的には差異がないが，法律上別個に定められた概念であるから，実務処理上の差異が生じるだけであるということになる。しかし，それでは，問いに対して問いをもって応えているとも言えるので，関係判例等においてどのように考察されてきたかについて更に検討を要することになる[39]。

更に，(1)で指摘したように，所得税法45条3項及び法人税法55条3項に定める「隠蔽仮装行為」との関係についても，今後，解釈上問題が生じるものと考えられる。

第7節　刑事制裁（逋脱罰）

前記第1節で述べたように，刑事制裁については，「偽りその他不正の行為」等によって税負担を免れた者に対して科する逋脱罰と国税の納

付をしないことを煽動した者等に対して科する秩序罰がある。しかし，本書の目的である租税負担の最少化（節税）に関しては，刑事制裁としての逋脱罰に関わることは限られるものと考えられる。しかも，逋脱罰に関しては，各国税局から各検察庁に対して告発する件数は，年間百数十件に止まっているから，その概要を述べるに止める。

　まず，逋脱罰の実体要件は，各税法に定めるところであるが，例えば，所得税法 238 条 1 項は，「偽りその他不正の行為により，第 120 条第 1 項第 3 号（〈略〉）に規定する所得税の額（〈略〉）若しくは第 172 条第 1 項第 1 号若しくは第 2 項第 1 号（〈略〉）に規定する所得税の額につき所得税を免れ，又は第 142 条第 2 項（〈略〉）の規定による所得税の還付を受けた者は，10 年以下の懲役若しくは千万円以下の罰金に処し，又はこれを併科する。」と定めている。また，同条 2 項は，「前項の免れた所得税の額又は同項の還付を受けた所得税の額が千万円を超えるときは，情状により，同項の罰金は，千万円を超えその免れた所得税の額又は還付を受けた所得税の額に相当する金額以下とすることができる。」と定めている。また，所得税法は，源泉所得税の徴収・納付義務についても，同様な規定を設けている（所法 239，240）。

　このような逋脱罰については，他の税法においても，同様又は類似の規定を設けている（法法 159，相法 68，消法 64 等）。

　なお，平成 23 年 6 月の税制改正により，確定申告書，修正申告書を法定期限までに提出しないことにより租税を免れることを構成要件とする逋脱犯制度が設けられた（所法 238 ③，④，法法 159 ③，④等）。この場合，当該構成要件の認定方法や無申告加算税の賦課要件との関係について，検討を要するものと考えられる。

　次に，前述のような逋脱罰を告発するための犯則調査（任意調査及び強制調査）については，かつては，国税犯則取締法の定めるところであったが，平成 29 年度税制改正において，国税通則法に編入されること

なり，同法「第11章　犯則事件の調査及び処分」において，131条から160条までに定めることになった。この反則調査は，同じ国税に関する調査であっても，国税通則法第10章までに定められている「調査」が純然たる行政手続であるのに対し，犯則の存在することの嫌疑の下に，告発又は通告処分＊40を終局の目標として行う犯則者及び証拠を発見・収集する手段であるから，形式的には行政手続であっても実質的には刑事手続に近い性格を有する。

　そのため，犯則調査にあっては，被疑者に対して直接強制の途が開かれているとともに，これについて刑事手続と同様に，いわゆる令状主義の建前がとられる等，人権保護の観点から厳格な制約が設けられている＊41。

＊1 品川芳宣『附帯税の事例研究 第4版』（財経詳報社 平成24年）では，附帯税に関する数多くの裁判例と裁決例を紹介し，それらと実務との関係を検討している。

＊2 前出＊1・35頁等参照

＊3 大津地裁平成18年2月27日判決（税資256号順号10333），大阪地裁平成18年10月18日判決（同256号10531）等参照

＊4 所得税法138条4項，同139条4項，法人税法79条4項，相続税法51条，会社更生法122条1項等参照

＊5 東京高裁昭和41年11月26日判決（税資45号523頁），札幌地裁昭和50年6月24日判決（同82号238頁），新潟地裁昭和54年3月12日判決（訟務月報25巻7号1967頁）等参照

＊6 最高裁昭和45年12月24日第一小法廷判決（民集24巻13号2243頁）等参照

＊7 同判決の評釈については，品川芳宣・T&Amaster 2015年10月5日号21頁，同『重要租税判決の実務研究 第4版』（大蔵財務協会 令和5年197頁）等参照

＊8 品川芳宣『国税通則法の理論と実務』（ぎょうせい 平成29年）256頁参照

＊9 詳細については，前出＊1・70頁以下，品川芳宣「最近の最高裁判決にみる『正当な理由』の意義とその問題点」T&Amaster 平成19年5月21日号23頁等参照

＊10 同様な判示をした裁判例として，神戸地裁昭和58年8月29日判決（税資133号521頁），東京高裁平成元年11月30日判決（同174号807頁），名古屋高裁平成4年4月30日判決（税資189号428頁），東京高裁平成7年11月27日判決等多数ある。

＊11 同旨最高裁平成18年4月25日第三小法廷判決（民集60巻4号1728頁）等参照

＊12 例えば，日本税理士会連合会税制審議会は，平成12年2月14日付けの答申で，国税庁が各加算税の取扱いを公表する必要性を指摘してい

る。

* 13　詳細については，前出＊1・73頁以下参照

* 14　加算税の問題点については，前出＊1・74頁以下，品川芳宣『租税法
　　　律主義と税務通達』（ぎょうせい　平成16年）82頁等参照

* 15　前出＊8・263頁等参照

* 16　詳細については，前出＊8・264頁，前出＊1・89頁以下等参照

* 17　同旨東京高裁昭和61年6月23日判決（税資152号419頁），神戸地裁
　　　昭和58年8月29日判決（同133号521頁），東京地裁平成7年3月
　　　28日判決（同208号1015頁），東京高裁平成7年11月27日判決（同
　　　214号504頁），最高裁平成11年6月10日第一小法廷判決（判時1686
　　　号50頁）等参照

* 18　令和4年度改正前の過少申告加算税の減免要件については，「調査が
　　　あったこと」と「更正があるべきことを予知してされたもの」の二つ
　　　の要件を充足する必要があるとする二段階要件説と後者の要件を充足
　　　すれば足りるとする一段階要件説があるが，前者の説が妥当であると
　　　考えられる。

* 19　前出＊1・178頁等参照

* 20　『改正税法のすべて　令和5年版』（大蔵財務協会　令和5年）619頁
　　　参照

* 21　『改正税法のすべて　令和4年版』（大蔵財務協会　令和4年）762頁
　　　参照

* 22　前出＊20・617頁〜623頁参照

* 23　国税庁が重加算税の取扱いを公表した経緯，現行通達の詳細について
　　　は，前出＊1・277頁，294頁等参照

* 24　前出＊1，277頁，前出＊8・290頁等参照

* 25　熊本地裁昭和57年12月15日判決（税資128号596頁），福岡高裁昭
　　　和59年5月30日判決（同130号638頁）等参照

* 26　この最高裁判決を支持する裁判例は，大阪地裁平成3年3月29日判決
　　　（税資182号878頁），名古屋高裁平成3年10月23日判決（同186号

310

1067 頁），東京高裁平成 11 年 2 月 24 日判決（同 240 号 895 頁），東京地裁平成 22 年 5 月 14 日判決（平成 20 年（行ウ）第 549 号）等多数ある。

＊27　大阪地裁昭和 36 年 8 月 10 日判決（行裁例集 12 巻 8 号 1608 頁），大阪地裁昭和 58 年 5 月 27 日判決（税資 130 号 514 頁），千葉地裁昭和 59 年 10 月 9 日判決（同 140 号 7 頁），東京高裁昭和 62 年 3 月 10 日判決（同 157 号 859 頁）等参照

＊28　大阪地裁昭和 56 年 2 月 25 日判決（税資 116 号 318 頁），大阪高裁昭和 57 年 9 月 3 日判決（同 127 号 733 頁）等参照

＊29　静岡地裁昭和 44 年 11 月 28 日判決（税資 57 号 607 頁），東京地裁昭和 55 年 12 月 22 日判決（同 115 号 882 頁），東京高裁昭和 57 年 9 月 28 日判決（同 127 号 1068 頁）等参照

＊30　武田昌輔「使用人等による不正行為と租税逋脱に関する若干の考察」税理 30 巻 5 号 5 頁等参照

＊31　東京高裁平成 3 年 5 月 23 日判決（税資 183 号 807 頁），東京地裁平成 13 年 2 月 23 日判決（同 250 号順号 8849）等参照

＊32　品川芳宣『重要租税判決の実務研究　第 4 版』（大蔵財務協会　令和 5 年）175 頁参照。なお，同判決は，控訴審に差し戻した最高裁平成 17 年 1 月 17 日第二小法廷判決（民集 59 巻 1 号 28 頁）の指示に従って判断したものである。

＊33　前出＊1・350 頁等参照

＊34　前出＊1・381 頁等参照

＊35　前出＊32・144 頁参照

＊36　前出＊32・129 頁参照

＊37　前出＊32・190 頁参照

＊38　志場喜徳郎他『国税通則法精解』（大蔵財務協会　平成 25 年）780 ～ 781 頁参照

＊39　詳細については，前出＊1・397 頁以下，前出＊8・311 頁以下参照

＊40　国税通則法 157 条 1 項は，「国税局長又は税務署長は，間接国税に関する犯則事件の調査により犯則の心証を得たときは，その理由を明示

第Ⅴ章　税務否認と租税制裁　　*311*

し，罰金に相当する金額，没収に該当する物件，追徴金に相当する金額並びに書類の送達並びに差押物件又は記録命令付差押物件の運搬及び保管に要した費用を指定の場所に納付すべき旨を書面により通告しなければならない。」と定めているが，これを通告処分という。これは，検察官に対する告発よりも軽微な処分といえる。

＊41　犯則調査の詳細については，品川芳宣『現代税制の現状と課題　租税手続編』（新日本法規　平成 29 年）403 頁参照

第Ⅵ章

税務否認と税務調査

第1節　税務否認と税務調査との関係

　前記第Ⅰ章，第Ⅳ章及び第Ⅴ章で述べたように，税額の確定等の手続においては，納税者の申告・納付による確定等に対して，税務否認すなわち税務署長等による更正，決定等の「処分」によって，税額が確定されたり，是正されたりすることがある。この場合，税務否認に関しては，税務署長等の処分のみではなく，調査後の当該職員による納税者に対する勧奨によって行われる（通則法74の11③）修正申告又は期限後申告も含まれることになる。

　このような税務否認に関しては，必ず税務署長等による「調査」が前提となる。すなわち，申告納税方式においては，税務署長による「調査」及び「処分」があることを予定しており（通則法16①一），更正の請求に対する「更正をすべき理由がない旨の通知処分」（一種の税務否認）にも「調査」に基づくこととし（通則法23④），実際に税額等を修正・確定等することになる更正，決定若しくは再更正又は賦課決定においても，「調査」に基づくこととしている（通則法24〜27，32）。

　また，加算税の賦課決定においては，前記第Ⅴ章で述べたように，修正申告書等の提出が，「調査」があったことにより当該国税について更正，決定又は納税の告知があるべきことを予知してされたものでないときは，各加算税が，免除されたり，軽減されたりすることになる（通則法65①⑥，66①⑥⑧⑨，67②，68①②）。

　上記のように，税額等の確定に係る「処分」等は，「調査」を前提にしているのであるが，その「調査」をせずに「処分」をした場合，又は違法若しくは不当な「調査」に基づいて「処分」をした場合には，当該「処分」の効力が問題となる。この問題について，名古屋高裁昭和52年4月19日判決（税資94号134頁）は，「税務署長において全く調査をなすことを怠った場合には，当該更正はこれをなしうるべき前提要件を欠

くことになるので違法となるものと解すべきであり，また質問検査権の行使が社会通念上相当と認められる限度を超えて濫用にわたった場合など調査手続に重大な違法があり，しかもその調査のみに基づいて更正がなされたような場合には，当該更正は調査せずしてなされたものと同視すべきであり，違法として取り消されるものと解すべきである。」と判示している。

　このような「調査」と「処分」の関係については，多くの裁判例*1においても容認されている。また，税務否認の一形態である当該職員の勧奨による修正申告又は期限後申告についても，当該「調査」等の手続に違法性があれば，当該修正申告又は期限後申告の効力にも影響を及ぼすことになる*2。

　また，税務否認と税務調査との関係については，本書の目的である租税負担の最少化問題を考えるとき，当該租税負担の最少化が適法か否か（税務否認の対象になるか否か）は，税務調査段階における物的証拠や言質が一つの決め手になることがある。そうすると，納税者や代理人である税理士にとっては，税務調査の手続や違法事由を理解し，納税者にとって不利となる物的証拠の提出や言質について留意する必要がある。もっとも，この問題は，当該職員から証拠の隠滅や秘匿と評価されると，前記第Ⅴ章第6節で述べた重加算税の賦課要件を充足することになり，ひいては，税理士法36条，41条の3等の違反問題を惹起することになるので留意を要する。

第2節　平成23年度改正前の「調査」の意義と程度

1　「調査」の意義

　前記第1節で述べたように，税務調査に関しては，「調査」を欠くか，「調査」が著しく違法（不当）であれば，その「調査」に基づく（あるいは調査のない）更正等の処分は，違法となる。さすれば，「調査」とは何か，

第Ⅵ章　税務否認と税務調査　　**315**

どの程度の「調査」であったら,「著しく違法となる」のか,が問題となる。この問題は,税務調査に関わる法令の定め,就中,質問検査権行使の規定と深く関わることになる。そして,この質問検査権行使の規定は,後述するように,平成23年に大幅に変更され,取扱通達も大幅に改正されているが,この問題を基本的に理解しておくためには,従前の「調査」の意義や程度の解釈がどうであったかを理解しておく必要がある。

　税務調査については,戦後の混乱する税務行政の中で,多くの反税闘争があり,法律論争も激化し,多くの事件が法廷で争われてきた。その結果,まず,「調査」の意義については,大阪地裁昭和45年5月22日判決（訟務月報17巻1号91頁）が,次のとおり判示しており,多くの裁判例においても同様な判断が示されている＊3。

　「そもそも通則法第24条にいう調査とは,被告住吉税務署長の主張するように,課税標準等または税額等を認定するに至る一連の判断過程の一切を意味すると解せられる。すなわち,課税庁の証拠資料の収集証拠の評価あるいは経験則を通じての要件事実の認定,租税法その他の法令の解釈適用を経て更正処分に至るまでの思考,判断を含むきわめて包括的な概念である。」

　このような「調査」の意義についての判断は,税務署内の事務手続を考慮した場合には,至極当然のものであると考えられる。それ故に,国側が長年それを主張し,裁判所がそれを容認したものと評価できる。けだし,「調査」には,納税者の事務所又は自宅において行われるところのいわゆる「実地調査」が含まれることは疑いのないところであるが,それ以外にも,納税者が納税申告書を提出した（あるいは提出しなかった）後に,税務署内部において,当該納税申告書等の内容が正しいか否か,あるいは,法定資料等に基づいて当該納税申告等の当否が検討されている。

　そして,その検討の結果,当該納税申告等に誤りがあると認められる

場合には，当該納税者に連絡して，修正申告等を慫慂したり，更正等の処分が行われたりしているところである。そのため，そのような税務署内部で行われる事務処理を含めて「調査」に該当すると解釈しておく必要があるはずである。

　そして，そのように解釈することによって，国税通則法が「調査」という用語を使用している関連条項の解釈も合理的に行われるはずである。しかし，国税庁は，平成23年の国税通則法改正において「第7章の2　国税の調査」が設けられたことに対応し，通達によって別途「調査」の意義を定義し，かえって，実務を混乱させているようにも考えられる。その問題は，追って論じることとする。

2　「調査」の程度

　次に，「調査」の程度については，各税法が定める質問検査権規定の解釈として争われてきた。例えば，所得税法234条1項は，「国税庁，国税局又は税務署の当該職員は，所得に関する調査について必要があるときは，次に掲げる者に質問し，又はその者の事業に関する帳簿書類（〈略〉）その他の物件を検査することができる。」と定めていたが，当該規定の解釈が問題になっていた。その解釈については，主として，国税庁と反税団体との間で長年争われてきた。そして，その論争に終止符を打ったのが，最高裁昭和48年7月10日第三小法廷決定（刑集27巻7号1205頁）であった。同決定は，次のように判示している。

　「所得税の終局的な賦課徴収にいたる過程においては，原判示の更正，決定の場合のみではなく，ほかにも予定納税額減額申請（〈略〉）または青色申告承認申請（〈略〉）の承認，却下の場合，純損失の繰戻による還付（〈略〉）の場合，延納申請の許否（〈略〉）の場合，繰上保全差押（〈略〉）の場合等，税務署その他の税務官署による一定の処分のなされるべきことが法令上規定され，そのための事実認定と判断が要求される事項があ

第Ⅵ章　税務否認と税務調査　　*317*

り，これらの事項については，その認定判断に必要な範囲内で職権による調査が行なわれることは法の当然に許容するところと解すべきものであるところ，所得税法234条1項の規定は，国税庁，国税局または税務署の調査権限を有する職員において，当該調査の目的，調査すべき事項，申請，申告の体裁内容，帳簿等の記入保存状況，相手方の事業の形態等諸般の具体的事情にかんがみ，客観的な必要性があると判断される場合には，前記職権調査の一方法として，同条第1項各号規定の者に対し質問し，またはその事業に関する帳簿，書類その他当該調査事項に関連性を有する物件の検査を行なう権限を認めた趣旨であって，この場合の質問検査の範囲，程度，時期，場所等実定法上特段の定めのない実施の細目については，右にいう質問検査の必要があり，かつ，これと相手方の私的利益との衡量において社会通念上相当な限度にとどまるかぎり，権限ある税務職員の合理的な選択に委ねられているものと解すべく，また，暦年終了前または確定申告期間経過前といえども質問検査が法律上許されないものではなく，実施の日時場所の事前通知，調査の理由および必要性の個別的，具体的な告知のごときも，質問検査を行なううえの法律上一律の要件とされているものではない。」

　このような最高裁決定は，その後約40年間，税務調査手続について正に判例法として機能してきたのであるが，平成23年，国税通則法改正の立法措置によって，その内容の大方が否定されることになった。しかし，その立法によって明文化された以外の事項については，この最高裁決定の考え方が生かされるものと解されるので，それらの点について，追って論じることとする。

第3節　質問検査権規定の統合

　平成23年の国税通則法の改正により，「第7章の2　国税の調査」という新しい章が設けられ，従前，各税法において個々に設けられていた質問検査権の規定がこの章に統合されることになった。それに加えて，調査の事前通知，調査終了時の手続等が詳細に定められることになった。また，このように，質問検査権の規定が統合されたこともあってか，当初の国税通則法改正案では，国税通則法の名称を「国税に係る共通的な手続並びに納税者の権利及び義務に関する法律」に改称することにしていた。

　しかし，「国税に係る共通的な手続」については，前述してきた「更正の請求」，「更正・決定」等の各種手続について，国税通則法のほか，個別税法にも定められており，必ずしも，「共通的な手続」が国税通則法にまとめられているわけではない。また，「納税者の権利及び義務」については，各税法が実体的にそれを定めているから，国税通則法の固有の規制対象ではない。それにもまして，長たらしい名称が実務に馴染むとも考えられないし，「国税通則法」という名称が権威的であるという批判もあったようであるが，余りに感情的な批判に過ぎないものと考えられた*4。

　また，従前，「第7章の2　行政手続法との関係」として1箇条設けられていたが，それが，「第7章の3　行政手続法との関係」として，1章ずらされた。そして，その内容（通則法74の14）においては，第7章の2の調査手続と同様に，従前の適用除外を大幅に変更するものであって，課税実務に重要な影響を及ぼすものである。

　更に，国税庁は，後述するように，平成24年には，上記改正に対応して，取扱通達を発出したが，当該取扱通達も，実務に大きな影響を及ぼすことになった。そこで，以下では，上記各改正の重要な事項について，論じることとする*5。

第Ⅵ章　税務否認と税務調査　　*319*

第4節　「調査」と「行政指導」の区分

1　調査通達による「調査」の意義

　先に述べたように，平成23年度改正前の国税通則法の各条項におい
て「調査」の用語が使用されてきたところであるが，その「調査」の意
義については，前掲大阪地裁昭和45年9月22日判決等が判示するよう
に，税務署長が課税標準等又は税額等を認定するに至る一連の判断過程
の一切を意味する包括的な概念であると解されてきた。

　また，このような解釈は，国がかねてから主張してきたことであるが，
課税実務の実態や国税通則法関係条項の整合的解釈にとって必要なこと
でもあった。そして，そのような解釈は，平成23年改正で設けられた「第
7章の2　国税の調査」においても適用し得るものと考えられた。

　ところが，国税庁は，第7章の2の各条項に定められている「調査」
の意義について，新たな定義を設けることとした。すなわち，国税庁は，
改正国税通則法の執行に当たり，「国税通則法第7章の2（国税の調査）
関係通達の制定について（法令解釈通達）」（平成24・9・12課総5－9他）（以
下「調査通達」という。）を発出し，関係条項の解釈を指示した。そして，
調査通達1－1は，「調査」の意義について，次のように定めている。

　「(1)　法第7章の2において，「調査」とは，国税（法第74条の2から
　　　法第74条の6までに掲げる税目に限る。)に関する法律の規定に基づき，
　　　特定の納税義務者の課税標準等又は税額等を認定する目的その他国
　　　税に関する法律に基づく処分を行う目的で当該職員が行う一連の行
　　　為（証拠資料の収集，要件事実の認定，法令の解釈適用など）をいう。
　　　(注)　法第74条の3に規定する相続税・贈与税の徴収のために行う一連
　　　　　の行為は含まれない。
　　(2)　上記(1)に掲げる調査には，更正決定等を目的とする一連の行為の
　　　　ほか，再調査決定や申請等の審査のために行う一連の行為も含まれ

ることに留意する。

(3)　上記(1)に掲げる調査のうち，次のイ又はロに掲げるもののように，一連の行為のうちに納税義務者に対して質問検査等を行うことがないものについては，法第74条の9から法第74条の11までの各条の規定は適用されないことに留意する。

イ　更正の請求に対して部内の処理のみで請求どおりに更正を行う場合の一連の行為。

ロ　修正申告書若しくは期限後申告書の提出又は源泉徴収に係る所得税の納付があった場合において，部内の処理のみで更正若しくは決定又は納税の告知があるべきことを予知してなされたものには当たらないものとして過少申告加算税，無申告加算税又は不納付加算税の賦課決定を行うときの一連の行為。」

この調査通達1－1では，その(1)において，まず，「調査」の意義について，「法第7章の2において」と限定しているのであるが，国税通則法の他の規定において定められている「調査」との関係が確かではない。

もっとも，その(2)において，「更正決定等を目的とする一連の行為のほか，再調査決定や申請等の審査のために行う一連の行為も含まれる」と定めているのであるが，それらは，国税通則法24条ないし26条，あるいは83条等に定められている事項であるから，第7章の2とは直接関係がないことになる。

さらに，(3)において，更正の請求については，同法23条4項の規定によって「調査」をしなければ更正等ができないこととなっているが，法第7章の2の「調査」との関係が不明になる。また，過少申告加算税，無申告加算税及び不納付加算税の賦課決定について，決定等を予知していないということで軽減税率を適用することを定めているが，これも，33条，65条，66条及び67条に規定する「調査」及び「決定又は

納税の告知」の問題であり，しかも，これらの更正を含めた「予知」の問題については，前記第V章で述べた国税庁が平成12年7月3日付けで発出した各税目のいわゆる加算税通達に定められているところであるので，それらの通達との関係も整合性があるとも考えられない。

また，調査通達1－1(1)に定めている「調査」の意義については，前述した大阪地裁昭和45年9月22日判決の考え方を踏襲しているようにも見えるが，前述した(3)の取扱いにおいてその考え方を異にしており，次の調査通達1－2においては，1－1(1)に定義する「調査」の概念と共通するものであっても，「調査」に該当しないものとして取り扱っている。そのことが，国税通則法全体を通じての「調査」の意義を一層混乱させるものと考えられる＊6。

2 調査通達上の行政指導との区分

調査通達1－2柱書は，「当該職員が行う行為であって，次に掲げる行為のように，特定の納税義務者の課税標準等又は税額等を認定する目的で行う行為に至らないものは，調査には該当しないことに留意する。また，これらの行為のみに起因して修正申告書もしくは期限後申告書の提出又は源泉徴収に係る所得税の自主納付があった場合には，当該修正申告書等の提出等は更正若しくは決定又は納税の告知があるべきことを予知してなされたものには当たらないことに留意する。」と定めている。そして，「次に掲げる行為」については，次のようなものを掲げている（調査通達1－2(1)～(5)）。

① 提出された納税申告書の自発的な見直しを要請する行為で，⑦当該納税申告書に法令により添付すべきものとされている書類が添付されていない場合において，納税義務者に対して当該書類の自発的な提出を要請する行為，及び①当該職員が保有している情報又は当該納税申告書の検算その他の形式的な審査の結果に照らして，当該

納税申告書に計算誤り，転記誤り又は記載漏れ等があるのではない
かと思料される場合において，納税義務者に対して自発的な見直し
を要請した上で，必要に応じて修正申告書又は更正の請求書の自発
的な提出を要請する行為，であるもの。

② 提出された納税申告書の記載事項の審査の結果に照らして，当該
記載事項につき税法の適用誤りがあるのではないかと思料される場
合において，納税義務者に対して，適用誤りの有無を確認するため
に必要な基礎的情報の自発的な提供を要請した上で，必要に応じて
修正申告書又は更正の請求書の自発的な提出を要請する行為。

③ 納税申告書の提出がないためその提出義務の有無を確認する必要
がある場合において，当該義務があるのではないかと思料される者
に対して，当該義務の有無を確認するために必要な基礎的情報（事
業活動の有無等）の自発的な提供を要請した上で，必要に応じて納
税申告書の自発的な提出を要請する行為。

④ 当該職員が保有している情報又は提出された所得税徴収高計算書
の記載事項の確認の結果に照らして，源泉徴収税額の納税額に過不
足徴収額があるのではないかと思料される場合において，納税義務
者に対して源泉徴収税額の自主納付等を要請する行為。

⑤ 源泉徴収に係る所得税に関して源泉徴収義務の有無を確認する必
要がある場合において，当該義務があるのではないかと思料される
者に対して，当該義務の有無を確認するために必要な基礎的情報（源
泉徴収の対象となる所得の支払の有無）の自発的な提供を要請した上
で，必要に応じて源泉徴収税額の自主納付を要請する行為。

以上の「調査」から除外する行政上の諸行為については，国税庁が発
出する「調査手続の実施に当たっての基本的な考え方等について（事務
運営指針）」（平24・9・12課総5－11他）（以下「調査指針」という。）第2
章1では，「調査と行政指導の区分の明示」と題し，「納税義務者等に対

第Ⅵ章 税務否認と税務調査 *323*

し調査又は行政指導に当たる行為を行う際は，対面，電話，書面等の態様を問わず，いずれの事務として行うかを明示した上で，それぞれの行為を法令等に基づき適正に行う。」と定め，「調査」に当たらない諸行為を「行政指導」であることを明らかにしている。

3 「調査」と「行政指導」の区分の問題点

ところで，「行政指導」とは，一般に，「行政機関が，一定の行政目的を達成するために私人又は公私の団体に対して勧告・警告・助言・指導などの非権力的・任意的手段をもって働きかけ，相手方の任意の協力を得て，望ましいと考えられる一定の方向に相手方を誘導し，同調させる行為をさすもの」[7] と解されている。

また，国税通則法74条の14第2項が引用する行政手続法2条6号は，行政指導について，「行政機関がその任務又は所掌事務の範囲内において一定の行政目的を実現するため特定の者に一定の作為又は不作為を求める指導，勧告，助言その他の行為であって処分に該当しないものをいう。」と定義付けている。

そして，同法は，「第4章　行政指導」と題し，32条から36条の2までの6箇条の規定を設けている。この行政手続法における行政指導と国税通則法との関係については，平成5年の行政手続法の制定に際して改正された国税通則法74条の2第2項の規定と平成23年改正によって改められた同法74条の2第2項の規定との間に何ら実質的な変更はない。そうすると，行政手続法制定後も一貫して，調査通達1－2に掲げる諸行為をも含めて「調査」と解してきた従来の考え方を平成24年に制定した調査通達の中でわざわざ変更したことに理解に苦しむところがある。

しかも，その変更が課税実務に役立つというのであればともかく，かえって，「調査」という用語を用いている他の条項の解釈等において，

混乱を招くことになると考えられるから，なおさらである。例えば，調査通達1－2は，内部処理によって，「提出された納税申告書に計算誤り，転記誤り又は記帳漏れ等」（同通達1－2(1)ロ）を認めた場合に，必要に応じて修正申告書の提出等を要請する行為を「行政指導」と明示しているが，同通達制定前では，当該内部処理を「調査」と解していたので，当該納税義務者が修正申告書の提出等に応じなければ，その段階で更正等の処分をすれば足りた（通則法24，25等参照）。しかし，当該内部処理を「行政指導」に当たるとすると，税務署長等は更正等の処分をする前に，改めて「調査」を実施しなければならないことになる。

そのようなことは，税務署の課税処理をいたずらに複雑にするばかりではなく，納税義務者にとっても何ら実益をもたらすことにはならないものと考えられる。

なお，従前のような包括的な「調査」概念では，国税通則法74条の9に定める「事前通知」等の支障を来すという懸念もあろうが，当該条項では，「実地の調査」に限定しているわけであるから，そのように対応すれば，その懸念も当たらないものと考えられる。

第5節　調査の事前通知

1　事前通知の内容と方法

⑴　規定の概要

　国税通則法74条の9第1項は，「税務署長等〔略〕は，国税庁等又は税関の当該職員〔略〕に納税義務者に対し実地の調査〔略〕において第74条の2から第74条の6まで〔略〕の規定による質問，検査又は提示若しくは提出の要求（以下「質問検査等」という。）を行わせる場合には，あらかじめ，当該納税義務者（当該納税義務者について税務代理人がある場合には，当該税務代理人を含む。）に対し，その旨及び次に掲げる事項を通知するものとする。」と定めている。

第Ⅵ章　税務否認と税務調査　　**325**

通知する事項は，次のとおりである（通則法74の9①一〜七，通則令30の4①）。

① 質問検査等を行う実地の調査（以下⑦までにおいて「調査」という。）を開始する日時

② 調査を行う場所

③ 調査の目的

④ 調査の対象となる税目

⑤ 調査の対象となる期間

⑥ 調査の対象となる帳簿書類その他の物件

⑦ その他調査の適正かつ円滑な実施に必要なものとして政令で定める事項（㋐調査の相手方である納税義務者の氏名及び住所又は居所，㋑調査を行う当該職員の氏名及び所属官署（当該職員が複数であるときは，当該職員を代表する者の氏名及び所属官署），㋒調査の日時及び場所についての変更に関する事項，及び㋓国税通則法74条の9第4項の規定の趣旨）

以上の規定のうち，「納税義務者」とは，国税通則法74条の2から74条の6までに定める質問検査権の行使の対象となる者をいい（通則法74の9③一），「税務代理人」とは，税理士法30条の書面を提出している税理士等又は同法51条の規定による通知をした弁護士等をいう（通則法74の9③二）。

なお，平成26年度税制改正において，事前通知の対象者（第1項の規定では，納税義務者と税務代理人）に関し，次のような改正があった。すなわち，国税通則法74条の9第5項は，「納税義務者について税務代理人がある場合において，当該納税義務者の同意がある場合として財務省令で定める場合に該当するときは，当該納税義務者への第1項の規定による通知は，当該税務代理人に対してすれば足りる。」と定めている。

そして，国税通則法施行規則11条の3は，「法第74条の9第5項〔略〕に規定する財務省令で定める場合は，税理士法施行規則第15条〔略〕

の税務代理権限証書〔略〕に，法第74条の9第3項第1号に規定する納税義務者への調査の通知は税務代理人に対してすれば足りる旨の記載がある場合とする。」と定めている。

　以上のような税務代理人への単独の事前通知は，納税義務者の承諾によって行われるのであるが，平成26年の税理士法改正に対応したものである＊8。

(2)　解釈上の論点

　この事前通知に関する立法過程においては，書面によって事前通知すべきことが議論されたようであるが，前述のように，法文上明記されることはなかった。

　この点に関し，調査指針第2章2(1)は，「納税義務者に対し実地の調査を行う場合には，原則として，調査の対象となる納税義務者及び税務代理人の双方に対し，調査開始日前までに相当の時間的余裕をおいて，電話等により，法第74条の9第1項に基づき，実地の調査において質問検査等を行う旨，並びに同項各号及び国税通則法施行令第30条の4に規定する事項を事前通知する。」と定めている。

　そして，納税者向けFAQでは，納税義務者から書面による通知の要請があっても，それに応じない旨回答している（同FAQ問12参照）。この場合，むしろ問題となるのは，前記調査指針がいう「相当の時間的余裕」をどの程度保つかである。最近の実務では，おおむね調査開始日2週間程度前に事前通知が行われているようである。

　次に，問題となるのは，事前通知をする者である。法律では，前述のように，「税務署長等」となっているが，実務では，「当該職員」等が行っている。国税通則法74条の9第1項では，「当該職員に……質問，検査又は提示若しくは提出の要求を行わせる場合」と定めているのであるから，「当該職員」が通知することは文理上できないことになる。この場合，

第Ⅵ章　税務否認と税務調査　　*327*

「当該職員」は，「税務署長等」の部下であるから，「税務署長等」の職務を代行できるという説もあるようであるが，その説によれば，「調査」に係る主語は，全て「税務署長等」を用いれば済むことになる。

いずれにしても，「第7章の2　国税の調査」の各条文の中で，「税務署長等」と「当該職員」の使い分けの論拠が不明なところが幾つかある。この問題は，今後，「税務署長等」の代理権限問題として，争訟段階で議論されることが予測される。

また，第7章の2における「調査」の意義については，先に詳述したところであるが，この事前通知の対象となる調査は，「実地の調査」に限定されている。この「実地の調査」については，調査通達4－4は，「国税の調査のうち，当該職員が納税義務者の支配・管理する場所（事業所等）等に臨場して質問検査等を行うものをいう。」と定義している。この定義からすると，同じ臨場調査であっても，取引先等に対する反面調査は含まれないことになる。

いずれにせよ，「実地の調査」という概念を導入すること自体も，先に述べた「調査」の概念を混乱させている一因にもなっている。最後に，事前通知の相手先については，原則は，納税義務者と税務代理人の双方であるが，前述のように，平成26年度税制改正によって税務代理人のみによることも可能になっている。この場合，税務代理人が複数存在するときに税務当局の対応（立法措置を含む。）が問題になるものと考えられる。

2　事前通知内容の変更等

(1)　調査の開始日及び場所

国税通則法74条の9第2項は，「税務署長等は，前項の規定による通知を受けた納税義務者から合理的な理由を付して同項第1号又は第2号に掲げる事項について変更するよう求めがあつた場合には，当該事項に

ついて協議するよう努めるものとする。」と定めている。すなわち，前記事前通知の内容のうち，実地の調査を開始する日時及びその調査を行う場所については，納税義務者の求めに応じて，両者の協議により，通知の変更（調整）が行われることになる。

　この場合，問題となるのが，「合理的な理由」の意義・範囲である。調査通達5－6では，当該「合理的な理由」の判断について，「個々の事案における事実関係に即して，当該納税義務者の私的利益と実地の調査の適正かつ円滑な実施の必要性という行政目的とを比較衡量の上判断するが，例えば，納税義務者等（税務代理人を含む。以下，4－6，5－6において同じ。）の病気・怪我等による一時的な入院や親族の葬儀等の一身上のやむを得ない事情，納税義務者等の業務上やむを得ない事情がある場合は，合理的な理由があるものとして取り扱うことに留意する。」と定めている。

　また，調査通達8－2は，「実地の調査の対象となる納税義務者について税務代理人がある場合において，法第74条の9第2項の規定による変更の求めは，当該納税義務者のほか当該税務代理人も行うことができることに留意する。」と定めている。このような調査通達上の取扱いは，調査指針においても，確認的に定めている（同指針第2章2⑵参照）。そして，納税者向けFAQ問16では，事前通知の変更に関し，「税務調査の事前通知に際しては，あらかじめ納税者の方や税務代理人の方のご都合をお尋ねすることとしていますので，その時点でご都合が悪い日時が分かっている場合には，お申し出ください。お申し出のあったご都合や申告業務，決算業務等の納税者の方や税務代理人の方の事務の繁閑にも配慮して，調査開始日時を調整することとしています。」と回答している。

　以上のように，事前通知における調査開始日と調査場所の変更については，国税当局は幅広く対応するようであるが，実際には，納税義務者又は税務代理人の「業務上やむを得ない事情」の範囲がどこまで認めら

第Ⅵ章　税務否認と税務調査　　*329*

れるかが問題となる。いずれにしても，当該変更は，税務署長等と納税
義務者側の協議に委ねられることになるので，当事者の交渉力に負うと
ころが大きいものと考えられるが，実務上弾力的に行われているようで
ある。

(2)　通知以外の非違事項

　国税通則法74条の9第4項は，「第1項の規定は，当該職員が，当該
調査により当該調査に係る同項第3号から第6号までに掲げる事項以外
の事項について非違が疑われることとなった場合において，当該事項に
関し質問検査等を行うことを妨げるものではない。この場合において，
同項の規定は，当該事項に関する質問検査等については，適用しない。」
と定めている。この規定を受けた直接的な通達等の定めはないが，それ
に関連する次のような通達上の取扱いがある。また，国税通則法74条
の9第1項は，反面調査については事前通知の対象にしていないのであ
るが，その取扱い等については，後記(3)で述べることとする。

　まず，調査通達5－5は，「事前通知した課税期間の調査について必
要があるときは，事前通知した当該課税期間以外の課税期間（進行年分
を含む。）に係る帳簿書類その他の物件も質問検査等の対象となることに
留意する。(注) 例えば，事前通知した課税期間の調査のために，その
課税期間より前又は後の課税期間における経理処理を確認する必要があ
るときは，法第74条の9第4項によることなく必要な範囲で当該確認
する必要がある課税期間の帳簿書類その他の物件の質問検査等を行うこ
とは可能であることに留意する。」と定めている。

　また，調査指針第2章3(2)は，「納税義務者に対する実地の調査にお
いて，納税義務者に対し，通知した事項（上記2(3)注2に規定する場合
における通知事項を含む。）以外の事項について非違が疑われた場合には，
納税義務者に対し調査対象に追加する税目，期間等を説明し理解と協力

330

を得た上で，調査対象に追加する事項についての質問検査等を行う。」
と定めている。

　以上のような国税通則法74条の9第4項の規定とそれに関連する通
達の取扱いの当否は，結局，同法74条の9第1項に定める事前通知の
法的性格に関連する。すなわち，同条1項が，通知した内容に限定して
調査を実施する意味であるのか，あるいは通知した内容は一種の例示で
あって調査の進展に応じて通知以外の事項についても当然調査の対象に
なるという意味であるのか，ということに関わる。同法74条の9第4
項の規定は，後者の考え方に立ち，当然，通知以外の内容についても，
別途，事前通知を要することなく当該調査を進行させることができるこ
とを確認的に定めたものと解される（もっとも，税務調査のあり方に照ら
すとこのようなことを法律に書くこと（書かざるを得ないこと）自体が問題で
あると考えられる。）。

　しかし，これらの問題に係る国税庁の通達の方にむしろ疑問がある。
前記調査通達は，通知以外の事項の調査について，「法第74条の9第4
項によることなく必要な範囲で当該確認する必要がある課税期間の帳簿
書類その他の物件の質問検査等を行うことは可能である」と定めている
が，それでは，当該4項の存在とその文理規定を否定したことになる。

　また，前記調査指針は，通知以外の事項の調査について，「納税義務
者に対し調査対象に追加する税目，期間等を説明し理解と協力を得た
上で，調査対象に追加する事項についての質問検査等を行う。」と定め
ているが，納税義務者から，理解と協力が得られなければ（そのことは，
前述の国税通則法74条の9第1項の規定の性格の解し方によって十分あり得
ることである。），当該調査の進行を断念するようにも解される。このように，
同法74条の9第4項の運用について，調査通達と調査指針との間に整
合性があるとは考えられない。

第Ⅵ章　税務否認と税務調査　　*331*

(3) 反面調査先の事前通知

　また，国税通則法 74 条の 9 第 1 項は，納税義務者の取引先等に対する反面調査について事前通知の対象にしていない。このことは，反面調査等についての調査方法は当該職員の合理的な裁量に委ねられたものと解される[9]。

　ところが，調査指針は，反面調査の実施について，次のように回答している。

　「取引先等に対する反面調査の実施に当たっては，その必要性と反面調査先への事前連絡の適否を十分に検討する。

(注) 反面調査の実施に当たっては，反面調査である旨を取引先等に明示した上で実施することに留意する。」(同指針第 2 章 3(6))

　また，納税者向け F AQ では，反面調査を実施する際の事前通知に関し，「反面調査の場合には，事前通知に関する法令上の規定はありませんが，運用上，原則として，あらかじめその対象者の方へ連絡を行うこととしています。

(注) 一部の間接諸税については，納税者の方以外の方に対する調査の場合でも，原則として事前通知を行うことが法令上規定されています。」(同 FAQ 問 23)

　このような取扱い等については，調査指針の方は，当該反面調査の状況に応じて事前通知の要否を判断すべき旨を職員に対して指示したものであろうが，納税者向け FAQ 問 23 において，原則として，事前通知（事前連絡）を行う旨回答している。なお，当該問 23 注書については，国税通則法 74 条の 9 第 3 項に定める「納税義務者」には，納税者（通則法 2 五）以外の者も含まれる[10]ことを確認しているようであるが，そのことは，同法 74 条の 9 第 3 項 1 号の規定から当然のことであるので，「納税義務者」以外の取引先等に対する事前通知の要否についての回答とは直接関係がないように考えられる。

3　事前通知を要しない場合

(1)　規定の概要

　国税通則法74条の9に定める実地の調査における事前通知は，前記第2節2で説明した最高裁昭和48年7月10日第三小法廷決定が，当該事前通知の有無は当該職員の裁量の問題としていた判例の考え方を立法措置によって変更したものである。

　しかしながら，全ての納税義務者に対して機械的に事前通知を行うことは，申告納税制度における税務官庁に与えられた監視体制を弱体化させ，悪質な納税者をいたずらに利することになる。そこで，同法74条の10は，「前条第1項の規定にかかわらず，税務署長等が調査の相手方である同条第3項第1号に掲げる納税義務者の申告若しくは過去の調査結果の内容又はその営む事業内容に関する情報その他国税庁等若しくは税関が保有する情報に鑑み，違法又は不当な行為を容易にし，正確な課税標準等又は税額等の把握を困難にするおそれその他国税に関する調査の適正な遂行に支障を及ぼすおそれがあると認める場合には，同条第1項の規定による通知を要しない。」と定めている。

　しかしながら，このような事前通知に対する例外規定は，事前通知の原則を法定しているだけに，当該規定の解釈・運用には，種々の制限を伴うものと解される。

(2)　解釈（運用）上の論点

　この事前通知を要しない規定の解釈（運用）について，調査通達では，次のように取り扱うこととしている。まず，調査通達5-7は，「法第74条の10に規定する「その営む事業内容に関する情報」には，事業の規模又は取引内容若しくは決済手段などの具体的な営業形態も含まれるが，単に不特定多数の取引先との間において現金決済による取引をしていることのみをもって事前通知を要しない場合に該当するとはいえない

第Ⅵ章　税務否認と税務調査　　*333*

ことに留意する。」と定めている。このような事業内容については，かつては，「現金商売」については売上げ等の証拠把握が困難であることもあって，通常，事前通知の対象にしてこなかったが，この取扱いは，「現金商売」に対しても，他に事前通知を要しない事情がない限り，事前通知を要することを指示しているものと解される。

　また，この通達がいう「事業の規模又は取引内容若しくは決済手段」という外形の中から，「事前通知を要しない事情」を判断することはきわめて困難であろう。また，調査通達5－8は，「法第74条の10に規定する「違法又は不当な行為」には，事前通知をすることにより，事前通知前に行った違法又は不当な行為の発見を困難にする目的で，事前通知後は，このような行為を行わず，又は，適法な状態を作出することにより，結果として，事前通知後に，違法又は不当な行為を行ったと評価される状態を生じさせる行為が含まれることに留意する。」と定めている。

　しかし，このような取扱いは，事前通知によって当該納税義務者がどのような行動を起こすかは予測し難いわけであるから，事前通知の要否を判断する段階で意味のある判断基準になるものとも思われない。そして，調査通達5－9は，「法第74条の10に規定する「違法又は不当な行為を容易にし，正確な課税標準等又は税額等の把握を困難にするおそれ」があると認める場合とは，例えば，次の(1)から(5)までに掲げる場合をいう。」と定め，当該職員の質問に対し答弁せず，検査を拒むこと，調査の実施を困難にすることを意図して逃亡すること，調査に必要な帳簿書類等を廃棄等すること，使用人，取引先等に対して調査に協力しないように要請すること等が，「合理的に推認される場合」として挙げている。

　この取扱いについても，「合理的な推認」の方法を具体的に示さない限り，実務に役立つものとは考えられない。さらに，調査通達5－10は，

「法第74条の10に規定する「その他国税に関する調査の適正な遂行に支障を及ぼすおそれ」があると認める場合とは，例えば，次の(1)から(3)までに掲げる場合をいう。」と定め，①事前通知することにより，税務代理人以外の第三者が調査立会いを求め，調査の適正な遂行に支障を及ぼすことが合理的に推認されること，②事前通知の連絡について応答を拒否され，又は応答がなかったこと，及び③事前通知先が判明しない等通知を行うことが困難であること，を挙げている。この取扱いについては，上記①については，従前の調査実務からみて考えられることであるが，②及び③については，「事前通知」が困難である場合であるので，「調査の適正な遂行に支障を及ぼす」ことそのものであると考えられる。

　以上のような調査通達の取扱いを考察してみるに，事前通知を要しない場合については，きわめて限定的に解さざるを得ないものと考えられる。また，調査指針では，事前通知を行わない場合の手続について，調査通達5－7等の取扱いを確認した上で，「事前通知を行うことなく実地の調査を実施する場合であっても，調査の対象となる納税義務者に対し，臨場後速やかに，「調査を行う旨」，「調査の目的」，「調査の対象となる税目」，「調査の対象となる期間」，「調査の対象となる帳簿書類その他の物件」，「調査対象者の氏名又は名称及び住所又は居所」，「調査担当者の氏名及び所属官署」を通知するとともに，それらの事項〔略〕以外の事項についても，調査の途中で非違が疑われることとなった場合には，質問検査等の対象となる旨を説明し，納税義務者の理解と協力を得て調査を開始することに留意する。なお，税務代理人がある場合は，当該税務代理人に対しても，臨場後速やかにこれらの事項を通知することに留意する。」（同指針第2章2(3)（注）2）と定めている。

　このような手続については，丁寧な調査手続の履践を心掛けようとしているのであろうが，当該納税義務者の「違法又は不当な行為」等を予測して事前通知をしないで調査に臨むに当たっても，事前通知の趣旨を

第Ⅵ章　税務否認と税務調査　*335*

徹底させることを重視し，税務調査の効率，機動力，効果をあげること
には配慮していないように窺われる。

　このような背景には，法が事前通知を原則としているのであるから，
その例外として事前通知をしないで調査を実施した場合に，その調査結
果において何ら不正事実がなく申告是認となったときには，当該調査に
ついての違法問題が惹起されることが考えられる。そのため，納税者向
けFAQでは，「事前通知をしないこと自体は不服申立てを行うことの
できる処分には当たりませんから，事前通知が行われなかったことにつ
いて納得いただけない場合でも，不服申立てを行うことはできません。」
（同FAQ問21）と回答している。確かに，「事前通知しないこと」自体は，
国税通則法75条1項にいう「国税に関する法律に基づく処分」に該当
しないから，同法上の不服申立ての対象にはならないが，事前通知をし
ない更正決定等の違法性，国家賠償法に基づく賠償責任の問題（国賠1
参照）等を惹起されることが考えられる。

　以上のように，税務調査における事前通知の立法による強制は，その
弊害を是正するために，その例外として，国税通則法74条の10によっ
て所定の場合には，事前通知を要しないこととしているのであるが，前
述の国税庁の関係通達等の取扱い等に照らすと，同条の適用は極めて限
定的に実施されることが見込まれる。そのことは，納税者の権利保護の
見地から望ましいことであろうが，税務調査が担う申告納税の監視能力
は一層低下することが懸念される[11]。

　現に，近年，十数年前に比し，脱税件数，滞納残高が大幅に減少して
いるが，これは，主として，税務調査能力の低下によるものと考えられ
る[12]。

第6節　調査終了時の手続

1　規定の趣旨

　平成 23 年の国税通則法改正は，納税者の権利保護と行政（税務調査）の透明化を図ることを目的とし，その中核となるのが，前述した「調査の事前通知」であった。確かに，前述したように，当該改正法の下では，調査の相当前に事前通知が行われ，その内容も非常に幅広いものである。

　しかも，税務調査の特殊性に鑑みれば，当然，事前通知をすると適切な税務調査ができない場合も考えられ，その例外規定（通則法 74 の 10）も設けられているが，当該規定の解釈・運用についての国税当局の慎重に過ぎるとも思われる取扱いによって，当該例外規定が十分な機能を発揮するとも考えられない。ともあれ，このような事前通知制度は，納税者の権利保護と行政（税務調査）の透明化に資することになろうが，前述したように，申告納税制度における申告水準の維持を目的とする税務調査という監視体制が弱体化することが懸念されている。

　このような問題を一層増幅させているのが，調査終了時の手続（以下「事後手続」という。）である。この事後手続は，一見，従前の実務慣行を法制化したようにも見えるが，事前通知を法制化したことによって惹起された前述の問題よりも，一層実務への影響は大きいようである。そのことは，納税者側からすると，事後手続を利用して，より一層の権利保護を図ることを可能にすることができるが，税務調査の機動力を弱体化させ，税務署長による更正・決定の権限を一層制限する結果になるものと考えられる。以下，それらの問題について，税務調査を受ける側（納税者）とそれを行う側（課税当局）の双方の実務に及ぼす影響について論じることとする。

第Ⅵ章　税務否認と税務調査　*337*

2　申告是認通知

(1)　規定の概要

　従前，税務調査が行われても，当該調査の結果非違事項がなければ，局署によっては，慣例的に，当該調査の終了と当該申告を是認する旨の通知を行うこともあったし，当該通知を行わないこともあった。

　そのため，当該通知がないときには，納税者側の不安と税務官庁側の不適切な対応が指摘されることがあった。もっとも，それまでの国税通則法の税務調査，更正決定等，更正決定等の期間制限に係る各規定（通則法16，24～26，70等）に照らせば，更正決定等の期間制限等の範囲内であれば，税務署長は，任意に調査が実施でき，必要に応じて更正決定等ができるように解されていた。

　しかし，それでは，行政（税務調査）の透明化に悖るということで，税務調査において非違事項がなかったときには，その都度，申告是認通知を発することが法制化された。すなわち，国税通則法74条の11第1項は，「税務署長等は，国税に関する実地の調査を行った結果，更正決定等（第36条第1項〔略〕に規定する納税の告知〔略〕を含む。以下この条において同じ。）をすべきと認められない場合には，納税義務者〔略〕であって当該調査において質問検査等の相手方となった者に対し，その時点において更正決定等をすべきと認められない旨を書面により通知するものとする。」と定めている。

　この通知を一般に「申告是認通知」という。この規定の運用については，調査指針では，「実地の調査の結果，更正決定等をすべきと認められないと判断される税目，課税期間がある場合には，法第74条の11第1項に基づき，質問検査等の相手方となった納税義務者に対して，当該税目，課税期間について更正決定等をすべきと認められない旨の通知を書面により行う。」（同指針第2章4(1)）と定めている。

　また，同指針は，「実地の調査以外の調査において納税義務者に対し

質問検査等を行い，その結果，調査の対象となった全ての税目，課税期間について更正決定等をすべきと認められない場合には，更正決定等をすべきと認められない旨の通知は行わないが，調査が終了した際には，調査が終了した旨を口頭により当該納税義務者に連絡することに留意する。」（同前（注））としている。

(2)　解釈上の論点

　まず，国税通則法74条の11第1項の規定によって発せられた申告是認通知の法的性格が問題となる。一つは，行政処分性があるか否かであり，もう一つは，信義則の適用における公的見解の表示に当たるか否かである。

　前者については，申告是認通知が同法74条の11第1項の規定に基づいて発せられるものであるから，不服申立ての対象となる同法75条1項にいう「国税に関する法律に基づく処分」に該当することも一応考えられるが，当該申告是認通知それ自体納税者の利益を害するものでないから，不服申立ての対象となるものとは解されないであろう。むしろ，後述するように，申告是認通知後の税務調査の再開の当否又は再開による更正決定等の違法性の原因となるか否かである。すなわち，従前行われてきた申告是認通知については，それが信義則の適用における公的見解の表示に当たるか否かが争われてきた。例えば，大阪地裁昭和42年5月30日判決（行集18・5－6・690）[13]では，原告が昭和37年度分法人税について，決算賞与を損金算入していたものにつき税務調査後申告是認通知を受けたので，昭和38年度分及び同39年度分についても同様の税務処理をしていたところ，当該申告是認通知の2年後に再度税務調査を受けて前記3年度分の法人税について当該決算賞与の損金算入を否認する更正処分等を受けたため，当該更正処分等について信義則に反する旨争った。

しかし，前掲判決は，「右申告是認通知は税務官庁の事務上の便宜ならびに納税者に対する便宜の供与のための事実上の行為であって，納税者に対する法律上の効果を生ぜしめるような行為ではなく，それまでの調査にもとづいて納税者の申告に対する所轄税務官庁の一応の態度を表明するものにすぎないから後にこれに反する行政処分が行われたからといつて禁反言の法理に反するということはできない。」と判示している。

　このような考え方は，他の裁判例においても支持されている＊14。しかしながら，申告是認通知が法律上義務化され，かつ，後述するように，一度調査を終了させる（申告是認通知を発する）と，「新たに得られた情報」がない限り再調査はできないことになるわけであるから，当該申告是認通知に一層強い法的拘束力が生じることになるものと見込まれる。例えば，前掲大阪地裁判決のような事案に関しては，「決算賞与の損金算入の可否」という法的判断が問題とされているので，「新たに得られた情報」があることも希有であろうから，申告是認通知後に調査が再開されて，更正等が行われるようなことにはならないものと考えられ，仮に調査を再開すれば信義則違反が問われることになるものと考えられる。

　次に，国税通則法74条の11第1項は，前述のように，同条において「更正決定等」には同法36条に規定する「納税の告知」も含まれるとしている。そのため，調査通達6－2も，「更正決定等」には，更正，再更正，決定及び各種加算税等に係る賦課決定のほか，「源泉徴収に係る所得税でその法定納期限までに納付されなかったものに係る法第36条〔略〕に規定する納税の告知が含まれることに留意する。」と定めている。しかし，これらの規定は，国税通則法における用語の使用方法として，整合性を欠くものと考えられる。けだし，同法58条1項1号イでは，「更正若しくは第25条（決定）の規定による決定又は賦課決定（以下「更正決定等」という。）」と定めているわけであるから，同法59条以下に「更正決定等」という用語が使用されれば，上記の定義に従わなければなら

ないはずである。しかも，上記の更正，決定及び賦課決定が税額の確定
手続であるのに対し，納税の告知は，徴収処分に過ぎないのである＊15
から，それらを同一の用語で括ることに問題があるものと考えられる。

3　調査結果の説明と修正申告等の勧奨

(1)　規定の趣旨

　国税通則法74条の11第2項は，「国税に関する調査の結果，更正決
定等をすべきと認める場合には，当該職員は，当該納税義務者に対し，
その調査結果の内容（更正決定等をすべきと認めた額及びその理由を含む。）
を説明するものとする。」と定めている。そして，同条3項は，「前項の
規定による説明をする場合において，当該職員は，当該納税義務者に対
し修正申告又は期限後申告を勧奨することができる。この場合において，
当該調査の結果に関し当該納税義務者が納税申告書を提出した場合には
不服申立てをすることはできないが更正の請求をすることはできる旨を
説明するとともに，その旨を記載した書面を交付しなければならない。」
と定めている。平成23年度の国税通則法改正における調査手続の法制
化については，既に述べた「調査の事前通知」が重視され，その意義と
関係規定の解釈が論争されている。そして，平成26年度税制改正にお
いても，税理士法の改正にも対応して，税務代理人である税理士等が単
独で事前通知を受けることができる措置も講じられている。

　しかしながら，このような「調査の事前通知」よりも，課税実務に影
響を及ぼしているのが，この調査結果の説明等にある。けだし，国税通
則法74条の11第2項及び3項の規定に基づき，当該職員が，調査結果
の内容を説明し，修正申告等を勧奨すると，後述するように，調査の再
開が厳しく制限されているので，当該説明と勧奨は慎重にならざるを得
なくなる。

　それに加え，修正申告等を勧奨した後，当該納税義務者がそれに応じ

第Ⅵ章　税務否認と税務調査　　*341*

ない場合には，当該職員の税務署長は，当該職員の説明に基づいて更正決定等をせざるを得なくなる。そのため，最近の税務調査においては，税務官庁側の調査終結への慎重な姿勢が反映され，調査の終結の大幅な遅延を招いている。また，調査の事前通知について，通知者が税務署長であることの問題点は既に述べたところであるが，調査結果としての更正決定等について，最初に当該職員の説明があって，それに基づいて（従って）税務署長が当該処分を行うということも，行政庁の処分に係る意思決定のあり方として甚だ問題があるように考えられる。

(2) 説明の内容

　前述のように，当該職員は，調査結果の内容，すなわち，「更正決定等をすべきと認めた額及びその理由を含む。」を説明するのであるが，調査通達 6 - 3 は，「更正決定等をすべきと認めた額」の意義について，次のように説明している。

　「法第 74 条の 11 第 2 項に規定する「更正決定等をすべきと認めた額」とは，当該職員が調査結果の内容の説明をする時点において得ている情報に基づいて合理的に算定した課税標準等，税額等，加算税又は過怠税の額をいう。

(注)　課税標準等，税額等，加算税又は過怠税の額の合理的な算定とは，例えば，次のようなことをいう。

　　イ　法人税の所得の金額の計算上当該事業年度の直前の事業年度分の事業税の額を損金の額に算入する場合において，課税標準等，税額等，加算税又は過怠税の額を標準税率により算出すること。

　　ロ　相続税において未分割の相続財産等がある場合において，課税標準等，税額等，加算税又は過怠税の額を相続税法第 55 条《未分割遺産に対する課税》の規定に基づき計算し，算出すること。」

　また，調査指針は，調査結果の内容の説明等について，次のように定

めている（同指針第2章4(2)）。

　「調査の結果，更正決定等をすべきと認められる非違がある場合には，法第74条の11第2項に基づき，納税義務者に対し，当該非違の内容等（税目，課税期間，更正決定等をすべきと認める金額，その理由等）について原則として口頭により説明する。その際には，必要に応じ，非違の項目や金額を整理した資料など参考となる資料を示すなどして，納税義務者の理解が得られるよう十分な説明を行うとともに，納税義務者から質問等があった場合には分かりやすく回答するよう努める。また，併せて，納付すべき税額及び加算税のほか，納付すべき税額によっては延滞税が生じることを説明するとともに，当該調査結果の内容の説明等（下記(3)に規定する修正申告等の勧奨を行う場合は，修正申告等の勧奨及び修正申告等の法的効果の教示を含む。）をもって原則として一連の調査手続が終了する旨を説明する。

（注）　電話又は書面による調査（実地の調査以外の調査）を行った結果については，更正決定等をすべきと認められる非違事項が少なく，非違の内容等を記載した書面を送付することにより，その内容について納税義務者の理解が十分に得られると認められるような簡易なものである場合には，口頭による説明に代えて書面による調査結果の内容の説明を行って差し支えないことに留意する。

　なお，その場合であっても，納税義務者から調査結果の内容について質問があった場合には，分かりやすく回答を行うことに留意する。」

　以上の各通達の取扱いにおいては，調査通達は，「調査結果の内容の説明をする時点において得ている情報」に基づいて説明するものとして，税務署長が更正決定等を行う最終判断でないことを示唆している。

　しかし，調査指針は，「当該調査結果の内容の説明等〔略〕をもって原則として一連の調査手続が終了する旨を説明する。」と定めているところであり，かつ，後述するように，調査結果の説明と修正申告等の勧

第VI章　税務否認と税務調査　　343

奨との間に説明内容を見直す調査が行われることは実務的にみて考えられないので，事実上，税務署長が更正決定等をすべき最終判断を事前に当該職員が説明することになるものと考えられる。

　そして，その際，更正決定等の理由についても説明することになっているので，その説明理由が，当該更正決定等の処分理由をも拘束することが考えられる。そうなると，当該職員は，当該納税義務者に対し，軽々に，調査が終了したことを告げるわけにもいかず，その前に，国税部内での処分内容と処分理由についての最終判断の調整をせざるを得なくなる。そのため，従来では，1週間程度で結論が出ていた調査処理が，数か月延びることにもなる。

　また，最近の実務では，当該職員は，調査が終了したとは言わないで，修正申告等の方を先に慫慂して事実上調査を終了できるようにするという話を聞くことが多いが，課税当局にとっては，その方が処分理由を明確にしないで済むこと等の便宜があるものと考えられる。

　いずれにしても，後述する調査の再開の問題を含め，国税通則法74条の11の規定は，本来，同法が予定していた申告納税方式における税額確定手続を相当異質なものに変更させ，税務調査の進行を妨げているものと考えられる。

(3)　修正申告等の勧奨

　国税通則法は，元々，申告納税方式について，納税者の申告を原則としながらも税務署長の調査・処分があるものであると定義付け（通則法16①一），税務署長が調査によって申告内容の非違を発見した時には，「更正する」（通則法24）又は「決定する」（通則法25）ことを原則とし，当該更正又は決定があるまでは，納税者は期限後申告書又は修正申告書を「提出することができる」（通則法18①，19①）としている。

　このことは，納税者が修正申告書等を提出するのは自己の利益になる

344

時（加算税や延滞税の減免が期待できる場合等）に行えば足りるのであって，税務署長の慈恵等によって行われるものでないことを意味している。

　ところが，既に述べたように，青色申告に係る更正の理由附記の程度について，最高裁判決が相次いで詳細な理由を附記するように求めたので，課税実務は，そのような煩瑣な手続を避けるため，国税通則法の本来の考え方とは裏腹に修正申告主導型の税務処理へ変更した。そして，国税通則法74条の11第3項は，上記の課税実務に則っているように見えるが，前記の同法16条1項，18条1項，19条1項，24条，25条等の規定との整合性を失っているものと考えられる。このような性質を有している修正申告等の勧奨規定の運用について，調査指針は，次のように定めている（同指針第2章4⑶）。

　「納税義務者に対し，更正決定等をすべきと認められる非違の内容を説明した場合には，原則として修正申告又は期限後申告（以下「修正申告等」という。）を勧奨することとする。なお，修正申告等を勧奨する場合には，当該調査の結果について修正申告書又は期限後申告書（以下「修正申告書等」という。）を提出した場合には不服申立てをすることはできないが更正の請求をすることはできる旨を確実に説明（以下「修正申告等の法的効果の教示」という。）するとともに，その旨を記載した書面（以下「教示文」という。）を交付する。

（注）1　教示文は，国税に関する法律の規定に基づき交付する書面であることから，教示文を対面で交付する場合は，納税義務者に対し交付送達の手続としての署名を求めることに留意する。

　　　2　書面を送付することにより調査結果の内容の説明を行う場合に，書面により修正申告等を勧奨するときは，教示文を同封することに留意する。なお，この場合，交付送達に該当しないことから，教示文の受領に関して納税義務者に署名を求める必要はないことに留意する。」

　このような取扱いについては，元々，修正申告書等の提出が納税者の

第Ⅵ章　税務否認と税務調査　　*345*

自由裁量によって行われるはずなのに，通達によってそれを強制し，かつ，詳細な手続を定めることに疑問がある。

また，注書において，対面説明と書面説明によって教示文の交付手続が異なることにも問題があるように考えられる。このような煩瑣な手続を要求することが，前述のように，調査終了前の事実上の修正申告等の慫慂を惹起するものと考えられる。

次に，調査指針は，前述のように，調査結果の内容を説明した後，直ちに修正申告等の勧奨を行うように定めている。

しかし，調査通達では，調査結果の内容の説明と修正申告等の勧奨との間に再調査があり得ることについて，次のように定めている（同通達6－4）。

「国税に関する調査の結果，法第74条の11第2項の規定に基づき調査結果の内容の説明を行った後，当該調査について納税義務者から修正申告書若しくは期限後申告書の提出若しくは源泉徴収に係る所得税の納付がなされるまでの間又は更正決定等を行うまでの間において，当該説明の前提となった事実が異なることが明らかとなり当該説明の根拠が失われた場合など当該職員が当該説明に係る内容の全部又は一部を修正する必要があると認めた場合には，必要に応じ調査を再開した上で，その結果に基づき，再度，調査結果の内容の説明を行うことができることに留意する。」

この取扱いによると，当該職員が調査結果を説明した後に，修正申告等又は更正決定等が行われるまでの間に説明した事項以外について非違事項が発覚したときには，再調査をした上で説明のし直しができるように定めている。

しかし，国税通則法74条の11第2項及び3項の規定振りと前述の調査指針の取扱いに照らすと，当該職員の調査結果の説明と修正申告等との間に再調査を行う時間的余裕があるとも考えられないし，また，その

間の再調査を示唆することは，当該職員の調査結果の説明を蔑ろにすることになりかねない。

　もっとも，従来の税務調査の慣行では，ある程度調査のまとまった段階で修正申告等を慫慂し，納税者がそれに応じない時には，調査を継続し，当該慫慂を強めたり，事実関係を一層確実なものとして更正決定等へつなげたりしていたこともあったので，前記調査通達の取扱いは，そのようなことを示唆しているものとも解される。

　しかし，同法74条の11第2項及び3項において，調査結果の説明と修正申告等の勧奨をセットで定めた以上，当該納税者が修正申告等に応じなければ，税務署長は，当該職員の説明に基づいて更正決定等をせざるを得なくなるものと考えられるので，前記調査通達6－4の取扱いに疑問が生じる。

(4)　説明の相手方

　国税通則法74条の11第2項は，前述のように，当該職員は，調査終了後，当該納税義務者に対し，調査結果の内容を説明するものとしている。

　しかし，同条4項は，「実地の調査により質問検査等を行った納税義務者について法第74条の9第3項第2号に規定する税務代理人がある場合において，当該納税義務者の同意がある場合には，当該納税義務者への第1項から第3項までに規定する通知等に代えて，当該税務代理人への通知等を行うことができる。」と定めている。

　この規定を受けて，調査通達8－5は，「法第74条の9第5項及び法第74条の11第4項の規定の適用上，納税義務者の同意があるかどうかは，個々の納税義務者ごとに判断することに留意する。

(注)　例えば，相続税の調査において，複数の納税義務者がある場合における
　　　　法第74条の9第5項及び法第74条の11第5項の規定の適用について

第Ⅵ章　税務否認と税務調査　　*347*

は，個々の納税義務者ごとにその納税義務者の同意の有無により，その納税義務者に通知等を行うかその税務代理人に通知等を行うかを判断することに留意する。」と定めている。

また，調査指針では，税務代理人に対する単独通知の納税義務者の同意の有無等について，次のように定めている（同指針第2章4(5)）。

「実地の調査における更正決定等をすべきと認められない旨の書面の通知，調査結果の内容の説明，修正申告等の勧奨，修正申告等の法的効果の教示及び教示文の交付（以下「通知等」という。）については，原則として納税義務者に対して行うのであるが，納税義務者の同意がある場合には，納税義務者に代えて，税務代理人に対して当該通知等を行うことができる。

なお，この場合における納税義務者の同意の有無の確認は，①電話又は臨場により納税義務者に直接同意の意思を確認する方法，又は，②税務代理人から納税義務者の同意を得ている旨の申出があった場合には，同意の事実が確認できる書面の提出を求める方法のいずれかにより行う。

(注) 実地の調査以外の調査についても，実地の調査の場合に準じて，納税義務者に代えて，税務代理人に対して調査結果の内容の説明，修正申告等の勧奨，修正申告等の法的効果の教示及び教示文の交付を行うことができることに留意する。

ただし，実地の調査以外の調査において，上記①又は②により納税義務者の同意の意思を確認することが難しい場合には，税務代理人から調査結果の内容の説明を受けることについて委嘱されている旨の申立てがあることをもって，納税義務者に代えて税務代理人に対して調査結果の内容の説明等を行うことができることに留意する〔略〕。」

この調査指針の取扱いについては，納税義務者の同意の確認が煩瑣であるように考えられるので，事前通知と同様に税務代理権限証書を利用

して統一して取り扱うほうが望ましいものと考えられる。

なお，同調査指針の注書については，「実地の調査以外の調査」が具体的に何を意味するものか定かではないが，国税通則法74条の9に定める調査の事前通知が「実地の調査」に限定されており，同法74条の11第2項及び4項の調査結果の説明も「実地の調査」に限定されていることに鑑みると，当該各条項の施行において，「実地の調査以外の調査」について税務代理人に対して調査結果の内容の説明も修正申告等の勧奨，修正申告等の法的効果の教示等の機会がいかなる場合に生じ得るのかも定かではない。

もっとも，税理士等の税務代理人は，申告，申請，請求，不服申立て，調査，処分等（税理士法2①一）の税務全般について代理人となり得るものであるから，前記調査指針のような取扱いも可能であろう。

しかし，「実地の調査」と「それ以外の調査」を殊更区分し，前者を取り扱う国税通則法74条の11の規定の取扱い（解釈）において，後者もそれと同じように扱うのであれば，両者を区分する必要性に疑問が残る。

第7節　調査の再開

1　調査再開規定の趣旨

前述のように，一つの「実地の調査」が終了する際には，申告是認通知，調査結果の内容の説明，修正申告等の勧奨，そして，更正決定等の処分の諸手続が行われる（通則法74の11①～③，24，25等）。また，調査結果の内容の説明等については，税務代理人が単独で受けることもできる（通則法74の11④）。それらの結果，一つの「実地の調査」が終了することになる。

しかし，申告納税制度における納税者の申告（又は無申告）は，一つの「実地の調査」によって，その当否が全て検証されるわけではない。そのた

め，平成23年改正前の国税通則法の下では，更正決定等の期間制限（通則法70等）の期間内において，税務署長は，必要に応じて任意に調査を実施し，それに基づいて，更正決定等が行われてきた。

　また，そのことが，法の趣旨に適うことであり，申告納税の監視力を高めるものと解されてきた。しかしながら，平成23年改正で設けられた国税通則法74条の11第5項は，次のように，調査の再開を制限することとした。

　「第1項の通知をした後又は第2項の調査〔略〕の結果につき納税義務者から修正申告書若しくは期限後申告書の提出若しくは源泉徴収による所得税の納付があつた後若しくは更正決定等をした後においても，当該職員は，新たに得られた情報に照らし非違があると認めるときは，第74条の2から第74条の6まで〔略〕の規定に基づき，当該通知を受け，又は修正申告書若しくは期限後申告書の提出若しくは源泉徴収による所得税の納付をし，若しくは更正決定等を受けた納税義務者に対し，質問検査等を行うことができる。」

　この規定によれば，一度，「実地の調査」が終了すると，「新たに得られた情報に照らし非違があると認めるとき」以外は，調査の再開ができないことを意味する。このことは，納税者の権利保護を重視したものであろうが，更正決定等の期間制限内の税務署長の調査・更正決定等の権限を厳しく制限することになり，申告納税制度における監視力を弱める点で問題がある。

　また，前記第6節で述べたように，このように，税務調査の再開が制限されるため，当該職員による調査結果の内容の説明等の終了手続が大幅に遅延することとなり，場合によっては，調査結果の内容を説明する前に，事実上の修正申告等を慫慂し，その修正申告等を待って調査を終了させるような，法が予定していなかった調査手続が現出している。

350

2 調査再開ができる場合

前述の調査再開規定の適用について，調査通達6−6は，次のように定めている。

「更正決定等を目的とする調査の結果，法第74条の11第1項の通知を行った後，又は同条第2項の調査〔略〕の結果につき納税義務者から修正申告書若しくは期限後申告書の提出若しくは源泉徴収に係る所得税の納付がなされた後若しくは更正決定等を行った後において，新たに得られた情報に照らして非違があると認めるときは，当該職員は当該調査（以下，6−6において「前回の調査」という。）の対象となった納税義務者に対し，前回の調査に係る納税義務に関して，再び質問検査等〔略〕を行うことができることに留意する。」

また，調査指針は，再調査の判定について，次のように定めている（同指針第2章4(6)）。

「更正決定等をすべきと認められない旨の通知をした後又は調査〔略〕の結果につき納税義務者から修正申告書等の提出若しくは源泉徴収に係る所得税の納付があった後若しくは更正決定等をした後に，当該調査の対象となった税目，課税期間について質問検査等を行う場合には，新たに得られた情報に照らして非違があると認める場合に該当するか否かについて，法令及び手続通達に基づき，個々の事案の事実関係に即してその適法性を適切に判断する〔略〕。」

以上の調査通達及び調査指針の取扱いにおいては，調査の再開について，法の趣旨に則って慎重に行うべきことを指示している。

なお，平成27年改正前の上記調査指針においては，その注書において，「実地の調査以外の調査」を実施した結果，更正決定等をすべきと認められなかった後にも，法改正の趣旨を踏まえて，調査再開の必要性を十分検討するよう指示していたが，「実地の調査以外の調査」の結果，更正決定等をすべきと認められない場合には，「実地の調査」の場合の

第Ⅵ章　税務否認と税務調査　*351*

ように是認通知するわけでもないので（通則法74の11①参照），調査再開についてここまで慎重であることに疑問があったこともあり，前記改正で削除された。

3 「新たに得られた情報」の内容等

前述のように，調査の再開は，「新たに得られた情報に照らし非違があると認めるとき」に限られるのであるが，「新たに得られた情報」の意義について，調査通達6－7は，次のように定めている。

「法第74条の11第5項に規定する「新たに得られた情報」とは，同条第1項の通知又は同条第2項の説明（6－4の「再度の説明」を含む。）に係る国税の調査（実地の調査に限る。）において質問検査等を行った当該職員が，当該通知又は当該説明を行った時点において有していた情報以外の情報をいう。

（注）調査担当者が調査の終了前に変更となった場合は，変更の前後のいずれかの調査担当者が有していた情報以外の情報をいう。」

また，「新たに得られた情報に照らし非違があると認めるとき」の範囲について，調査通達6－8は，次のように定めている。

「法第74条の11第5項に規定する「新たに得られた情報に照らし非違があると認めるとき」には，新たに得られた情報から非違があると直接的に認められる場合のみならず，新たに得られた情報が直接的に非違に結びつかない場合であっても，新たに得られた情報とそれ以外の情報とを総合勘案した結果として非違があると合理的に推認される場合も含まれることに留意する。」

さらに，調査通達6－9は，事前通知以外の事項について調査を行う場合の再調査規定の適用について，次のように定めている。

「法第74条の9第4項の規定により事前通知した税目及び課税期間以外の税目及び課税期間について質問検査等を行おうとする場合におい

352

て，当該質問検査等が再調査に当たるときは，法第74条の11第5項の規定により，新たに得られた情報に照らし非違があると認められることが必要であることに留意する。」

このような取扱いのうち，調査通達6－7及び6－8については，当然のことであると考えられるので，定めるまでもないものと考えられる。

また，調査通達6－9については，前回の調査において事前通知した税目及び課税期間のみが対象になっているのであれば，再調査の際には，国税通則法74条の9第1項の規定に基づいてその点について改めて事前通知すれば足りるように考えられるので，同法74条の11第5項の規定とは直接関係がないように考えられる。

もっとも，この規定は，国税当局が再調査について慎重（消極的）な姿勢を示しているものであろう。いずれにしても，このような取扱いの是非よりも，別の問題があるように考えられる。すなわち，通常の税務調査の実態に照らせば，「新たに得られた情報」は取引先等の外部から得られた情報に限られるので，一度，調査が終了すると，事実上，再調査は放棄しているものとも考えられる。

他方，外部から得られた情報等は，当該職員に守秘義務が課せられている（通則法126参照）ので，再調査の際に，納税義務者にそれらを開示することもできないであろう。そうすると，当該職員は，「新たに得られた情報」の有無とは関係なく，それがあったことにして，再調査を行うことも可能であるようにも考えられる。

このようなことを考察すると，元来，国税通則法は，更正決定等の期間制限の期間内において，税務署長による任意の調査・処分を予定していたものと考えられる（もちろん，調査権の濫用は許されない）ので，同法74条の11第5項のような規定の存在や当該規定の解釈（取扱い）にむしろ問題があるように考えられる。

とはいえ，前述したように，この規定があるが故に，調査の終了が遅

第Ⅵ章　税務否認と税務調査　　353

延し，実務を混乱させていることも事実であるので，国税通則法の再改正を含め調査のあり方については再検討が必要であるように考えられる。

第8節　犯罪捜査との関係

国税通則法74条の8は，「第74条の2から前条まで〔略〕の規定による当該職員の権限は，犯罪捜査のために認められたものと解してはならない。」と定めている。

この規定は，平成23年改正で設けられた「第7章の2」の中で定められているが，新たに設けられたわけではなく，従前，個別税法に定められていたものを国税通則法に移行させたものである（改正前の所法234②，法法156，相法60④，消法62⑥等参照）。この規定は，国税通則法（従前は個別税法）に定められている質問検査権の規定による当該職員の調査（いわゆる任意調査）と国税局査察部（部門）が行っている逋脱犯告発のための犯則調査（いわゆる強制調査）とが混同されてはいけないことと解される。

したがって，任意調査に基づいて収集された資料（証拠）のみに基づいて逋脱犯の告発が禁じられているものと解される。しかしながら，同じ国税庁という組織の中にあって，かつ，申告納税制度における納税者の監視機能を有している任意調査部門と強制調査（査察）部門とが全く情報交流がないというのも不自然・不合理であろう。

よって，国税通則法74条の8の規定は，任意調査部門の調査が強制調査のための直接的手段になることを禁じているものと解すべきであろう。この点について参考とすべき事例として，最高裁平成16年1月20日第二小法廷決定（刑集58・1・26）＊16がある。

この決定の事案では，被告人会社が法人税の逋脱を企て，所得を秘匿していたが，国税局査察部門が平成6年3月頃内偵を開始したため，そ

れを察知した同社代表者が同年4月に顧問税理士に修正申告を依頼し，同月11日，同税理士が所轄税務署副署長に相談したところ，同月12日，同税務署の調査が開始され，秘匿所得の相当部分を把握したので，同署統括調査官がその旨査察部門に連絡し，査察部門が翌13日，当該連絡資料と従前の内偵資料を基に臨検捜索差押許可状を得て，翌14日，臨検捜索を開始したというものである。

　そして，被告人会社は法人税法違反の罪で起訴されたが，弁護人は，本件税務調査は犯則調査の手段として利用されているから，同調査が法人税法（平成23年度改正前のもの）156条，163条，憲法31条，35条，38条に違反し，本件証拠は違法な調査に由来し証拠能力を欠くなどと主張した。

　一審の松山地裁平成13年11月22日判決（判タ1121・264）は，本件税務調査の違法を認めず，被告人会社らを有罪とした。

　次いで，控訴審の高松高裁平成15年3月13日判決（判時1845・149）は，「本件税務調査は，法人税法第156条に違反する」としたが，その違法の重大性を否定して，原審の有罪判決を維持した。かくして，上告審の前掲最高裁決定は，「本件では，上記質問又は検査の権限の行使に当たって，取得収集される証拠資料が後に犯則事件の証拠として利用されることが想定できたにとどまり，上記質問又は検査の権限が犯則事件の調査あるいは捜査のための手段として行使されたものとみるべき根拠はないから，その権限の行使に違法はなかったというべきである。そうすると，原判決の上記判示部分は是認できないが，原判決は，上記質問又は検査の権限の行使及びそれから派生する手続により取得収集された証拠資料の証拠能力を肯定しているから，原判断は，結論において是認することができる。」と判示している。

　この事件は，当時の法人税法156条の規定に違反する税務調査に基づいて収集された資料の犯則事件における証拠能力が問題となったのであ

第Ⅵ章　税務否認と税務調査　　**355**

るが，逆に，犯則事件において収集された証拠に基づいて，税務署長が更正又は決定を行うことは，一般的に行われていることである。

その場合には，当該税務署長が，当該更正又は決定をするに当たって，当該証拠資料を確認するという作業を国税通則法24条等にいう「調査」と解することによって，「調査」を欠く更正等の違法性を阻却し得るものと解される。

なお，犯則調査の手続については，前記第Ⅴ章の第7節で述べたように，従前，国税犯則取締法によって課せられてきたところであるが，平成29年度税制改正によって，国税通則法の中で定められることとなり，国税犯則取締法は廃止されることになった。

第9節　行政手続法との関係

1　国税通則法と行政手続法との異同

国税通則法は，主として，国税の執行（税務行政）についての手続を定めるものであるのに対し，行政手続法は，行政一般の手続を定めるものである。その点では，両者は，行政手続において国民の権利保護に関わることになるので共通性がある。

しかし，国税通則法は，国税という国家財政の基盤をなすものに関わるもので，財政収入の確保という要請が一層強いといえる。そのことは，両法の1条に定める「目的」に反映している。

すなわち，同法1条は，「この法律は，国税についての基本的な事項及び共通的な事項を定め，税法の体系的な構成を整備し，かつ，国税に関する法律関係を明確にするとともに，税務行政の公正な運営を図り，もって国民の納税義務の適正かつ円滑な履行に資することを目的とする。」と定めている。

これに対し，行政手続法1条1項は，「この法律は，処分，行政指導及び届出に関する手続並びに命令等を定める手続に関し，共通する事項

356

を定めることによって，行政運営における公正の確保と透明性（行政上の意思決定について，その内容及び過程が国民にとって明らかであることをいう。第46条において同じ。）の向上を図り，もって国民の権利利益の保護に資することを目的とする。」と定めている。

　以上のように，国税通則法は，「……，もって国民の納税義務の適正かつ円滑な履行に資することを目的とする。」と定めていることに対し，行政手続法は「……もって国民の権利利益の保護に資することを目的とする。」と定めているように，前者が国税の納税義務の適正な履行を重視しているのに対し，後者が国民の権利保護を一層重視していることが理解できる。

2　行政手続法の適用除外

(1)　行政手続法による適用除外

　まず，行政手続法1条2項は，「処分，行政指導及び届出に関する手続並びに命令等を定める手続に関しこの法律に規定する事項について，他の法律に特別の定めがある場合は，その定めるところによる。」と定め，国税通則法のような特別法の定めを優先することとしている。また，行政手続法3条1項は，「次に掲げる処分及び行政指導については，次章から第4章の2までの規定は，適用しない。」と定めているが，その適用除外となる国税に関する事項は，次のとおりである。

　①　国税又は地方税の犯則事件に関する法令〔略〕に基づいて国税庁長官，国税局長，税務署長，収税官吏，税関長，税関職員又は徴税吏員〔略〕がする処分及び行政指導並びに金融商品取引の犯則事件に関する法令〔略〕に基づいて証券取引等監視委員会，その職員〔略〕，財務局長又は財務支局長がする処分及び行政指導（同項6号）

　②　審査請求，再調査の請求その他の不服申立てに対する行政庁の裁決，決定その他の処分（同項15号）

第Ⅵ章　税務否認と税務調査　　*357*

③　②に規定する処分の手続又は第3章に規定する聴聞若しくは弁明
　の機会の付与の手続その他の意見陳述のための手続において法令に
　基づいてされる処分及び行政指導（同項16号）

　上記の各事項のうち国税については，国税犯則取締法及び国税通則法
の定めるところによることとされていたが，平成29年度税制改正にお
いて，前者が廃止され，犯則調査手続等が後者に吸収されることになっ
た。

(2)　国税通則法による適用除外

　国税通則法74条の14第1項は，「行政手続法〔略〕第3条第1項〔略〕
に定めるもののほか，国税に関する法律に基づき行われる処分その他公
権力の行使に当たる行為〔略〕については，行政手続法第2章〔略〕（第
8条（理由の提示）を除く。）及び第3章〔略〕（第14条（不利益処分の理由
の提示）を除く。）の規定は，適用しない。」と定めている。

　この規定における，行政手続法8条及び14条については，平成23年
度国税通則法改正前には国税について行政手続法制定当時（平成5年）
から適用除外とされていたが，同改正によって国税に関しても適用され
ることになった。その問題については，後述する。

　また，国税通則法74条の14第2項は，「行政手続法第3条第1項，
第4条第1項及び第35条第4項〔略〕に定めるもののほか，国税に関
する法律に基づく納税義務の適正な実現を図るために行われる行政指導
〔略〕については，行政手続法第35条第3項（行政指導に係る書面の交付）
及び第36条（複数の者を対象とする行政指導）の規定は，適用しない。」と
定めている。

　この規定については，国税に関する行政指導に対して行政指導に係る
書面の交付及び複数の者を対象とする行政指導は，税務行政全体の遂行
上真に支障となる特別の事情が存在すると認められるからであるとされ

358

ている＊17。そして，この規定は，平成23年国税通則法改正の際にも，
改正されることはなかった。次に，同法74条の14第3項は，「国税に
関する法律に基づき国の機関以外の者が提出先とされている届出〔略〕
については，同法第37条（届出）の規定は，適用しない。」と定めている。
この規定は，非課税貯蓄申告書（所法10③④）等のように金融機関等を
経由して提出されているものについて，その特殊性から排除しているも
のである。

3　処分の理由附記の強制

(1)　強制（改正）前の趣旨

　前記2で述べたように，行政手続法が制定された際に改正された国税
通則法74条の14では，行政手続法8条及び14条は適用除外とされて
いた。ところで，行政手続法8条1項は，「行政庁は，申請により求め
られた許認可等を拒否する処分をする場合は，申請者に対し，同時に，
当該処分の理由を示さなければならない。〔略〕」と定め，同条2項は，
「前項本文に規定する処分を書面でするときは，同項の理由は，書面に
より示さなければならない。」と定めている。また，同法14条1項は，
「行政庁は，不利益処分をする場合には，その名あて人に対し，同時に，
当該不利益処分の理由を示さなければならない。ただし，当該理由を示
さないで処分をすべき差し迫った必要がある場合は，この限りでない。」
と定め，同条3項は，「不利益処分を書面でするときは，前2項の理由は，
書面により示さなければならない。」と定めている。

　他方，国税に関する法律においては，青色申告に係る更正（所法155②，
法法130②）及び青色申告の承認の取消し（所法150②，法法127④）につ
いては理由附記を強制しているが，それ以外の処分（再調査決定及び裁決
を除く。）については，理由附記が強制されていない。そのため，行政手続
法制定時には，青色申告関係以外に処分理由を強制すべきではないもの

と考えられていた。その趣旨については，次のように解されていた[18]。

① 金銭に関する処分であり，処分内容をまず確定し，その適否については，むしろ事後的な手続で処理することが適切であること。

② 主として申告納税制度の下で，各年又は各月毎に反復して大量に行われる処分であること等の特殊性を有していること。

③ 限られた人員をもって適正に執行し公平な課税が実現されなければならないものであること。

以上のように，行政手続法制定当時，国税に関する全処分について理由附記を付すことに消極的であったのは，青色申告に係る更正及び青色申告承認の取消しについての理由附記について最高裁判所が詳細な理由を求めたため，課税実務が混乱したからにほかならない。

(2) 強制の影響

前述したように，行政手続法制定当時には，国税に関する全処分について理由附記を強制しないとしたこと（行政手続法8条及び14条の適用除外）は，税法の適正な執行と公平な課税の実現に支障を来たすと考えられたのであるが，平成23年の国税通則法改正によって当該各条項の適用除外が外されることになった。

このことは，国税通則法1条がいう，「国民の納税義務の適正かつ円滑な履行に資すること」よりも，行政手続法1条1項がいう「国民の権利利益の保護に資すること」が一層重視されたことを意味する。また，平成23年度の国税通則法の改正においては，既に述べてきたように，「第7章の2　国税の調査」及び「第7章の3　行政手続法との関係」において，納税者の権利保護に資するため，多くの措置が講じられてきた。その中でも，調査の事前通知（通則法74の9），調査の終了の際の手続（通則法74の11），そして，全処分に対する理由附記の強制（通則法74の14）は，その目的を達成することに貢献するものと考えられる。

しかし，そのことは，税務調査の効率を悪化させ，申告納税制度における監視体制の弱体化を導くことになる。既に公表された平成25年度の調査件数は，前年度比約30％減となっており，平成25年度の不服申立て（異議申立て及び審査請求）は，数年前と比し半減している。このような傾向は，今後一層進むことが想定されるが，申告納税制度における申告水準への悪影響が懸念されている。このことは，租税収入から利益を享受している国民全体からみて得策か否かという問題を惹起することとなる。なお，平成26年6月の行政手続法の改正によっても，国税に関しても若干の影響が生じるものと考えられるので，今後の実務への影響を注視する必要がある。

第VI章　税務否認と税務調査　*361*

＊1　大阪地裁昭和 46 年 9 月 14 日判決（税資 63 号 529 頁），大阪地裁昭和
49 年 1 月 31 日判決（訟務月報 20 巻 7 号 108 頁），名古屋高裁昭和 51
年 9 月 29 日判決（税資 89 号 792 頁）等参照

＊2　最高裁昭和 39 年 10 月 22 日第一小法廷判決（民集 18 巻 8 号 1762 頁）は，
納税申告の効力につき，「その錯誤が客観的に明白かつ重大」であれ
ば無効になる旨判示しているが，その後の裁判例では，税務職員の誤
指導があった場合には，その重大性を重視して当該納税申告が無効と
なる旨判示している（東京地裁昭和 56 年 4 月 27 日判決・行裁例集 32
巻 4 号 661 頁），札幌地裁昭和 63 年 12 月 8 日判決（税資 166 号 669 頁）
等参照。

＊3　最高裁昭和 47 年 11 月 22 日大法廷判決（刑集 26 巻 9 号 554 頁），最高
裁昭和 48 年 7 月 10 日第三小法廷決定（刑集 27 巻 7 号 1205 頁），大阪
地裁昭和 51 年 3 月 30 日判決（税資 88 号 179 頁），最高裁昭和 63 年 3
月 31 日第一小法廷判決（同 163 号 1122 頁），名古屋地裁平成 4 年 12
月 24 日判決（同 193 号 1059 頁）等参照。

＊4　「国税通則法」の改称案に対する批判については，品川芳宣「「国税通
則法」を改称するな！」税理士新聞平成 23 年 7 月 15 日号 4 頁，同「国
税通則法の改正案の問題点とあるべき方向（上）」税務事例平成 23 年
11 月号 11 頁等参照

＊5　国税通則法改正の実務上の影響について批判的に論じたものとして，
前出＊4 のほか，品川芳宣「納税環境整備（税務調査手続・理由附記
の法制化）の問題点」税経通信平成 23 年 3 月号 17 頁，同「国税通則
法の改正案の問題点とあるべき方向（下）」税務事例平成 23 年 12 月号
9 頁参照

＊6　これらの問題については，品川芳宣「国税通則法の実務解説－国税手
続等の法理と実務上の問題点を解明－（第 6 回）」租税研究平成 26 年
4 月号 124 頁，同『国税通則法の理論と実務』（ぎょうせい　平成 29 年）
143 頁等でも指摘した。

＊7　我妻栄『新版　新法律学辞典』（有斐閣　昭和 48 年）225 頁

＊ 8 当該改正と実務上の留意点については，安部和彦「事前通知に係る平成 26 年度改正」税理平成 26 年 6 月号等参照

＊ 9 前記第 2 節 7 で説明した最高裁昭和 48 年 7 月 10 日第三小法廷決定参照

＊ 10 例えば，国税通則法 74 条の 9 第 3 項にいう「納税義務者」には，同法 74 条の 5 第 1 号イに掲げる者も含まれるところ，同法 74 条の 5 第 1 号イでは，たばこ税法 25 条に規定する者を掲げており，たばこ税法 25 条では，「製造たばこ製造者，製造たばこの販売業者又は特例輸入者」を掲げているが，当該販売業者又は特例輸入者は「納税者」に該当しない。

＊ 11 そのことは，品川芳宣「納税環境整備（税務調査手続・理由附記の法制化）の問題点」税経通信平成 23 年 3 月号 17 頁等で警告してきた。

＊ 12 品川芳宣『傍流の正論』（大蔵財務協会　令和 5 年）254 頁等参照

＊ 13 同判決に関する信義則の適用問題については，品川芳宣「税法における信義則の適用について－その法的根拠と適用要件－」税務大学校論叢 8 号 48 頁参照

＊ 14 東京地裁昭和 35 年 12 月 21 日判決（行裁例集 11 巻 12 号 3315 頁），最高裁昭和 62 年 10 月 30 日第三小法廷判決（判時 1262 号 91 頁），大阪地裁平成 7 年 11 月 29 日判決（税資 214 号 544 頁），大阪高裁平成 9 年 6 月 12 日判決（同 223 号 1015 頁）等参照

＊ 15 最高裁昭和 45 年 12 月 24 日第一小法廷判決（民集 24 巻 13 号 2243 頁）等参照

＊ 16 本判決の評釈については，笹倉宏紀・別冊ジュリスト N o.207（租税判例百選〔第五版〕）230 頁参照

＊ 17 志場喜徳郎ほか共編『国税通則法精解』（大蔵財務協会　平成 25 年）122 頁参照

＊ 18 志場喜徳郎ほか共編『国税通則法精解』（大蔵財務協会　平成 16 年）756 頁参照

第Ⅶ章

税務否認に対する救済制度

第1節　救済制度の必要性

　前述してきたように，国（地方団体）と納税者の租税関係を律する租税法律主義の下では，それが要求する各税法の規定について解釈上の幅があり，かつ，各税法の規定が契約自由の原則が支配する私法上の取引に依存することになっている。さすれば，納税者としては，租税負担が経済取引等におけるコストと観念することになるので，そのコスト削減の見地から，各税法の規定を有利に解釈するであろうし，また，各経済取引等においてそのコストの最少化（節税）を図ろうとすることになる。他方，国（地方団体）は，租税法律主義における合法性の原則の下，各税法の適正な解釈・施行に務めることになるが，国（地方団体）が考える「適正」は「租税収入の確保」と「課税の公平」を基準に判断されることになろう。また，立法政策としても，それらの目的を達成するために，前記第Ⅳ章で述べたように，各種の税務否認規定を設けているところである。そして，その税務否認規定については，解釈上両者の対立が生じることも不可避となっている。

　更に，国は，納税者の適正な納税義務の履行を担保するために，前記第Ⅴ章で述べたように，各種の租税制裁規定を設け，前記第Ⅵ章で述べたように，税務否認規定と租税制裁規定が有効に機能するように，税務署長等に対し，厳しい調査権限を与えている。しかし，このような租税制裁規定や税務調査規定の解釈や適用（施行）についても，それらが適法か否かについて国と納税者の対立が生じることになる。

　もっとも，このような国と納税者の対立は，租税法律主義自体が予測していたものと考えられ，租税法律主義の内容の一つである「適正手続の原則」（手続的保障原則）は，「租税の賦課・徴収は公権力の行使であるから，それは適正な手続で行われなければならず，またそれに対する争訟は公正な手続で解決されなければならない。」[*1]ことを謳ってい

366

るのである。そのため，国税に関しては，国税通則法が，その「第8章　不服審査及び訴訟」において，75条から116条にわたって争訟規定を設けている。これらの規定は，租税の特殊性もあって，他の行政手続よりも一層精緻に定められている。

　そこで，納税者が前述の税務否認，租税制裁そして税務調査手続に不服がある場合に，どのような手続で救済を求めることができるかについて，不服審査と訴訟に区分して，以下に説明することとする。

第2節　不服審査

1　不服審査の法的性格

　国税の不服審査制度は，平成26年6月の行政不服審査法及び国税通則法の改正によって，大幅に改正された。すなわち，改正前の不服審査では，原則として，二審制による不服申立前置主義が採用されており，例えば，税務署長の更正決定等に不服がある場合には，原則として，まず，当該税務署長に対する異議申立てを行い，異議決定を経た上で，国税不服審判所長に対して審査請求をし，その裁決を経た上で，取消訴訟を提起することとされていた。改正後は，異議申立制度が廃止され，原則として，審査請求のみの一審制となったが，処分庁に対する見直しを要請するために，再調査の請求制度が設けられた。

　このような不服審査の法的性格については，まず，再調査の請求は，処分を行った者に対する不服申立てであるから，当該処分の見直しを求めるものにほかならない。この場合，再調査の請求に対する審理手続については，申立人の権利救済のために，口頭意見陳述の充実等，公平な手続が行われるように努められている。しかし，それは，国税庁の一組織としての「税務署長」等として原処分の是非を見直すことにほかならない。したがって，当該見直しに当たっては，徴税機関の見地において，行政庁の長の命令手続である「国税庁長官通達」に全面的に従った上で

第Ⅶ章　税務否認に対する救済制度　　*367*

の見直しに限られることになる。

　他方，審査請求については，国税不服審判所の「第三者的機関」の役割を求める声が強いこともあって，裁判所的役割を果たすことが期待され，平成26年の国税通則法の改正等により，公平な審理を行うための手続が整備されてきた。そして，国税不服審判所長は，国税通則法99条の規定によって，国税庁長官通達に従わない裁決を行うことを発議することも認められている。しかし，同法99条の存在は，本来，国税不服審判所長が国税庁長官の命令に従う立場にあるからこそ，国税不服審判所長が，所定の手続を取らない限り，通達を無視して自由に裁決を行うことができないことを意味している。

　また，国税通則法102条は，「裁決は，関係行政庁を拘束する。」と定めている。この規定により，原処分庁である税務署長は，更正決定等が裁決によって取り消されても，それに反論（同じ処分をすることや裁決の取消訴訟の提起）することは許されない。そのことは，行政組織論において，当該原処分の当否につき，当該裁決を行った国税不服審判所長が，当該原処分を行った税務署長の上司として最終判断を行うという機能を有していることにほかならない。

　以上のことからみても，国税不服審判所は，国税庁という行政組織の一部を担っていることに変わりがなく，国税不服審判所長も，原則として，国税庁長官の命令（通達）に従った判断（裁決）を求められることになる。そうであれば，審査請求における裁決も，原処分の最終見直しを行うという使命を負うことになる。したがって，不服審査は，国税庁という徴税機関における「原処分の見直し」という法的性格を有することに変わりはない。そうであれば，審査請求の手続及びその結論である裁決については，国税庁という徴税機関における最終的な「原処分の見直し」としてどうあるべきかという観点からなされるべきである。そこには，より公平性が求められるにしても，完全な第三者としての判断が

368

求められているわけではないはずである＊2。しかし，そうであるからと言って，税法の解釈・適用において，国税不服審判所の裁決が，後述する裁判所の判決と比較して，税法の解釈・適用における優劣に差があるということではない。

2　不服審査の基本構造

国税通則法75条1項は，「国税に関する法律に基づく処分で次の各号に掲げるものに不服がある者は，当該各号に掲げる不服申立てをすることができる。」と定め，「次の各号」については，次のように定めている。

「一　税務署長，国税局長又は税関長がした処分（次項に規定する処分を除く。）

次に掲げる不服申立てのうちその処分に不服がある者の選択するいずれかの不服申立て

イ　その処分をした税務署長，国税局長又は税関長に対する再調査の請求

ロ　国税不服審判所長に対する審査請求

二　国税庁長官がした処分　国税庁長官に対する審査請求

三　国税庁，国税局，税務署及び税関以外の行政機関の長又はその職員がした処分　国税不服審判所長に対する審査請求」

この国税通則法75条1項の規定は，不服審査制度の骨格を示すものであり，不服申立前置における一審制を明確にしたものである。また，原処分庁に対する原処分の見直しを求めるために，再調査の請求もできることを明確にしているが，この場合には，原則として，再調査の請求についての決定を経た後でないと，審査請求ができないことになる（通則法75③）。

また，国税通則法75条2項は，「国税に関する法律に基づき税務署長がした処分で，その処分に係る事項に関する調査が次の各号に掲げる職

員によってされた旨の記載がある書面により通知されたものに不服がある者は，当該各号に定める国税局長又は国税庁長官がその処分をしたものとそれぞれみなして，国税局長がしたとみなされた処分については当該国税局長に対する再調査の請求又は国税不服審判所長に対する審査請求のうちその処分に不服がある者の選択するいずれかの不服申立てをし，国税庁長官がしたものとみなされた処分については国税庁長官に対する審査請求ができる。」と定めている。上記の同項各号は，次のとおりである。

「一　国税局の当該職員　その処分をした税務署長の管轄区域を所轄する国税局長

二　国税庁の当該職員　国税庁長官」

このような規定が適用されるのは，例えば，国税局の調査査察部若しくは調査部又は国税局の課税部資料調査課に所属する当該職員の調査に基づく更正，決定等であるが，これらの更正，決定等についても，「前3条の場合において，国税庁又は国税局の当該職員の調査があったときは，税務署長は，当該調査したところに基づき，これらの規定による更正又は決定をすることができる。」（通則法27）と定められているからである。

なお，不服申立期間については，当初処分については，原則として，「処分があったことを知った日（処分に係る通知を受けた場合には，その受けた日）の翌日から起算して3月を経過したとき」（通則法77①）までであり，再調査の請求の決定を経た後の審査請求については，「再調査決定書の謄本の送達があった日の翌日から起算して1月を経過したとき」（通則法77②）までである。そして，「不服申立ては，処分があった日の翌日から起算して1年を経過したときは，することができない。ただし，正当な理由があるときは，この限りでない。」（通則法77③）と定められている。

以上の不服審査の基本構造を図解すると，次のとおりとなる。

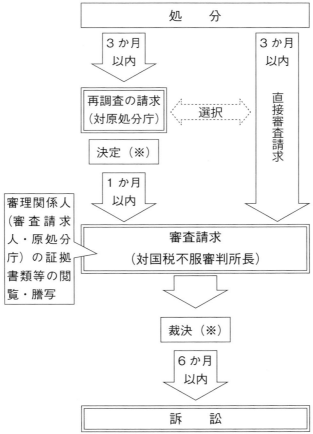

（※）原処分庁・国税不服審判所長から 3 か月以内に決定・裁決がない場合は，決定・裁決を経ないで，審査請求・訴訟をすることができる

第Ⅶ章　税務否認に対する救済制度　*371*

3 再調査の請求

(1) 請 求 手 続

再調査の請求の請求手続につき，国税通則法81条1項は，「再調査の請求は，次に掲げる事項を記載した書面を提出しなければならない。」と定め，その記載事項を次のように定めている。

「一 再調査の請求に係る処分の内容

二 再調査の請求に係る処分があったことを知った年月日（当該処分に係る通知を受けた場合には，その受けた年月日）

三 再調査の請求の趣旨及び理由

四 再調査の請求の年月日」

この1項の記載により，当該再調査の請求が，不服申立期間内に行われたものか否かが解ることになる。また，3号の「再調査の請求の理由」については，平成23年の国税通則法の改正によって全ての「処分」に理由が付されることになったので，その処分理由に対応した理由を付す必要があるものと考えられる。また，同条2項は，「前項の書面（以下「再調査の請求書」という。）には，同項に規定する事項のほか，第77条第1項又は第3項（〈略〉）に規定する期間の経過後に再調査の請求をする場合においては，同条第1項ただし書又は第3項ただし書に規定する正当な理由を記載しなければならない。」と定めている。

また，国税通則法81条3項は，「再調査の請求がされている税務署長その他の行政機関の長（以下「再調査審理庁」という。）は，再調査の請求書が前2項又は第124条（〈略〉）の規定に違反する場合には，相当の期間を定め，その期間内に不備を補正すべきことを求めなければならない。この場合において，不備が軽微なものであるときは，再調査審理庁は，職権で補正することができる。」と定め，再調査の請求書の記載事項につき，補正手続を定めている。

なお，再調査の請求書は，原則として，「その処分をした税務署長，

国税局長又は税関長」（通則法75①一イ）又は国税局の当該職員がした調査に基づく処分に係る「その処分をした税務署長の管轄区域を所轄する国税局長」（通則法75②一）に提出することになる。ただし，特例として，国税局の当該職員の調査に係る処分については，「当該再調査の請求に係る処分をした税務署長を経由してすることもできる。この場合において，再調査請求人は，当該税務署長に再調査の請求書を提出してするものとする。」（通則法82①）ことになる。そして，この場合の再調査の請求期間の計算については，当該税務署長に再調査の請求書が提出された時に再調査の請求がされたものとみなされる（通則法82③）。なお，当該「処分」が行われた後に当該納税者の納税地が異動したときには，再調査の請求は，現在の納税地を所轄する税務署長等に対して行うことになる（通則法85①）。

(2) 再調査の請求の決定手続

国税通則法84条1項は，「再調査審理庁は，再調査の請求人又は参加人（〈略〉）から申立てがあった場合には，当該申立てをした者（〈略〉）に口頭で再調査の請求に係る事件に関する意見を述べる機会を与えなければならない。ただし，当該申立人の所在その他の事情により当該意見を述べる機会を与えることが困難であると認められる場合には，この限りでない。」と定めている。この場合の「参考人」とは，「利害関係人（不服申立人以外の者であって不服申立てに係る処分の根拠となる法令に照らし当該処分につき利害関係を有するものと認められる者）」（通則法109①）をいい，当該不服申立てに参加する者をいう（通則法109③）。このような口頭意見陳述は，再調査の請求の下で，審理の一層の公平性が期待されている。

再調査の請求に対する決定方法につき，国税通則法83条1項は，「再調査の請求が法定の期間経過後にされたものである場合その他不適法である場合には，再調査審理庁は，決定で，再調査の請求を却下する。」

と定め，同条2項は，「再調査の請求が理由がない場合には，再調査審理庁は，決定で，当該再調査の請求を棄却する。」と定め，同条3項は，「再調査の請求が理由がある場合には，再調査審理庁は，決定で，当該再調査の請求に係る処分の全部若しくは一部を取り消し，又はこれを変更する。ただし，再調査の請求人の不利益に当該処分を変更することはできない。」と定めている。

　また，再調査の請求に対する具体的な決定手続につき，国税通則法84条7項は，「再調査の請求についての決定は，主文及び理由を記載し，再調査審理庁が記名押印した再調査決定書によりしなければならない。」と定め，同条8項は，「再調査の請求についての決定で当該再調査の請求に係る処分の全部又は一部を維持する場合における前項に規定する理由においては，その維持される処分を正当とする理由が明らかにされていなければならない。」と定めている。

　以上のような再調査の請求については，原処分をした者と同じ者に対して再調査の請求を行うものであるだけに，事実認定の誤りのようなものであれば，再度，調査してもらう必要もあろうが，税法の解釈等を争う税務否認については，調査のやり直しを求めても効果は薄いものと考えられる。したがって，そのような事案については，直接，次に説明する審査請求をする方が得策であると考えられる。

4　審 査 請 求

(1)　審査請求の手続

　前述したように，審査請求は，直接する場合には，処分があったことを知った日の翌日から3月以内（通則法77①），再調査の請求の決定を経る場合には，再調査決定書の送達があった日の翌日から1月以内にする（通則法77②）必要がある。その審査請求書（通則法87②）には，次の事項を記載しなければならない（通則法87①）。

① 審査請求に係る処分の内容

② 審査請求に係る処分があったことを知った年月日（当該処分に係る通知を受けた場合には，その通知を受けた年月日とし，再調査の請求についての決定を経た後の処分について審査請求をする場合には，再調査決定書の謄本の送達を受けた年月日）

③ 審査請求の趣旨及び理由

④ 審査請求の年月日

　また，審査請求書の提出先は，国税庁長官に対するものを除き，国税不服審判所長である（通則法75①一）が，当該処分をした行政機関の長を経由してすることもできる（通則法88①）。

　以上のように，審査請求書が提出された場合には，国税不服審判所の職員によって，当該審査請求が所定の手続要件を満たしているかについて審理が行われ，審査請求書の記載事項について不備（違法事由）が発見されたときには，国税不服審判所長が，当該不備を補正すべきことを求め（通則法91①），審査請求人が所定の期限内に不備を是正しないとき等には，国税不服審判所長は，裁決で，当該審査請求を却下することができる（通則法92①）。

　その後，国税通則法の定めるところにより，審理手続の計画的遂行が求められ（通則法92の2），原処分庁による答弁書の提出（通則法93①），担当審判官の指定（通則法94①），審査請求人による反論書又は証拠物件の提出が行われる（通則法95①）。

(2)　実質審理の要点

イ　総額主義と争点主義

　租税争訟における訴訟物（審理の対象となる事項）は，総額主義と争点主義の対立がある。総額主義とは，課税処分に対する争訟の対象はそれによって確定された税額（租税債務の内容）の適否である，とする見解で

あり，争点主義とは，課税処分に対する争訟の対象は処分理由との関係における税額の適否である，とする見解である。例えば，審査請求において，所得税の事業所得につき，売上金額1億円，必要経費8,000万円，所得金額2,000万円とする課税処分が行われ，審査請求人が必要経費は9,000万円であるから当該課税処分が違法である旨主張した場合に，必要経費のみが審理の対象になるのか（争点主義），売上金額の是非を含めた所得金額が審理の対象になるのか（総額主義），という問題がある。

　この対立については，最高裁昭和49年4月18日第一小法廷判決（訟務月報20巻11号175頁）が，「本件決定処分取消訴訟の訴訟物は，右総所得金額に対する課税の違法一般であり，所論給与所得の金額が，総所得金額を構成するものである以上，原判決が本件審査裁決により訂正された本件決定処分の理由をそのまま是認したことには，所論の違法は認められない。」と判示し，争訟段階における理由の差し替えを認め，総額主義を採用したことによって，判例上は一応解決している。

　しかしながら，国税不服審判所では，審査請求における権利救済の趣旨に配慮し，原処分を洗い直し的に見直すことなく，いわゆる争点主義的運営を行っている。この点について，不服審査基本通達（国税不服審判所関係）97－1は，「実質審理は，審査請求人の申立てに係る原処分について，その全体の当否を判断するために行うものであるが，その実施に当たっては，審査請求人及び原処分庁双方の主張により明らかになった争点に主眼を置いて効率的に行うことに留意する。」と定め，総額主義を前提にしながらも，争点主義にも配慮している。もっとも，このような争点主義的運営は，後述するように，国税通則法上，審判官による職権主義を明確にしているだけに，精神論であり，鵺（ぬえ）的なものとなっている。

376

ロ　口頭意見陳述

　国税通則法 95 条の 2 第 1 項は,「審査請求人又は参加人の申立てが
あった場合には, 担当審判官は, 当該申立てをした者に口頭で審査請求
に係る事件に関する意見を述べる機会を与えなければならない。」と定
め, 同条 2 項は,「前項の規定による意見の陳述 (〈略〉) に際し, 前項
の申立てをした者は, 担当審判官の許可を得て, 審査請求に係る事件に
関し, 原処分庁に対し, 質問を発することができる。」と定めている。

　また, 同条 3 項は,「第 84 条第 1 項ただし書, 第 2 項, 第 3 項及び第
5 項 (〈略〉) の規定は, 第 1 項の口頭意見陳述について準用する。」と定め,
次のような再調査の請求に関する決定手続が, 審査請求の口頭意見陳述
においても行われることになる。

①　審査請求人の所在地その他の事情により当該意見を述べる機会を
　　与えることが困難であると認められる場合には, その機会が与えら
　　れないことになる。

②　口頭意見陳述は, 担当審判官が期日及び場所を指定し, 全ての審
　　理関係人を招集させることになる。

③　口頭意見陳述において, 申立人は, 担当審判官の許可を得て, 補
　　佐人とともに出頭することができる。

④　口頭意見陳述において, 担当審判官は, 申立人がする陳述が事件
　　に関係のない事項にわたる場合その他相当でない場合には, これを
　　制限することができる。なお, 参加審判官は, 担当審判官の命を受
　　け, 申立人が審査請求に係る事件に関し原処分庁に対する質問を許
　　可し, その意見陳述を制限することができる。

　以上のように, 審査請求における口頭意見陳述は, 相当細かく規定さ
れ, 原処分庁に対する質問の機会が与えられることになったが, これら
の規定のみでは, その口頭意見陳述において, 質問を受ける原処分庁 (税
務署長等) が同席するのか, その質問に応答するのか等が明らかでない。

第Ⅶ章　税務否認に対する救済制度　　*377*

それが明らかにされないと、口頭意見陳述は、審査請求人からの一方的な陳述となり、実質的な審理の充実は図られないものと考えられる。

ハ　担当審判官の質問、検査等（職権主義）

国税通則法97条1項は、「担当審判官は、審理を行うため必要があるときは、審理関係人の申立てにより、又は職権で、次に掲げる行為をすることができる。」と定めている。「次に掲げる行為」とは、次のとおりである。

①　審査請求人若しくは原処分庁又は関係人その他の参考人に質問すること。

②　①に規定する者の帳簿書類その他の物件につき、その所有者、所持者若しくは保管者に対し、相当の期間を定めて、当該物件の提出を求め、又はこれらの者が提出した物件を留め置くこと。

③　①に規定する者の帳簿書類その他の物件を検査すること。

④　鑑定人に鑑定させること。

また、このような質問、検査等は、担当審判官のみが行使できるわけではなく、同法97条2項は、「国税審判官、国税副審判官その他の国税不服審判所の職員は、担当審判官の嘱託により、又はその命を受け、前項第1号又は第3号（編注＝前記①又は③）に掲げる行為をすることができる。」と定めている。

このような担当審判官等に与えられている質問、検査等の権限は、所得税、法人税等に関する調査について認められる質問検査権（通則法74の2等）とは性質を異にし、その範囲も狭く、強制力も弱いものと考えられる＊3。

しかしながら、担当審判官等に与えられている質問、検査等の権限は、原処分の適否を判断するために行われるが故に、所得税又は法人税であれば、所得金額全体を調査することも可能になり、前述した総額主義に

論拠を与えることになる。また，後述する「訴訟」の審理においては，弁論主義が採用されているため裁判官に検査権限が与えられていないところ，審査請求においては，担当審判官等に質問，検査権限が与えられているが故に，職権主義を標榜していることになる。そのことが，訴訟と審査請求の性質を異にする所以となる。

ニ　審理関係人による物件の閲覧等

国税通則法 97 条の 3 第 1 項は，「審理関係人は，次条第 1 項又は第 2 項の規定により審理手続が終結するまでの間，担当審判官に対し，第 96 条第 1 項若しくは第 2 項（〈略〉）又は第 97 条第 1 項第 2 号（〈略〉）の規定により提出された書類その他の物件の閲覧（〈略〉）又は当該書類の写し若しくは当該電磁的記録に記録された事項を記載した書面の交付を求めることができる。この場合において，担当審判官は，第三者の利益を害するおそれがあると認めるとき，その他正当な理由があるときでなければ，その閲覧又は交付を拒むことができない。」と定めている。また，同条 2 項は，「担当審判官は，前項の規定による閲覧をさせ，又は同項の規定による交付をしようとするときは，当該閲覧又は交付に係る書類その他の物件の提出人の意見を聴かなければならない。ただし，担当審判官が，その必要がないと認めるときは，この限りでない。」と定めている。

以上のように，現行（平成 26 年改正後）の国税通則法の下での閲覧等は，まず，閲覧等ができる者が，従前の審査請求人及び参考人から原処分庁を含む審理関係人全員とされ，閲覧等の対象は，従前の原処分庁の提出物件にとどまらず，審理関係人が提出した全ての物件及び担当審判官等が質問検査権を行使して収集した物件も含まれることとされている。そして，審理関係人は，従前の閲覧のみに限定されることなく，関係書類の写しの交付をも要求できることになる。ただし，担当審判官は，上記

第Ⅶ章　税務否認に対する救済制度　　*379*

の閲覧又は交付に当たっては，原則として，当該書類その他の物件の提出人の意見を聴かなければならないことになる。

　なお，国税通則法97条の3第1項にいう「第三者の利益を害するおそれがある」とは，「例えば，同項の規定による閲覧又は交付を求める者以外の者の権利，競争上の地位その他正当な利益を害するおそれがあるとき」（不服審査基本通達（国税不服審判所関係）97の3－2）と解され，同項にいう「その他正当な理由があるとき」とは，「例えば，国の機関，地方公共団体等が行う事務又は事業に関する情報であって，閲覧又は交付の対象とすることにより，当該事務又は事業の性質上，それらの適正な遂行に支障を来すおそれがあるとき」（同前）と解されている。

　その他，「正当な理由」については，第三者の営業上の秘密保持及び行政上の機密保持の必要から，第三者に係る所得調査書の閲覧を拒否し，これに代えて審査請求人の防御に必要な部分を抽出要約した所得調査書等要約書を閲覧させることは当該条文に違反しないと解される[4]が，行政上の秘密にあたる部分がそれ以外の部分と漫然一体となって分離困難であることをもって，そのすべての部分の閲覧を拒否することは「正当な理由」に当たらないと解されている[5]。

(3)　長官通達と異なる裁決

　前述したように，国税通則法の下における不服審査は，国税庁内部の原処分の見直しとして行われるものであり，国税不服審判所長による裁決は，原処分についての最終的判断（結論）でもある。したがって，国税不服審判所長も，国税庁長官の指示，命令（多くの場合国税庁長官通達）に従う立場にある。しかし，国税通則法は，できるだけ公正な裁決を行うことができるようにするため，国税不服審判所の第三者的機能を強化し，国税不服審判所長の独立性を保障する定めを設けている。

　すなわち，国税通則法99条は，次のように定めている。

「国税不服審判所長は，国税庁長官が発した通達に示されている法令の解釈と異なる解釈により裁決をするとき，又は他の国税に係る処分を行う際における法令の解釈の重要な先例となると認められる裁決をするときは，あらかじめその意見を国税庁長官に通知しなければならない。

2　国税庁長官は，前項の通知があった場合において，国税不服審判所長の意見が審査請求人の主張を容認するものであり，かつ，国税庁長官が当該意見を相当と認める場合を除き，国税不服審判所長と共同して当該意見について国税審議会に諮問しなければならない。

3　国税不服審判所長は，前項の規定により国税庁長官と共同して国税審議会に諮問した場合には，当該国税審議会の議決に基づいて裁決しなければならない。」

この規定は，長官通達に反する裁決を行う場合に限らず，「他の国税に係る処分を行う際における法令の解釈の重要な先例となると認められる裁決」を行う場合にも適用されるが，その趣旨等について，次のように解されている[6]。

「法令の解釈の先例とは，判例，学説又は通達，慣行等が未だ確定していない法令の規定について国税不服審判所長がする新たな解釈で，その解釈がその後の解釈の前例となるものをいい，重要とは，他の処分を行う際にその解釈が重要な先例となるという意味であって，その事件の税額の多寡とか内容の複雑さとは必ずしも関係がない。」

また，この規定にいう「重要な先例」とは，裁判官が判決する場合の判断の規範とし，法源の一つである判例法とは異なり，国税庁内部における処分上の規範になるものを指すものと解され，それに反した課税処分も行われなくなる。

なお，平成11年改正の財務省設置法21条の定めにより国税庁に設置された国税審議会は，従前の国税審査会，税理士審査会及び中央酒類審議会を統合したものである。国税審議会の委員は，非常勤の委員20人

以内で組織され，学識経験のある者のうちから，財務大臣が任命することとし，会長は，委員の互選による。

(4)　裁決の拘束力

　国税通則法102条1項は，「裁決は，関係行政庁を拘束する。」と定めている。この規定は，裁決で原処分が取り消されたら，原処分庁（税務署長等）は当該原処分と同じ処分ができないことを意味する。つまり，原処分の適法性の判断については，国税不服審判所長が原処分庁（税務署長等）の上級庁としての役割（機能）を果たすことになる。換言すると，裁決は，行政庁（国税庁）内部における原処分の最終的見直しであって，第三者（裁判所）による判決とは性質を異にする。また，このような拘束力は，棄却及び却下の裁決については生じない。

　したがって，裁決が棄却であるときは，国税不服審判所長は原処分は違法ではないと判断したにとどまるから，税務署長が再更正をすることを妨げない。同様に，裁決によって棄却されたため，当該原処分について取消訴訟を提起され，その取消訴訟において，当該原処分の適法性を根拠付けるための国側の主張も，裁決の理由中の判断と同一でなければならないものではない[7]。

5　不服申立てと徴収との関係

　不服申立てがあった場合に，これにより直ちに原処分についての滞納処分等の執行を停止するとすれば，租税収入の確保を旨とする税務行政の運営を阻害することになり，乱訴の弊害が生じることになる。しかし，そのような弊害を恐れて執行の停止を全く認めないことにすると，不服申立人が決定又は裁決において課税処分の全部取消しの処分を得ても，差押財産が処分（換価）された後であると，権利回復に実効を伴わないことも起こり得る。

そこで，行政不服審査法及び行政事件訴訟法とも，執行不停止を原則としながらも，例外的に，執行停止の措置ができ得るとしている（行審法25①〜⑦，行訴法25①②参照）。この点について，国税通則法105条1項は，次のように定めている。

「国税に関する法律に基づく処分に対する不服申立ては，その目的となった処分の効力，処分の執行又は手続の続行を妨げない。ただし，その国税の徴収のため差し押さえた財産（〈略〉）の滞納処分（〈略〉）による換価は，その財産の価額が著しく減少するおそれがあるとき，又は不服申立人（〈略〉）から別段の申出があるときを除き，その不服申立ての決定又は裁決があるまで，することができない。」

この規定における「換価」とは，公売，随意契約又は国による買入れによる差押財産を金銭化することである。したがって，差押債権等の取立て，果実の収得及び交付要求に係る配当金銭の収受並びにこれらにより取得した金銭の配当は，換価に含まれない。また，「換価は，……することができない」とは，一般的には，公売公告以外の換価手続をしない趣旨であるが，公売公告後に不服申立てがされた場合は，一応入札又は競り売りの終了の告知までの手続を進め，売却決定以後の手続を留保することも可能であるし，更に，売却決定について不服申立てがされた場合には，買受人は代金を納付することができないことになる*8。

次に，差押財産の価額が「著しく減少するおそれがあるとき」とは，生鮮食料品等速やかに換価しなければ価額が著しく減少する場合のことであるが，実務上は，製造中又は保存中の酒類を差し押さえているような場合が考えられる。また，不服申立人から別段の申出がある場合とは，例えば，株式等についてその価額が急に下落する恐れがある場合等が考えられる。なお，不服申立人からの「申出」については，書面を提出して行わせることとしている（不服審査基本通達（国税不服審判所関係）105－1）。

第Ⅶ章　税務否認に対する救済制度　*383*

以上の換価の停止は，「その不服申立てについての決定又は裁決があるまで」であるから，当該不服申立ての対象となる処分が取消訴訟に移行した場合には，その保障がないことになる。もっとも，実務上，取消訴訟に移行しても，直ちに換価が行われるわけではなく，不服申立て中に準じた措置が継続してとられているようである（行訴法25①②参照）。

　なお，国税通則法105条2項から6項までは，再調査審理庁，国税不服審判所長等が，必要があると認める場合には，徴収の猶予等を命じ，又は求めることができる旨定め，同条6項は，徴収の所轄庁がそれらに応じなければならないことを定めている。もっとも，このような徴収の猶予等の処分が行われた場合であっても，不服申立人に繰上請求（通則法38①）等の所定の事由が生じた場合には，当該猶予処分が取り消されることになる（通則法105⑦，49①②参照）。

　以上の不服申立てと徴収の関係については，各種の経済取引，税法解釈等において租税負担の最少化を企図したものの，課税当局から税務否認を受け，それに不服を有する者にとって，種々の点で留意しておく必要がある。

6　行政不服審査法との関係

　国税通則法と行政不服審査法との関係は，後者が一般法であり，前者が特別法の関係にあるが，国税に関する不服申立てについては，前述したように，特別法である国税通則法が，自律的かつ網羅的に規定しており，その一部について，同法80条が，両者の関係を次のように定めている。

　「第80条　国税に関する法律に基づく処分に対する不服申立て（〈略〉）については，この節その他国税に関する法律に別段の定めがあるものを除き，行政不服審査法（〈略〉）の定めるところによる。

　2　第75条第1項第2号又は第2項（〈略〉）の規定による審査請求

については，この節（〈略〉）その他国税に関する法律に別段の定め
があるものを除き，行政不服審査法の定めるところによる。

3　酒税法第2章（〈略〉）の規定による処分に対する不服申立てについては，行政不服審査法の定めるところによるものとし，この節の規定は，適用しない。」

　上記の結果，国税に関する法律に基づく処分について行政不服審査法が適用されるのは，同法1条（目的等），82条（不服申立てをすべき行政庁等の教示），83条（教示をしなかった場合の不服申立て）並びに国税庁長官の処分及び酒税関係の処分に限られることになる。なお，不作為についても，国税通則法に定めがないので，行政不服審査法により不服申立てをすることになる（行審法3）。

第3節　訴　　　訟

1　税務訴訟の機能と特徴

(1)　不服審査との関係

　税務訴訟については，「争訟」という用語の中で，とかく不服審査と訴訟は一緒に議論され，両者は同じ性質を有するものとして論じられることもある。しかし，既に述べたように，不服審査は，本質的には，課税処分等の原処分の見直しという性質を有し，それに対応した不服審査手続が採用されている。

　これに対し，訴訟は，行政庁（国税庁）から完全に独立した司法機関である裁判所において，審理・判断（判決）されるものであり，それに対応した手続が採用される。また，司法機関（裁判所）の最終的な（上告審の）判断（判決）は，その判断に不満があっても，法治国家の下では，納税者も国もそれに従わざるを得なくなるわけであり，不服審査の処分（裁決等）とは全く法的性質を異にする。思うに，租税法律主義における執行上の原則としての合法性の原則は，税務官庁には，租税を減免する

第VII章　税務否認に対する救済制度　　*385*

自由はなく，法律の定められたとおりに賦課・徴収しなければならない
ことを意味するが，その前提として，当該法律の解釈について税務官庁
と納税者とが適合していることが必要である。しかし，税法上の一つの
条文をめぐって，納税者としては，経済取引等における租税負担の最少
化を図るために，当該条文を有利に解釈しようとするであろうし，税務
官庁としては，与えられた職務としての課税の公平・税収の確保という
目的に適合するように解釈しようとするであろうから，両者の間には，
必然的に解釈・適用上の対立が生じることになる。また，税務官庁と納
税者との間では，解釈等の前提となる事実関係についても，対立が生じ
ることがある。

　そのような対立は，税務調査や不服審査における両者の折衝等によっ
て多くは解決するであろうが，解決できないものが法廷で争われること
になり，それが税務訴訟である。そして，その効果が判決という形で最
終的に結着するが，そのことは，合法性の原則のゴールであるといえる。
したがって，このような税務訴訟は，原処分の見直しを行う不服審査と
は法的にその性質を異にしていることになる。換言すると，納税者の経
済取引等における租税負担の最少化は，それが税務否認を受けたときに
は，その解釈の最終ゴールは取消訴訟等で勝訴することであるといえる。

(2)　訴訟の審理方法

　不服審査については，前述したように，国税通則法の下で，基本的に
は，職権主義と総額主義が採用されており，国税審判官等の担当職員の
調査・審理によって当該原処分の当否が判断される。もちろん，不服審
査においても，納税者の権利救済が重視されており，裁判所の審理方法
等が採用されている。

　他方，訴訟においては，訴訟物それ自体は原則として総額主義が採用
されているが，基本的には，当事者の弁論によって審理が行われ（弁論

主義）, 裁判官の自由心証によって判断（判決）が下される（自由心証主義）。この場合の弁論主義とは，原告，被告等の訴訟当事者の弁論によって主張・立証が行われることを意味する。また，自由心証主義とは，裁判官が何事にもとらわれることなく独立した立場で良心に従って判断（判決）することを意味する。このことは，行政庁の職員が当該行政庁の長の意思決定（命令，例えば，通達）に従わなければならないことと全く異なる。

　このような訴訟審理における弁論主義と自由心証主義は，真実の追求にとって一見理論的であるとも考えられるが，それなりに問題を抱えている。すなわち，弁論主義では，当事者の主張・立証の巧拙が，裁判官の判断（心証）に大きな影響を及ぼすこととなり，必ずしも真実の追求に役立つことにならないこともある。

　他方，自由心証主義においては，裁判官が独立した立場で良心に従って判断（判決）を下すことは良いとしても，裁判官の価値観と当該事案についての知識の有無が反映されることになるので，この場合にも，真実の追求から乖離することもあり得る。このような訴訟審理の特徴があるからこそ，国民は，一審，控訴審及び上告審の3回の裁判を受ける権利が与えられているものと考えられる（換言すると，3回裁判を行うことによって真実に近づけようとする人智である。）。

　次に，税務訴訟のような行政訴訟においては，後述するように，当該訴訟の当事者である行政庁（例えば，税務署長）が直接訴訟の当事者になるわけではない。国の行政訴訟においては，国が当事者（通常，被告）となり，「国の利害に関係のある訴訟についての法務大臣の権限等に関する法律」（一般に，「権限法」と称される。）によって，法務大臣が当該訴訟の指揮・監督を行うことになる。

　そのため，法務省には，訟務局が設置され，税務訴訟については租税訟務課が所轄している。なお，税務訴訟に関しては，裁判所及び法務省にそれぞれ国税職員が派遣されているが，それは，税法の解釈等に専門

的な知識が求められているからでもある。

(3) 立 証 責 任

　前述のように，訴訟審理においては，弁論主義と自由心証主義が採用されているため，訴訟当事者の主張・立証の巧拙が当該判決に大きな影響を及ぼすことになる。また，そのこととの関係から，特に，当事者の主張・立証責任*9が問題にもなる。訴訟当事者のいずれかが立証責任を負うかという立証責任の分配については，一般的には，権利関係の発生・変更・消滅等の法律効果を主張する者が，これを直接規定する条項の要件事実の立証責任を負うとされている。

　この考え方からすると，税務訴訟の大部分を占める更正決定等の課税処分の取消訴訟における立証責任は，租税債権の発生を主張する課税庁がその債権の発生・存在を立証すべきこととなる。現に，最高裁昭和38年3月3日第三小法廷判決（訟務月報9巻5号668頁）は，「所得の存在及びその金額について決定庁が立証責任を負うことはいうまでないところである。」と判示している。これは，民事訴訟における債権者主義に由来しているといわれる。

　このような最高裁判決の考え方は，課税処分の取消訴訟において，一般的に，判例法として確立されているといえるが，租税法における「原則課税，特例非課税」のような特別な場合には，納税者側に立証責任が課せられることがある。例えば，最高裁昭和39年2月7日第二小法廷判決（訟務月報10巻4号669頁）は，申告納税の所得税について一旦申告書を提出した以上，申告所得金額が真実に反することの立証責任は納税者にある旨判示している。この場合、税務調査終了後当該職員の勧奨に従い、不服ながら修正申告書を提出した上で、更正の請求をして争うと、納税者側が修正申告書に記載した事項について立証責任を負うことになるので留意を要する（東京地裁令和5年5月12日判決・令和元年（行ウ）第

607 号参照）。また、大阪高裁昭和 46 年 12 月 21 日判決（税資 63 号 1233 頁）は，推計課税における特別経費の存在については納税者に立証責任がある旨判示している。

そのほか，課税処分の無効確認訴訟における処分の無効事由の立証責任については，その処分の公定力を例外的に排除して無効を主張する者が，その処分の無効原因（重大かつ明白な瑕疵）を具体的事実に基づいて主張すべきとする最高裁昭和 34 年 9 月 22 日第三小法廷判決（民集 13 巻 11 号 1426 頁），最高裁昭和 44 年 2 月 6 日第一小法廷判決（税資 65 号 7 頁）等があり，租税特別措置法上の所得計算の特例の適用を受けようとする者は，その要件に該当する事実につき，主張・立証責任を負うとした大阪地裁昭和 50 年 2 月 5 日判決（訟務月報 21 巻 4 号 889 頁），大阪高裁昭和 52 年 12 月 14 日判決（税資 96 号 434 頁）等がある。

また，過少申告加算税等の賦課決定を免れる「正当な事由」の主張・立証責任は納税者にあるとした横浜地裁昭和 51 年 11 月 26 日判決（税資 90 号 640 頁），東京高裁昭和 55 年 5 月 27 日判決（税資 113 号 459 頁）等があり，同様に，過少申告加算税等の賦課決定を免れる（又は税率軽減）こととなる「調査により更正があるべきことを予知していないこと」等の主張・立証責任は納税者にあるとした東京地裁昭和 56 年 7 月 16 日判決（税資 120 号 129 頁），東京高裁昭和 61 年 6 月 23 日判決（税資 152 号 419 頁）等がある。

(4) 判例法の解釈等への影響

租税法の法律関係は，それが強行法であるが故に，何が「法」であるかが一層重視される。また，租税法律主義においては，課税要件法定主義が最も重視されるが，この場合の「法」とは何かが最重要である。これらの「法」（法源）については，通常，成文法がその役割を果たすが，慣習法[10]とりわけ，判例法が重要な役割を果たす。

第Ⅶ章　税務否認に対する救済制度　**389**

この判例法は，いうまでもなく，訴訟における判決の積み重ねによって形成される。この場合，個々の判決は，前述のように，弁論主義と自由心証主義の下に出されるわけであるから，個別性が強いのでその判決がそのまま判例法になるわけではない。

　しかし，当該法律の解釈について同じ判断を示す判決の積み重ねがあって，それがどの裁判官にとっても判断規範になれば，「判例法」として認められることになる。また，裁判官の判断規範ということであれば，最高裁判所（特に大法廷）の判決が，その判断規範となって「判例法」を形成することもある。

　なお，個々の判決については，それらが直ちに「判例法」として位置付けられなくても，当該条項の解釈において一つの先例として重視されることがあり，特に，訴訟審理において顕著である。これらのことは，訴訟審理等においては，個々の判決について，何が「先例」であり，何が「判例法」であるかを見極めることが重要である。そのような見極めを行うために，実務においても，いわゆる判例研究が重視される。

　ところで，何が「判例法」であるかについて，その代表例を示すこととする。まず，最高裁昭和60年3月27日大法廷判決（民集39巻2号247頁）＊11が示した税務訴訟における違憲審査についての考え方である。この事件では，同志社大学の大島教授が，昭和39年分所得税について，給与収入170万円を得たが，それに係る給与所得控除が13万5,000円だったので，当該給与所得控除では必要経費を賄うことができず，事業所得者と比べて不平等に扱われているという理由から，当該給与所得控除が憲法14条に違反する旨等を争ったものである。これに対し，上記大法廷判決は，次のとおり判示し，当該給与所得控除を合憲とした。

　「租税法の定立については，国家財政，社会経済，国民所得，国民生活等の実態についての正確な資料を基礎とする立法府の政策的，技術的な判断にゆだねるほかはなく，裁判所は，基本的にはその裁量的判断を

尊重せざるを得ないものというべきである。」

このような立法府の立法政策の裁量的判断を尊重するという考え方は，正に「判例法」として機能しており，その後の租税法規についての違憲訴訟において，違憲判断を消極的にするなど，重要な影響を及ぼしている＊12。しかし，このような影響を見るに，いかに「大法廷判決」とはいえ，それが適正な租税法の解釈であるかについては，疑問も多い。なお，その他の判例法としては，既に述べたように，青色申告の理由附記の制度に関する最高裁昭和38年5月31日第二小法廷判決（民集17巻4号617頁）があるが，この判決は，平成23年12月の国税通則法の改正によって全ての処分について理由附記が要求されることになったところ，同理由附記の程度についての先例として一層重視されることとなるものと考えられる＊13。

次に，成文法である法律は，その改正等の立法手続によって変更されるが，慣習法である判例法は，最高裁判所が，従前の判例法とは異なった判断を示すことにより，又は，従前の判例法と異なった成文法が成立することによって，それぞれ変更される。後者についての租税法に関する判例法としては，既に述べたように，質問検査権行使の程度等を判示した最高裁昭和48年7月10日第三小法廷決定（刑集27巻7号1205頁）が，平成23年12月の国税通則法の改正によって変更された例がある。

2　行政事件訴訟法との関係

(1)　国税通則法上の例外規定

国税通則法114条は，「国税に関する法律に基づく処分に関する訴訟については，この節及び他の国税に関する法律に別段の定めがあるものを除き，行政事件訴訟法〔略〕その他の一般の行政事件訴訟に関する法律の定めるところによる。」と定めている。この規定により，「この節」すなわち，後述する同法115条に定める「不服申立ての前置等」及び同

第Ⅶ章　税務否認に対する救済制度　　*391*

法116条が定める「原告が行うべき証拠の申出」が主たる「別段の定め」
であって，それ以外の税務訴訟は，行政事件訴訟法とその他の一般の行
政事件訴訟に関する法律（主として，民事訴訟法）の定めるところによる。

　これらの規定により，税務訴訟については，国税通則法等の国税に関
する法律においては一部の例外規定が設けられているに過ぎず，ほとん
どの手続規定が，行政事件訴訟法等の一般法に委ねられている。このこ
とは，既に述べたように，不服審査については国税通則法において自己
完結的に定められ，一般法である行政不服審査法には一部の例外手続が
委ねられていることと対称的である。よって，税務訴訟においては，行
政事件訴訟法等の一般法の定めについて留意する必要がある。また，行
政事件訴訟法も，民事訴訟法の特別法であるが故に，その一般法である
民事訴訟法の規定にも留意を要する。

(2)　税務訴訟からみた行政事件訴訟法の骨子
○　行政事件訴訟法の態様

　行政事件訴訟法1条は，「行政事件訴訟については，他の法律に特別
の定めがある場合を除くほか，この法律の定めるところによる。」と定
めている。この場合，行政事件訴訟法の一般法は，民事訴訟法であるか
ら，「他の法律に特別の定めがある場合」とは，主として，民事訴訟法
の定めを指すことになる（行訴法7参照）。

　次に，行政事件訴訟法2条は，「この法律において「行政事件訴訟」とは，
抗告訴訟，当事者訴訟，民衆訴訟及び機関訴訟をいう。」と定めている。
税務訴訟については，そのほとんどが抗告訴訟に該当するものである。
抗告訴訟とは，一般に，「行政庁の処分または裁決の取消しを求めるなど，
行政庁の公権力の行使に関する不服の訴訟」と解されているが，「抗告」
とは，行政庁の公権力に対抗することを意味する。その点では，税務訴
訟に適合する概念である。抗告訴訟の意義・内容については，行政事件

訴訟法3条は，次のように定めている。

「第3条　この法律において「抗告訴訟」とは，行政庁の公権力の行使に関する不服の訴訟をいう。

2　この法律において「処分の取消しの訴え」とは，行政庁の処分その他公権力の行使に当たる行為（次項に規定する裁決，決定その他の行為を除く。以下単に「処分」という。）の取消しを求める訴訟をいう。

3　この法律において「裁決の取消しの訴え」とは，審査請求その他の不服申立て（以下単に「審査請求」という。）に対する行政庁の裁決，決定その他の行為（以下単に「裁決」という。）の取消しを求める訴訟をいう。

4　この法律において「無効等確認の訴え」とは，処分若しくは裁決の存否又はその効力の有無の確認を求める訴訟をいう。

5　この法律において「不作為の違法確認の訴え」とは，行政庁が法令に基づく申請に対し，相当の期間内に何らかの処分又は裁決をすべきであるにかかわらず，これをしないことについての違法の確認を求める訴訟をいう。

6　この法律において「義務付けの訴え」とは，次に掲げる場合において，行政庁がその処分又は裁決をすべき旨を命ずることを求める訴訟をいう。

一　行政庁が一定の処分をすべきであるにかかわらずこれがされないとき（次号に掲げる場合を除く。）。

二　行政庁に対し一定の処分又は裁決を求める旨の法令に基づく申請又は審査請求がされた場合において，当該行政庁がその処分又は裁決をすべきであるにかかわらずこれがされないとき。

7　この法律において「差止めの訴え」とは，行政庁が一定の処分又は裁決をすべきでないにかかわらずこれがされようとしている場合において，行政庁がその処分又は裁決をしてはならない旨を命ずる

第Ⅶ章　税務否認に対する救済制度　　**393**

ことを求める訴訟をいう。」

　上記のほか，行政事件訴訟法においては，当事者訴訟（行訴法4），民衆訴訟（同法5）及び機関訴訟（同法6）が定められているが，税務訴訟については，それらの訴訟に関係することはほとんどなく，大部分が抗告訴訟である。また，その抗告訴訟についても，差止めの訴えについては，ほとんどその例をみることはなく，義務付けの訴えも，極めて限られている。

(3)　審査請求の前置

　行政事件訴訟法3条2項に定める「処分の取消しの訴え」については，審査請求の前置を要するか否かが問題となる。この点につき，同法8条1項は，「処分の取消しの訴えは，当該処分につき法令の規定により審査請求をすることができる場合においても，直ちに提起することを妨げない。ただし，法律に当該処分についての審査請求に対する裁決を経た後でなければ処分の取消しの訴えを提起することができない旨の定めがあるときは，この限りではない。」と定め，行政事件訴訟法は，原則として，処分の取消訴訟において審査請求の前置を採用していない。しかし，ただし書の適用がある場合には，当該前置を要するが，後述するように，国税通則法においては，当該前置を求めている。

　また，行政事件訴訟法8条2項は，「前項ただし書の場合においても，次の各号の一に該当するときは，裁決を経ないで，処分の取消しの訴えを提起することができる。」と定めている。「次の各号」とは，次のとおりである。

①　審査請求があった日から3箇月を経過しても裁決がないとき。

②　処分，処分の執行又は手続の続行により生ずる著しい損害を避けるため緊急の必要があるとき。

③　その他裁決を経ないことにつき正当な理由があるとき。

このような裁決を経ないで取消訴訟ができる事由については，後述するように，国税通則法においても同様である（通則法115①）。なお，行政事件訴訟法8条3項は，「第1項本文の場合において，当該処分につき審査請求がされているときは，裁判所は，その審査請求に対する裁決があるまで（審査請求があつた日から3箇月を経過しても裁決がないときは，その期間を経過するまで），訴訟手続を中止することができる。」と定め，任意に審査請求がされた場合には，訴訟進行に弾力的に対処することとしている。

(4)　原 告 適 格

　処分の取消訴訟においては，誰が訴訟を提起できるかという原告適格が問題となる。この点につき，行政事件訴訟法9条1項は，「処分の取消しの訴え及び裁決の取消しの訴え（以下「取消訴訟」という。）は，当該処分又は裁決の取消しを求めるにつき法律上の利益を有する者〔略〕に限り，提起することができる。」と定めている。

　税務訴訟については，既に述べたように，国税通則法75条が「国税に関する法律に基づく処分」について「不服がある者」が不服申立てができる旨を定めており，当該「処分」及び「不服がある者」の解釈についても述べたところである。したがって，税務訴訟においては，「原告適格」についても，当該「不服がある者」に共通するものと考えられる。また，行政事件訴訟法9条2項は，「裁判所は，処分又は裁決の相手方以外の者について前項に規定する法律上の利益の有無を判断するに当たつては，当該処分又は裁決の根拠となる法令の規定の文言のみによることなく，当該法令の趣旨及び目的並びに当該処分において考慮されるべき利益の内容及び性質を考慮するものとする。この場合において，当該法令の趣旨及び目的を考慮するに当たつては，当該法令と目的を共通にする関係法令があるときはその趣旨及び目的をも参酌するものとし，当

該利益の内容及び性質を考慮するに当たつては，当該処分又は裁決がその根拠となる法令に違反してされた場合に害されることとなる利益の内容及び性質並びにこれが害される態様及び程度をも勘案するものとする。」と定めている。このような規定からすると，原告適格は，相当幅広く解すべきであるように考えられるが，税務訴訟においては，被告側からすると，訴訟上の有利性を確保するため，「原告適格」の範囲をできる限り狭く解するように求めることになる。

(5) 被 告 適 格

　処分の取消訴訟の被告については，平成15年の行政事件訴訟法の改正において大幅に改正されている。税務訴訟においては，当該改正前は，被告は，更正決定等又は異議決定をした税務署長等か，又は裁決をした国税不服審判所長であった。しかし，当該改正後は，行政事件訴訟法11条1項が，「処分又は裁決をした行政庁（処分又は裁決があつた後に当該行政庁の権限が他の行政庁に承継されたときは，当該他の行政庁。以下同じ）が国又は公共団体に所属する場合には，取消訴訟は，次の各号に掲げる訴えの区分に応じてそれぞれ当該各号に定める者を被告として提起しなければならない。」と定めている。

　上記の「次の各号」には，次のとおり定められている。

① 　処分の取消しの訴え　当該処分をした行政庁の所属する国又は公共団体
② 　裁決の取消しの訴え　当該裁決をした行政庁の所属する国又は公共団体

　かくして，国税に係る税務訴訟（取消訴訟）については，全て国が被告になる。また，行政事件訴訟法11条2項は，「処分又は裁決をした行政庁が国又は公共団体に所属しない場合には，取消訴訟は，当該行政庁を被告として提起しなければならない。」と定め，同条3項は，「前2項

の規定により被告とすべき国若しくは公共団体又は行政庁がない場合には，取消訴訟は，当該処分又は裁決に係る事務の帰属する国又は公共団体を被告として提起しなければならない。」と定めている。税務訴訟の実務においては，これらの規定が適用されることはほとんどないものと考えられる。

　なお，前記行政事件訴訟法11条1項の規定により，国が被告になる場合には，実際に当該処分又は裁決をした行政庁については，当該訴状に記載しなければならないこととされている（行訴法11④）。そして，処分又は裁決をした行政庁は，国又は公共団体を被告とする当該処分又は裁決に係る取消訴訟について，裁判上の一切の行為をする権限を有することになる（行訴法11⑥）。

⑹　裁 判 管 轄
　次に，取消訴訟については，どの裁判所に提起すべきかが問題となる。この点につき，行政事件訴訟法12条1項は，「取消訴訟は，被告の普通裁判籍の所在地を管轄する裁判所又は処分若しくは裁決をした行政庁の所在地を管轄する裁判所の管轄に属する。」と定めている。この規定により，例えば，長崎税務署長がした処分については，東京地方裁判所又は長崎地方裁判所に取消訴訟を提起しなければならないことになる。また，行政事件訴訟法12条2項は，「土地の収用，鉱業権の設定その他不動産又は特定の場所に係る処分又は裁決についての取消訴訟は，その不動産又は場所の所在地の裁判所にも，提起することができる。」と定めている。さらに，行政事件訴訟法12条3項は，「取消訴訟は，当該処分又は裁決に関し事案の処理に当たつた下級行政機関の所在地の裁判所にも，提起することができる。」と定めている。

　この規定により，例えば，福岡国税不服審判所が行った裁決については，同審判所が国税不服審判所の支部であって下級行政庁といえるわけ

第Ⅶ章　税務否認に対する救済制度　　*397*

ではないが，福岡地方裁判所に取消訴訟を提起できることになる。次いで，行政事件訴訟法12条4項は，「国又は独立行政法人通則法〔略〕第2条第1項に規定する独立行政法人若しくは別表に掲げる法人を被告とする取消訴訟は，原告の普通裁判籍の所在地を管轄する高等裁判所の所在地を管轄する地方裁判所〔略〕にも，提起することができる。」と定めている。

　以上の裁判管轄の規定により，長崎市内に住所を有する納税者がその所得税につき長崎税務署長から更正を受け，当該更正について取消訴訟を提起する場合には，東京地方裁判所，長崎地方裁判所又は福岡地方裁判所のいずれにも提起できることになる。

　このように，国民にとっては，処分又は裁決の取消訴訟を提起できる地方裁判所の範囲が広がったのであるが，税務訴訟についての平成15年改正後の動向を見ると，東京地方裁判所で提起することが非常に多くなっている。これは，税務訴訟に詳しい弁護士が東京に集中していると認められることと東京地方裁判所には行政部が独立していて税務訴訟に詳しい裁判官がいることに起因しているものと考えられる。

(7)　出　訴　期　間

　出訴期間については，不服申立期間と起算日等が異なるので留意を要する。すなわち，行政事件訴訟法14条1項は，「取消訴訟は，処分又は裁決があつたことを知つた日から6箇月を経過したときは，提起することができない。ただし，正当な理由があるときは，この限りでない。」と定めている* 14。そして，同条2項は，「取消訴訟は，処分又は裁決の日から1年を経過したときは，提起することができない。ただし，正当な理由があるときは，この限りでない。」と定めている。

　次いで，同条3項は，「処分又は裁決につき審査請求をすることができる場合又は行政庁が誤つて審査請求をすることができる旨を教示した

場合において，審査請求があつたときは，処分又は裁決に係る取消訴訟は，その審査請求をした者については，前2項の規定にかかわらず，これに対する裁決があつたことを知つた日から6箇月を経過したとき又は当該裁決の日から1年を経過したときは，提起することができない。ただし，正当な理由があるときは，この限りでない。」と定めている。

以上のように，出訴期間の起算日については，処分等があったことを「知つた日」からであり，不服申立期間が「知つた日の翌日」（通則法77①）であることに比し，1日早い（出訴期間が1日短い）ことになる。この点について，最高裁昭和52年2月17日第一小法廷判決（訟務月報23巻2号427頁）は，「行政事件訴訟法第14条第4項（編注＝現行同法14条1項）を適用して取消訴訟の出訴期間を計算する場合には，裁決があつたことを知つた日又は裁決があつた日を初日とし，これを期間に算入して計算すべきものと解するのが相当であり，これと同旨の原審の判断は正当である。」と判示している。

この考え方は，その後の裁判例に引き継がれている。また，東京高裁昭和54年10月31日判決（訟務月報26巻2号315頁）は，「知つた日」について，「裁決があつたことを現実に知つた日」であることを明確にしている。この事案では，同居している姉が裁決書を受領した場合に，税務署長はその受領した日から起算したが，上記判決は，納税者本人と姉との関係は単なる事務管理に過ぎないとし，本人が旅行先から帰って同裁決書の封筒を開封した日を「知つた日」と認定して，納税者側の主張を認めている。

この判決とは逆に，東京高裁昭和53年9月28日判決（訟務月報25巻1号332頁）は，本人が出張中に，家事一切を切り盛りしていた妻が裁決書を受領した場合に，その妻が裁決書を受領した日を「知つた日」に該当すると判断している。その他，最高裁昭和55年12月9日第三小法廷判決（訟務月報27巻4号824頁）は，裁決書の訂正行為（主文には関係

第Ⅶ章　税務否認に対する救済制度　　*399*

なく，裁決書中の経費の金額30万円を3万円に訂正）があつた場合に，それ
を追完と認め，当該訂正書を受領した日を「知つた日」として出訴期間
を算定すべき旨判示している。

(8) 執行停止等

　国税通則法には，既に述べたように，不服申立て中には，換価処分を
禁止する等徴収の猶予規定が設けられている。しかし，それらの規定は，
取消訴訟へ移行すればその効力を失うことになる。しかし，行政事件訴
訟法においても，相応の執行停止規定が設けられている。

　まず，行政事件訴訟法25条1項は，「処分の取消しの訴えの提起は，
処分の効力，処分の執行又は手続の続行を妨げない。」と定め，執行不
停止の原則を明確にしながらも，同条2項以下で，その例外規定を設け
ている。すなわち，同条2項は，「処分の取消しの訴えの提起があつた
場合において，処分，処分の執行又は手続の続行により生ずる重大な損
害を避けるため緊急の必要があるときは，裁判所は，申立てにより，決
定をもつて，処分の効力，処分の執行又は手続の続行の全部又は一部の
停止（以下「執行停止」という。）をすることができる。ただし，処分の
効力の停止は，処分の執行又は手続の続行の停止によつて目的を達する
ことができる場合には，することができない。」と定めている。

　また，同条3項は，「裁判所は，前項に規定する重大な損害を生ずる
か否かを判断するに当たつては，損害の回復の困難の程度を考慮するも
のとし，損害の性質及び程度並びに処分の内容及び性質をも勘案するも
のとする。」と定め，同条4項は，「執行停止は，公共の福祉に重大な影
響を及ぼすおそれがあるとき，又は本案について理由がないとみえると
きは，することができない。」と定めている。なお，執行停止の決定は，
疎明*15に基づいて行い（行訴法25⑤），口頭弁論を経ないですること
ができるが，あらかじめ，当事者の意見を聞かなければならない（行訴

400

法25⑥）こととされている。

　以上のように，処分の取消訴訟における執行停止の決定は，訴えを提起した者の申立てにより，当事者の意見を聞いた上で，裁判所が行うことになる。もっとも，税務訴訟における執行の停止は，訴訟当事者である税務官庁側が，不服申立段階における執行（徴収）停止を訴訟中も継続する場合が多いので，行政事件訴訟法上の執行停止の決定が行われることは少ないものと考えられる。その他，不服審査に係る国税通則法の規定と対比されるものに，取消判決等の効力がある。

　まず，行政事件訴訟法32条1項は，「処分又は裁決を取り消す判決は，第三者に対しても効力を有する。」と定め，同条2項は，「前項の規定は，執行停止の決定又はこれを取り消す決定に準用する。」と定めている。

　次いで，行政事件訴訟法33条1項は，「処分又は裁決を取り消す判決は，その事件について，処分又は裁決をした行政庁その他の関係行政庁を拘束する。」と定めている。この規定は，執行停止の決定にも準用される（行訴法33④）。また，同条2項は，「申請を却下し若しくは棄却した処分又は審査請求を却下し若しくは棄却した裁決が判決により取り消されたときは，その処分又は裁決をした行政庁は，判決の趣旨に従い，改めて申請に対する処分又は審査請求に対する裁決をしなければならない。」と定めている。そして，この規定は，申請に基づいてした処分又は審査請求を認容した裁決が判決により手続に違法があることを理由として取り消された場合に準用される（行訴法33③）。

3　不服申立て（審査請求）の前置
(1)　前置の原則

　前記第2節の2で述べたように，行政事件訴訟法においては，取消訴訟の提起において，原則として不服申立て（審査請求）を前置としていない。しかし，国税通則法では，その例外として，不服申立前置を原則

としている。すなわち，同法115条1項は，「国税に関する法律に基づく処分〔略〕で不服申立てをすることができるものの取消しを求める訴えは，審査請求についての裁決を経た後でなければ，提起することができない。ただし，次の各号のいずれかに該当するときは，この限りでない。」と定めている。「次の各号」は，次のとおりである。

① 国税不服審判所長又は国税庁長官に対して審査請求がされた日の翌日から起算して3月を経過しても裁決がないとき。

② 更正決定等の取消しを求める訴えを提起した者が，その訴訟の係属している間に当該更正決定等に係る国税の課税標準等又は税額等についてされた他の更正決定等の取消しを求めようとするとき。

③ 審査請求についての裁決を経ることにより生ずる著しい損害を避けるため緊急の必要があるとき，その他その裁決を経ないことにつき正当な理由があるとき。

以上のように，国税通則法は，その一般法である行政事件訴訟法の例外として，不服申立て（審査請求）を経なければ，処分の取消訴訟を提起できないこととし，いわゆる訴願前置主義を採用している。これは，次の理由によるものと解されており＊16，そのことは，平成26年6月の行政不服審査法及び国税通則法の改正においても変わりがなかったということである。

「租税の賦課に関する処分については，課税標準の認定が複雑かつ専門的であるから，出訴に先立って不服申立手続を要求することは，行政庁の知識と経験を活用して訴訟にいたることなく事件の解決を図ることができること及び訴訟に移行した場合に事実関係の明確化に資することができるという二重の意味において意義を有し，かつ，合理的な根拠をもつし，他面，国税の賦課は大量的・回帰的であるから，不服申立ての前置を要求することは，上記のことと相まって，裁判所が訴訟のはん濫に悩まされることを回避しうること及び税務行政の統一的運用に資する

402

ことが大きいことに重要な意義を認めうるからである。」

　なお，この不服申立前置については，不適法な不服申立てが行われた場合，又は適法な不服申立てが行われてもそれが不服申立審理の段階で不適法とされた場合に，それぞれ「前置」の要件を満たしているか否かが問題となる。この場合，当該不服申立てが不服申立期間経過後にされたものである等の不適法なものについて，当該不服申立手続において却下されているときには，それは当然のことながら前置の要件を満たさないことになる[17]。しかし，不適法な不服申立てであるにもかかわらず，行政庁がこれを受理して本案審理をした場合に不服申立ての前置をしたか否かにつき，前審手続を満たしているとする見解[18]もあるが，制度の趣旨に照らし，満たしていないとする見解[19]の方が妥当であろう[20]。

　他方，適法な不服申立てがされていたにもかかわらず審査請求において不適法であるとして却下された場合には，それが取消訴訟において適法と認められれば前審手続を経たことになる[21]。

(2)　前置を要しない場合

　前述したように，国税通則法115条1項は，不服申立前置を原則としながらも，次の場合には，前置を要しないとしている。

①　審査請求後3月経過しても裁決がない場合

②　同一国税の課税標準等を同じくする他の更正決定等について取消訴訟が提起されている場合

③　裁決を経ないことについて緊急の必要性がある場合又は正当な理由がある場合

　以上の事由のうち，①については，審査請求後3月経過しているか否かが問題となるが，その経過前に取消訴訟を提起した場合であっても，3月経過した後に裁決がなければ，その瑕疵が治癒されるので，当該取消訴訟が却下されることはない[22]。また，②については，同一の国税

第Ⅶ章　税務否認に対する救済制度　*403*

の課税標準等を同じくする更正決定等を同じ裁判所の審理の対象とすることが，紛争を矛盾なく，かつ，迅速に解決する上に有益であると考えられるからである。なお，このような場合には，原告は，取消訴訟の口頭弁論の終結に至るまでは，関連請求に係る訴えを追加的に併合して提起できる（行訴法19①）し，請求の基礎に変更がない限り，請求又は請求の原因を変更することができる（行訴法19②，民訴法143）。

　次に，実務上，最も問題となるのが，③に掲げる「緊急の必要性」と「正当な理由」である。前者については，他人の滞納処分のため自己の財産を差し押さえられた者がその滞納処分を知ったときには既に公売期日が切迫していて当該財産の所有権を失う危険があるとき[23]，職務上必要な物件の差押えを受け，その物件に対する占有の排除，公売の結果によって職務遂行上支障を来すおそれがあると認められるとき[24]等がある。また，「正当な理由」については，贈与税の課税処分について審査請求をしても，その決定までには相当の期間を要することが認められ，かつ，その課税処分に基づく滞納処分のため現に家族とともに居住中の家屋を差し押さえられ，その公売の通知を受けている場合には，審査の決定を経ないで当該課税処分の取消しの訴えを提起できるとした事例[25]，源泉徴収所得税の徴収処分について再調査及び審査の請求を経ている場合には，その加算税の徴収処分については，これらの手続を踏まないで取消しの訴えを提起できるとした事例[26]等がある。

　他方，青色申告承認取消処分と同時又はこれに引き続いて更正処分がされた場合に，その両処分の基礎とされた事実関係の全部又は一部が共通であって，これに対する納税者の不服の事由も同一であると認められるときでも，後者に対し適法に不服申立てを経たからといって，前者に対する不服申立て不経由につき正当な理由があるとは認められないとした事例[27]等がある。

4　原告が行うべき証拠の申出

(1)　制度の内容

国税通則法116条1項は,「国税に関する法律に基づく処分（更正決定等及び納税の告知に限る。以下この項において「課税処分」という。）に係る行政事件訴訟法第3条第2項〔略〕に規定する処分の取消しの訴えにおいては,その訴えを提起した者が必要経費又は損金の額の存在その他これに類する自己に有利な事実につき課税処分の基礎とされた事実と異なる旨を主張しようとするときは,相手方当事者である国が当該課税処分の基礎となつた事実を主張した日以後遅滞なくその異なる事実を具体的に主張し,併せてその事実を証明すべき証拠の申出をしなければならない。ただし,当該訴えを提起した者が,その責めに帰することができない理由によりその主張又は証拠の申出を遅滞なくすることができなかつたことを証明したときは,この限りでない。」と定めている。

また,同条2項は,「前項の訴えを提起した者が同項の規定に違反して行つた主張又は証拠の申出は,民事訴訟法〔略〕第157条第1項〔略〕の規定の適用に関しては,同項に規定する時機に後れて提出した攻撃又は防御の方法とみなす。」と定めている。この法116条は,要するに,所定の課税処分の取消訴訟を提起した者は,自己に有利な必要経費又は損金の額の存在を遅滞なく具体的な事実に基づいて主張することを要し,それを怠ると民事訴訟法157条1項に定める時期に遅れて提出した攻撃又は防御の方法とみなす,ことを定めている。このような規定は,前記2で述べた取消訴訟の審理における主張・立証の方法とは異質なもの（特例）である。なぜ,このような規定が設けられた（必要とされた）かについては,次のとおりである。

(2)　制度の趣旨

国税通則法116条の規定は,昭和59年度税制改正における納税環境

の整備の一環として，従前の規定を改正したものである。その趣旨については，次のように説明されている[28]。

「現行国税通則法第116条は，証拠申出の順序（税務訴訟においては，裁判所が税務当局側の主張を合理的と認めたときは，原告（納税者）がまず証拠の申出をするものとする。）について定めている。この規定は，納税者は政府の行政上の決定が誤つていることを示す証拠をまず最初に持つて来る責任を負うべきであるという指摘（シャウプ勧告）に基づき設けられたものであるが，訴訟手続上，活用されているとは言えない状況にあるので，この規定の適正な活用を図り，併せて，訴訟経済に資する観点から，同条の規定を例えば次のように改正することが適当である。『課税処分取消訴訟においては，訴えを提起した者が必要経費の存在及びその金額その他の自己に有利な事実につき課税処分の基礎とされた事実と異なる旨を主張しようとするときは，税務署長等がその課税処分の基礎となつた事実を明らかにした日以後遅滞なくその異なる事実を具体的に主張し，併せてその事実を証明すべき証拠の申出をするものとする。なお，その者の責めに帰すべき事由がない場合を除き，その後に提出した攻撃防御方法は，時機に遅れた攻撃防御方法とみなして，民事訴訟法第139条の規定を適用するものとする。』」

このような税制調査会の答申が行われ，それが立法化されたことには，次のような背景がある[29]。すなわち，国税通則法116条が適用されるのは，ほとんどが推計課税（課税処分）の取消訴訟においてであるが，推計課税においては，通常，売上げを実額で把握して経費を推計する方法か，仕入れを実額で把握して売上げを推計する方法が採用されるところ，例えば，下請企業の場合，幾つかの親会社があれば，課税庁が，その親会社を調査して売上げの実額（例えば，1億円）を把握して，同業者の経費率（例えば8割）を適用して8,000万円の経費を算定し，所得金額2,000万円を推計して課税した場合に，その取消訴訟においては，原

告が，当初，売上げも経費も争うことにし，何回かの弁論を経て，売上げについては争わないことにすると，裁判官は，当該売上金額については当事者に争いがないということで，実額として認定することになるが，その後，原告が，推計された経費8,000万円を上回る経費の証拠を提出し，当該課税処分が違法であることを主張すると，裁判官もそれを認めることになる＊30。

　しかし，国は，このような後出しじゃんけんは信義則に反するとか，時機に後れた攻撃防御である等とその違法性を争ってきたが，その主張が認められることもなかったため，結局は，前記のような立法措置による解決を行ったことになる。しかし，その後の推計課税の取消訴訟においても，同法116条の規定は訓示的機能しか有していないようであり，それほどの実効性があるとも認められないようである。

⑶　立証責任との関係

　税務訴訟における主張・立証責任の問題については，前記1⑶で述べたところであるが，国税通則法116条の規定は，その主張・立証責任について，一つの特例を定めたものといえる。もっとも，課税処分の取消訴訟における立証責任が原則として課税庁にあると解されているところ，同法116条の規定は，納税者に対し，自己に有利な事実を遅滞なく主張・立証することを促すのみであって，その立証責任を納税者に転嫁したものではない。

　推計課税において立証責任を転嫁する方法は，例えば，所得税法156条が，「財産若しくは債務の増減の状況，収入若しくは支出の状況又は生産量，販売量その他の取扱量，従業員数その他事業の規模」により，その者の所得金額を推計できる旨定めているところ，同条に2項を設け，「当該推計課税に必要性と合理性が認められる場合には，当該推計した金額をその者の所得金額とみなす」旨を規定することも考えられる。

第Ⅶ章　税務否認に対する救済制度　　*407*

そのような規定が設けられることになれば，当該立証責任は納税者側に転嫁されることになり，国税通則法116条の規定の存在自体意味をなさなくなることになる。このようなみなし規定の立法が可能かどうかは，他の条項にも関わることでもあり，一層の検討が必要とされる。しかし，近年の税制改正では，推計課税や立証責任における実務上の困難性を回避するために，前記第Ⅴ章で述べたように，不誠実な納税者に対しては各種加算税を強化したり，隠蔽仮装行為に係る損金（必要経費）不算入のような措置（所法45③，法法55③）が取られたりしている[31]。

＊1　金子宏『租税法　第24版』（弘文堂　令和3年）87頁

＊2　品川芳宣「国税通則法の改正案の問題点とあるべき方向（下）」税務事例平成23年12月号11頁,同『現代税制の現状と課題　租税手続編』（新日本法規　平成29年）298頁等参照

＊3　前出＊2『現代税制の現状と課題　租税手続編』336頁等参照

＊4　大阪高裁昭和54年1月26日判決（訟務月報25巻5号1445頁），東京高裁昭和59年11月20日判決（税資140号237頁）等参照

＊5　大阪高裁昭和50年9月30日判決（行裁例集26巻9号1158頁）等参照

＊6　志場喜徳郎他共編『国税通則法精解』（大蔵財務協会　令和4年　第17版）1243頁

＊7　東京地裁昭和63年4月20日判決（行裁例集39巻3・4号302頁）等参照

＊8　前出＊6・1272頁等参照

＊9　主張責任とは，訴訟当事者が権利又は法律関係の存否を主張し，自己に有利な判決を求めるために必要な事実を主張しなければならない責任若しくは負担をいう。立証責任とは，訴訟上一定の事実の存否が確定されない結果，不利な法律判断を受けるように定められている当事者の一方が負う危険又は不利益である。立証責任は，訴訟の最終段階に至ってその機能を発揮するが，当事者のいずれが立証責任を負担するかは当初から抽象的に定まっているといえる。

＊10　慣習法には，判例法と行政先例法がある。

＊11　この判決は，「大島判決」等と称され，租税判決の中で最も有名な判決といえる。税務訴訟について大法廷が開催されるのは，戦後数件しか存しない。

＊12　例えば，大阪地裁平成7年10月17日判決（行裁例集46巻10－11号942頁）は，土地・家屋について3年間は取得価額で相続税の課税価格を算定することを定めた租税特別措置法69条の4（昭和63年制定,平成8年廃止）の規定が合憲であると判示している（当該事案では,

約 23 億円で取得した土地が相続時に 9 億円に下落し，約 13 億円の相続税が課せられたものであるが，上訴審の大阪高裁平成 10 年 4 月 14 日判決（訟務月報 45 巻 6 号 1112 頁）及び最高裁平成 11 年 6 月 11 日第二小法廷決定（税資 243 号 270 頁）も同旨の判断をしている。）。その他，最高裁平成 23 年 9 月 30 日第二小法廷判決（裁集民 237 号 519 頁）は，土地建物の売却損の損益通算を禁じた租税特別措置法の規定が平成 16 年 3 月末に成立し，それを同年 1 月 1 日に遡及適用した場合に，遡及立法の禁止に反しない旨判示している。更に，使用人賞与の損金算入時期を定めた規定（現行法人税法施行令 72 条の 3）を合憲と判断した大阪地裁平成 21 年 1 月 30 日判決（判タ 1298 号 140 頁），大阪高裁平成 21 年 10 月 16 日判決（判タ 1319 号 79 頁），東京地裁平成 24 年 7 月 5 日判決（平 23（行ウ）106）等も，上記大法廷判決の影響を受けている。

* 13　その他，実務の観点から重要な判例法と認められるものとして，品川芳宣「租税法解釈（実務）に影響を及ぼした重要判例の検証」税務事例　創刊 400 号記念出版「戦後重要租税判例の再検証」1 頁参照

* 14　この出訴期間は，平成 15 年改正で 6 月に延長されたものであり，それ以前は 3 月であった。

* 15　疎明とは，訴訟上，裁判官に確信を抱かせるには至らないが，一応確からしいとの蓋然的推測を抱かせることをいう。手続進行に関する申立てなどで，証明を待っていたのでは時機に遅れたり手続が遅延したりするので，処理の迅速を図るために，特に疎明で足りると法定されている場合に認められる。

* 16　前出＊ 6・1328 頁

* 17　東京地裁昭和 52 年 1 月 31 日判決（税資 91 号 78 頁），東京地裁昭和 52 年 6 月 28 日判決（同 94 号 825 頁）等参照

* 18　仙台高裁昭和 35 年 5 月 7 日判決（税資 33 号 632 頁）等参照

* 19　東京地裁昭和 29 年 7 月 21 日判決（行裁例集 5 巻 7 号 1673 頁）等参照

* 20　前出＊ 6・1330 頁参照

＊21　最高裁昭和 26 年 7 月 21 日第二小法廷判決（民集 15 巻 7 号 1966 頁）等参照

＊22　福岡高裁昭和 31 年 1 月 30 日判決（高民集 9 巻 2 号 36 頁）等参照

＊23　大阪地裁昭和 24 年 7 月 19 日判決（行政裁判月報 18 号 76 頁）等参照

＊24　松山地裁昭和 27 年 1 月 31 日判決（行裁例集 3 巻 1 号 166 頁）等参照

＊25　京都地裁昭和 29 年 9 月 24 日判決（行裁例集 5 巻 12 号 2968 頁）等参照

＊26　東京高裁昭和 36 年 7 月 12 日判決（税資 35 号 613 頁）等参照

＊27　最高裁昭和 57 年 12 月 21 日第三小法廷判決（民集 36 巻 12 号 2409 頁）等参照

＊28　前出＊ 6・1337 頁「今後の税制のあり方についての答申」（昭和 58 年 11 月）引用）

＊29　品川芳宣『国税通則法講義』（日本租税研究協会　平成 27 年）248 頁等参照

＊30　このような背景については，品川芳宣『傍流の正論』（大蔵財務協会　令和 5 年）114 頁参照

＊31　品川芳宣「簿外経費等の必要経費・損金不算入の論拠と問題点」T&Amaster　2022 年 9 月 12 日号 14 頁等参照

第VIII章

税務否認に対する実務上の対策（総括）

第1節　総　　論

　「租税」とは，各種の公共サービスの提供に要する資金の調達を目的として，直接の反対給付なしに強制的に私人の手から国家（地方団体）の手に移される財貨の呼称にほかならない。そして，この公共財ともいえる租税は，国民の経済取引等において相当多額な負担（租税負担率）となっている。そのため，租税の調達を円滑にするために，租税原則，租税法律主義，租税平等主義等の各種の原則論が説かれてきた。

　このような公共財たる租税の存在とそれを運営するための原理・原則については，多くの国民が理解し，法が定めた納税義務を果たすことに異論を唱える者も少ない。しかし，租税が「直接の反対給付なし」に負担させられることと，「法が定めた納税義務」に必然的に幅が生じることもあって，多くの国民は，各種の経済取引等の中で，租税負担の最少化（節税）を試みようとすることになる。特に，競争が激化する経済取引の中で，直接的対価なき租税負担の最少化を図ることは必然と言える。そのことは，国内だけの問題だけではなく，国際的に共通の問題となっている。そのことは，序章において，問題提起した。

　他方，適正な租税の調達を図るために，その調達を任務とする税務官庁に対しては必要な調査と課税処分の権限が与えられ，納税義務を怠る者に対して所定の租税制裁措置が設けられている。しかし，このような調査，課税処分及び租税制裁が適正（適法）に行われるための担保として，国民に対して必要な救済制度（争訟制度）が設けられている。

　かくして，租税の専門家である税理士に対し納税者（顧客）が期待するのは，経済取引等における租税負担の最少化（節税）であるが，それが税務否認を受けない適法なものであることを望むことになる。また，税務否認を受けた場合には，救済制度を適切に利用することも，専門家の職務でもある。他方，税理士に対しては，税理士法という他の専門職

414

に対する中では最も厳しい法規制の下で，「納税義務の適正な実現」が求められている。

　そこで，本書では，前章まで，租税法律主義の下での租税負担の最少化を図られる範囲，税理士の規制内容と問題点，租税負担の最少化の内容，税務否認の形態と方法，税務否認に係る税務調査と租税制裁，そして税務否認に対する救済制度における法律問題を論じてきた。かくして，それらの論述を踏まえ，税理士及び納税者の租税実務における各段階ごとに，どのように対処すべきかについて，総括的に以下に論じることとする。

第2節　経済取引等の段階

1　租税負担の最少化と私法

　個人や法人の経済取引は，それぞれ経済的利得の最大化を図ろうとするものであり，相続のような法律行為は，相続人等の利害調整が図られるが，いずれも，民法や会社法等における私法上の規制は受けるものの，税法とは直接関係ないことになる。そして，私法においては，私的自治の原則が作用し，契約自由の原則が保障されることになる。

　他方，租税については，租税法律主義の下で租税法によって課せられることになっているが，既に述べたように，各税法が，各税目の課税標準を自己完結的に定めているわけではなく，私法によって課せられる経済取引等の成果（利得）を前提にしている。そうすると，経済的利得が多ければ，各税目の課税標準も多額になって税負担も増加することになる。そのため，経済取引等の段階において，個人又は法人は，契約自由の原則の下，直接的対価のない租税であるだけ，時には経済的利得の額を抑制し，その負担の最少化を図ろうとする。そのことは，租税の専門家である税理士に対して最も求められることになる。そして，租税負担の最少化の方法は，私法上の契約自由の原則の下，種々あり得ることに

第Ⅷ章　税務否認に対する実務上の対策（総括）　**415**

なるが，それを実現することが，税理士等の専門家に求められることになる。

2　適法性の検討

　他方，前述のような納税者側の行動を予定してのことか否かはともかくとして，各税法においては，納税者の申告内容を確認するために税務官庁に対して強力な調査と是正処分の権限を与え，各種の税務否認規定を設け，更には，厳しい租税制裁規定を設けている。その上，税理士に対しては，前述したように，税理士法の下で適正な納税義務の実現が求められることになる。

　かくして，本来，租税負担の多寡とは直接関係のないはずの私法上の経済取引や法律行為において，租税負担の最少化が図られ，かつ，その最少化が税務否認等を受けるか否かの検討を要することになる。もっとも，税理士等の本来の業務（税理士法が予定している業務）は，税務代理，税務書類の作成及び税務相談であり（税理士法2①），その税務相談は，税務代理及び税務書類の作成に限られることになる（同2①三）から，前述のような経済取引等における租税負担の最少化に関する相談は，税理士の業務外ということになる。

　しかし，現実の実務では，既に述べてきたように，税理士法上の税理士の業務とは関係なく，経済取引等における租税負担の最少化等税務に関する広範な相談事が生じることになる。そのため，このような広範な相談事に応じるため，多くのコンサル会社が現出しているところである。それも，税務に関する相談事が多いこともあって，税理士法人とコンサル会社が同じ系列の中で併設される場合が多い。中には，税理士法人の社員税理士及び所属税理士の全員が同じ系列の税理士法人とコンサル会社の両方に所属しているという例も見られる。もっとも，このような現象は，税理士法人の社員税理士に厳しい無限責任が課せられているが故

に，そのリスク分散を図るための苦肉の策（知恵）とも考えられる。

このように，税理士法上の「税務相談」と税務一般のコンサル業務が混在している実態はともかくとして，それらの業務においては，納税者の要望に応えるための租税負担の最少化策が税務否認の対象になるか否か，すなわち，適法か否か，の判断が常に求められることになる。そして，このような判断は，「税理士」としての判断なのか，「コンサルタント」としての判断なのか，という税理士法上の問題も惹起することになる。もっとも，このような問題は，税理士法2条1項に定める「税理士の業務」の範囲に問題があることを示唆している。

ともあれ，経済取引等の段階においては，当該経済取引等における租税負担の最少化策が最も問題となるが，その最少化策が税務否認の対象になるのか，適法といえるのか，の判断が税理士に求められることになる。そして，その判断には，本書で述べてきた法律問題が参考にされるべきである。

第3節　申告段階

1　申告納税の意義

巷間，「我が国では，申告納税方式が採用されているから，納税者の申告（不申告）が尊重されるべきであり，税務署長は，みだりに調査して更正，決定等をすべきではない」という意見を聞くことがある。このような意見は，申告納税方式についての願望であろうが，法律の根拠に基づくものとは言い難い。

既に，第Ⅰ章の第5節で述べたように，国税の税額確定方法の一つとして，申告納税方式が採用されているが，国税通則法16条1項1号は，申告納税方式について，次のように定義して，同方式が納税者の申告と税務署長の調査・処分が一体になっていることを定めている。

「納付すべき税額が納税者のする申告により確定することを原則とし，

第Ⅷ章　税務否認に対する実務上の対策（総括）　*417*

その申告がない場合又はその申告に係る税額の計算が国税に関する法律の規定に従っていなかった場合その他当該税額が税務署長又は税関長の調査したところと異なる場合に限り，税務署長又は税関長の処分により確定する方式をいう。」

このような申告納税方式については，巷間，戦後の民主主義体制の理念の下で納税者の権利を保障する観点から導入されたものと解する向きも多いが，実際は，昭和21年及び22年に，単年度予算に移行した下で，歳入の源となる税収を早期に確保する必要があるということで，財政上の事情から導入されたものであることに留意する必要がある[*1]。すなわち，従前の賦課課税方式であれば，例えば，所得税について暦年課税方式を採るにしても，税額を確定できるのは翌年の秋以降となり，それ以降でなければ所得税税収は期待できないことになるが，現行のような申告納税方式であれば，翌年の3月には大部分の所得税額を確定し税収が確保できることになる。そして，3月という月は会計年度の末日であるから，現行のように，所得税額が成立（年末）した同じ年度（3月末）の税収として確保できることになる。このことは，3月決算の多い法人税についても，一層効果的である。

もちろん，当時の戦後の混乱期に適正な申告納税が期待できなかったはずであるが，その不適正な申告については，申告後の税務署長による調査と処分によって補完すれば良いという考えがあったはずである。このような事情があるからこそ，現行の申告納税方式が，納税者の申告を原則としながらも，申告後の税務署長等による調査・処分が一体となっていることが理解できるはずである。さすれば，納税者としては，当初の申告（又は無申告）において，その後の税務署長等の処分とその後の租税制裁を受けないように留意しなければならないことになる。

なお，申告の期限（法定申告期限）については，各税法が定めるところであるが，所得税であれば，翌年の3月15日（所法120①），法人税であ

418

れば，各事業年度終了の日の翌日から2月以内（法法74①），相続税であ
れば，相続の日の翌日から10月以内（相法27①），贈与税であれば，贈
与の翌年の3月15日（相法28①），消費税であれば，課税期間の末日の
翌日から2月以内（消法45①）等である。このように，各税とも，納税
義務の成立（所得税であれば暦年末）から申告期限までに相当の日数が猶
予されているが，この期間は，後述するように，納税義務成立前の経済
取引等が適法であったか否かを検討する貴重な期間であるとも言える。

2　申告手続要件等の確認

　各税法においては，納税者にとって課税上有利となる実体規定の適用
にあたっては，法定申告期限内等において所定の申告手続を履行すると
いう申告手続要件を課している場合が多い。例えば，所得税であれば，
所得税法70条1項において，青色申告に係る純損失についての3年間
の繰越控除を定め，同条2項において，①変動所得の損失の金額及び
②被災事業用資産の損失の金額についても3年間の繰越控除を定めてい
る。これらの純損失の繰越控除の適用を受けるためには，当該適用を受
ける居住者が，純損失の金額が生じた年分の所得税につき確定申告書を
提出し，かつ，それぞれその後の年分について連続して確定申告書を提
出していることを要する（所法70④）。これらの規定からすると，純損
失が生じた年に確定申告書を提出していることを要し，その後，連続し
て確定申告書を提出していないと，純損失の繰越控除を受けられないこ
とになるが，当該確定申告書の提出が法定申告期限内であるか否かは法
令上問われていない。また，所得税法71条においては，純損失の金額
の繰越控除についても，上記と同様な規定を設けている。更に，租税特
別措置法においても，先物取引の差金等決済に係る損失の繰越控除につ
いて，所得税法上の繰越控除と同様な規定が設けられている（措法41の
15①③）。

第Ⅷ章　税務否認に対する実務上の対策（総括）　***419***

かくして，これらの損失の繰越控除について，当初，確定申告者の連続提出要件を満たしていなかった場合に，当該繰越控除を受けるためにいつまで遡及して納税申告書を提出することができるかが問題となる。この点，国税通則法は，修正申告書の提出は更正があるまで（通則法19①），期限後申告書は，決定があるまで（通則法18①）することができる旨定めているが，その終期については何ら定めてはいない。しかし，国税の徴収権が当該国税の法定納期限から5年又は7年経過すると時効により消滅する（通則法72①，73③）ので，当該時効による徴収権の消滅後は納税申告書を提出できないものと解されている*2。

また，法人税における欠損金の繰越控除については，確定申告書等の所定の書類を添付することが義務付けられている（法法57⑫，58③等参照）。

更に，相続税及び贈与税については，相続時精算課税制度（相法21の9）が設けられているところ，同制度の適用を受けようとする者は，当該贈与の贈与税に係る法定申告期限内に所定の届出書を所轄税務署長に提出しなければならないこととされている（相法21の9②）。この届出書を法定申告期限内に提出しないと，当該贈与は，2,500万円までの特別控除（相法21の12①）が受けられなくなる。

以上は主要税目における課税上の特例を受けるための申告手続要件等の一例であるが，そのほかにも，各種の申告手続要件等が定められているので，無益な税務否認を受けないために，まず，各税法に定められている申告手続要件等に留意する必要がある。

3　適法性等の見直し

前記第2節では，経済取引等の段階では，当該経済取引等において租税負担の最少化を図ることと当該租税負担の最少化が適法か否か（税務否認を受けるか否か）の判断の重要性を述べてきた。そして，当該経済取引等に係る納税義務は，所得税及び法人税については当該経済取引等が

行われた暦年（又は年度）の終了時に，また，相続税及び贈与税であれ
ばその財産の取得時に成立することになる。そうであると，当該納税義
務成立後は，当該経済取引等の適法性の見直しは行われないものとも考
えられる。

　しかしながら，前記1で述べたように，各税目については，納税義務
の成立から納税申告期限までに相当の期間が設けられているので，その
期間内に納税義務が成立した経済取引等についての適法性なり税負担の
不合理性なりを見直すことができないか，という問題がある。この点に
ついては，各税目の法定申告期限が経過するまでは，当該経済取引等の
適法性，合理性等に問題があるということで契約解除等をすれば，税法
上も有効（適法）であると解されている＊3。

　また，納税申告においては，課税標準等又は税額等の算定全般におい
て適法性の判断が求められることになる。この場合，租税負担の最少化
又はその適法性に関して疑問が生じることがある。例えば，相続税法上
の「時価」の解釈に関し，相続した宅地の「時価」が1㎡80万円であ
ると考えられるとしても，当該宅地の路線価が1㎡100万円である場合
に，どのように申告すべきかという問題がある。この場合，申告納税制
度の下では，第一次的な解釈権は納税者にあるから，80万円で申告し，
100万円で更正されたら，当該更正を前記第Ⅶ章で述べたところにより
争えばよいはずである。しかし，この場合，過少申告加算税と延滞税が
生じ，争訟のリスクが一層強くなる。ならば，当初申告では，100万円
で申告し，納税を済ませ，それが法律の規定に従っていなかったという
ことで，80万円にすべきとする更正の請求をし，更正をすべき理由が
ない旨の通知を受けたら，当該通知処分の取消しを求めて争う方法もあ
る。この方法のほうが，附帯税の負担も生じないし，当該争訟に勝つこ
とができたら，預金利子よりも相当多額な還付加算金を得ることができ
る。このような事情もあって，最近の争訟事件では，課税処分の取消し

第Ⅷ章　税務否認に対する実務上の対策（総括）　　*421*

よりも更正の理由がない旨の通知処分の取消しを求めるほうが多いようである。もっとも，この場合には，立証責任が納税者側に不利に作用する場合があるので，留意を要する[4]。

第4節　申告後（調査前）段階

1　納税申告の瑕疵

　申告納税方式の下では，納税者が納税申告書を提出した後，当該納税申告書に瑕疵が発覚した時には（前記第3節の3で述べたように，確信的に更正の請求をする場合を除く。），それが過少申告であれば，修正申告をして過少申告加算税や延滞税の負担を回避又は軽減することができるし，それが過大申告であれば，後述するところの国税通則法23条又は各税法が定める更正の請求の特例の各規定に基づき更正の請求をして税務署長による減額更正を請求すればよい。

　しかし，納税申告書を提出した後であっても法定申告期限内にその瑕疵が発覚した場合あるいは前述の更正の請求の請求事由に該当しない場合や当該更正の請求期限を徒過した場合に，当該納税申告書を撤回したり，その無効を主張したりし得るかが問題となる。これらの場合には，納税申告の法的性格が問題になるが，一般的に，納税申告は，「私人によってなされる公法行為」[5]であると解され，私法上の法律関係と公法上の法律関係が交錯するという複雑な法律問題を内包している。

　そのため，更正の請求以外の納税申告の瑕疵の救済にあたっては，一般的には，納税申告の行政処分性は否定され，撤回も認められないが[6]，錯誤による重大な瑕疵については，当該納税申告の無効が認められている。すなわち，最高裁昭和39年10月22日第一小法廷判決（民集18巻8号1762頁）[7]は，「確定申告書の記載内容の過誤の是正については，その錯誤が客観的に明白且つ重大であって前記所得税法の定めた方法（編注＝更正の請求制度）以外にその是正を許さないならば，納税義務者

422

の利益を著しく害すると認められる特段の事情がある場合でなければ，所論のように法定の方法によらないで記載内容の錯誤（編注＝無効）を主張することは，許されないものといわなければならない。」と判示している。

かくして，その後の裁判例では，この最高裁判決の考え方に沿った判断が行われている[8]が，税務官庁の担当職員の誤指導があった場合には，その重大性に鑑み，錯誤による無効主張が認められる傾向にある[9]。もっとも，担当職員の誤指導があった場合であっても，当該納税者の多額な脱税に比し，誤指導に係る過大納付税額が少額なときには，当該修正申告を有効とした事例[10]も見受けられる。

2　更正の請求

前記第3節の3で述べたように，税務当局と解釈上の疑義を争うために，税務当局の解釈どおり（通達の取扱いどおり）申告を済ませ，直後に自己の解釈に基づき更正の請求をする手法があることを述べた。しかし，本来の更正の請求は，納税者が税額等を過大申告（納税）し，又は当初適法であった申告納税額等が申告後の偶発的事情によって過大になったように，国に不当利得が生じた場合に，民法上の不当利得返還の制度（民法703～708）に準じ，関係税法の規制の下で，国に不当利得の返還を求める手続である[11]。そして，その基本規定は，国税通則法の定めるところによる。

すなわち，国税通則法23条1項は，「納税申告書を提出した者は，次の各号のいずれかに該当する場合には，当該申告書に係る国税の法定申告期限から5年（第2号に掲げる場合のうち法人税に係る場合については，10年）以内に限り，税務署長に対し，その申告に係る課税標準等又は税額等（〈略〉）につき更正をすべき旨の請求をすることができる。」と定め，次の3項目を挙げている。

① 当該申告書に記載した課税標準等若しくは税額等の計算が国税に
関する法律の規定に従っていなかったこと又は当該計算に誤りが
あったことにより納付すべき税額が過大であるとき。

② ①に規定する理由により，当該申告書に記載した純損失等の金額
が過少であるとき，又は当該申告書に純損失等の金額の記載がな
かったとき。

③ ①に規定する理由により，当該申告書に記載した還付金の額に相
当する税額が過少であるとき，又は当該申告書に還付金の額に相当
する税額の記載がなかったとき。

次に，国税通則法23条2項は，「納税申告書を提出した者又は第25
条（決定）の規定による決定（〈略〉）を受けた者は，次の各号のいずれ
かに該当する場合（納税申告書を提出した者については，当該各号に定める
期間の満了する日が前項に規定する期間の満了する日後に到来する場合に限
る。）には，同項の規定にかかわらず，当該各号に定める期間において，
その該当することを理由として同項の規定による更正の請求（〈略〉）を
することができる。」と定め，その理由を次のように掲げている。

① その申告，更正又は決定に係る課税標準等又は税額等の計算の基
礎となった事実に関する訴えについての判決（判決と同一の効力を有
する和解その他の行為を含む。）により，その事実が当該計算の基礎と
したところと異なることが確定したとき……その確定した日の翌日
から起算して2月以内

② その申告，更正又は決定に係る課税標準等又は税額等の計算に当
たってその申告をし，又は決定を受けた者に帰属するものとされて
いた所得その他課税物件が他の者に帰属するものとする当該他の者
に係る国税の更正又は決定があったとき……当該更正又は決定が
あった日の翌日から起算して2月以内

③ その他当該国税の法定申告期限後に生じた①及び②に類する政令

で定めるやむを得ない理由があるとき……当該理由が生じた日の翌日から起算して2月以内

また，上記の③の政令で定める理由については，次のように定められている（通則令6）。

① 課税標準等の計算の基礎となった事実のうちに含まれていた行為の効力に係る官公署の許可その他の処分が取り消されたこと。

② 課税標準等の計算の基礎となった事実に係る契約が，解除権の行使によって解除され，若しくは当該契約の成立後生じたやむを得ない事情によって解除され，又は取り消されたこと。

③ 帳簿書類の押収その他やむを得ない事情により，課税標準等の計算の基礎となるべき帳簿書類その他の記録に基づいて国税の課税標準等を計算することができなかった場合において，その後，当該事情が消滅したこと。

④ 租税条約に規定する権限のある当局間の協議により，その申告，更正又は決定に係る課税標準等に関し，その内容と異なる内容の合意が行われたこと。

⑤ 課税標準等の計算の基礎となった事実に係る国税庁長官通達に示されている法令の解釈が裁決又は判決によって否定され，その後変更後の解釈が国税庁長官によって公表されたことにより，当該課税標準等が異なる取扱いを受けることを知ったこと。

更正の請求に関しては，以上の国税通則法の規定とは別に各税法において，当該税目の特殊事情に応じて，更正の請求の特例が定められているので，留意する必要がある（所法152〜153の6，法法82，相法32，消法56等参照）。

前述の更正の請求の各規定の解釈において特に問題となるのが，国税通則法23条2項1号に規定する「訴えについての判決」の解釈である。特に，この更正の請求制度を利用するため，取引の当事者間で通謀（談合）

第Ⅷ章　税務否認に対する実務上の対策（総括）　　*425*

して，当該契約を無効等とする訴訟（いわゆる「馴れ合い訴訟」）を提起し，判決によって当該契約を解消し，当該判決を「訴えについての判決」として更正の請求をする場合がある。このような馴れ合い訴訟に係る「判決」については，例えば，横浜地裁平成9年11月19日判決（訟務月報45巻4号789頁）が，「右判決が当事者がもっぱら税金を免れる目的で馴れ合いによって得たものであるなど，客観的・合理的根拠を欠くものであるときは，同条2項1号の「判決」には当たらないと解すべきである。」と判示するなど，多くの裁判例が同旨の判決を下している＊12。

また，青色申告承認の取消処分の取消判決については，国側が，当初当該「判決」は「私法上の事実」に限るとしてそれを否定していたが，最高裁昭和57年2月23日第三小法廷判決（民集36巻2号215頁）が，当該取消判決も「訴えについての判決」に該当する旨判示したことによって結着している。そのほか，犯則所得金額を確定した刑事事件判決を後発的事由として，先の修正申告に関して更正の請求ができるかが問題となるが，これは，裁判所では否定されている＊13。

なお，国税通則法23条2項は，その3号については「やむを得ない理由」を要件としているが，その1号については「やむを得ない理由」を明記していないものの，最高裁平成15年4月25日第二小法廷判決（訟務月報50巻7号2221頁）等が，1号の更正の請求についても「やむを得ない理由」が必要である旨判示＊14しているので，留意を要する。

次に，国税通則法23条2項1号に規定する「訴えについての判決（判決と同一の効力を有する和解その他の行為を含む。）」に該当する事実があっても，法人税については，結果的に更正の請求が認められない場合があるので，留意を要する。すなわち，法人税基本通達2－2－16が，「当該事業年度前の各事業年度においてその収益の額を益金の額に算入した資産の販売又は譲渡，役務の提供その他の取引について当該事業年度において契約の解除又は取消し，返品等の事実が生じた場合でも，これら

の事実に基づいて生じた損失の額は，当該事業年度の損金の額に算入するのであるから留意する。」と定め，過年度に係る収益が消滅しても更正の請求を認めないこととしている。国税当局は，この取扱いの趣旨について，「法人税における課税所得の計算は，いわゆる「継続企業の原則」に従い，当期において生じた収益と当期において生じた費用・損失とを対応させ，その差額概念として所得を測定するという建前になっている。この場合の当期の収益又は費用・損失については，その発生原因が何であるかを問わず，当期において生じたものであればすべて当期に属する損益として認識するという考え方がとられているから，仮に既往に計上した売上高について当期に契約解除等があった場合でも，その契約解除等は，当期に売上げの取消しによる損失が発生する原因にすぎないとみることになる。」* 15 と説明している。

　しかしながら，更生会社や破産会社のような「継続企業の原則」が適応しなくなった会社については，過年度の収益の修正損について，不当利得返還の法理を優先し更正の請求を認めるべきであるとも考えられる。そのため，そのような会社については，更正の請求を認めるべきとする判決* 16 もあったが，最高裁令和2年7月2日判決（平成31年（行ヒ）第61号）* 17 は，次のように判示して，そのような場合であっても，更正の請求を認めるべきではない旨判示している* 18。

　「貸金業を営む法人が受領し，申告時に収益計上された制限超過利息等につき，後にこれが利息制限法所定の制限利率を超えていることを理由に不当利得として返還すべきことが確定した場合においても，これに伴う事由に基づく会計処理としては，当該事由の生じた日の属する事業年度の損失とする処理，すなわち前期損益修正によることが公正処理基準に合致するというべきである。

　〈中略〉

　そうすると，上記の場合において，当該制限超過利息等の受領の日が

第Ⅷ章　税務否認に対する実務上の対策（総括）　*427*

属する事業年度の益金の額を減額する計算をすることは，公正処理基準に従ったものということはできないと解するのが相当である。」

3 申告期限後の経済取引の見直し

前記第3節の3で述べたように，納税義務成立前の経済取引（契約）に租税負担が過重になるなどの不合理が発覚した場合には，法定申告期限までであればその見直しが可能であり，当該契約等を解除しても課税上不問とされる。また，このような契約であっても，前記2で述べた所定の後発的事由に該当すれば，更正の請求で救済される余地はある。しかしながら，そのような税負担上の瑕疵が法定申告期限後に発覚し，それを解約しても上記の後発的事由に該当しない場合あるいは，前記第3節の2で述べた相続税法上の相続時精算課税の選択を企図して前年に当事者間で不動産等を贈与したものの法定申告期限内に所定の届出書の提出を失念した場合に，当該経済取引（契約）を解約等できないかという問題が生じる。

この点につき，東京地裁平成21年2月27日判決（判タ1355号123頁）＊19の事案では，平成14年8月26日に死亡した被相続人を相続した相続人らが，その相続人の1人が取得する同族会社株式の価額につき，財産評価基本通達188に定める配当還元方式を適用することを前提に遺産分割を行い（第一次遺産分割），各人の相続税を法定申告期限内に申告したものの，その後，当該遺産分割の方法では当該株式につき配当還元方式が適用できないことが発覚したので，当該株式につき配当還元方式が適用できるように遺産分割をやり直し（第二次遺産分割），当該第二次遺産分割に基づき，相続人らが法定申告期限から1年以内の平成15年11月6日に更正の請求と修正申告をした，というものである。しかし，処分行政庁は，課税上は第一次遺産分割を修正できないとする処分をしたため，当該処分の適法性が争われることになった。

428

前掲の東京地裁判決は，次のように判示して，第一次遺産分割の無効を認めても弊害が生じる恐れがないとして，当該処分を取り消し，相続人らの請求を認容した。

　「法定申告期限を経過した後も，更なる課税負担の軽減のみを目的とする課税負担の錯誤の主張を無制限に認め，当該遺産分割が無効であるとして納税義務を免れさせたのでは，租税法律関係が不安定となり，納税者間の公平を害し，申告納税制度の趣旨・構造に背馳することとなり，看過し難い。

　しかしながら，例外的にその主張が許されるのは，分割内容自体の錯誤との権衡等にも照らし，①申告者が，更正請求期間内（編注＝当時は法定申告期限から１年以内）に，かつ，課税庁の調査時の指摘，修正申告の勧奨，更正処分等を受ける前に，自ら誤信に気付いて，更正の請求をし，②更正請求期間内に，新たな遺産分割の合意による分割内容の変更をして，当初の遺産分割の経済的成果を完全に消失させており，かつ，③その分割内容の変更がやむを得ない事情により誤信の内容を是正する一回的なものであると認められる場合のように，更正請求期間内にされた更正の請求においてその主張を認めても上記の弊害が生ずるおそれがなく，申告納税制度の趣旨・構造及び租税法上の信義則に反するとはいえないと認めるべき特段の事情がある場合に限られるものと解するのが相当である。」

　この東京地裁判決については，国も控訴せず確定したので，法定申告期限が経過した後であっても，納税義務を成立させた経済取引（契約）の見直しが可能である旨の先例として評価できる。もちろん，このような経済取引（契約）の見直しについては，課税上，前掲東京地裁判決の趣旨に適合しているか否かについて厳しく吟味されることになろう。

第Ⅷ章　税務否認に対する実務上の対策（総括）　*429*

第5節　税務調査段階

1　税務調査への対応

　前記第Ⅵ章において，税務否認の前提となる税務調査の法律問題を縷々（るる）説明し，前記第Ⅴ章において，租税制裁のうち実務上最も問題となる各種加算税の賦課において「調査」の有無等が当該加算税の賦課に影響を及ぼすことを説明してきた。その中で，特に，税務調査については，平成23年の国税通則法の改正及び翌年のいわゆる調査通達の発出によって，税務調査の手続が厳格化され，その機動力が抑制されてきた。そのような税務調査能力の低下を補うかのように，平成28年以降の国税通則法の改正では，前記第Ⅴ章で述べたように，各種加算税の加重措置等がとられてきた。筆者は，これらの改正のうち，特に，税務調査の改正事項については，適正な税務執行の上で弊害が多いということで，批判的に論じてきた。

　しかし，適法な租税負担の最少化を企図する納税者（税理士）の立場からすると，適法であると考えた納税申告の内容について，税務当局の当該職員の調査を受けるわけであるから，当該納税申告の適法性を守る必要がある。そのため，税務調査の段階においては，当該職員に対し税務調査の法定手続を厳守するように求め，当該職員が提出を要求する帳簿，証拠書類等について的確に選別し，当該職員の調査に基づく当該納税申告の内容を非とする見解に対して，的確に対応する必要がある。

　これらの納税者（税理士）の対応は，前記第Ⅰ章から第Ⅶ章までに説明してきた各種の法律論を踏まえた上で，当該職員の調査能力等をも見極めた上で適切に対処する必要がある。この場合，近年，納税申告に対する調査割合は，低下しており，法人であっても数％，個人であれば1～2％程度であろうから，それらの実態を踏まえての納税申告なり調査対応なりを検討しておく必要がある。

430

2 事前通知のある調査

前記第Ⅵ章で述べたように，国税通則法74条の9第1項は，「税務署長等は，当該職員に納税義務者に対し実地の調査を行わせる場合には，あらかじめ，当該納税義務者(税務代理人を含む。)に対し，その旨及び日時，場所等を通知するものとする」旨定めている。この場合，日時等については，納税義務者にとって都合の悪いことがあることも考慮して，税務署長等は，納税義務者から合理的な理由を付してそれらの変更を求められたら，当該事項について協議するよう努めることになる（通則法74の9②)。この場合，「調査手続の実施に当たっての基本的な考え方等について（事務運営指針)」（平成24年9月12日付,以下「調査手続通達」という。)によれば，原則として，納税義務者及び税務代理人の双方に対し，調査開始日までに相当の時間的余裕をおいて，電話等により事前通知することになり，事前通知に先立って，納税義務者及び税務代理人の都合を聴取して，必要に応じて調査日程を調整することになる（同通達2⑴)。

そうなると，納税義務者としては，実地調査があることを知ってから，実際の実地調査まで相当の時間的余裕を与えられることになる（当事者間の調整にもよるが，最低でも1～2週間)。そうであれば，その間に，申告内容（その前提となる経済取引等を含む。)の適法性等を改めて検討することができる。その結果，過少申告等の事実が発覚し，当該事項について当該職員に対しても抗弁できないようであれば，その時点で修正申告をする方法も考えられる。この場合，修正申告段階では，「調査」が開始されていないということで，前記第Ⅴ章で述べたように，過少申告加算税等の減免措置を受けることも可能である（通則法65⑥，調査通達1－1，1－2等参照)。

また，納税申告の内容やその前提となる経済取引等の適法性については，それぞれの時点で慎重な検討が行われ，それらの証拠となる資料も残されていることが多い。それらの資料等についても，当該職員に提出

できるものと，提出すると誤解を与えるものもあろうから，その選別も必要になる。しかし，この場合には，その選別方法いかんによっては，前記第Ⅴ章で説明した重加算税の賦課要件（隠蔽・仮装）を充足することになりかねない。いずれにしても，実地調査の事前通知を受けた段階では，修正申告等の要否にしても，あるいは，提出資料の選別等にしても，納税義務者と税務代理人との綿密な検討を必要とすることになる。

次に，実際に税務調査が開始された場合には，予期しない調査の進展があったり，申告内容等の適法性について，当該職員との見解の対立が生じたりすることもあろう。このような場合に，実地調査が開始された後であっても，修正申告書を提出すれば，「更正の予知」がなかったということで，過少申告加算税の賦課決定を免れる場合もあるので，留意する必要がある[20]。また，当該職員の申告内容等を非とする指摘事項については，その内容をよく吟味し，首肯できるものであれば，その後の対応を検討すればよいし，首肯できないものであれば，申告内容等が適正であることを説得する必要がある。いずれにしても，当該職員としては，申告内容等の非違を発見することに必死であろうから，それに対処する方は冷静に対応する必要がある。

3　事前通知のない調査

前述したように，国税通則法の下での実地調査では，事前通知を原則とするが，例外的に事前通知のない調査が行われることがある。すなわち，国税通則法74条の10は，税務署長等が，「納税義務者の申告若しくは過去の調査結果の内容又はその営む事業内容に関する情報その他国税庁等若しくは税関が保有する情報に鑑み，違法又は不当な行為を容易にし，正確な課税標準等又は税額等の把握を困難にするおそれその他国税に関する調査の適正な遂行に支障を及ぼすおそれがあると認める場合」には，事前通知を要しない，と定めている。

432

かくして，具体的にいかなる場合に事前通知のない調査すなわち無予告調査が行われるのか，事前通知を行うのが原則であるから無予告調査を行う場合には税務署長はその理由を明らかにする必要があるのか，無予告調査の理由が乏しければそれに基づく更正等は違法になるのか，等の問題が生じることになる。

　この点について，東京地裁令和3年10月6日判決（令和2年（行ウ）第183号）＊21の事案では，会社が取引先からの売上代金の一部を代表者名義の銀行の普通預金口座に受け入れていたが，法人税の確定申告書に係る「預貯金等の内訳書」に当該預金口座の記載がなかったこと等を事由に無予告調査が行われ，欠損金額695万円余（繰越欠損金3,000万円余）を15万円余減額する更正等が行われた場合に，税務署長が当該無予告調査の理由を示さない違法性と，当該無予告調査に基づく更正等の違法性が争われたものである。前掲東京地裁判決は，国税通則法74条の10の規定の解釈上，税務署長に対し，無予告理由を説明する義務を負わせているものとは解せない，前記の預金操作については，「正確な課税標準等又は税額等の把握を困難にするおそれその他国税に関する調査の適正な遂行に支障を及ぼすおそれがあると認める場合」にあたる等を判示し，当該会社の請求を棄却している。この事件では，納税者が法廷で課税処分の違法性を争うことの難しさを語っている。しかし，結果論ではあるが，多額な欠損金を抱える会社に対して無予告調査を行い，15万円程度の売上計上もれしか把握できなかったというのであるから，わざわざ無予告で調査する必要があったかどうかは疑わしいものと考えられる。

　次に，千葉地裁令和3年12月24日判決（平成30年（ワ）第768号）＊22では，会社の顧問税理士が主導して無予告調査が違法であるということで実地調査を拒否したところ，消費税の仕入税額控除を否認する課税処分が行われ、かつ、青色申告承認取消処分が行われた場合に，当該

第Ⅷ章　税務否認に対する実務上の対策（総括）　*433*

顧問税理士に対し損害賠償責任が生じる旨判示されている。この事件に関しては，所得税法150条1項1号が，青色申告承認の取消しの一事由として，「その事業年度に係る帳簿書類の備付け，記録又は保存が前条第1項に規定する財務省令で定めるところに従って行われていないこと」（同旨法法127①一）と定めているところ，多くの裁判例[23]が，「青色申告者が帳簿書類の調査にいわれなく応じないためその備付け，記録及び保存が正しく行われていることを税務署長において確認することができないときは，所得税法150条1項1号に該当する」旨判示して，当該青色申告の承認を取り消している。

　また，消費税の課税仕入れに係る消費税額の控除（以下「仕入税額控除」という。）に関しても，インボイス導入前の消費税法30条7項が，「事業者が当該課税期間の課税仕入れ等の税額の控除に係る帳簿及び請求書等（〈略〉）を保存しない場合には，当該保存がない課税仕入れ，特定課税仕入れ又は課税貨物に係る課税仕入れ等の税額については，適用しない。」と定めているところ，多くの裁判例[24]が，税務調査の際に帳簿及び請求書等の提示要請があったことに対し正当な理由なくそれらを提出しなかったことが「帳簿及び請求書等を保存しない場合」に該当する旨判示している。

　かくして，前掲の東京地裁判決の事案では，仕入税額控除が各期合計33億円余否認されたということで，合計3億2,000万円余の損害賠償の請求が認められることになった。以上のように，法廷で無予告調査の違法性が容認されることは極めて厳しいので，無予告調査の違法性に固執して調査拒否等をすると，当該納税者にとって多額な損害が生じ，顧問税理士がそれを主導したことになれば，当該顧問税理士も多額な損害賠償義務を負うことになるので，留意を要するところである。

4　調査終了時

　国税通則法74条の11第1項は，「税務署長等は，国税に関する実地の調査を行った結果，更正決定等（〈略〉）をすべきと認められない場合には，納税義務者（〈略〉）であって当該調査において質問検査等の相手方となった者に対し，その時点において更正決定等をすべきと認められない旨を書面により通知するものとする。」と定め，同条2項は，「国税に関する調査の結果，更正決定等をすべきと認める場合には，当該職員は，当該納税義務者に対し，その調査結果の内容（更正決定等をすべきと認めた額及びその理由を含む。）を説明するものとする。」と定めている。そして，同条3項は，「前項の規定による説明をする場合において，当該職員は，当該納税義務者に対し修正申告又は期限後申告を勧奨することができる。この場合において，当該調査の結果に関し当該納税義務者が納税申告書を提出した場合には不服申立てをすることができないが更正の請求をすることはできる旨を説明するとともに，その旨を記載した書面を交付しなければならない。」と定めている。

　これらの規定に関し，まず，1項に定めるいわゆる申告是認通知については，当該規定によって義務付けられる以前の裁判例は，税務署長が任意に行った申告是認通知につき，信義則適用上の公的見解の表示に当たらないから後の調査の再開を拘束するものではない旨判示している[25]。しかしながら，平成23年国税通則法改正以降，申告是認通知が法律上義務化され，かつ，後述するように，一度調査を終了させる（申告是認通知を発する）と，「新たに得られた情報」がない限り再調査ができないことになるわけであるから，当該申告是認通知に一層強い法的拘束力が生じることになるものと解される。

　また，調査の結果，更正決定等をすべきと認める場合には，当該職員は，「その調査結果の内容（更正決定等をすべきと認めた額及びその理由を含む。）」を説明することになるが，納税義務者側としては，その内容を確実に記

録し，保管しておくべきである。それは，後日，更正決定等が行われた時に，当該更正決定等の内容（特に，その理由）が調査終了時の当該職員による説明と齟齬する場合には，当該更正決定等の違法性を追及できる手段にできるはずである。

次に，当該職員は，「修正申告又は期限後申告を勧奨することができる」ことになっているが，実務上は半ば強制的に勧奨する場合が多い。この場合に，納税者側としては，争訟手段を放棄して修正申告等に応じて延滞税の負担を少しでも少なくするか，争訟手段を留保して更正決定等を甘受すべきか，あるいは、いったん修正申告した上で更正の請求をすべきか，の選択を迫られることになる。いずれを選択すべきかは，当該事件の内容によっても左右されようが，争訟手段を留保するときには，どの段階まで争うのか，従前の裁判例等に照らしてどの程度の勝訴の確率があるのか，をある程度見極めておく必要がある（そのことは，経済取引等の段階から検討しておくべきではあるが）。

5　調査の再開

申告納税制度における納税者の申告の内容（又は無申告）は，1回の「実地の調査」によってその当否が全て検証されるわけではない。そのため，平成 23 年改正前の国税通則法の下では，更正決定等の期間制限（通則法 70 等参照）の期限内において，税務署長は，必要に応じて任意に調査を実施し，それに基づいて更正決定等が行われてきた（通則法 24 ～ 26 参照）。

ところが，現行の国税通則法 74 条の 11 第 6 項は，更正決定等の後であっても，「当該職員は，新たに得られた情報に照らし非違があると認めるときは，〈中略〉質問検査等を行うことができる。」と定め，調査の再開を制限的に定めている。また，調査通達においても，調査の再開について極めて慎重な取扱いを定めている（同通達 5 - 6 ～ 5 - 9 参照）。

申告納税制度の下での上記のような規定や取扱いの是非はともかくとして，納税者側としては，調査の再開ができる限りできないような方法を検討しておくべきである。なお，平成23年改正前の調査実務では，当該職員が，修正申告等の勧奨に納税者が応じないときには，再調査を仄めかすこともよくあったようであるが，そのようなことは，前記の国税通則法の規定や調査通達の取扱いに明らかに反することになるので，留意を要する。

第6節　争訟段階

1　争訟手段の選択

　前述してきたように，租税負担の最少化は，経済取引，申告，調査等の各段階においてその適法性等を検討することになる。そして，前記第5節の税務調査段階において，最終的に更正決定等を受けた場合に，具体的に争訟上の戦略を検討することになる。この場合，前記第Ⅶ章で説明した税務否認に対する救済制度を前提に，当該更正決定等に不服があるときには，原則として，不服審査を経なければならない。その場合にも，再調査の請求を経て，審査請求をするか否かの判断を要する。再調査の請求は，原処分庁による原処分の見直しであるから，事実関係の見誤りのような比較的単純な瑕疵ならともかく，解釈が対立するような困難な事案については，再調査の請求では解決できないものと考えられる。けだし，そのような事案については，原処分庁は，通常，上級庁と相談した上で判断しているから，その判断を覆すことは考えられないからである。もっとも，既に述べたように，不服審査中は，当該課税処分に係る滞納処分における換価処分は原則猶予されるから，時間稼ぎのために，再調査の請求をする方法はある。

　次に，審査請求は，取消訴訟を提起する前提要件となっているから，国税通則法115条1項3号に定める「正当な理由」がない限り，審査請

第Ⅷ章　税務否認に対する実務上の対策（総括）　　*437*

求を経なければ取消訴訟を提起することはできない。もっとも，課税処分等に不服がある場合には，必ず審査請求を経なければならないにしても，単なる取消訴訟の前審手続と考えるだけではなく，それを利用することも考える必要はある。確かに，前記第Ⅶ章の第2節の1で述べたように，国税不服審判所は国税庁の一組織であって，その裁決は，国税庁内の原処分の最終見直しの性格を有している。しかし，国税不服審判所の事務運営方針として，第三者的機能の強化が図られており，国税通則法99条では，国税不服審判所長は，国税庁長官通達の取扱いとは異なった裁決をする手続を保障している。それに加え，近年では，国税審判官の約半数を弁護士，税理士又は公認会計士から登用するようにしている。これらのことから，審査請求については，再調査の請求よりは第三者的判断に近い裁決を期待することはできる。現に，裁決段階における原処分の取消し・変更は相当数みられるところである。また，次の取消訴訟に進むには，訴訟費用も相当多額であるし，訴訟期間も長期に及ぶことが多いので，原処分の救済制度については，審査請求までに留めるという選択肢は多い。

　そうはいっても，審査請求における裁決は，行政庁部内の原処分の最終見直しであることには変わりはないので，租税負担の最少化策において租税回避の否認規定が適用されている事案については，裁決で取り消される確率は極めて低いものと考えられる。そうすると，そのような事案についての最終的な解決は，取消訴訟に持ち込まざるを得ないことになる。

2　争訟の代理人

　本書のテーマとしている「租税負担の最少化」は，経済取引等の段階から経済，会計，法律等の知見を要するものであるが，争訟段階では，特に，法律上の知見を必要としている。これらの各段階において納税者

本人が対処すること（いわゆる本人訴訟）は可能であるし，それを制限する法規制も存在しない。しかし，当該納税者本人が各分野において十分な知見を有している場合はともかくとして，通常，当該各分野の専門家を相談相手としたり，代理人としたりする場合が多い。そして，既に述べてきたように，争訟制度の下でも，それぞれ代理人が存在していることを想定している。特に，訴訟段階においては，専門的知見を必要とする場合が多いので，代理人を依頼せざるを得ないと考えられる。そして，前記第Ⅶ章の第3節の1で述べたように，その審理において弁論主義が採用されており，当事者の主張・立証が勝敗を決することがあるので，弁護士に代理人を依頼せざるを得ないものと考えられる。

　問題は，どの段階から，誰を代理人に依頼するかである。通常，事業者には顧問税理士がいて，納税申告から不服審査までは当該顧問税理士が税務代理人になる場合が多い。しかし，そのような顧問税理士がいない納税者は，納税申告までは自分で済ませ，争訟段階で税理士等を代理人に依頼する場合もある。いずれの場合であっても，訴訟段階になると，税理士は，補佐人として弁護士に帯同して出廷することができるにしても（税理士法2の2参照），訴訟代理人にはなれないので，弁護士に依頼せざるを得ない。この場合，不服申立て段階から取消訴訟に移行することを考えている場合には，不服審査の段階から弁護士にも税務代理人を依頼し，不服審査から訴訟まで一貫した主張・立証体制をとっていたほうが得策な場合も多い。もっとも，このような代理人の選択には，税理士や弁護士に対する報酬の負担を伴うので，それらとの関係で検討を要することになる。

　次に，取消訴訟を提起する場合には，どの裁判所にすべきかが問題となる。その裁判管轄については，前記第Ⅶ章の第3節の1で述べたように，例えば，納税者が長崎市に居住している場合には，東京地方裁判所，長崎地方裁判所又は福岡地方裁判所のいずれかの地方裁判所に提起する

ことができる（行訴法12①，②）。そうであれば，納税者にとって便利な長崎地方裁判所が選択されそうなものであるが，最近の取消訴訟の提起先は，東京地方裁判所が非常に多い。それは，税務訴訟に精通している弁護士が東京に多く，かつ，税務訴訟に精通している裁判官が東京地方裁判所に多くいることに所以しているからのようである。もっとも，税務訴訟に精通している裁判官は，得てして国側の主張に理解を示す場合が多いようでもある。

3　審理の方法

　前記第Ⅶ章で述べたように，争訟における審理の方法は，不服審査の段階では，不服申立人による書面による主張や口頭意見陳述の機会は与えられるにしても，当該不服申立ての当否は，再調査審理庁又は国税不服審判所（国税審判官）の質問，検査等（職権主義）によって決せられる。他方，訴訟段階では，当事者の主張・立証は全て法廷での弁論で行われ（弁論主義），裁判官は，誰からも指図を受けることなく，自身の心証によって当該弁論の真偽を判断することになる（自由心証主義）。これらの場合に，いずれの審理方法が事の真偽を見極めるのに優れているかについては，一概には言えないところがある（一般的には，裁判所の審理方法のほうが優れていると考えられがちであるが，殊に，税務争訟については，税法の解釈と実務に長けた専門家の職権による判断のほうが事の真偽を見極めることがある。）。

　次に，いずれの審理の方法においても，当事者の主張・立証の正当性を裏付けるための客観的な見解である学説・判例（先例）の収集とその利用方法が重要である。この場合，学説については，通説，少数説等と言われるごとく見解が分かれる場合があるが，判例については，判例法として租税法律主義における法源として機能しているが故に，一層重要性が高い。この場合，「判決」と「判例法」の見極めが肝要であるが，「判

440

例法」と言われるほど裁判官の考え方が成熟していなくても，当該事案に関係する先例があれば，それを収集，利用することも必要である。

このような「判決」，「先例」及び「判例法」の見極めは，租税法の解釈論に習熟しているほど可能になるはずである。一般に，「判例研究」というと，租税法学者の研究課題であるかのように考えられがちであるが，租税争訟において，納税者の主張を実現させることを職務とする税理士，弁護士等の専門家にとってこそ重要な課題であるといえる[*26]。

第7節　損害賠償

1　損害発生の態様

以上のとおり，税理士に期待される節税すなわち租税負担の最少化については，それを企図する機会は各種の経済取引や法律行為の中にそして租税法の解釈の中に無限にある。しかし，そのような租税負担の最少化は，税務否認の対象になる可能性がある。その税務否認は，主として，納税者側（税理士）と税務官庁の租税法の解釈等をめぐる見解の対立から生じるものが多い。そして，このような税務否認については，納税者側にも争訟の手段が与えられているのであるが，最終的には法廷でその結論が出されることになる。

その結果，納税者側が敗訴すると，最終的に租税負担の最少化策は失敗し，追徴税額と争訟費用という形で損害が確定することになる。この損害は，元々，納付すべき税額と争訟経験のコストであると考えるか，当該最少化策が元々誤りであったと考えるか，によって誰が負担するかが変わることになる。もっとも，後者については，納税者も納得していたのか，あるいは税理士のアドバイスに誤りがあったのか否かによっても，負担者が異なることになる。そして，当該負担者について争いが生じると税理士損害賠償請求事件に発展することになる。

第VIII章　税務否認に対する実務上の対策（総括）　*441*

2　税理士損害賠償請求の法的根拠

　税理士に対する損害賠償請求の法的根拠は，民法上の債務不履行（民法415）と不法行為（民法709）に求められるが，税理士の実務では前者がほとんどである。すなわち，民法415条1項は，「債務者がその債務の本旨に従った履行をしないとき又は債務の履行が不能であるときは，債権者は，これによって生じた損害の賠償を請求することができる。ただし，その債務の不履行が契約その他の債務の発生原因及び取引上の社会通念に照らして債務者の責めに帰することができない事由によるものであるときは，この限りでない。」と定めている。

　また，税理士と依頼者（納税者）の法律関係は，一般に，民法上の委任関係であると解されており，受任者（税理士）の義務としては，①善管注意義務(民法644),②報告義務(民法645),③受取物引渡義務等がある。その中で，民法644条は，「受任者は，委任の本旨に従い，善良な管理者の注意をもって，委任事務を処理する義務を負う。」と，いわゆる善管注意義務を定めている。そして，税理士は，依頼者に対し，税法，税務の専門家として，次の三つの義務を負うものと解されている＊27。

①　忠実義務

　　忠実義務とは,依頼者との合意内容を忠実に履行すべき義務である。

②　善管注意義務

　　依頼内容の実現にあたり，依頼者から特別の指示があったか否かを問わず，善良なる専門家として尽くすべき慎重な配慮をする義務である。注意義務の水準は，専門家に対する依頼に応えるのにふさわしい「高度」なものであり，具体的には，関連法令及び実務に通じた標準的な専門家に期待される注意義務の程度が基準になる。

③　説明・助言義務

　　依頼者に対して有効な情報を提供し，依頼者が適切な判断をなし得るように配慮すべき義務である。

このような三つの義務に関しては，最近の税理士損害賠償請求事件を
みていて，次の点について特に考えさせられる。一つは，租税事件につ
いては，税法解釈等の違い（誤り）によってその結果が税額（損失の額）
として数字的に明確にされることである。この損失の額の明確さは，裁
判官に対する心証にも大きな影響を与えるものと考えられる。二つは，
裁判官は，当該訴訟の中では，税理士について，税法・税務の専門家と
して税法，通達，判決，慣行等を全て理解しているとの前提の下に，そ
の判断の誤り等によって明確になった損失額をその専門家が負うべきと
考える傾向がある。そして，三つは，税理士損害賠償請求事件が提起さ
れること自体当該税理士と当該納税者の信頼関係が崩壊していることを
意味するが，委任期間中の信頼関係の重要性を物語っている。通常，具
体的な税務処理については，当該納税者と当該税理士の合意をとってお
く必要があるが，それが口頭であると当該納税者から当該合意を否定さ
れる場合がある。かといって，厳格な書類にしたためておくことも，か
えって，当事者間の信頼関係を薄めることにもなるし，後日，税務否認
の根拠（証拠）になることもある。よって，当事者間の信頼関係に応じて，
確認事項について簡易なメモ等を残しておくことも一考であると考えら
れる。

3　税理士損害賠償保険

　前述したように，税理士が顧客の要請に応じて租税負担の最少化に努
めることは，当該最少化策が税務上否認され，顧客側に結果的に損害を
与えることとなって，当該損失を税理士が負担することもあり得ること
である。そのために，税理士損害賠償保険制度が存在しているはずである。
　ところが，現在，日本税理士会連合会（以下「日税連」という。）が関与し
ている税理士損害賠償保険では，前記第Ⅱ章の第7節で述べたように，納
付すべき税額を過少に申告した場合の損失（納付すべき本税額, 各種加算税額,

延滞税額等）を保険の対象から除外している。このような制度の趣旨について，日税連側は，前記第Ⅱ章の第7節で述べたように，「修正申告により追加納付すべき税額については，当初の申告において正確な申告を行えば，本来納税者が負担すべきものであり，申告等を行った税理士が負担すべきではない」，「加算税，延滞税等の附帯税については，税制上のペナルティー的性格を有するものであることから，これを損害として認識し保険で担保することは税制上の目的を阻害するものである」等と説明している。

　このような説明は，要するに，税理士は当局の見解に従って正確な申告をすべきであり，当該見解に逆らった申告から生ずる損失を補填する保険制度はあり得ない，ということになる。この考え方は，本書において，私法上の経済取引や税法の解釈について，納税者は租税負担の最少化を図り，税務官庁は課税の公平と税収の確保を図る，という対立構造を論じてきたこととは全く異なることになる。もっとも，日税連側がいうように，何事も当局の見解に従って申告をすべきであるというのであれば，前述のような対立関係は生じないことになる。

　このような対立問題はともかくとして，税理士の損害賠償保険制度というものは，税理士の通常の業務から生じた損失を補填するものでなければならないはずである。その「通常の業務」の中には，税法の解釈・適用はその難解さからみて誰しもが犯すことであるから税理士がそのような失敗をしたことに対し税務否認を受けることも含まれているはずである。また，「通常の業務」に関しては，租税法律主義の下では，適正手続の原則（適正争訟手続の原則）が保障され，前記第Ⅶ章で述べた税務否認に対する救済制度が設けられているところである。そのため，このような「通常の業務」においては，過少申告それ自体は法が予定しているところでもある。にもかかわらず，過少申告に伴う損失（もちろん，重加算税の対象になるようなものは除く。）を一律に保険制度から除外することは，税理士制度のあり方からみて理解し難いことである。しかも，

税理士組織の最高機関である日税連が現行制度を守るために前述のような説明をするようでは，税務当局の見解（方針）に唯唯諾諾とし過ぎているように考えられる。もちろん，筆者としては，税理士と税務当局の対立関係を煽ることを意図しているのではなく，双方がそれぞれの立場を尊重した上での，健全な対峙関係を望むからにほかならない。

　いずれにしても，税理士損害賠償保険制度は，税理士の「通常の業務」から生じる損失を補填するものであるから，「過少申告」から生じる損失を端から除外することは保険制度の体を成さないことになる。もちろん，「過少申告」から生じる損失を対象とする保険制度は，相応の保険料の負担を必要としようが，保険に入るか否かは税理士の選択の問題である。また，保険制度を「過少申告」から生ずる損失を対象にするものとしないものとに２本建てにする方法もあるはずである。このような保険制度の改善は，税理士法人社員の無限責任の厳しさを緩和することにも役立つはずである。

　なお，過少申告（修正申告等）に係る損失（本税額及び附帯税額）について損害賠償保険制度を適用すべきではないとする考え方については，前述の日税連の説明とは別に，巷間，「そのような保険を認めたらバレモト申告を放置（推奨）することになる」旨の見解もある。このような見解は，税務当局の本意に近いのかも知れないが，「バレモト」ということは税理士の実務においても考えさせられることではある。しかし，「適正な納税義務」の範囲内で租税負担の最少化に努めることも税理士の職務であることを考慮すると，「適正」について税務官庁との見解の対立（過少申告）が生じた場合には，当該過少申告から生じる損失をカバーする制度があってしかるべきであると考えられる。もっとも，当該過少申告の実態（悪質なバレモトか否か）に応じて，保険の保障額を制限することも考えられるはずである。いずれにしても，「過少申告」に係る損失を一切保険制度から排除することは是正すべきであると考えられる。

第VIII章　税務否認に対する実務上の対策（総括）　**445**

＊1　詳細については，品川芳宣『国税通則法の理論と実務』（ぎょうせい　平成 29 年）26 頁，同『現代税制の現状と課題－租税手続編－』（新日本法規　平成 29 年）29 頁等参照

＊2　千葉地裁平成 30 年 1 月 16 日判決（TAINS　Z888 － 2194），同判決の評釈について，品川芳宣・税研 2019 年 3 月号 90 頁，同『重要租税判決の実務研究　第 4 版』（大蔵財務協会　令和 5 年）86 頁，水戸地裁令和 5 年 10 月 12 日判決（令和 4 年（行ウ）第 15 号），東京高裁令和 6 年 4 月 17 日判決（令和 5 年（行コ）第 318 号）等参照

＊3　金子宏『租税法　第 24 版』（弘文堂　令和 5 年）132 頁，最高裁平成 10 年 1 月 27 日第三小法廷判決（税資 230 号 152 頁），大阪地裁平成 12 年 2 月 23 日判決（同 246 号 908 頁），大阪高裁平成 12 年 11 月 2 日判決（同 249 号 457 頁），前出＊1,『国税通則法の理論と実務』76 頁,『現代税制の現状と課題』80 頁等参照

＊4　東京地裁令和 5 年 5 月 12 日判決（令和元年（行ウ）第 607 号）（同判決の解釈として，品川芳宣・T&Amaster2024 年 6 月 10 日号 14 頁参照）等参照

＊5　前出＊3，金子宏・954 頁等参照

＊6　撤回が認められないとする裁判例については，鳥取地裁昭和 44 年 6 月 19 日判決（税資 57 号 27 頁），広島高裁松江支部昭和 45 年 9 月 28 日判決（税資 60 号 478 頁），東京地裁昭和 49 年 5 月 15 日判決（税資 75 号 406 頁），東京高裁昭和 50 年 4 月 28 日判決（税資 81 号 435 頁）等参照。ただし，所得税基本通達 120 － 4 及び 121 － 2 は，法定申告期限内であれば，納税申告書の事実上の撤回を容認しているが，その法的根拠に理解に苦しむところがある。

＊7　同判決の評釈については，藤浦照生・別冊ジュリスト No.120（租税判例百選（第三版））150 頁等参照

＊8　東京地裁昭和 45 年 1 月 22 日判決（判時 583 号 46 頁），神戸地裁昭和 61 年 3 月 26 日判決（税資 151 号 429 頁），東京地裁平成 3 年 9 月 25 日判決（同 186 号 584 頁），大阪地裁平成 6 年 10 月 26 日判決（税資

206 号 66 頁）等参照

* 9　京都地裁昭和 45 年 4 月 1 日判決（行裁例集 21 巻 4 号 641 頁），東京地裁昭和 56 年 4 月 27 日判決（同 32 巻 4 号 661 頁），札幌地裁昭和 63 年 12 月 8 日判決（税資 166 号 669 頁）等参照

* 10　大阪地裁平成 6 年 10 月 26 日判決（税資 206 号 66 頁）参照

* 11　民法上の不当利得の返還と更正の請求の異同については，最高裁昭和 49 年 3 月 8 日第二小法廷判決（民集 28 巻 2 号 186 頁），名古屋高裁昭和 52 年 6 月 28 日判決（訟務月報 23 巻 7 号 1242 頁）等参照

* 12　福岡高裁平成 13 年 4 月 12 日判決（訟務月報 50 巻 7 号 2228 頁），最高裁平成 15 年 4 月 25 日第二小法廷判決（同 50 巻 7 号 2221 頁），広島高裁平成 14 年 10 月 23 日判決（税資 252 号順号 9215 頁），高知地裁平成 22 年 1 月 22 日判決（訟務月報 58 巻 1 号 233 頁）等参照

* 13　大阪地裁平成 6 年 10 月 26 日判決（税資 206 号 66 頁），大阪高裁昭和 59 年 8 月 31 日判決（同 139 号 486 頁），最高裁昭和 60 年 5 月 17 日第二小法廷判決（同 145 号 463 頁）等参照

* 14　同旨高知地裁平成 22 年 1 月 22 日判決（訟務月報 58 巻 1 号 233 頁），高松高裁平成 23 年 3 月 4 日判決（同 58 巻 1 号 216 頁）等参照

* 15　森文人編著『法人税基本通達逐条解説　六訂版』（税務研究会　平成 23 年）222 頁

* 16　大阪高裁平成 30 年 10 月 19 日判決（平成 30 年（行コ）第 21 号）参照

* 17　同判決の評釈については，品川芳宣・T＆Amaster2021 年 8 月 23 日号 21 頁参照

* 18　同旨，東京地裁平成 27 年 9 月 25 日判決（平成 25 年（行ウ）第 676 号），東京高裁平成 28 年 3 月 23 日判決（平成 27 年（行コ）第 344 号），大阪地裁平成 30 年 1 月 15 日判決（平成 28 年（行ウ）第 68 号）等参照

* 19　前出＊ 2，『重要租税判決の実務研究　第 4 版』35 頁参照

* 20　東京地裁平成 24 年 9 月 25 日判決（平成 23 年（行ウ）第 253 号）（前出＊ 2）122 頁）では，税務調査開始後 1 週間経過して提出した修正申告書につき，当該調査過程において，担当の当該職員が当該非違に

気付かないうちに修正申告したということで，当該過少申告加算税の賦課決定を取り消している。

* 21　同判決の評釈については，品川芳宣・T&Amaster2022年5月16日号15頁，前出（＊2）18頁等参照

* 22　同判決の評釈については，品川芳宣・T&Amaster2022年10月24日号13頁，前出（＊2）1386頁参照

* 23　東京地裁昭和55年3月13日判決（行裁例集31巻3号401頁），大阪高裁昭和57年3月26日判決（判タ477号160頁），東京地裁平成3年1月31日判決（判時1376号58頁），京都地裁平成6年11月7日判決（訟務月報41巻11号2844頁）等参照

* 24　最高裁平成16年12月16日第一小法廷判決（民集58巻9号2458頁），東京地裁平成10年9月30日判決（訟務月報46巻2号865頁），東京地裁平成11年3月30日判決（同46巻2号899頁），横浜地裁平成11年6月9日判決（税資243号221頁），名古屋高裁平成12年3月24日判決（同246号1422頁）等参照

* 25　大阪地裁昭和42年5月30日判決（行裁例集18巻5・6号690頁），最高裁昭和62年10月30日第三小法廷判決（判時1262号91頁），大阪地裁平成7年11月29日判決（税資214号544頁），大阪高裁平成9年6月12日判決（同223号1015頁）等参照

* 26　品川芳宣「税理士に求められる判例・先例の研究」税理2024年7月号2頁参照

* 27　内田久美子他編『判例から学ぶ　税理士損害賠償責任』（大蔵財務協会平成28年）2頁等参照

終　　章

本書に取り組もうとした動機は，節税又は租税回避に対する重要な最高裁判決が相次いだことに対し，改めて節税と税務否認の関係の深さを認識したことにある。この問題は，筆者自身，税金生活60余年において，取る側の国税庁で30余年，研究する大学で20年，取られる側の税理士法人の代表社員等を10年務め，それぞれの立場で種々考えてきたことでもあった。

　そこで，この問題を月刊誌等の連載で書き始めることができないかと思い，月刊「税理」の編集の方に相談したところ，快くお引き受けいただいた。そこで，早速，昨年の月刊「税理」5月号から「節税と税務否認〜税理士に期待される節税と税務否認の法律問題〜」と題して，連載させていただき，本年9月号をもって無事終了させることができた。そして，その連載を基に本書を出版する運びとなった。

　本書は，第Ⅰ章から第Ⅷ章までに構成されているが，各章で取り上げたテーマは，それぞれ一冊にまとめることができるほど，様々な，そして重要な論点を有している。その中でも，第Ⅰ章の租税法律主義と私法との関係については，「租税法律主義が節税の巣」と言われるくらい「節税（租税負担の最少化）」の原点であり，第Ⅱ章の節税と税理士法制との関係については，建前と実態をどう調整するかという問題があり，第Ⅳ章の税務否認の方法論については，一般的否認規定の導入が最大のテーマであり，第Ⅴ章の租税制裁については，複雑化する加算税制度にどう対処するかという問題があり，第Ⅵ章の税務調査については，平成23年の国税通則法改正によってかえって税理士等が対処しなければならない問題が生じており，第Ⅶ章の租税救済制度については，同制度をいかに活用するかが問われており，最終の第Ⅷ章の実務上の対策は，まさに税理士等の腕の見せ所である。

　このような各章で取り上げた問題については，筆者自身の「取る側」，「取られる側」そして「研究する側」の各経験を統合する形で，それぞ

れの解釈論及び制度論を取りまとめたつもりである。もちろん，それら
の解釈論にしても制度論にしても，種々の見解（説）があることは周知
のとおりである。そして，それぞれの見解は，それを主張する租税観な
り価値観なりに依拠するところが大きい。その意味では，筆者が本書で
主張した解釈論や制度論も，筆者の租税観なり価値観に基づくもので
あって，一つの説であることに変わりはない。

　もっとも，「租税」の存在自体が，そのあり方に関する見解が対立す
ることを宿命にしている。すなわち，租税は，「国家が，特別の給付に
対する反対給付としてではなく，公共サービスを提供するための資金を
調達する目的で，法律の定めに基づいて私人に課する金銭給付である」
と解されているところ，そこには，負担する人と「公共サービス」を受
ける人との間に必然的に利害が対立することになる。そのため，租税法
律主義の原則が要請されることになる。

　そして，その租税法律主義の中で，本書で取り上げた各種の問題が生
じ，それらの問題についてそれぞれの論者が見解（学説等）を主張する
ことになる。筆者は，60余年の税金生活の中で，それぞれの見解を理
解し，それらの問題点を考えて時には反論し，それぞれのあり方を考え
てきたつもりである。

　その中で，租税の執行においては，納税者と税務官庁の存在が不可欠
であり，かつ，両者は，対立する宿命でもある。けだし，納税者は，経
済取引等の中でコストである租税負担の最少化（節税）を図ることは必
然であり，税務官庁は，租税法律主義における合法性の原則の要請を受
けて，納税者の租税負担の最少化について「合法」であるか否かチェッ
クする立場にあるからである。本書は，このような宿命的関係を法律論
として整理したものである。

　しかし，それぞれの論点を整理して書き上げてみると，まだまだ論じ
切れないことや，説得力の欠けるところも多々あるように考えられる。

終　章　*451*

それは，筆者自身の限界であるのかも知れないが，「節税」と「税務否認」ということが納税者と税務官庁との永遠の対立であるがゆえに，その論点が尽きないからであるとも考えられる。

　ともあれ，本書は，ここで一応ピリオドを打つこととし，残された論点や新しく生じる論点は次への課題にすることにする。

　最後に，本書に目を通していただいた皆様方と本書の出版に御尽力いただいた株式会社ぎょうせいの編集の担当の方に衷心から感謝申し上げ，皆様方の存在を糧に次の課題に取り組むこととしたい。

索　　引

あ 行

青色申告承認取消し・・・・・・・・ 15
異議申立て・・・・・・・・・・・ 367
異議申立制度・・・・・・・・・・ 367
違憲審査 ・・・・・・・ 11, 12, 13, 390
１億円の壁・・・・・・・・・・・ 23
一時所得 ・・・・・・・・・・・・ 38
一般的・抽象的法規範 ・・・・・ 18, 19
一般的・白紙的委任・・・・・・ 10, 12
一般に公正妥当と認められる
　会計処理の基準・・・・・・ 39, 169
遺留分・・・・・・・・・・・・・ 47
インボイス・・・・・・・・・・・ 434
売上原価 ・・・・・・・ 39, 149, 150
重きを憂えず, 等しからざるを
　憂う・・・・・・・・・・・ 22, 234

か 行

確認規定説・・・・・・ 182, 183, 261
過少申告・不申告 ・・・・・・・ 295
課税権・・・・・・・ 126, 128, 296
課税上弊害がない限り
　・・・・・・ 232, 254, 255, 256
課税要件事実
　・・・ 27, 109, 116, 200, 207, 305
間接逋脱犯 ・・・・・・・・・・ 125
慣習法・・・・ 17, 20, 389, 391, 409
関税 ・・・・・・・・ 72, 73, 88, 125
関税法・・・・・・・・・・・・・ 124

鑑定評価額 ・・・・・・・ 240, 251
還付加算金 ・・・・・・・・・ 35, 421
緩和通達
　・・・ 26, 61, 62, 228, 229, 234, 235
客観的確実性説 ・・・・・ 284, 285
給与所得控除制度 ・・・・・ 17, 18, 24
行政書士 ・・・・・・・ 67, 73, 87, 95
行政立法 ・・・・・・・・・・ 10, 12
居住用の区分所有財産の評価に
　ついて ・・・・・・・・・・・ 245
禁反言の原則・・・・・・・・・・ 51
具体額発見説・・・・・・・ 283, 286
具体的・個別的委任・・・・・・・ 10
グローバル・ミニマム課税・・・・・3
刑事制裁 ・・ 129, 132, 271, 306, 307
継続企業の原則 ・・・・・・・・ 427
計理士制度・・・・・・・・・・・ 67
決算賞与 ・・・・・・・・・ 339, 340
減価償却資産・・・・ 48, 51, 122, 149
憲法 29 条・・・・・・・・ 17, 18, 41
憲法 31 条・・・・・・・ 17, 236, 355
憲法 39 条・・・・・・・・・・・ 17
憲法 84 条・・・・・・・ 8, 9, 17, 153
謙抑性・・・・・・・・・・・・・ 241
権利能力なき社団 ・・・・・・・ 57
行為取消権 ・・・・・・・・・・ 54
効果意思 ・・・・・・・・・・・ 199
公正処理基準・・・・・・・・・ 427
功績倍率法
　・・・ 142, 143, 144, 147, 257, 258
公定力・・・・・・・・・・・・ 389

索　引　**453**

口頭意見陳述
　　　・・・・・　367, 373, 377, 378, 440
公認会計士法
　　　・・・・・・・　81, 86, 87, 92, 97
合名会社　・・・・・・・・・・　97, 99
国際租税　・・・・・・・・・・・・　3
国際課税制度・・・・・・・・・・・　3
国際取引　・・・・・・・　214
国税審議会　・・・・・・・　87, 381
国税庁勤務時代　・・・・・・・　219
国民の抵抗　・・・・・・・・・　8
国家行政組織法　・・・・・　19, 22, 220
固定資産税　・　73, 77, 220, 221, 240, 264
固有概念　・・・・・　48, 50, 51, 227

さ 行

債権者代位権・・・・・・・・・　54
債権償却特別勘定　・・・・・・　26, 229
財産分与　・・・・・・・・・　45
再調査審理庁
　　　・・・・・　372, 373, 374, 384, 440
債務確定基準・・・・・・・・・・　11
財務省設置法・・・・・・・・・　381
時機に後れた攻撃防御　・・・　156, 407
事前通知のない調査・・・・　432, 433
実質的平等　・・・・・・・・・　23
私的自治の原則
　　　・・・　42, 115, 119, 204, 415
自動確定方式・・・・　30, 36, 270, 275
シャウプ税制・・・・・・　15, 153, 158
借用概念　・・・・　48, 49, 55, 227, 265
自由心証主義
　　　・・・・・　89, 387, 388, 390, 440
住専処理問題・・・・・・・・・　170
純経済人　・・・　185, 186, 190, 191, 262

消極的不正行為　・・・・・・　299, 300
情報通信技術活用法・・・・・・・・　79
賞与引当金　・・・・・・・・・　10, 11
条例　・・・・・・・・　17, 19, 20, 76
所属税理士　・・・・・・・　83, 98, 416
職権主義　・・・　376, 378, 379, 386, 440
人格なき社団・・・・・・・・　56, 57
信義誠実の原則　・　48, 51, 64, 233, 266
心裡留保　・・・・・・・・・　199
森林環境税　・・・・・・・・・　80
制限的所得概念　・・・・・・・・　50
精通者意見価格　・・・・・・・　240
成文法・・・・・・・・・・　389, 391
税務代理士制度　・・・・・・・・　68
税理士損害賠償請求事件
　　　・・・・・・・・・・　441, 443
節税スキーム・・・・・・・・・　123
説明・助言義務　・・・・・・・　442
善管注意義務・・・・・・・・・　442
前期損益修正　・・・・・・　150, 427
総額主義　・・・・・　375, 376, 378, 386
創設（効力）規定説・・・・　182, 183
相続時精算課税　・・・・　34, 420, 428
争点主義　・・・・・・・・　375, 376
訴願前置主義・・・・・・・・・　402
遡及立法禁止の原則　・・・・・　15, 16
租税条約　・・・・・　20, 76, 77, 425
租税平等主義・・・・・・　22, 26, 414
租税法の法源・・・　16, 17, 19, 20, 220

た 行

大日本帝国憲法　・・・・・・・・・　8
滞納処分免税犯・・・・・・・・　125
タックス・アボイダンス　・・・・　110
タックス・イベーション　・・・・・　110

454

タックス・セービング ・・・・・ 109
タックス・プランニング
　　　・・・・・・・・・・・ 110, 111, 213
タックス・ヘイブン国 ・・・・・・・2
タックス・マネジメント ・・ 110, 112
忠実義務 ・・・・・・・・・・・・ 442
調査開始説 ・・・・・・・ 283, 285, 286
通知税理士 ・・・・・・・・・・ 88, 92
適正手続の原則
　　　・・・・・・ 233, 235, 366, 444
適正手続保障の原則・・・ 14, 134, 135
特別の事情・・ 178, 250, 251, 252, 358

な 行

馴れ合い訴訟・・・・・・・・・・ 426
ニセ税理士 ・・・・・・・・・・・ 74
盗人にも三分の理 ・・・・・・・・ 92

は 行

バレモト申告・・・・・・・・・・ 445
犯罪捜査 ・・・・・・・・・・・・ 354
反税闘争 ・・・・・・・・・・・・ 316
反覆継続して行う ・・・・・・・ 74, 90
反面調査 ・・・・・ 285, 328, 330, 332
負担付贈与通達
　　　・・・ 173, 174, 175, 243, 244, 250

不当利得の返還 ・・・・ 57, 423, 447
独立不偏 ・・・・・・・・・・・・ 69
不納付犯 ・・・・・ 124, 125, 126, 128
不服申立前置主義 ・・・・・・・・ 367
不利益処分・・・・・・・ 33, 358, 359
平均功績倍率法 ・・・・・・ 142, 147
弁護士・税理士事件・・・・ 159, 161
包括的所得概念 ・・・・・・・ 50, 149
法定外目的税・・・・・・・ 72, 73, 88
補佐人・・・・・・・・ 82, 83, 377, 439

ま 行

マグナ・カルタ ・・・・・・・・・・8
みなし規定・・・・・・・・ 151, 408
未払賞与 ・・・・・・・・・・ 10, 11
民事訴訟法・・・・ 156, 392, 405, 406

や 行

やむを得ない事情
　　　・・・・・・・・ 34, 329, 425, 429

ら 行

臨検捜索 ・・・・・・・・・・・・ 355
令状主義 ・・・・・・・・・・・・ 308

索　引　*455*

〈著者紹介〉

品川　芳宣（しながわ・よしのぶ）

筑波大学名誉教授・弁護士・税理士

1941年生まれ。慶應義塾大学経済学部卒業。国税庁入庁後、高松国税局長で退官。筑波大学大学院ビジネス科学研究科教授、早稲田大学大学院会計研究科教授を経て、野村資産承継研究所名誉顧問。公認会計士、不動産鑑定士補等の資格を持つ。主な著書に『課税所得と企業利益』（日税研究賞受賞）、『法人税の判例』（租税資料館賞受賞）、『附帯税の事例研究』（日税研究奨励賞受賞）、『国税通則法の理論と実務』他、多数。

節税と税務否認の分岐点
～納税者の主張・税務署の主張

令和6年11月1日　第1刷発行

著　　者　**品川　芳宣**

発　　行　株式会社**ぎょうせい**

〒136-8575　東京都江東区新木場1-18-11
URL：https://gyosei.jp

フリーコール　0120-953-431

ぎょうせい　お問い合わせ　検索　https://gyosei.jp/inquiry/

〈検印省略〉

印刷　ぎょうせいデジタル㈱　　　　　　　　　　©2024　Printed in Japan
※乱丁・落丁本はお取り替えいたします

ISBN978-4-324-11429-2
(5108959-00-000)
〔略号：節税と税務否認〕